交通安全白書

令和6年版

令和５年度交通事故の状況及び交通安全施策の現況ならびに
令和６年度交通安全施策に関する計画

交通安全白書の刊行に当たって

内閣府特命担当大臣
中央交通安全対策会議交通対策本部長

加藤鮎子

交通安全白書は，昭和45年に施行された「交通安全対策基本法」に基づき，毎年国会に提出している年次報告です。今回は昭和46年から数え，54回目となります。

令和５年中に道路交通事故で亡くなられた方は，前年より68人多い2,678人と，８年ぶりに増加しました。いまだに多くの方々の尊い命が交通事故によって失われており，交通事故情勢は依然として厳しいものであると認識しています。

また，交通死亡事故の状況を見ると，高齢化が進展する中，交通事故死者数全体に占める65歳以上の方の割合が５割を超える高い水準で推移しているなど，高齢者の交通事故防止は喫緊の課題となっています。

このような中，政府においては，高齢者の交通事故を防止するため，交通対策本部決定等で策定した交通事故防止対策や第11次交通安全基本計画等に基づき，また，交通事故の発生状況等を踏まえ，国と地方公共団体，関係機関・団体等が連携して，交通安全対策の充実に取り組んでいるところです。

本年の白書では，「高齢者の交通事故防止について」と題した特集を設けました。高齢者が歩行中や自転車乗用中に被害に遭う交通死亡事故のほか，高齢運転者による交通死亡事故について，その特徴や要因等について分析するとともに，高齢者の交通事故を防止するための対策について記述しています。

交通事故の防止は，政府を挙げて取り組むべき重要な課題であり，「人優先」の交通安全思想に基づき，究極的には交通事故のない社会を目指していかなければなりません。国民の皆様には，交通安全についての御理解と御関心を深めていただくことが何よりも大切です。

本白書が多くの方々に利用され，悲惨な交通事故の根絶に向けた取組の一助となることを願っております。

令和６年７月

目　次

令和５年度交通事故の状況及び交通安全施策の現況

特　集
「高齢者の交通事故防止について」

第１編　陸上交通

第１部　道路交通

第２章　道路交通安全施策の現況

第２編　海上交通

第１章　海難等の動向

第２章　海上交通安全施策の現況

第３編　航空交通

第１章　航空交通事故の動向

第２章　航空交通安全施策の現況

目次　トピックス

令和6年度交通安全施策に関する計画

第1部　陸上交通の安全についての施策

第1章　道路交通の安全についての施策

第2章　鉄道交通の安全についての施策

第2部　海上交通の安全についての施策

第３部　航空交通の安全についての施策

参　考

凡例

①年号（昭和，平成，令和）の記載…文章の段落ごとに最初に記載される年（年度）に付け，２回目以降は原則省略する。

②法令番号…最初に記されるときに○○法（昭○○法○○，平○○法○○，令○○法○○）とし，２回目以降は省略する。政令，府省令もこれに準ずる。

③図表の数字の単位未満は，四捨五入することを原則とした。したがって，合計の数字と内訳の計とが一致しない場合がある。

④道路交通事故死者数について……特段の断りがない場合は，24 時間死者数をいう。

図表目次

令和５年度交通事故の状況及び交通安全施策の現況

特集

「高齢者の交通事故防止について」

第１編　陸上交通

第１部　道路交通

第１章　道路交通事故の動向

第２章　道路交通安全施策の現況

第２部　鉄道交通

第１章　鉄道交通事故の動向

第２章　鉄道交通安全施策の現況

第２編　海上交通

第１章　海難等の動向

第２章　海上交通安全施策の現況

第３編　航空交通

第１章　航空交通事故の動向

参　考

参考－２　海外の交通事故発生状況

参考－３　道路交通事故交通統計 24 時間死者，30 日以内死者及び 30 日死者の状況の比較

参考-5　交通安全に関する財政措置

令和５年度

交通事故の状況及び
交通安全施策の現況

特集

「高齢者の交通事故防止について」

はじめに

令和５年中の道路交通における交通事故死者数は2,678人と，４年連続で3,000人を下回り，過去最多であった昭和45年の死者数である１万6,765人と比較すると，６分の１以下にまで減少したところであるが，これは交通安全対策基本法（昭45法110）に基づき，交通安全基本計画を作成し，国，地方公共団体はもとより，関係機関・団体・民間企業等が一体となって取り組んできた交通安全の諸施策，地域における日々の交通安全の取組の成果によるものと考えられる。

一方で，今なお多くの尊い命が交通事故で失われていることには変わりなく，痛ましい交通事故が後を絶たない。なかでも交通事故死者数に占める65歳以上の者の割合は，５割を超える高い水準で推移しているほか，高齢運転者による交通死亡事故が相次いで発生するなどしており，交通事故情勢は依然として厳しい状況である。

政府においては，これまで，高齢者の交通事故を防止するため，

○　「本格的な高齢社会への移行に向けた総合的な高齢者交通安全対策について」（平成15年３月27日交通対策本部決定）

○　「高齢運転者による交通事故防止対策について」（平成29年７月７日交通対策本部決定）

○　「未就学児等及び高齢運転者の交通安全緊急対策」（令和元年６月18日「昨今の事故情勢を踏まえた交通安全対策に関する関係閣僚会議」決定）

等の交通事故防止対策を策定し，高齢の歩行者及び自転車利用者（以下「高齢歩行者等」という。）や，高齢運転者の交通安全の確保に取り組んできた。

また，現在は，これらの対策を踏まえつつ，令和３年度から７年度までを計画期間とする「交通安全基本計画」（令和３年３月29日中央交通安全対策会議決定，以下「第11次交通安全基本計画」という。）や交通事故の発生状況等に基づき，高齢者の交通事故防止に係る各種施策に取り組んでいるところである。

本特集では，高齢歩行者等と高齢運転者が関係する交通死亡事故の状況や特徴を分析するとともに，国と地方公共団体，関係機関・団体等が連携し，取り組んでいる高齢者に係る様々な交通事故防止対策について紹介することとし，高齢者の交通事故を防止する一助にしたい。

第１章　高齢者の交通事故の状況

第１節　高齢化の進展と交通死亡事故の状況

1　高齢化の進展

我が国の総人口は，平成20年の１億2,808万人を境に減少に転じ，令和５年10月１日現在，１億2,435万人となった（総務省「人口推計」（確定値））。

また，我が国では，急速に高齢化が進み，令和５年10月１日現在の65歳以上の人口は3,623万人となり，総人口に占める割合（高齢化率）は29.1%となっている。

国立社会保障・人口問題研究所によれば，今後，高齢化率は，総人口が減少する中で65歳以上の人口が増加することにより引き続き上昇し，令和19年には33.3%と国民の３人に１人が65歳以上の者になり，25年以降は65歳以上の人口が減少に転じても上昇を続け，52年には38.7%に達すると推計されている（特集-第１図）。

特集-第１図　年齢層別人口と高齢化率の推移

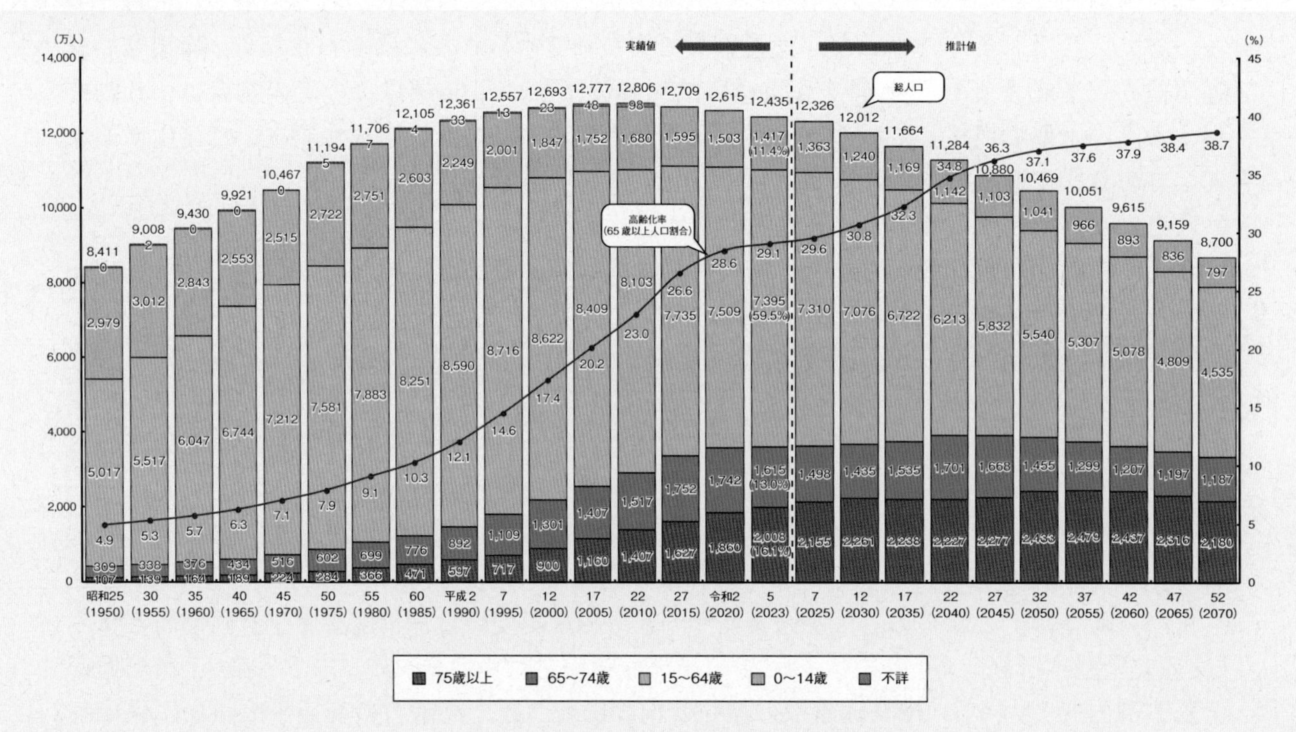

資料：棒グラフと実線の高齢化率については，2020年までは総務省「国勢調査」（2015年及び2020年は不詳補完値による。），2023年は総務省「人口推計」（令和５年10月１日現在（確定値）），2025年以降は国立社会保障・人口問題研究所「日本の将来推計人口（令和５年推計）」の出生中位・死亡中位仮定による推計結果

注　1　2015年及び2020年の年齢階級別人口は不詳補完値によるため，年齢不詳は存在しない。2023年の年齢階級別人口は，総務省統計局「令和２年国勢調査」（不詳補完値）の人口に基づいて算出されていることから，年齢不詳は存在しない。2025年以降の年齢階級別人口は，総務省統計局「令和２年国勢調査　参考表：不詳補完結果」による年齢不詳をあん分した人口に基づいて算出されていることから，年齢不詳は存在しない。なお，1950年～2010年の高齢化率の算出には分母から年齢不詳を除いている。ただし，1950年及び1955年において割合を算出する際には，（注２）における沖縄県の一部の人口を不詳には含めないものとする。

2　沖縄県の昭和25年70歳以上の外国人136人（男55人，女81人）及び昭和30年70歳以上23,328人（男8,090人，女15,238人）は65～74歳，75歳以上の人口から除き，不詳に含めている。

3　将来人口推計とは，基準時点までに得られた人口学的データに基づき，それまでの傾向，趨勢を将来に向けて投影するものである。基準時点以降の構造的な変化等により，推計以降に得られる実績や新たな将来推計との間には乖離が生じうるものであり，将来推計人口はこのような実績等を踏まえて定期的に見直すこととしている。

4　構成割合は小数点以下第２位を四捨五入しているため，合計しても必ずしも100とならない。

2　高齢の運転免許保有者の増加

運転免許保有者数は，平成30年に約8,231万人でピークを迎え，その後減少し，令和５年は約8,186万人となっている。

年齢層別に見ると，70歳以上の運転免許保有者数は，年々増加し続け，令和５年は約1,362万人と，昭和58年の約54万人の約25.4倍となり，運転免許保有者数の16.6％を占める（特集-第２図，第３図）。

また，65歳以上に着目して，運転免許保有者数の推移を見ると，令和５年の65歳以上の各年齢層の免許保有者数は，平成25年と比較して65歳以上は約1.3倍，70歳以上は約1.5倍，75歳以上は約1.7倍，80歳以上は約1.8倍，85歳以上は約1.9倍となっており，増加を続けている（特集-第４図）。

特集-第２図　運転免許保有者数の推移

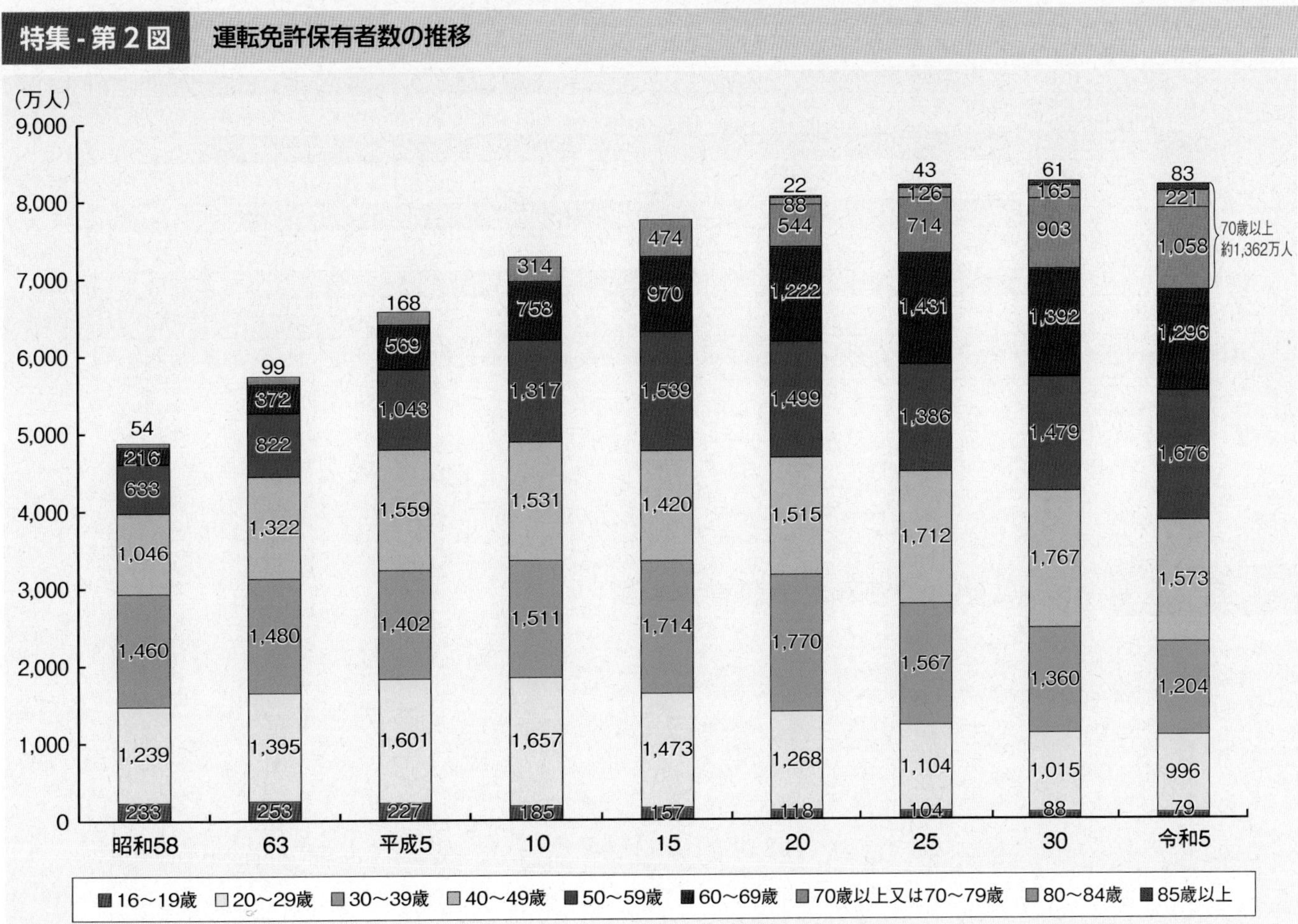

注　1　警察庁資料による。
　　2　平成17年以降は，70歳以上を，70～79歳，80～84歳，85歳以上に区分している。

特集 - 第３図　運転免許保有者構成率の推移

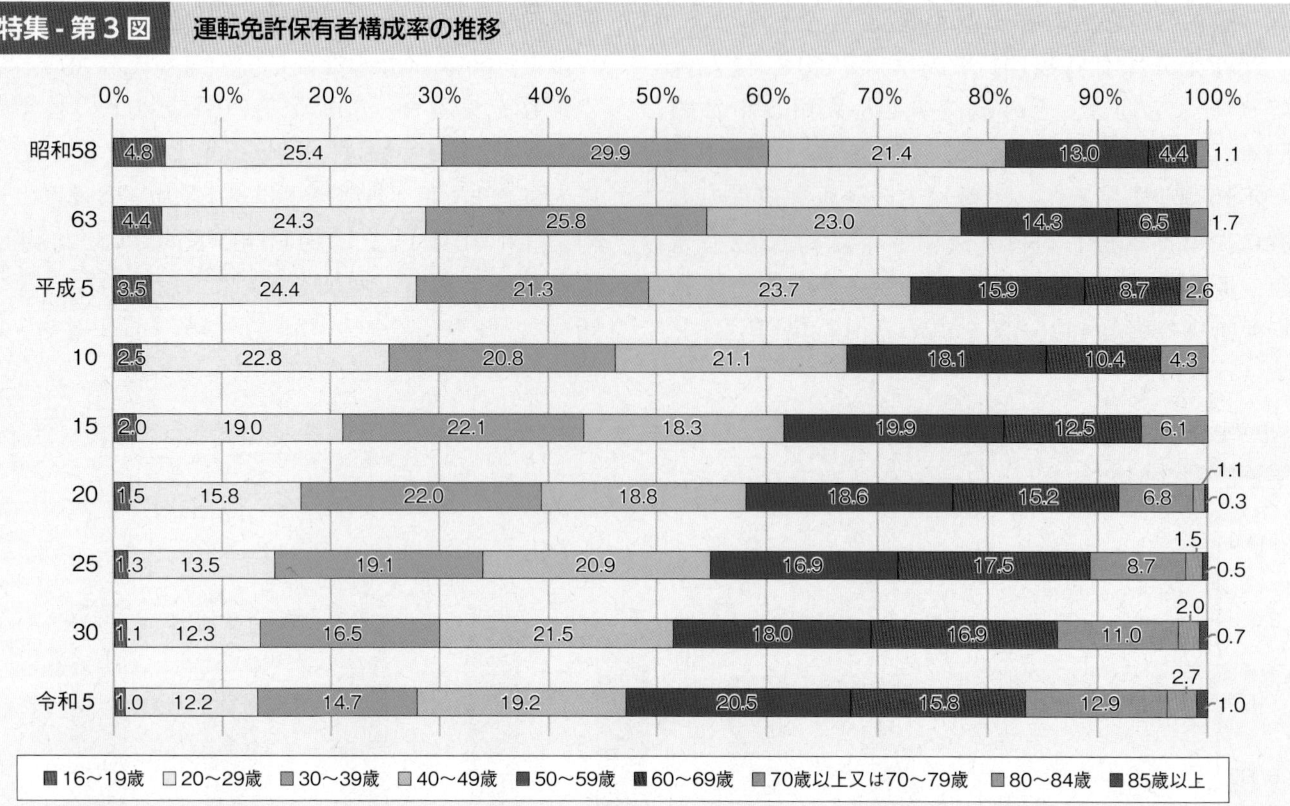

注　1　警察庁資料による。
　　2　平成17年以降は，70歳以上を，70～79歳，80～84歳，85歳以上に区分している。
　　3　構成割合は小数点以下第２位を四捨五入しているため，合計しても必ずしも100とならない。

特集 - 第４図　65歳以上の年齢層別運転免許保有者数の推移

（万人）

	65歳以上	70歳以上	75歳以上	80歳以上	85歳以上
平成25	1,534	882	425	169	43
26	1,639	932	447	180	48
27	1,710	949	478	196	52
28	1,768	977	513	209	56
29	1,818	1,052	540	221	59
30	1,863	1,130	564	227	61
令和元	1,885	1,195	583	229	62
2	1,908	1,245	590	243	67
3	1,928	1,285	610	262	72
4	1,946	1,322	667	281	78
5	1,984	1,362	728	304	83

注　警察庁資料による。

3　年齢層別に見た交通事故死者数の推移

令和5年の交通事故死者数は2,678人（前年比＋68人，＋2.6％）で，8年ぶりに増加した。

平成元年の交通事故死者数と比較すると，令和5年の交通事故死者数は，約4分の1に減少している。年齢層別に比較すると，15歳以下の交通事故死者数は40人で約16分の1，16～24歳の交通事故死者数は206人で約15分の1と若年層で大きく減少し，25～64歳の交通事故死者数も966人で約5分の1となった一方で，65歳以上の交通事故死者数は1,466人で約4割の減少に，75歳以上の交通事故死者数は1,006人で約2割の減少にとどまっており，大きな違いが見られる（特集-第5図，第6図）。

こうした変化を受け，年齢層別に交通事故死者数の割合を見ると，65歳以上の交通事故死者数が交通事故死者数全体に占める割合は，平成元年は22.7％であったが，平成22年に初めて50％を超え，令和5年は54.7％となっており，高い割合で推移している（特集-第7図）。

65歳以上の者について，状態別の交通事故死者数及びその割合を見ると，交通事故死者数は平成13年以降，全ての状態別において減少傾向にある。また，割合については，自転車乗用中と二輪車※乗車中が減少している一方で，歩行中が5割前後の高い水準で推移しており，自動車乗車中は平成元年と比較すると令和5年は約2.8倍に増加している。令和5年は歩行中が687人（46.9％），自動車乗車中が451人（30.8％），自転車乗用中が208人（14.2％），二輪車乗車中が109人（7.4％）となっており，歩行中及び自転車乗用中が占める割合は依然として60％を超えている（特集-第8図，第9図）。

特集-第5図　年齢層別交通事故死者数の推移

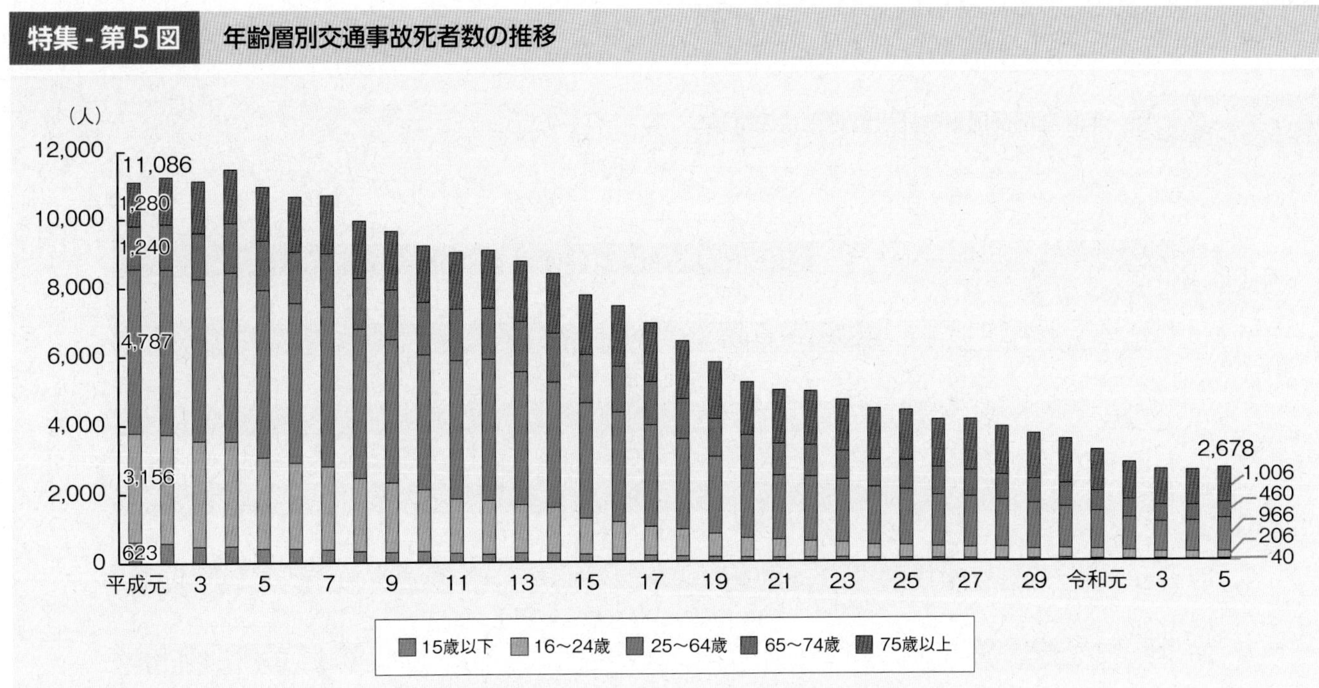

注　警察庁資料による。

※二輪車
自動二輪車及び原動機付自転車（令和5年中は，一般原動機付自転車及び特定小型原動機付自転車）をいう。

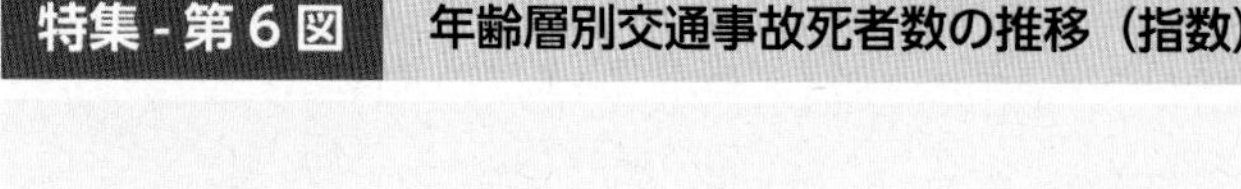

特集 - 第６図　年齢層別交通事故死者数の推移（指数）

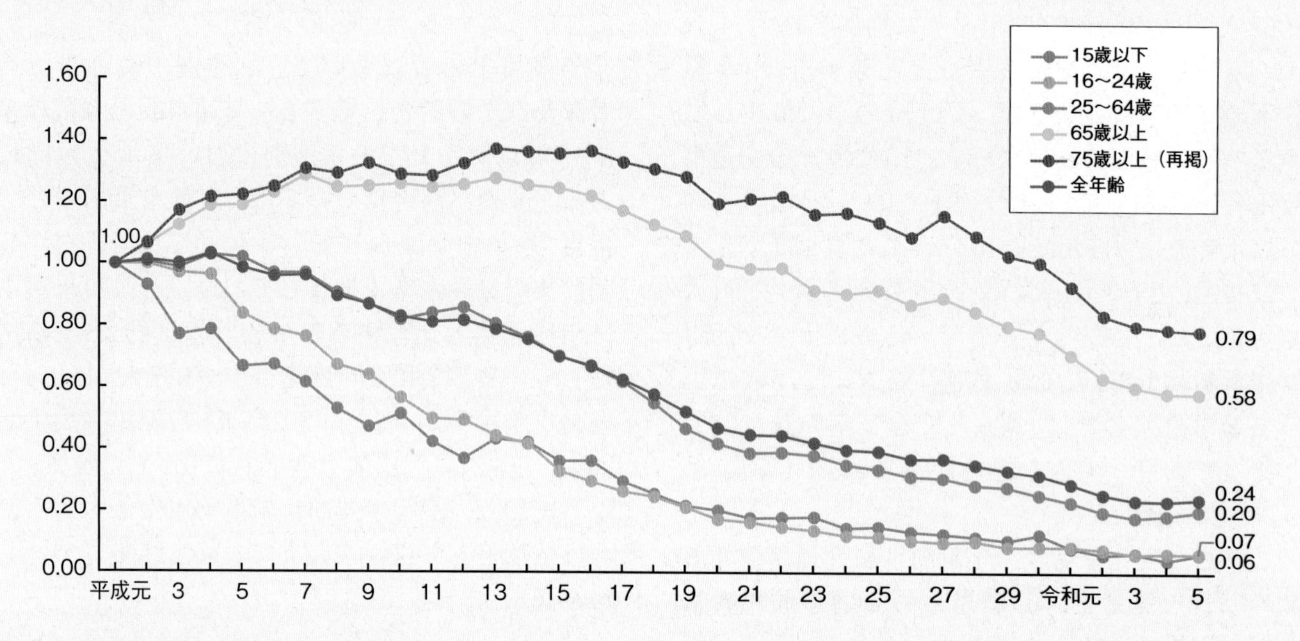

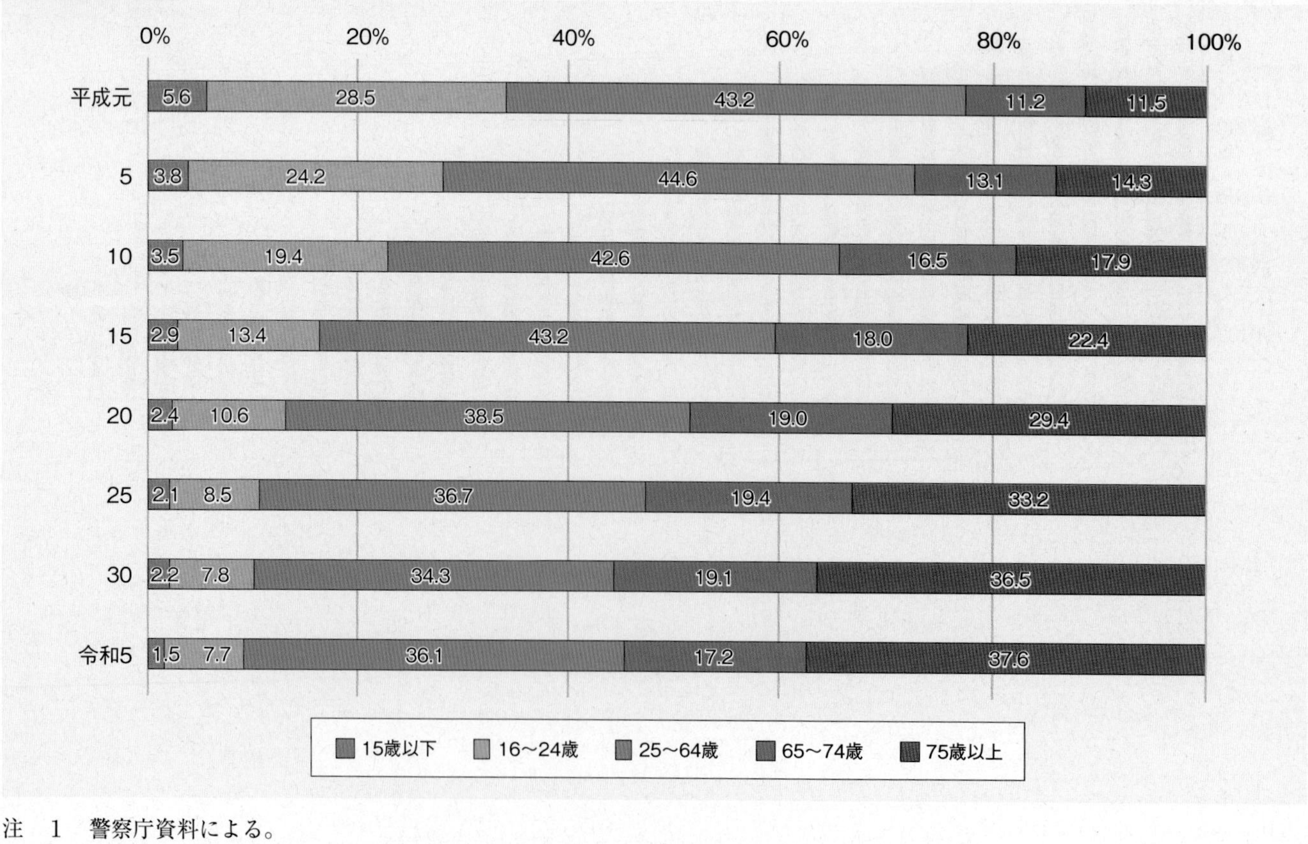

15歳以下
16～24歳
25～64歳
65歳以上
75歳以上（再掲）
全年齢
1.60
1.40
1.20
1.00
0.80
0.60
0.40
0.20
0.00
1.00
0.79
0.58
0.24
0.20
0.07
0.06
平成元
3
5
7
9
11
13
15
17
19
21
23
25
27
29
令和元
3
5

注　1　警察庁資料による。
　　2　指数は，平成元年を1.00とした。

特集 - 第７図　年齢層別交通事故死者数の割合の推移

0%
20%
40%
60%
80%
100%
平成元　5.6　28.5　43.2　11.2　11.5
5　3.8　24.2　44.6　13.1　14.3
10　3.5　19.4　42.6　16.5　17.9
15　2.9　13.4　43.2　18.0　22.4
20　2.4　10.6　38.5　19.0　29.4
25　2.1　8.5　36.7　19.4　33.2
30　2.2　7.8　34.3　19.1　36.5
令和5　1.5　7.7　36.1　17.2　37.6
15歳以下
16～24歳
25～64歳
65～74歳
75歳以上

注　1　警察庁資料による。
　　2　構成割合は小数点以下第２位を四捨五入しているため，合計しても必ずしも100とならない。

特集 - 第８図　65歳以上の状態別交通事故死者数の推移

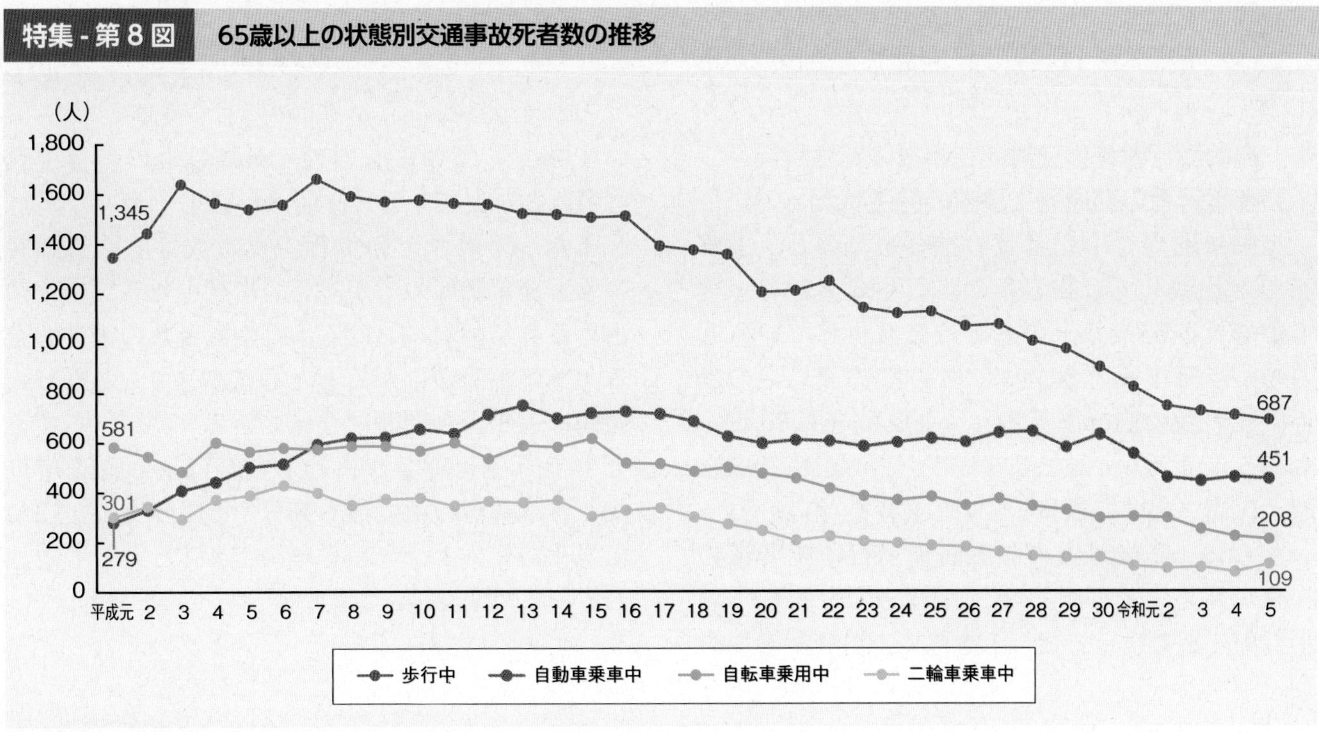

注　警察庁資料による。

特集 - 第９図　65歳以上の状態別交通事故死者数の割合の推移

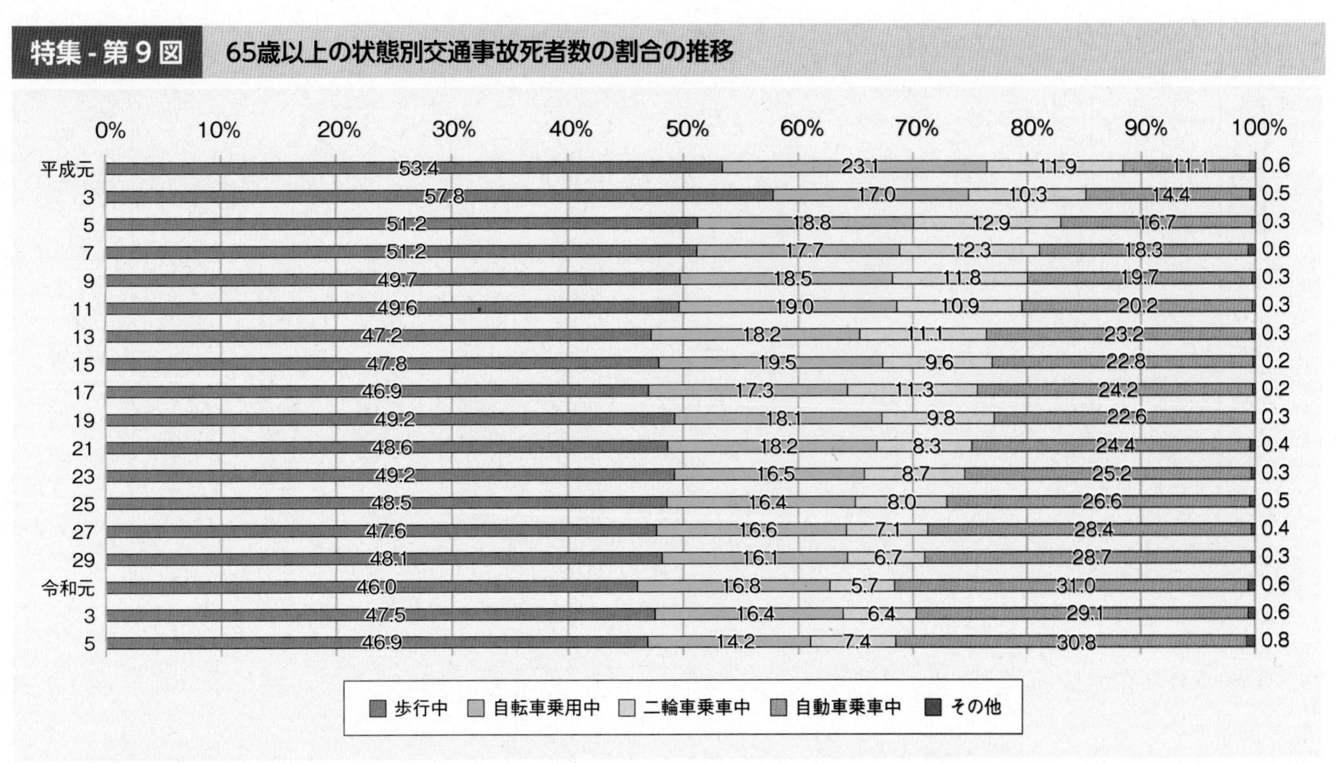

注　1　警察庁資料による。
　　2　構成割合は小数点以下第２位を四捨五入しているため，合計しても必ずしも100とならない。

第２節　高齢歩行者等の交通死亡事故の状況

1　高齢歩行者等の交通死亡事故の発生状況

⑴高齢歩行者の交通死亡事故の発生状況

年齢層別歩行中死者数の推移を見ると，平成25年と比較して令和５年の歩行中死者数は，全年齢層及び65歳以上の者ともに減少しているものの，歩行中死者数全体に占める65歳以上の歩行中死者数の割合を見ると，平成25年は70.4％，令和５年は70.6％となっており，おおむね70％を超える高い水準で推移している（特集-第10図）。

さらに，65歳以上の年齢層別歩行中死者数の推移を見ると，平成25年と比較して令和５年の歩行中死者数は，85歳以上を除いた各年齢層において減少しているものの，85歳以上の歩行中死者数は増加している（特集-第11図）。

また，65歳以上の歩行中死者数は，低年齢層よりも高年齢層の方が多い。歩行中死者数全体に占める各年齢層における歩行中死者数の割合を見ると，年齢層が上がるとともに高まり，こうした傾向は近年より顕著になっている。特に，85歳以上の歩行中死者数が占める割合は，平成29年以降，各年齢層の中で最も高く，平成25年が14.5％であるのに対し，令和５年は25.4％と大きく増加している（特集-第12図）。

特集-第10図　年齢層別歩行中死者数と65歳以上の者の割合の推移

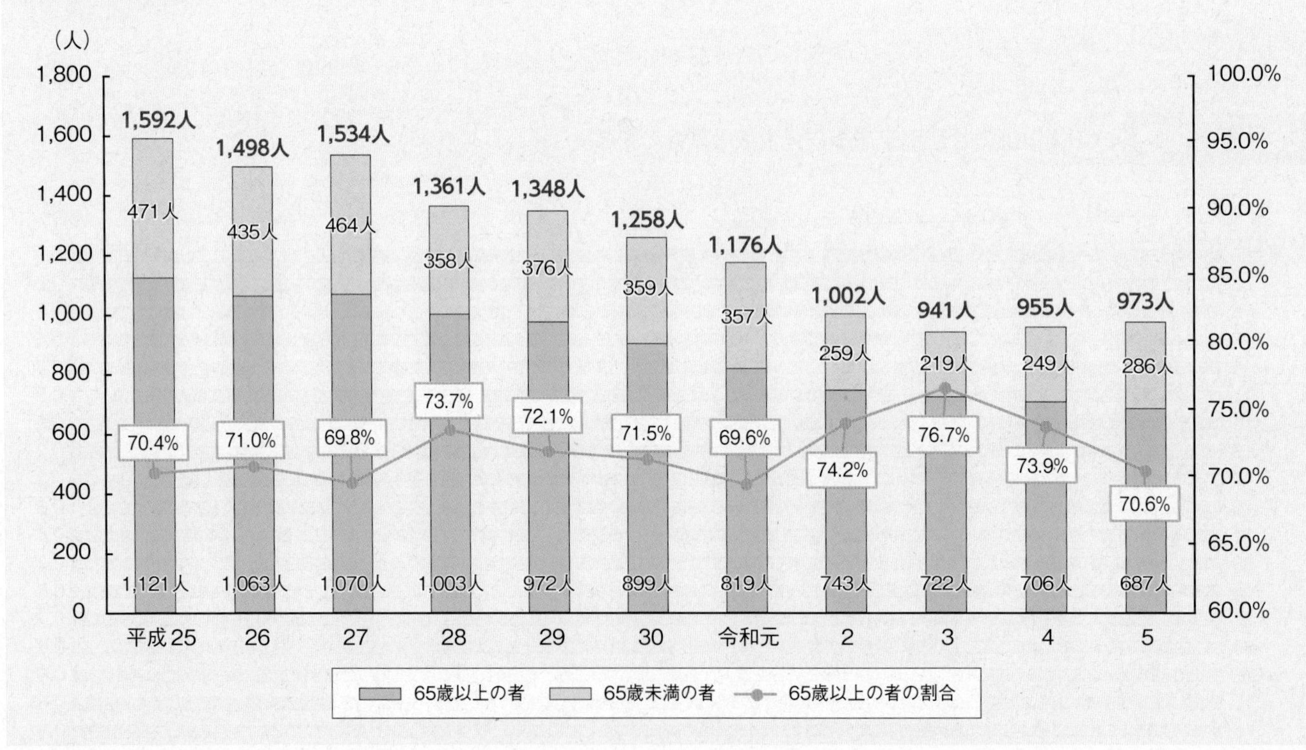

注　警察庁資料による。

特集 - 第 11 図　65歳以上の年齢層別歩行中死者数の推移

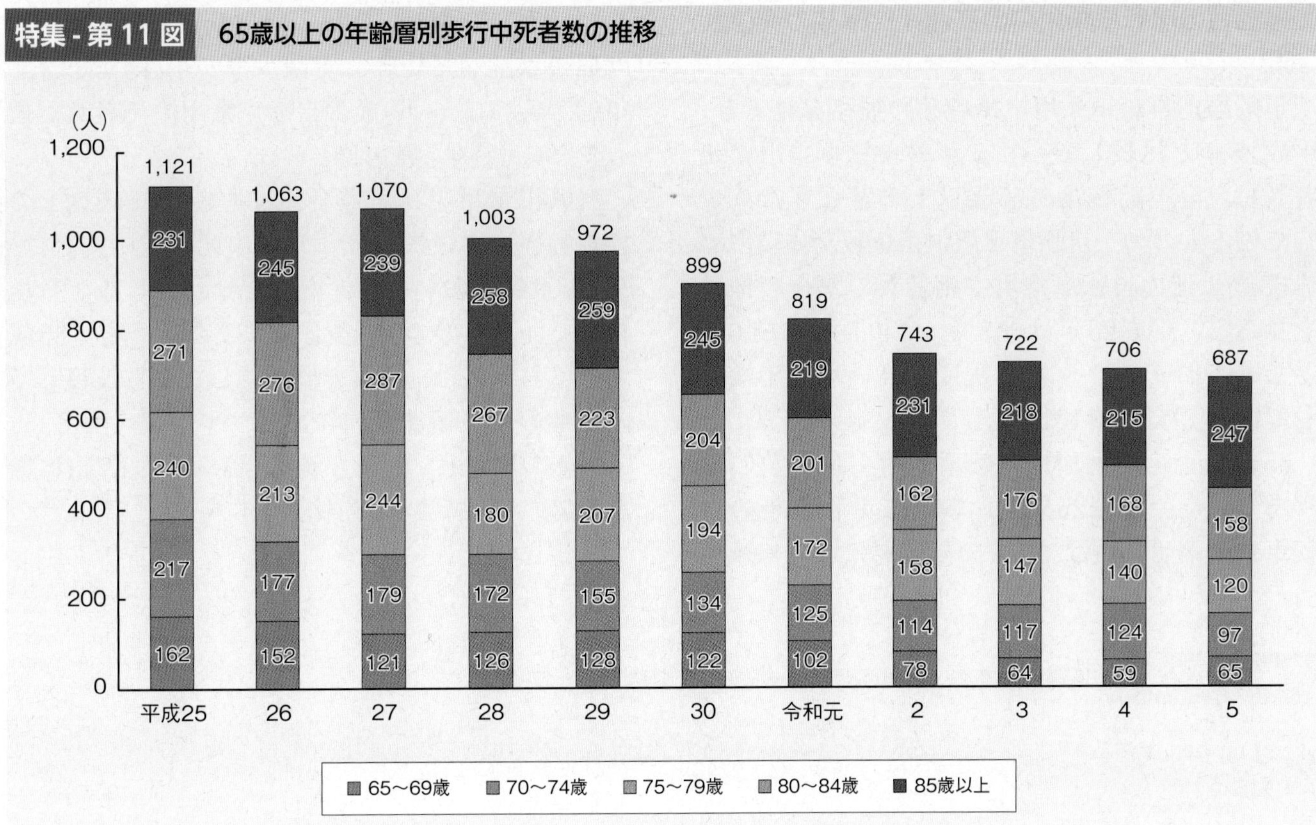

注　警察庁資料による。

特集 - 第 12 図　歩行中死者数全体に占める65歳以上の年齢層別歩行中死者数の割合の推移

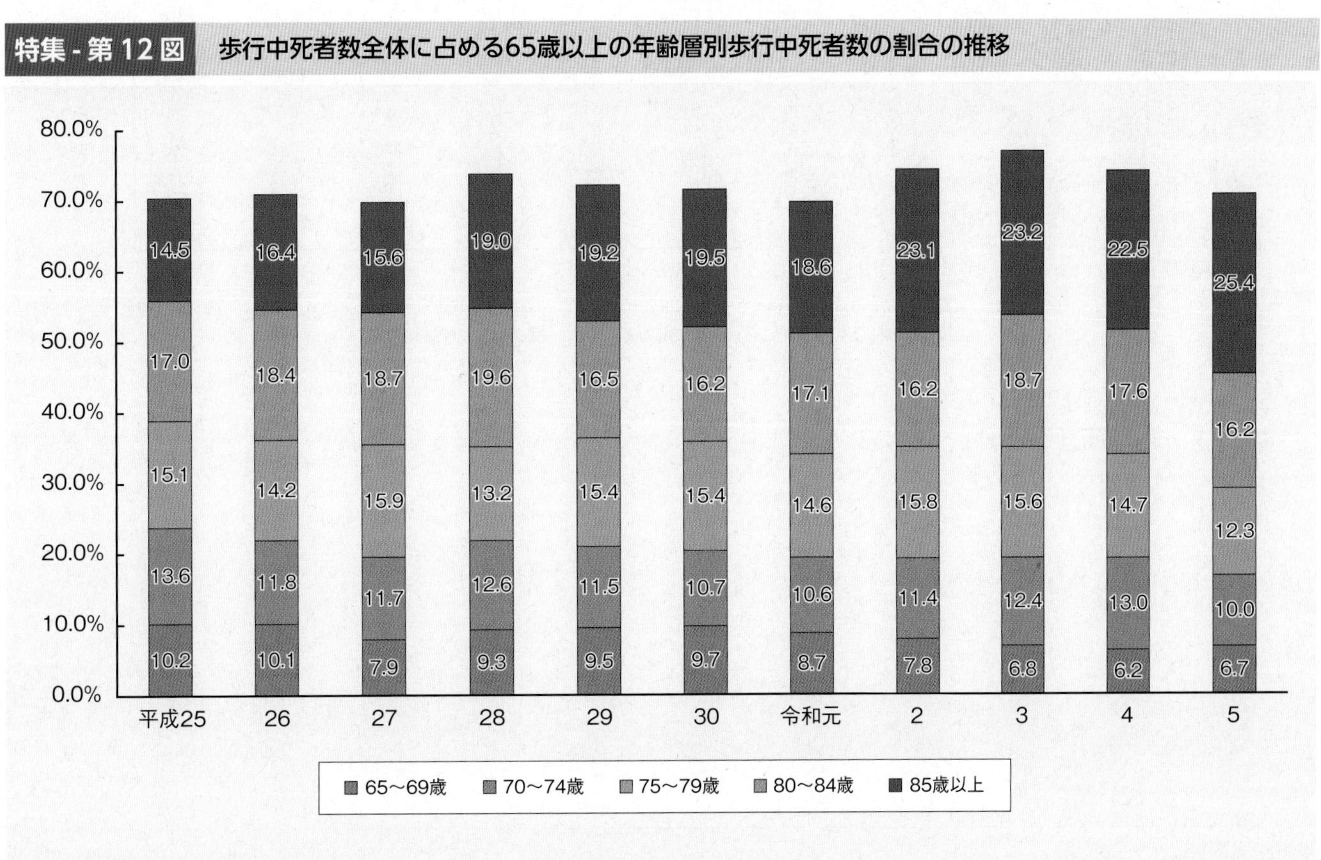

注　警察庁資料による。

⑵高齢者の自転車乗用中の交通死亡事故の発生状況

年齢層別自転車乗用中死者数の推移を見ると，平成25年と比較して令和５年の自転車乗用中死者数は，全年齢層及び65歳以上の者ともに減少しているものの，自転車乗用中死者数全体に占める65歳以上の自転車乗用中死者数の割合の推移を見ると，平成25年は63.5%，令和５年は61.0%となっており，60～70%程度の高い水準で推移している（特集-第13図）。

65歳以上の年齢層別自転車乗用中死者数の推移を見ると，平成25年と比較して令和５年の自転車乗用中死者数は，全ての年齢層において減少しているものの，85歳以上の自転車乗用中死者数は他の年齢層と比較して減少率が小さい。また，年齢が若い65～69歳の自転車乗用中死者数が最も少ない（特集-第14図）。

自転車乗用中死者数全体に占める65歳以上の各年齢層における自転車乗用中死者数の割合は，65～69歳においては，増減を繰り返しながら推移しているものの，減少傾向にある。一方，85歳以上においては，増減を繰り返しながら推移しているものの，増加傾向にあり，平成25年が8.4%であるのに対し，令和５年は14.1%と約1.7倍に増加している（特集-第15図）。

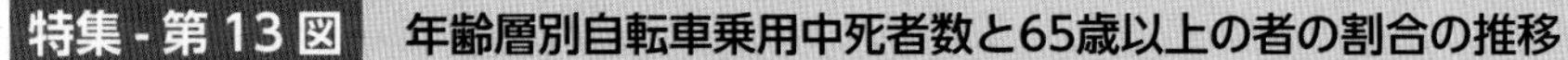
特集-第13図　年齢層別自転車乗用中死者数と65歳以上の者の割合の推移

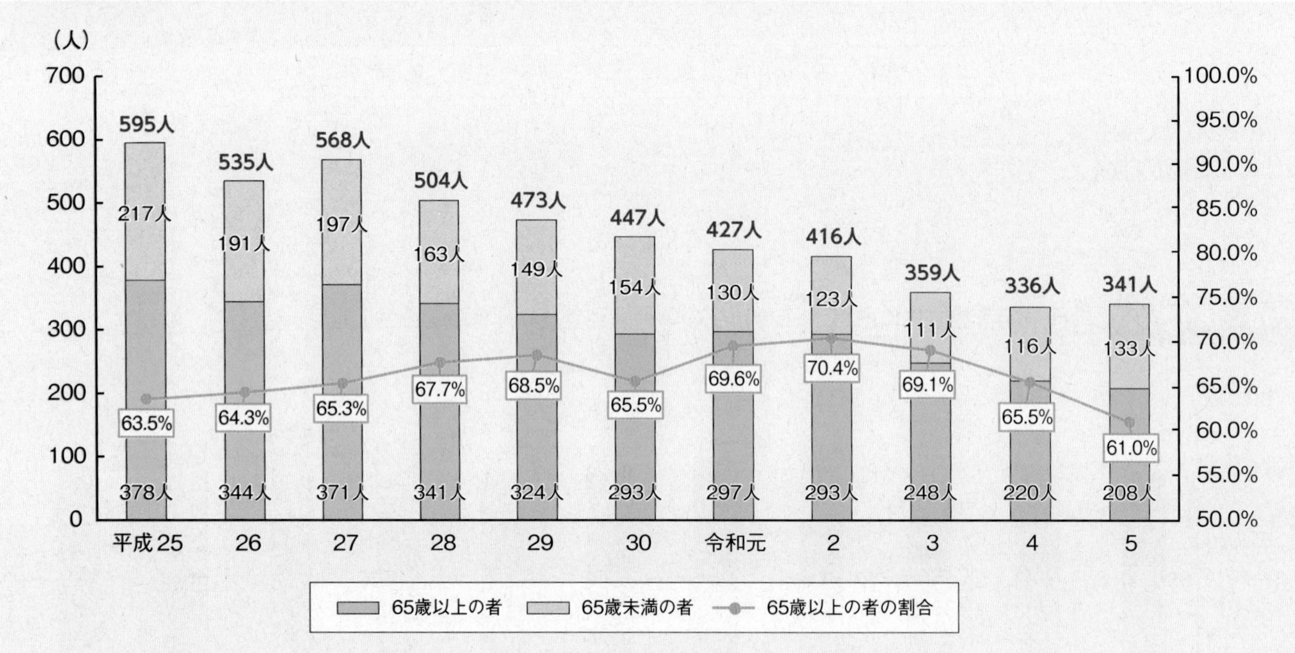

注　1　警察庁資料による。
　　2　第１・第２当事者※の合計。

※第１当事者
　最初に交通事故に関与した事故当事者のうち，最も過失の重い者をいう。
※第２当事者
　最初に交通事故に関与した事故当事者のうち，第１当事者以外の者をいう。

特集 - 第 14 図　65歳以上の年齢層別自転車乗用中死者数の推移

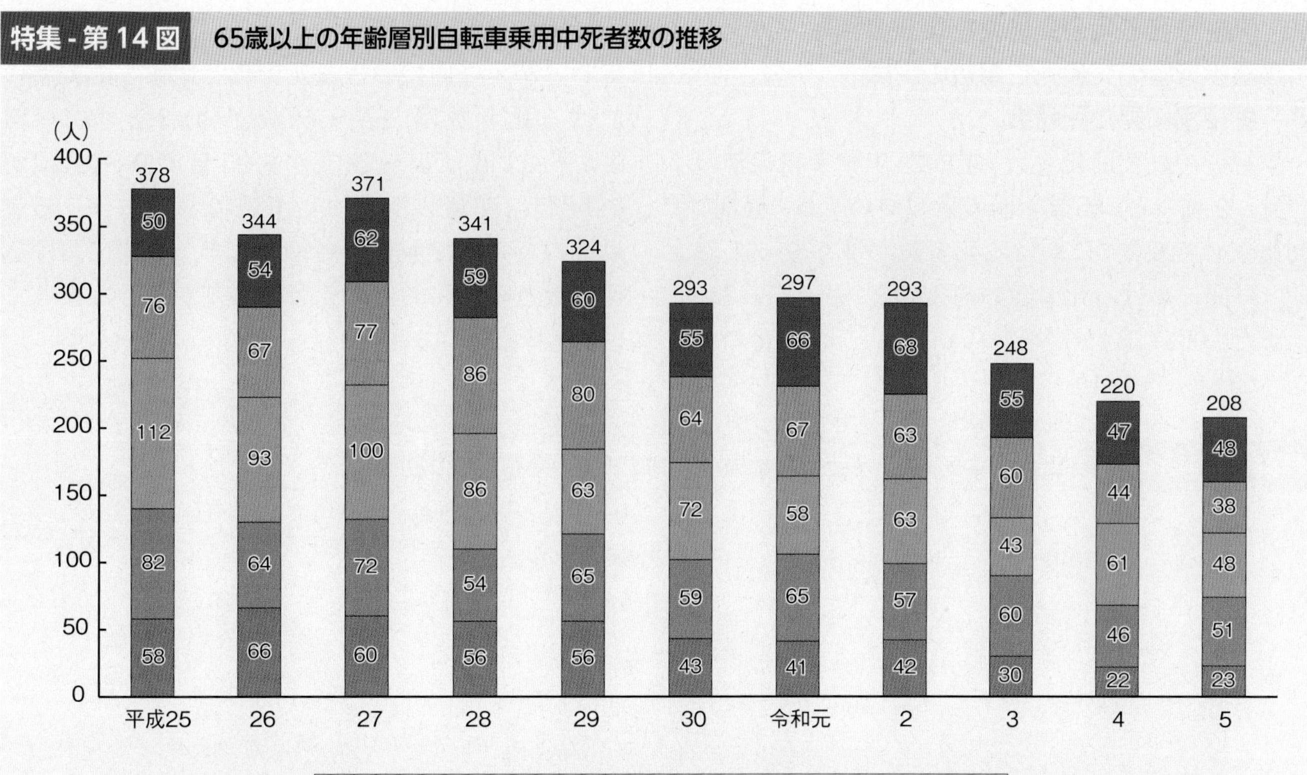

注　1　警察庁資料による。
　　2　第１・第２当事者の合計。

特集 - 第 15 図　自転車乗用中死者数全体に占める65歳以上の年齢層別自転車乗用中死者数の割合の推移

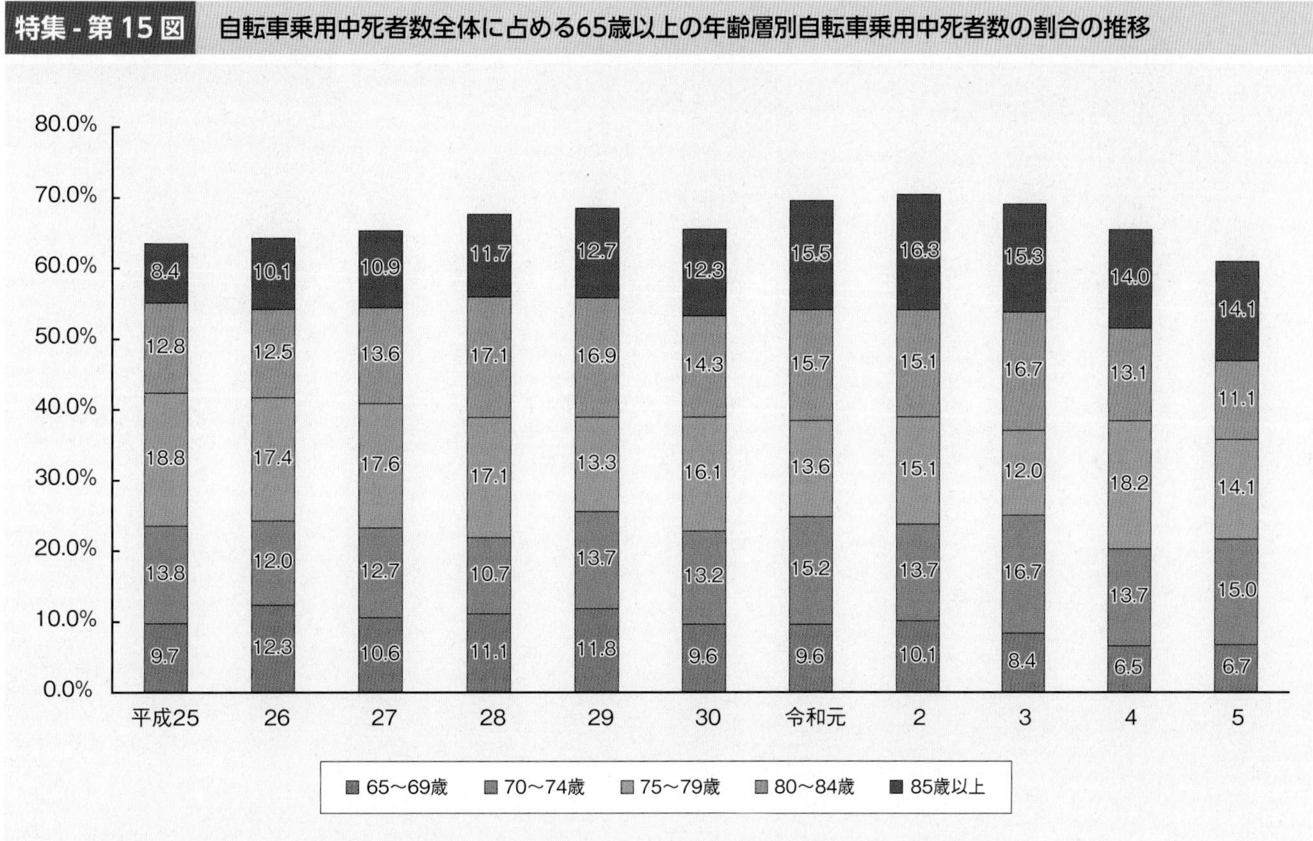

注　1　警察庁資料による。
　　2　第１・第２当事者の合計。

2　高齢歩行者等の交通死亡事故の特徴

⑴高齢歩行者の交通死亡事故の特徴

ア　昼夜別に見た死者数

歩行者の昼夜別死者数（平成25年～令和５年の合計）を見ると，65歳未満の者については，昼間※と比較して夜間※における死者数が多くなっており，昼間における死者数の約3.7倍になっている。

また，65歳以上の者についても，65歳未満の者と同様に昼間より夜間における死者数が多くなっているが，昼間における死者数と比較した夜間における死者数は，65 ～ 69歳が約3.3倍，70 ～ 74歳が約2.1倍，75 ～ 79歳が約2.1倍，80 ～ 84歳が約1.8倍，85歳以上が約1.4倍となっており，65歳以上の者の中でも特に高年齢層で，昼間における死者数と夜間における死者数の差が小さくなっている（特集-第16図）。

特集 - 第 16 図　昼夜別歩行中死者数と割合（年齢層別，平成25年～令和５年の合計）

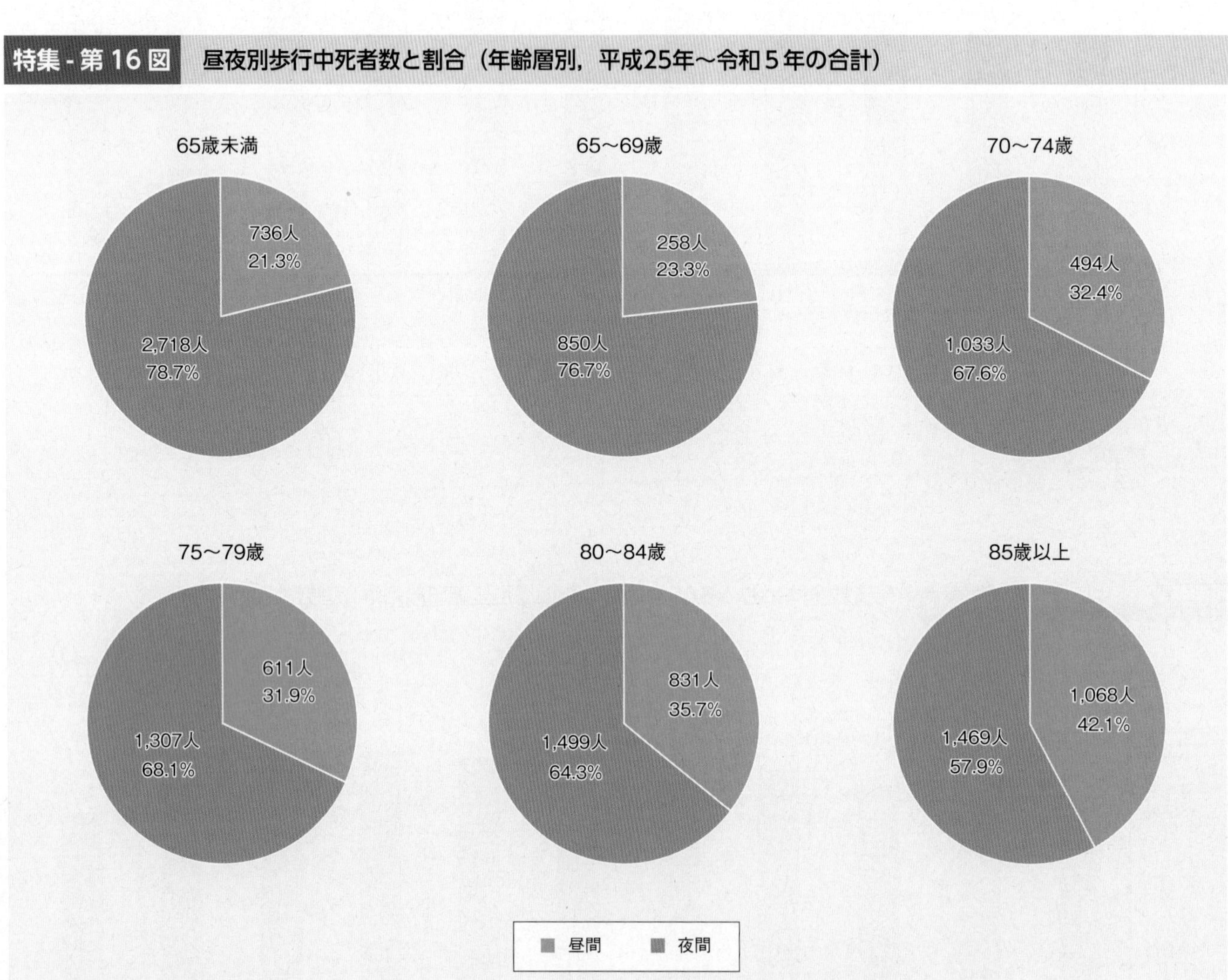

注　1　警察庁資料による。
　　2　列車事故を除く。
　　3　第１・第２当事者の合計。

※昼間，夜間
「昼間」とは，日の出から日の入りまでを，「夜間」とは，日の入りから日の出までをいう。

イ　事故類型別に見た死者数

歩行者の事故類型別死者数（平成25年～令和５年の合計）を見ると，65歳未満の道路横断中の死者数の割合は，歩行者の死者数全体の50.6％であり，横断歩道横断中の死者数の占める割合が19.6％であるのに対し，横断歩道以外横断中の死者数の占める割合は，31.0％と約１割高くなっている。

一方，65歳以上の事故類型別死者数について，各年齢層における歩行者の死者数全体に占める道路横断中の死者数の割合は，65～69歳は66.7％，70～74歳は71.8％，75～79歳は77.1％，80～84歳は79.9％，85歳以上は82.1％となっており，年齢層が高くなるとともに道路横断中の死者数の割合が高くなっている。

また，65歳以上の各年齢層における横断歩道横断中の死者数の割合と横断歩道以外横断中の死者数の割合は，年齢層が高くなるとともに横断歩道以外横断中の方が高くなっており，85歳以上については，横断歩道横断中が21.9％であるのに対し，横断歩道以外横断中は約2.7倍の60.2％となっている（特集-第17図）。

特集-第17図　歩行者の事故類型別死者数と割合（年齢層別，平成25年～令和５年の合計）

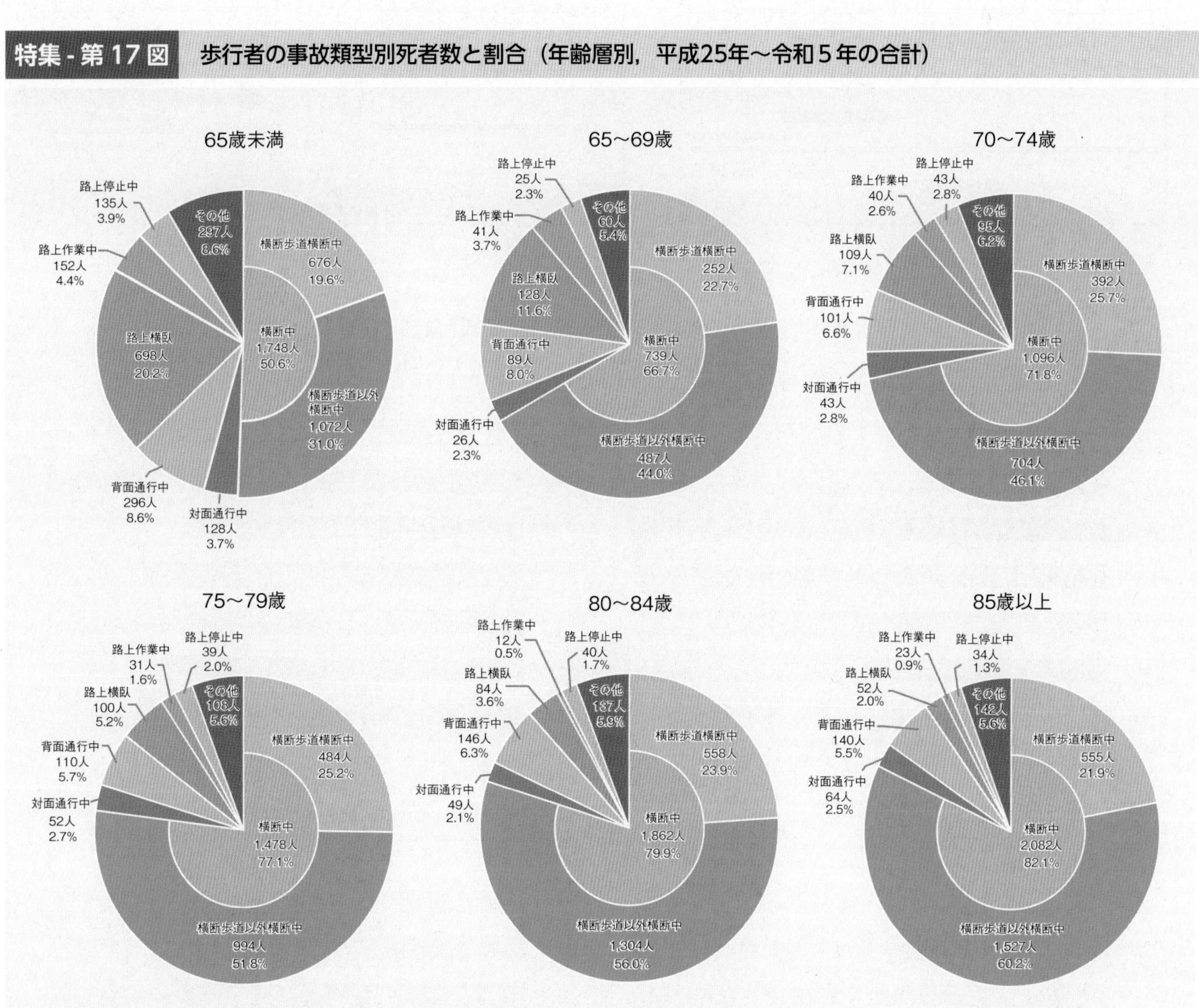

注　1　警察庁資料による。
　　2　列車事故を除く。
　　3　第１・第２当事者の合計。
　　4　構成割合は小数点以下第２位を四捨五入しているため，合計しても必ずしも100とならない。

ウ　道路横断中の交通死亡事故の発生状況

歩行者が道路横断中に死亡した交通死亡事故の発生状況（平成25年～令和５年の合計）を見ると，交差点，単路のいずれにおいても，65歳以上の者の交通死亡事故件数が65歳未満の者の交通死亡事故件数より多く，特に夜間に左からの進行車両と衝突する交通死亡事故が多く発生している。

さらに，65歳以上の歩行者が道路横断中に死亡した交通死亡事故の発生状況について，年齢層別に見ると，いずれの年齢層においても，交差点，単路ともに夜間に左からの進行車両と衝突する交通死亡事故が多く発生しており，交差点と単路を合わせた交通死亡事故件数は，年齢層が高くなるとともに多くなり，85歳以上の者が死亡する交通死亡事故が最も多くなっている（特集-第18図，第19図）。

特集-第18図　歩行者・自転車衝突死亡事故のイメージ図

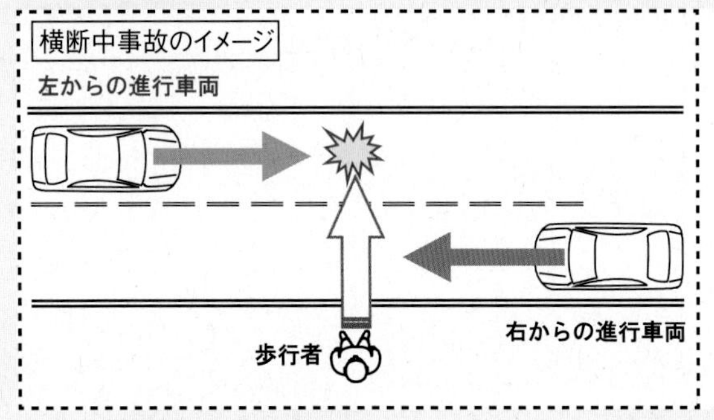

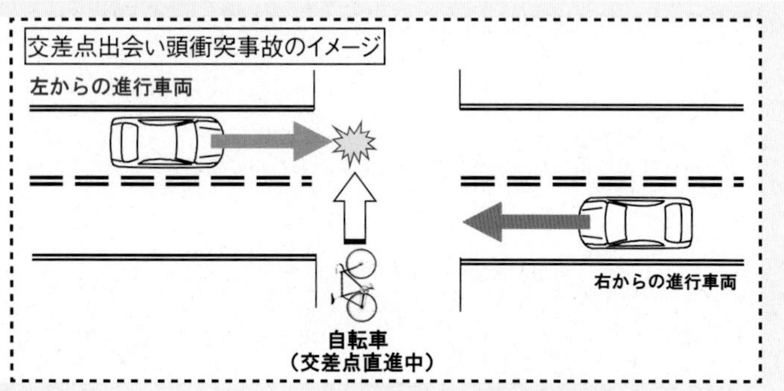

注　警察庁資料による。

特集-第19図　昼夜別の歩行者横断中死亡事故の車両進行方向比較（年齢層別，平成25年～令和５年の合計）

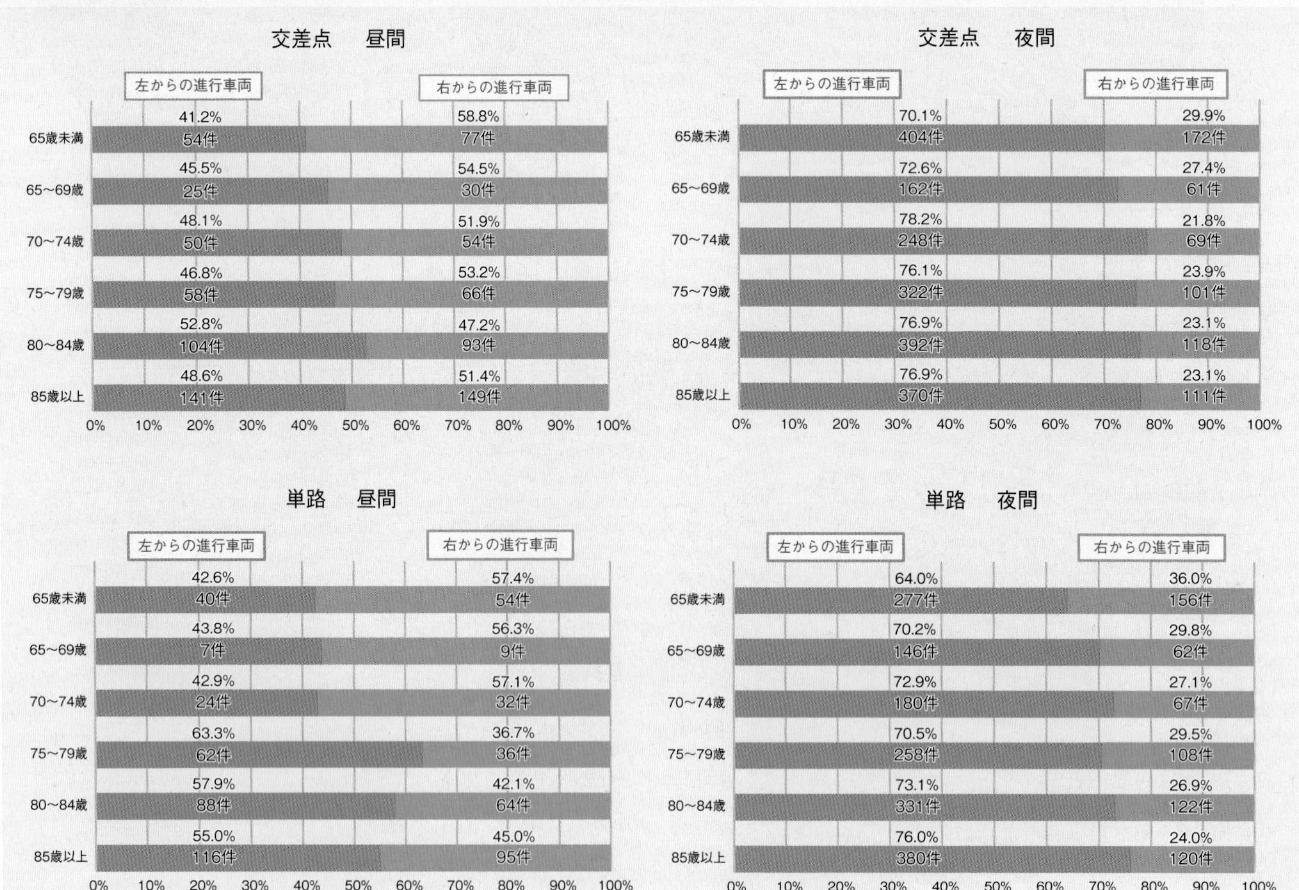

注　1　警察庁資料による。
　　2　第１・第２当事者の合計。
　　3　構成割合は小数点以下第２位を四捨五入しているため，合計しても必ずしも100とならない。

エ　道路横断中の交通死亡事故における歩行者の法令違反状況

歩行者が道路横断中に死亡した交通死亡事故における歩行者の年齢層別法令違反状況（平成25年～令和５年の合計）を見ると，横断違反※の割合は，65歳未満の者が34.2％であるのに対し，65歳以上の者については，65～69歳が41.5％，70～74歳が38.1％，75～79歳が42.6％，80～84歳が45.4％，85歳以上が46.1％と年齢層が高くなるとともに割合が高くなる傾向がある。

信号無視の割合は，65歳未満の者が17.6％であるのに対し，65歳以上の者については，65～69歳が11.8％，70～74歳が10.9％，75～79歳が10.1％，80～84歳が8.2％，85歳以上が7.1％と年齢層が高くなるとともに割合が低くなっている。

一方，違反なしの割合は，65歳未満の者が36.0％であるのに対し，65歳以上の者については，65～69歳が38.8％，70～74歳が45.3％，75～79歳が41.9％，80～84歳が40.9％，85歳以上が39.5％と65歳以上の者の方が65歳未満の者より割合が高くなっている。

これらのことから，65歳以上の者は，いずれの年齢層においても，65歳未満の者と比較して法令違反全体の割合は低いものの，法令違反のうち横断違反の割合が高いことが分かる（特集-第20図）。

特集-第20図　歩行者（道路横断中）の法令違反別死者数と割合（年齢層別，平成25年～令和５年の合計）

注　1　警察庁資料による。
　　2　第１・第２当事者の合計。
　　3　構成割合は小数点以下第２位を四捨五入しているため，合計しても必ずしも100とならない。

※横断違反
　横断歩道外横断，走行車両直前直後横断等。

オ　交通事故防止対策の必要性

これらを踏まえると，高齢者は，道路を横断する際に，左右から進行してくる車両に対する安全確認が十分に行えていない可能性があるほか，安全に横断できると判断して横断し始めても，加齢による身体機能の変化等により思うように歩くことができず，横断し終わる前に左右から進行してくる車両と衝突している可能性が考えられる。特に，夜間，左から進行してくる車両と衝突する交通死亡事故が多く発生していることについては，高齢者は夜間は進行してくる車両全体がはっきりと見えないことが多く，進行してくる車両との距離を適切に判断できていない可能性が考えられる。

また，年齢層によって割合に違いはあるものの，道路横断中に死亡した高齢歩行者に横断違反が多いことも，道路横断中における交通死亡事故が多い要因の一つとして考えられ，これは，高齢者は身体機能の変化等に伴い，道路を横断する際，周辺に横断歩道が設置されていても当該横断歩道まで歩いて行くことの負担が大きくなり，横断歩道が設置されていない道路を横断している可能性等が考えられる。

このため，高齢者に対し，正しい横断方法を始めとした交通ルールの遵守，加齢に伴う身体機能の変化等を自覚した行動，夜間等における反射材用品の着用等が行われるよう，効果的な交通安全教育，広報啓発等を行っていく必要がある。

⑵高齢者の自転車乗用中の交通死亡事故の特徴

ア　昼夜別に見た死者数

昼夜別自転車乗用中死者数（平成25年～令和５年の合計）を見ると，65歳未満の者については，夜間と昼間でほぼ同じ割合となっている。

一方で，65歳以上の者については，65～69歳を除いた各年齢層において，夜間より昼間における死者数が多くなっており，夜間における死者数と比較した昼間における死者数は，70～74歳が約1.6倍，75～79歳が約2.0倍，80～84歳が約2.9倍，85歳以上が約4.2倍と，年齢層が高くなるとともに昼間における死者数の方が多くなっている（特集-第21図）。

特集-第21図　昼夜別自転車乗用中死者数と割合（年齢層別，平成25年～令和５年の合計）

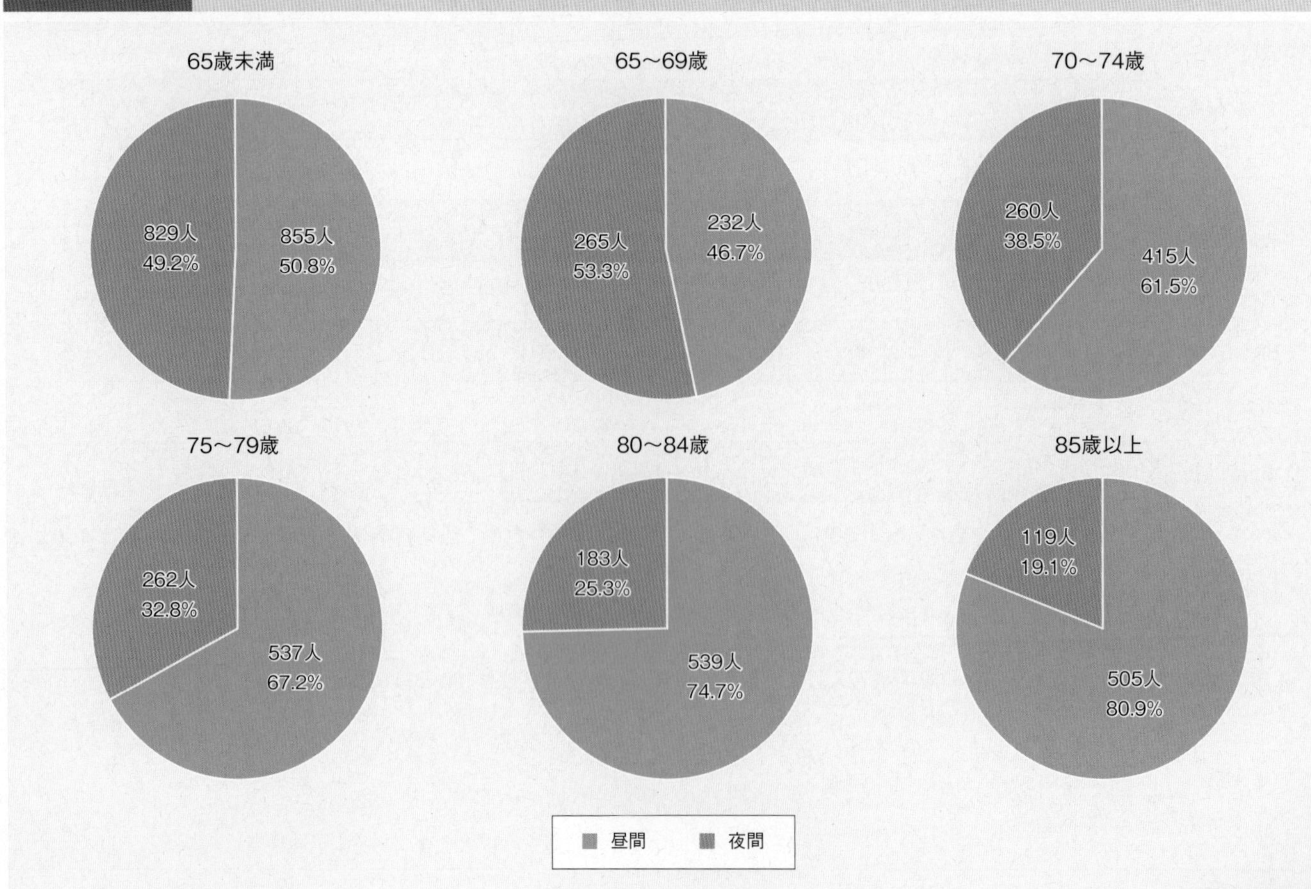

注　1　警察庁資料による。
　　2　第１・第２当事者の合計。

イ　相手当事者別に見た発生状況

自転車乗用中に死亡した交通死亡事故について相手当事者別の発生状況（平成25年～令和５年の合計）を見ると，65歳未満の者及び65歳以上の者ともに自動車の割合が最も高く，次に相手なし単独が高くなっており，65歳未満の者については，自動車が74.1％，相手なし単独が23.0％となっている。

また，65歳以上の者については，年齢層が高くなるとともに自動車の割合が増加して，相手なし単独の割合が減少する傾向にあり，85歳以上は自動車が79.3％，相手なし単独が17.8％となっている（特集-第22図）。

特集-第22図　自転車乗用中の相手当事者別死亡事故件数と割合（年齢層別，平成25年～令和５年の合計）

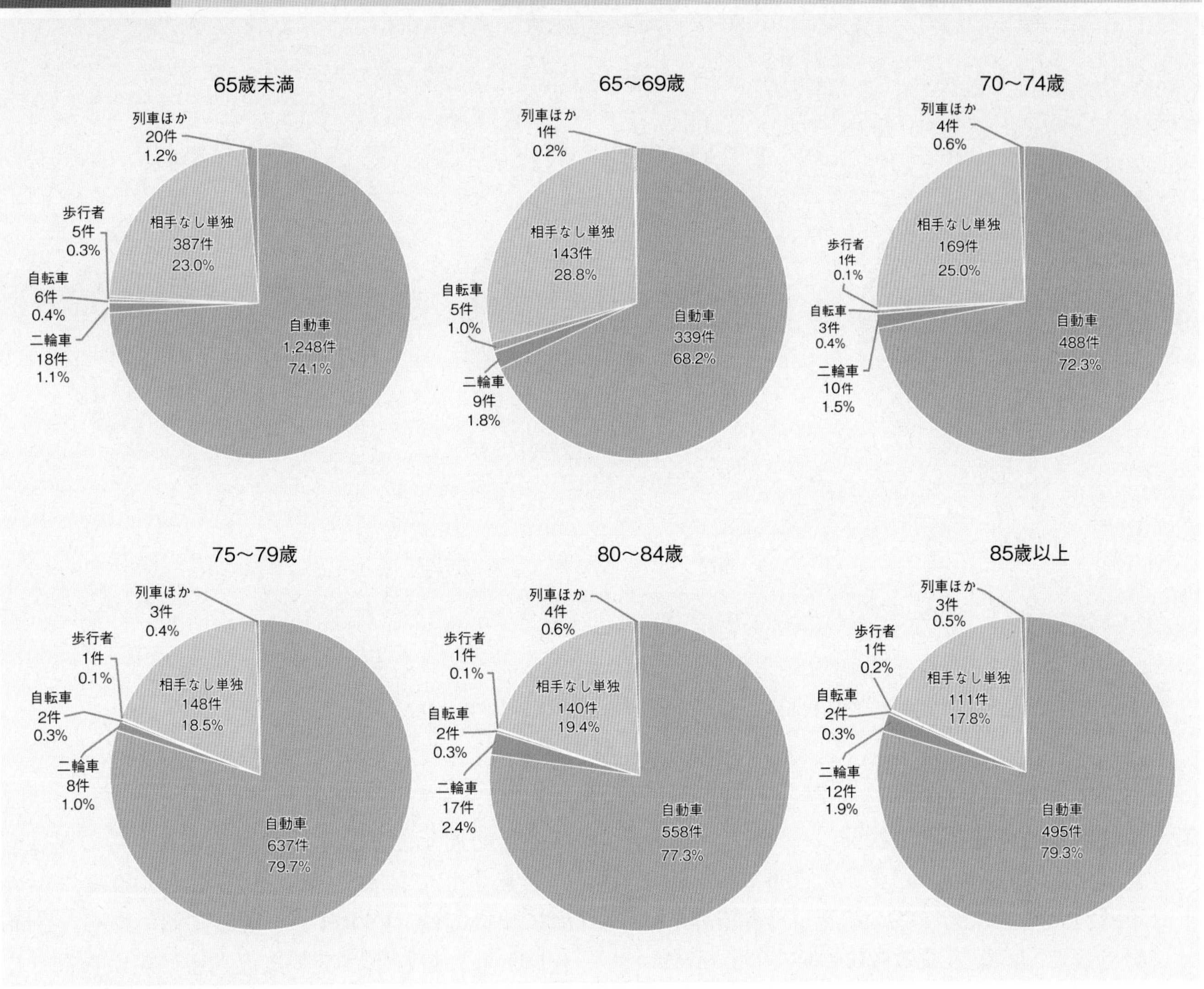

注　1　警察庁資料による。
　　2　第１・第２当事者の合計。
　　3　構成割合は小数点以下第２位を四捨五入しているため，合計しても必ずしも100とならない。

ウ　衝突地点別に見た発生状況

自転車乗用中に死亡した交通死亡事故について衝突地点別の発生状況（平成25年～令和５年の合計）を見ると，65歳未満の者と65歳以上の者のうち65～69歳を除いた各年齢層ともに単路よりも交差点の割合が高くなっている。また，全ての年齢層において，交差点の割合は約４～５割程度，単路の割合は４割程度となっている（特集-第23図）。

特集 - 第 23 図　自転車乗用中の衝突地点別死亡事故件数と割合（年齢層別，平成25年～令和５年の合計）

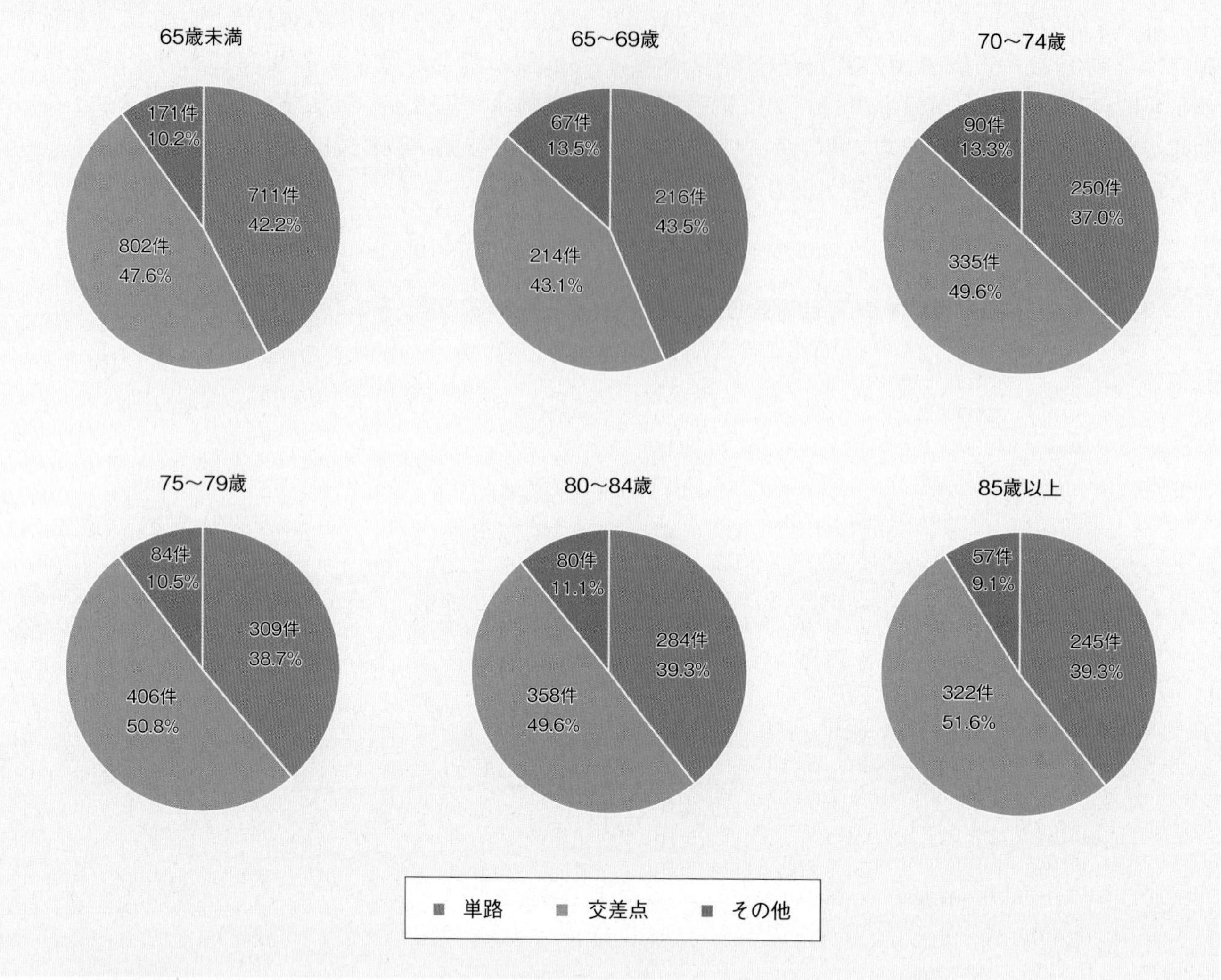

注　1　警察庁資料による。
　　2　第１・第２当事者の合計。
　　3　構成割合は小数点以下第２位を四捨五入しているため，合計しても必ずしも 100 とならない。

エ　事故類型別に見た発生状況

自転車乗用中に死亡した交通死亡事故について事故類型別の発生状況（平成25年～令和５年の合計）を見ると，65歳未満の者については，出会い頭の割合が32.8%，右左折時の割合が18.2%，追突の割合が12.4%と続いている。

一方，65歳以上の者については，いずれの年齢層においても出会い頭の割合が最も高く，路外逸脱の割合や右左折時の割合などが続いている。また，出会い頭の割合は，年齢層が高くなるとともに増加しており，いずれの年齢層においても65歳未満の者より高くなっている（特集 - 第24図）。

このうち，交差点において出会い頭に車両と衝突する交通死亡事故が，左右いずれからの進行車両と発生しているか内訳を見ると，65歳以上の者については，いずれの年齢層においても，昼間，夜間ともに自転車が交差点直進中に左から進行してくる車両と衝突する交通死亡事故の割合が高くなっている。これに対し，65歳未満の者については，左から進行してくる車両と衝突する交通死亡事故の割合は，昼間，夜間ともに65歳以上の者を下回り，昼間は逆に，右から進行してくる車両と衝突する交通死亡事故の割合の方が高くなっており，年齢によって交通死亡事故の発生状況に違いが見られる（特集 - 第18図，第25図）。

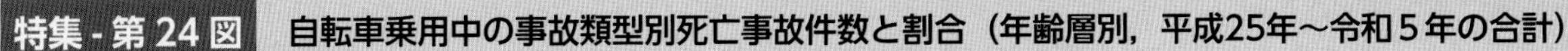

特集 - 第 24 図　自転車乗用中の事故類型別死亡事故件数と割合（年齢層別，平成25年～令和５年の合計）

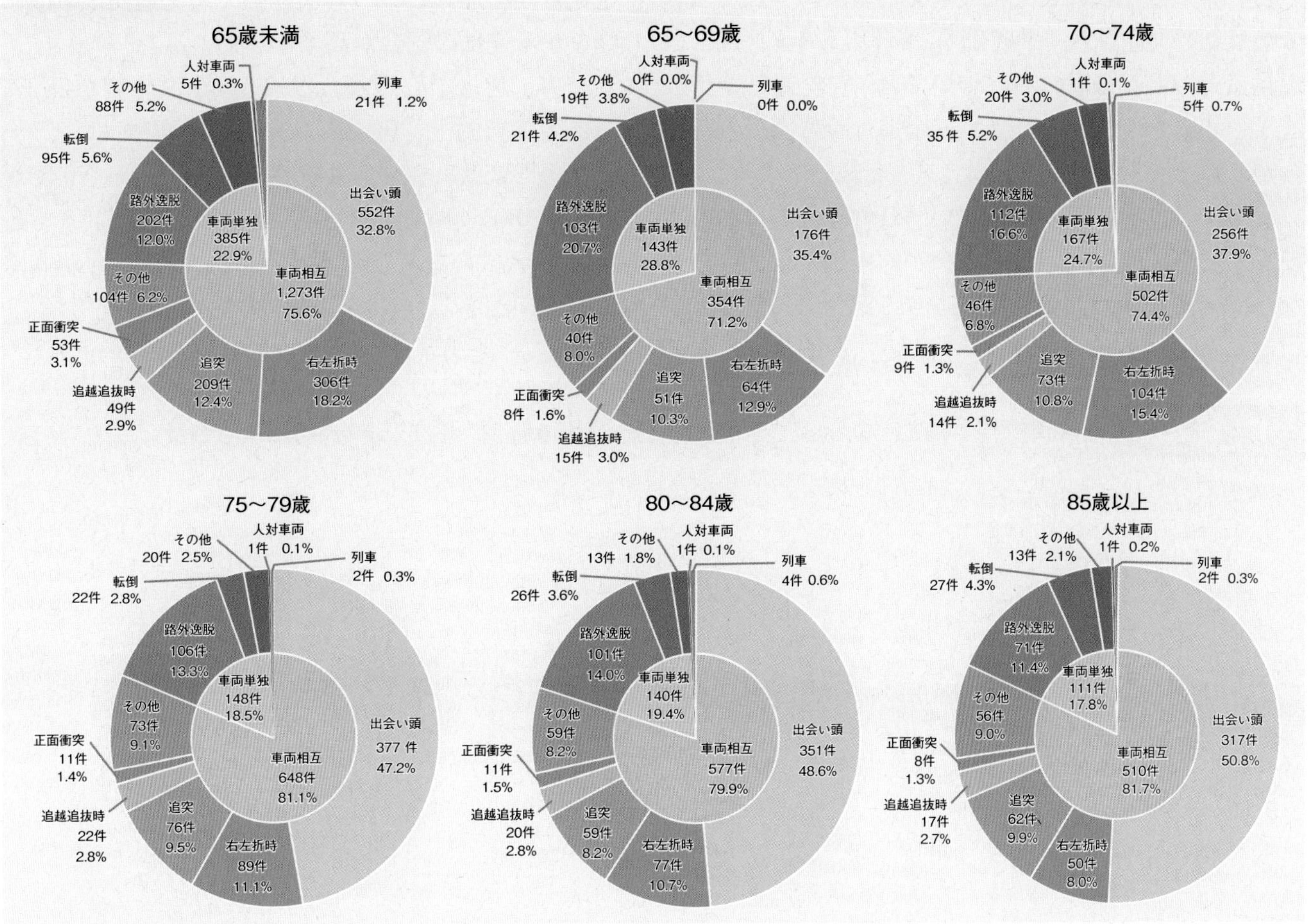

65歳未満
人対車両 5件 0.3%
その他 88件 5.2%
列車 21件 1.2%
転倒 95件 5.6%
路外逸脱 202件 12.0%
車両単独 385件 22.9%
出会い頭 552件 32.8%
車両相互 1,273件 75.6%
その他 104件 6.2%
正面衝突 53件 3.1%
追突 209件 12.4%
右左折時 306件 18.2%
追越追抜時 49件 2.9%
65～69歳
人対車両 0件 0.0%
その他 19件 3.8%
列車 0件 0.0%
転倒 21件 4.2%
路外逸脱 103件 20.7%
車両単独 143件 28.8%
出会い頭 176件 35.4%
車両相互 354件 71.2%
その他 40件 8.0%
右左折時 64件 12.9%
追突 51件 10.3%
正面衝突 8件 1.6%
追越追抜時 15件 3.0%
70～74歳
人対車両 1件 0.1%
その他 20件 3.0%
列車 5件 0.7%
転倒 35件 5.2%
路外逸脱 112件 16.6%
車両単独 167件 24.7%
出会い頭 256件 37.9%
車両相互 502件 74.4%
その他 46件 6.8%
正面衝突 9件 1.3%
追突 73件 10.8%
右左折時 104件 15.4%
追越追抜時 14件 2.1%
75～79歳
その他 20件 2.5%
人対車両 1件 0.1%
列車 2件 0.3%
転倒 22件 2.8%
路外逸脱 106件 13.3%
車両単独 148件 18.5%
その他 73件 9.1%
出会い頭 377件 47.2%
車両相互 648件 81.1%
正面衝突 11件 1.4%
追越追抜時 22件 2.8%
追突 76件 9.5%
右左折時 89件 11.1%
80～84歳
その他 13件 1.8%
人対車両 1件 0.1%
列車 4件 0.6%
転倒 26件 3.6%
路外逸脱 101件 14.0%
車両単独 140件 19.4%
その他 59件 8.2%
出会い頭 351件 48.6%
正面衝突 11件 1.5%
車両相互 577件 79.9%
追越追抜時 20件 2.8%
追突 59件 8.2%
右左折時 77件 10.7%
85歳以上
その他 13件 2.1%
人対車両 1件 0.2%
転倒 27件 4.3%
列車 2件 0.3%
路外逸脱 71件 11.4%
車両単独 111件 17.8%
その他 56件 9.0%
出会い頭 317件 50.8%
正面衝突 8件 1.3%
車両相互 510件 81.7%
追越追抜時 17件 2.7%
追突 62件 9.9%
右左折時 50件 8.0%

注　1　警察庁資料による。
　　2　第１・第２当事者の合計。
　　3　構成割合は小数点以下第２位を四捨五入しているため，合計しても必ずしも 100 とならない。

特集 - 第 25 図　昼夜別の交差点出会い頭衝突死亡事故における直進自転車に対する車両進行方向比較（年齢層別，平成25年～令和５年の合計）

昼間
左からの進行車両
右からの進行車両
65歳未満 46.4% 98件 53.6% 113件
65～69歳 61.4% 43件 38.6% 27件
70～74歳 64.1% 84件 35.9% 47件
75～79歳 58.4% 118件 41.6% 84件
80～84歳 57.3% 110件 42.7% 82件
85歳以上 52.2% 105件 47.8% 96件
0% 10% 20% 30% 40% 50% 60% 70% 80% 90% 100%
夜間
左からの進行車両
右からの進行車両
65歳未満 67.4% 116件 32.6% 56件
65～69歳 81.1% 43件 18.9% 10件
70～74歳 70.0% 35件 30.0% 15件
75～79歳 69.8% 44件 30.2% 19件
80～84歳 69.4% 34件 30.6% 15件
85歳以上 76.7% 23件 23.3% 7件
0% 10% 20% 30% 40% 50% 60% 70% 80% 90% 100%

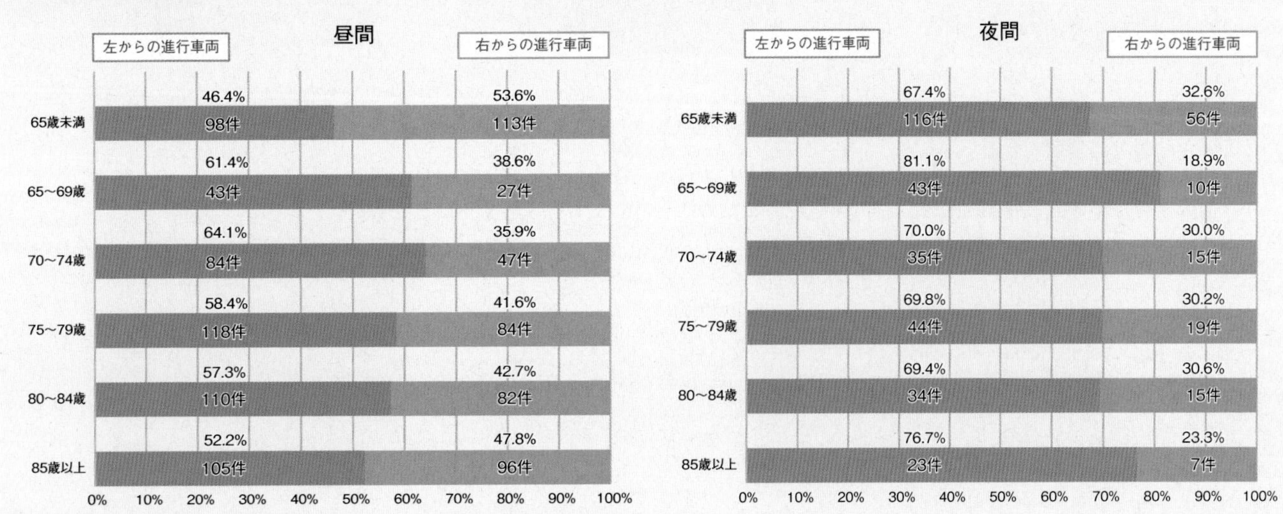

注　1　警察庁資料による。
　　2　第１・第２当事者の合計。

オ　法令違反別に見た発生状況

自転車乗用中に死亡した交通死亡事故について法令違反別の発生状況（平成25年～令和５年の合計）を見ると，65歳未満の者については，安全運転義務違反の割合が35.3％，交差点安全進行義務違反の割合が7.9％，信号無視の割合が7.8％と続いている。

65歳以上の者については，いずれの年齢層においても，安全運転義務違反の割合が約４割と最も高くなっている。また，年齢層によって割合は異なるものの，指定場所一時不停止等，信号無視，交差点安全進行義務違反といった交差点での交通死亡事故につながる違反の割合が高くなっている。

一方，違反なしの割合は，65歳未満の者が28.6％であるのに対し，65歳以上の者については，65～69歳が23.5％，70～74歳が21.2％，75～79歳が20.9％，80～84歳が15.5％，85歳以上が17.5％と年齢層が高くなるとともに違反なしの割合が低くなる傾向がある（特集-第26図）。

特集-第26図　自転車乗用中の法令違反別死亡事故件数と割合（年齢層別，平成25年～令和５年の合計）

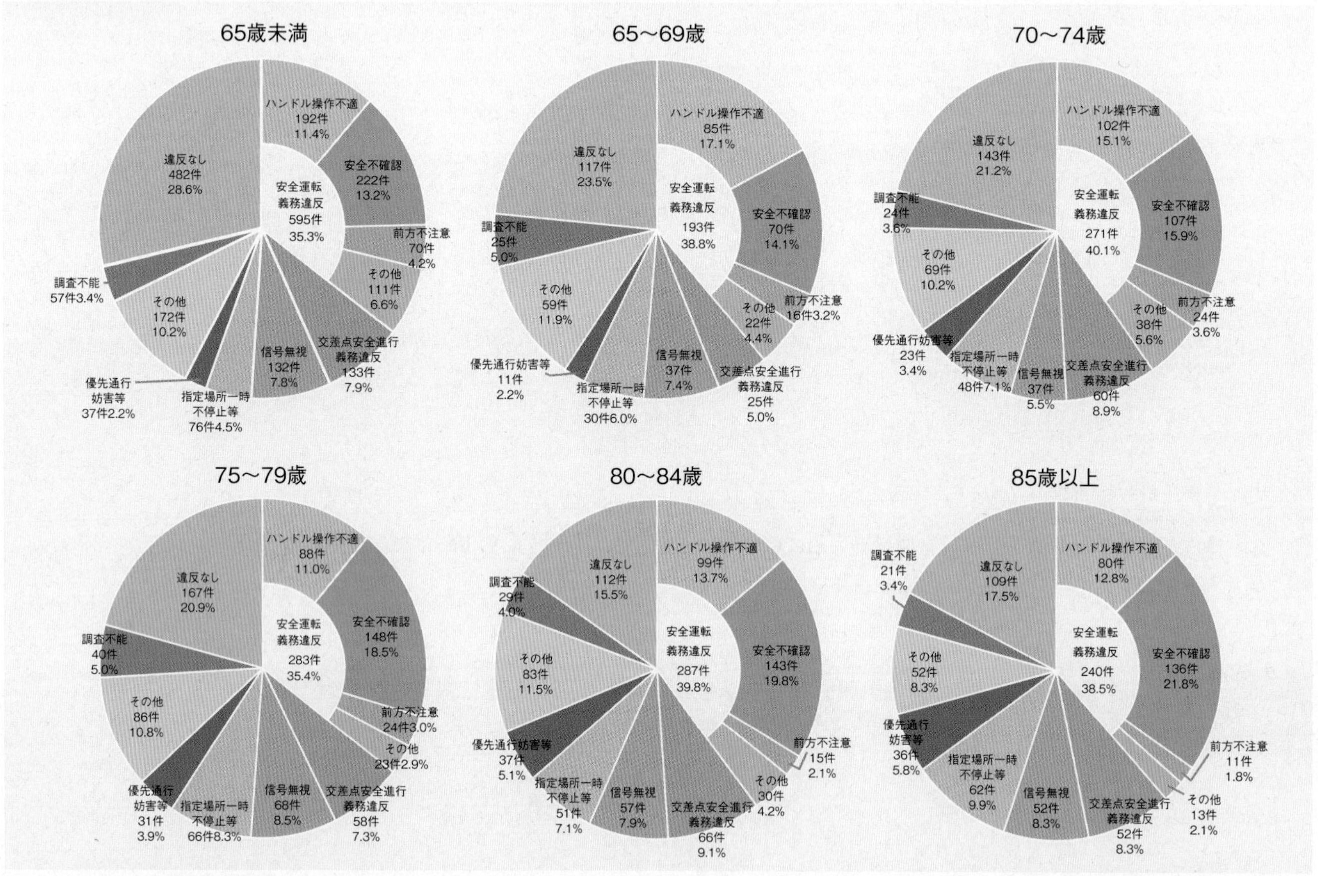

注　1　警察庁資料による。
　　2　第１・第２当事者の合計。
　　3　自転車相互事故については，第１・第２当事者それぞれの法令違反を１件として計上。
　　4　構成割合は小数点以下第２位を四捨五入しているため，合計しても必ずしも100とならない。

カ　乗車用ヘルメットの着用状況

乗車用ヘルメットの着用は，自転車利用者の頭部を保護し，交通事故発生時における被害軽減効果があり，乗車用ヘルメットを着用していなかった場合の致死率は，乗車用ヘルメットを着用していた場合の致死率の約2.2倍となっている（平成25年～令和５年の合計。特集-第27図）。

自転車利用者が死傷した交通事故について乗車用ヘルメットの着用率を見ると，令和５年４月に自転車利用者に対する乗車用ヘルメットの着用が努力義務化されたことに伴い，いずれの年齢層においても５年の着用率は上昇している。令和５年の着用率は，65歳未満の者が14.7%であるのに対し，65歳以上の者については，65～69歳が10.2%，70～74歳が9.0%，75～79歳が7.9%，80～84歳が8.1%，85歳以上が8.8%となっており，65歳未満の者より低い水準となっているものの，４年の着用率から増加した割合は，65歳未満の者よりも大きくなっている（特集-第28図）。

特集-第27図　ヘルメット着用状況別死傷者数・致死率（平成25年～令和５年の合計）

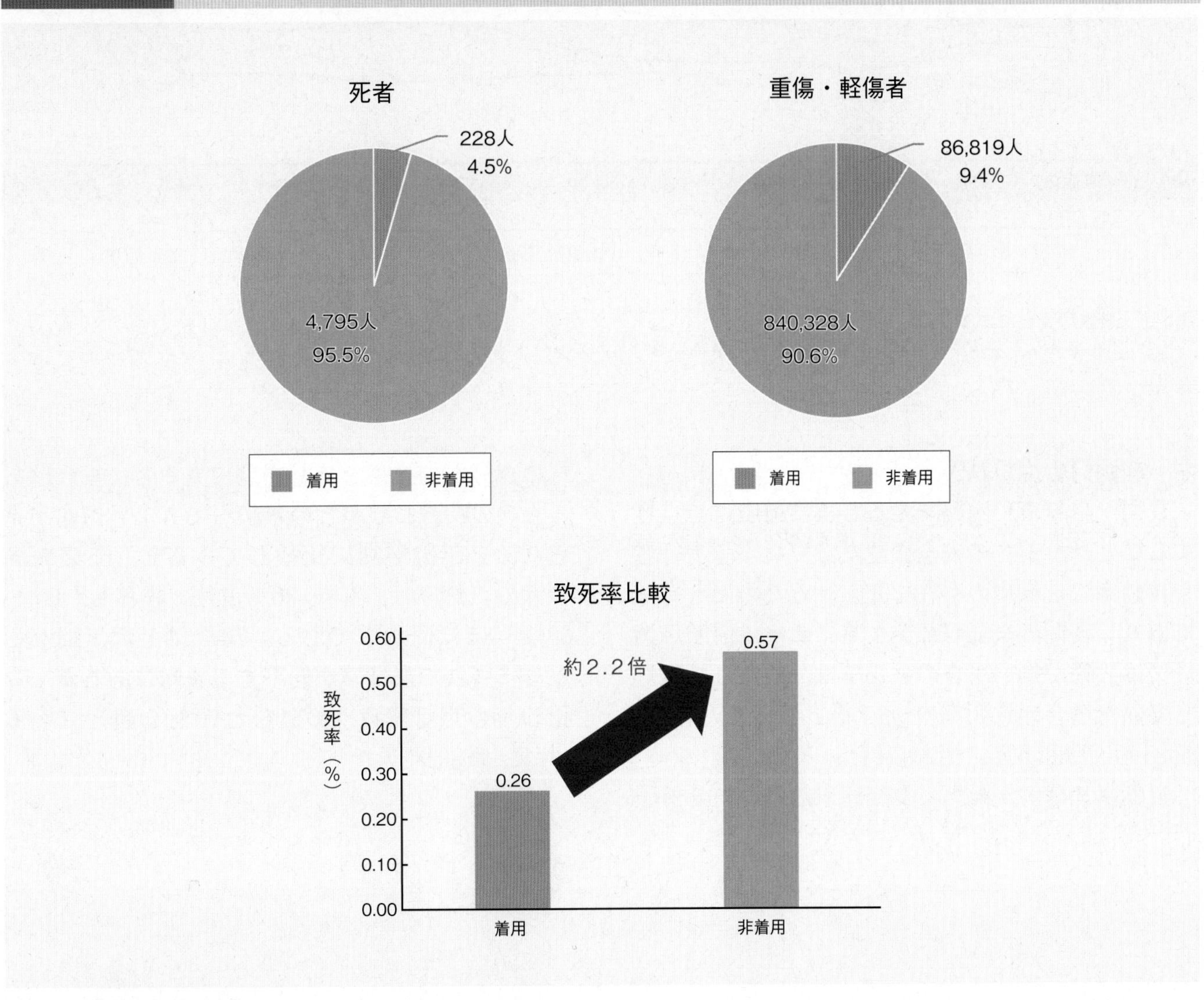

注　1　警察庁資料による。
　　2　「致死率」とは，死傷者のうち死者の占める割合をいう。

特集 - 第 28 図　年齢層別ヘルメット着用率の推移

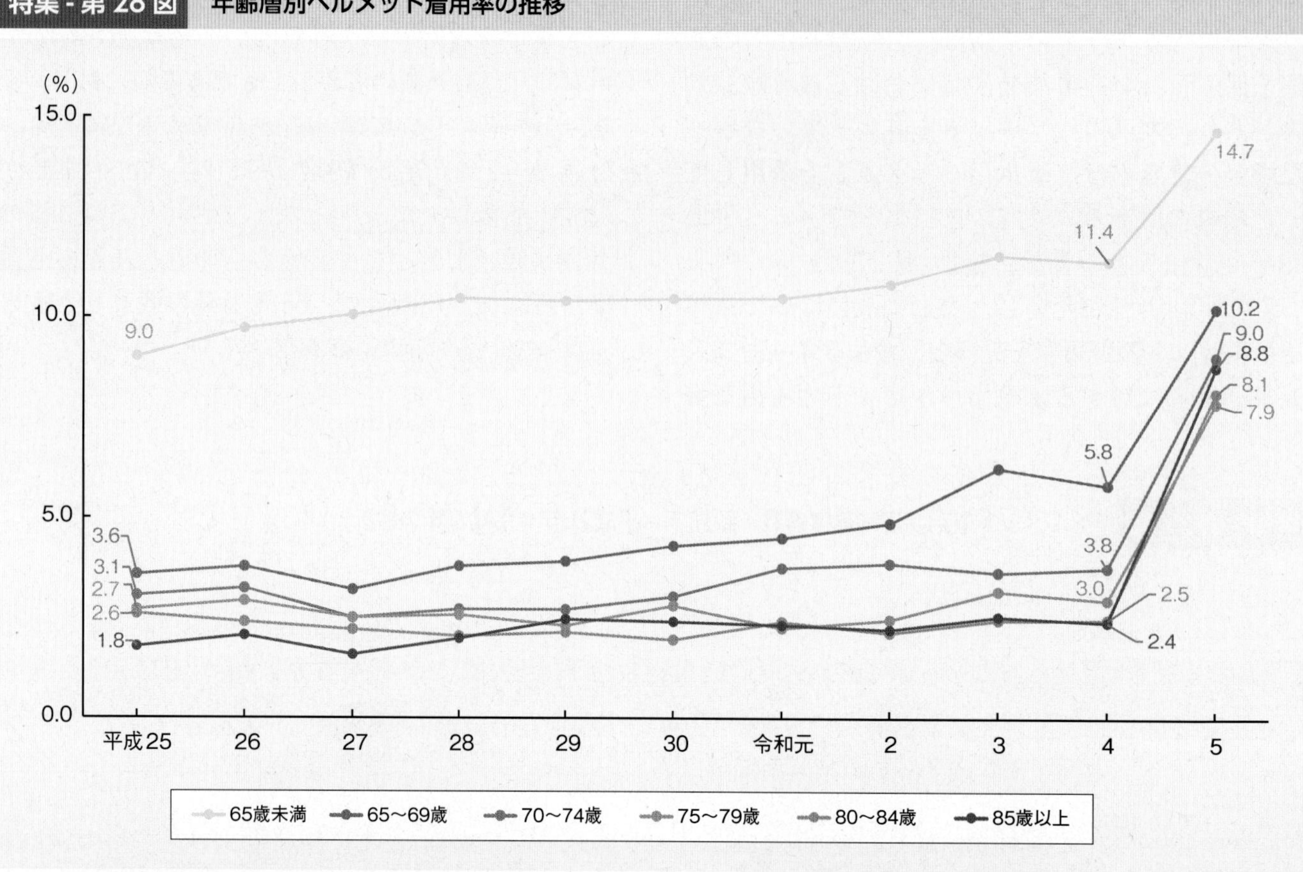

注　1　警察庁資料による。
　　2　「ヘルメット着用率」とは，自転車乗用中死傷者におけるヘルメット着用者の割合をいう。

キ　前照灯の点灯状況

夜間，自転車で道路を走るときに前照灯を点灯することは，前方の安全確認だけでなく，歩行者や自動車に自転車の存在を知らせるためにも有効であり，夜間の交通事故発生時における前照灯消灯又は設備が無い場合の致死率は，前照灯を点灯していた場合の致死率の約1.7倍となっている（平成25年～令和５年の合計。特集 - 第29図）。

自転車利用者が死傷した交通事故について前照灯の点灯率の推移を年齢層別に見ると，振れはあるものの，おおむねどの年齢層でも上昇傾向が見られる。年齢層別に比較してみると，65歳未満の者の点灯率は，70～80％前後で推移し，65～69歳もほぼ同水準である。70歳以上は年齢が上がるにつれて点灯率が低下する傾向にあるが，令和５年の点灯率は，おおむね70％を超えている（特集 - 第30図）。

特集-第29図　夜間前照灯点灯状況別死傷者数・致死率（平成25年～令和5年の合計）

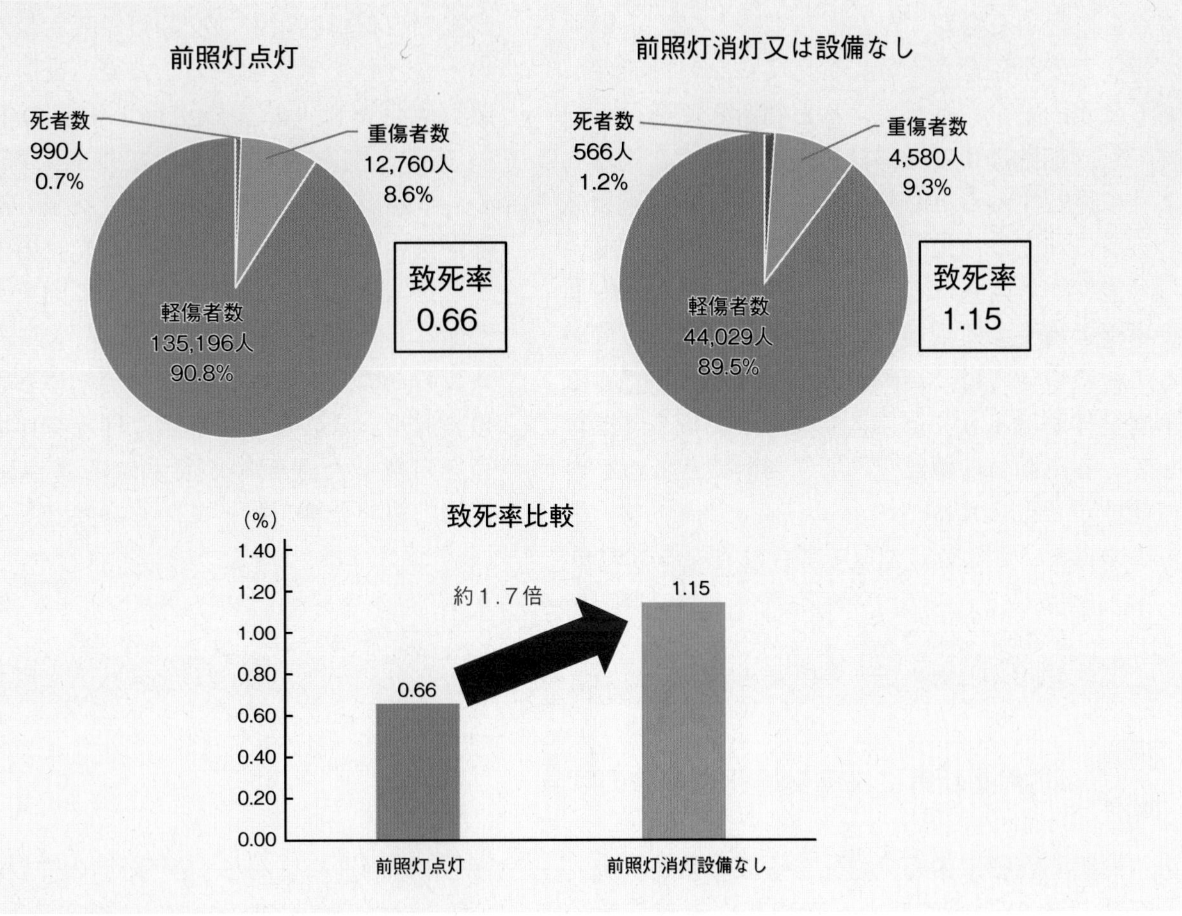

注　1　警察庁資料による。
　　2　第1・第2当事者の合計。
　　3　「致死率」とは，死傷者のうち死者の占める割合をいう。

特集-第30図　年齢層別夜間前照灯点灯率の推移

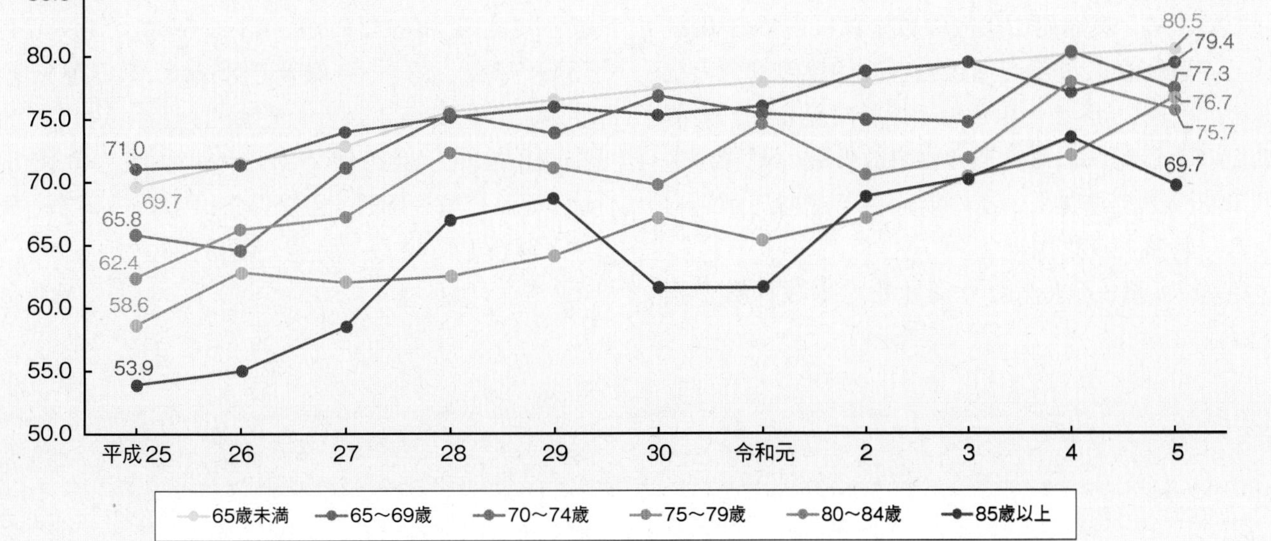

注　1　警察庁資料による。
　　2　第1・第2当事者の合計。
　　3　「夜間前照灯点灯率」とは，自転車乗用中死傷者における夜間前照灯点灯者の割合をいう。

ク　交通事故防止対策の必要性

これらを踏まえると，高齢の自転車利用者は，交差点を進行する際に，左右から進行してくる車両に対する安全確認が十分に行えていない可能性があるほか，安全に進行できると判断して進行し始めても，加齢による身体機能の変化等により思うように進行することができず，交差点を通過し終わる前に左右から進行してくる車両と衝突している可能性が考えられる。特に，夜間，左からの進行車両と衝突する交通死亡事故が多く発生していることについては，高齢者は夜間は進行してくる車両全体がはっきりと見えないことが多く，進行してくる車両との距離を適切に判断できていない可能性が考えられる。

このほか，年齢層によって割合は異なるものの，自転車乗用中に死亡した高齢者に法令違反があることや，乗車用ヘルメットの着用率が低いことも高齢の自転車利用者の交通事故死者数が多い要因の一つとして考えられる。また，夜間における前照灯点灯率は，65歳以上のいずれの年齢層においても５割を超える水準で推移しているものの，年齢層によって差があり，前照灯消灯又は設備が無い場合と点灯時の致死率に相応の差があることを踏まえれば，点灯率を更に向上させる必要がある。

このため，高齢者に対し，自転車を利用する際の交通ルールの遵守，加齢に伴う身体機能の変化等を自覚した運転等が行われるよう交通安全教育，広報啓発等を行っていく必要がある。

第3節　高齢運転者による交通死亡事故の状況

1　高齢運転者による交通死亡事故の発生状況

65歳以上の運転者による交通死亡事故件数の推移を年齢層別に見ると，平成25年と比較して令和５年の交通死亡事故件数は，全ての年齢層において減少しているものの，85歳以上の運転者による交通死亡事故件数は，他の年齢層の運転者による交通死亡事故件数と比較して減少率が小さい（特集-第31図）。

このため，交通死亡事故件数全体に占める65歳以上の運転者による交通死亡事故件数の割合の推移を，平成25年と令和５年の比較で見ると，65歳以上の運転者による交通死亡事故件数の割合が７ポイント以上増加し，どの年齢層でも増加が見られる（特集-第32図）。

免許人口10万人当たり交通死亡事故件数の推移を年齢層別に見ると，全年齢層の件数は，平成25年が4.72件であるのに対し，令和５年は2.87件と減少している。

65歳以上の運転者の件数は，年齢層が高くなるとともに多くなる傾向にある。特に80～84歳及び85歳以上の運転者については，令和５年はそれぞれ全年齢層の件数の約2.0倍，約3.4倍となっている。こうした傾向は，平成25年と令和５年を比較しても変わらないが，65～69歳，70～74歳，75～79歳，80～84歳及び85歳以上の運転者の件数は，平成25年がそれぞれ4.14件，5.44件，8.27件，12.82件，20.26件であるのに対し，令和５年は，それぞれ3.18件，2.92件，4.19件，5.67件，9.75件と減少している（特集-第33図）。

特集 - 第 31 図　65歳以上の運転者による年齢層別交通死亡事故件数の推移（第１当事者・原付※以上）

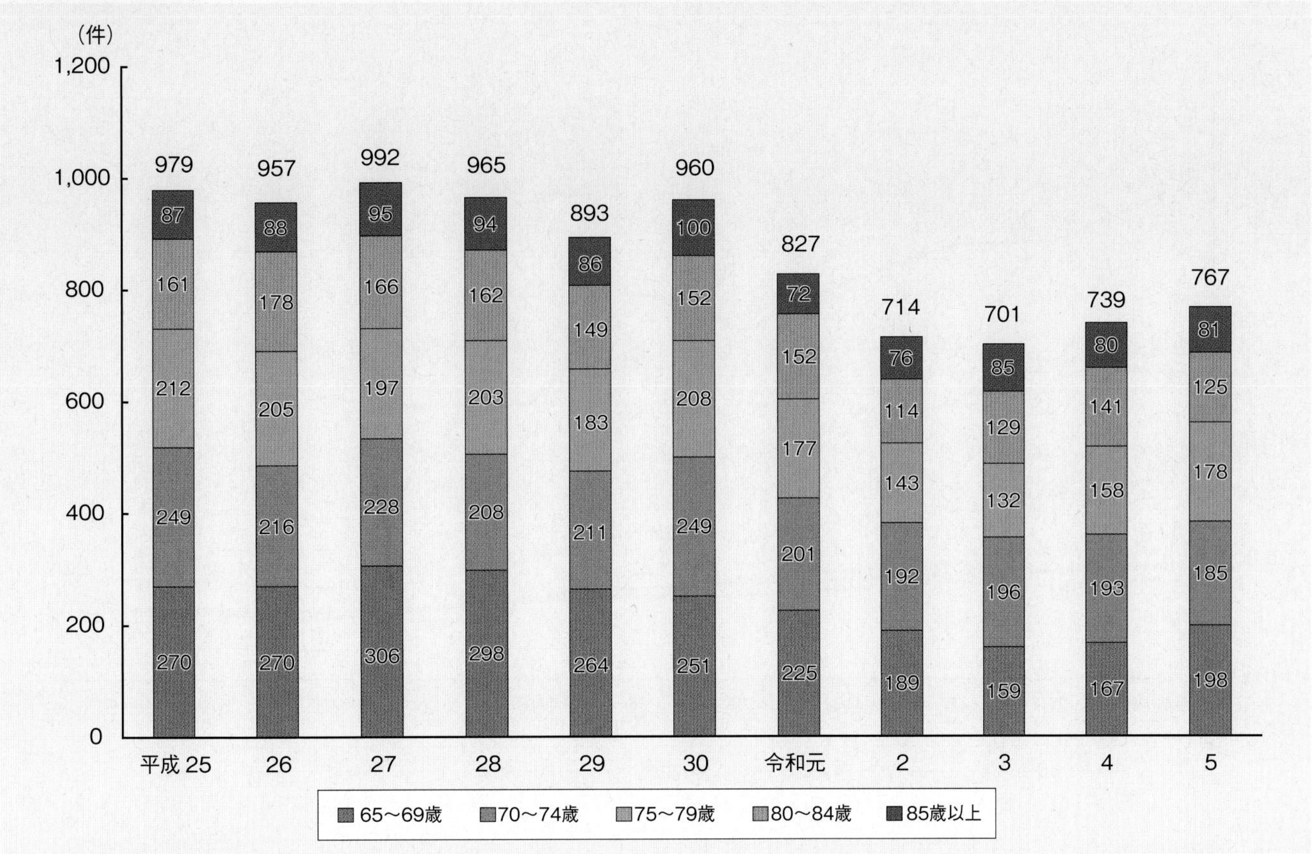

（件）

	平成25	26	27	28	29	30	令和元	2	3	4	5
65～69歳	270	270	306	298	264	251	225	189	159	167	198
70～74歳	249	216	228	208	211	249	201	192	196	193	185
75～79歳	212	205	197	203	183	208	177	143	132	158	178
80～84歳	161	178	166	162	149	152	152	114	129	141	125
85歳以上	87	88	95	94	86	100	72	76	85	80	81
合計	979	957	992	965	893	960	827	714	701	739	767

注　1　警察庁資料による。
　　2　第１当事者が原付以上の死亡事故を計上している。

特集 - 第 32 図　年齢層別交通死亡事故件数の割合の推移

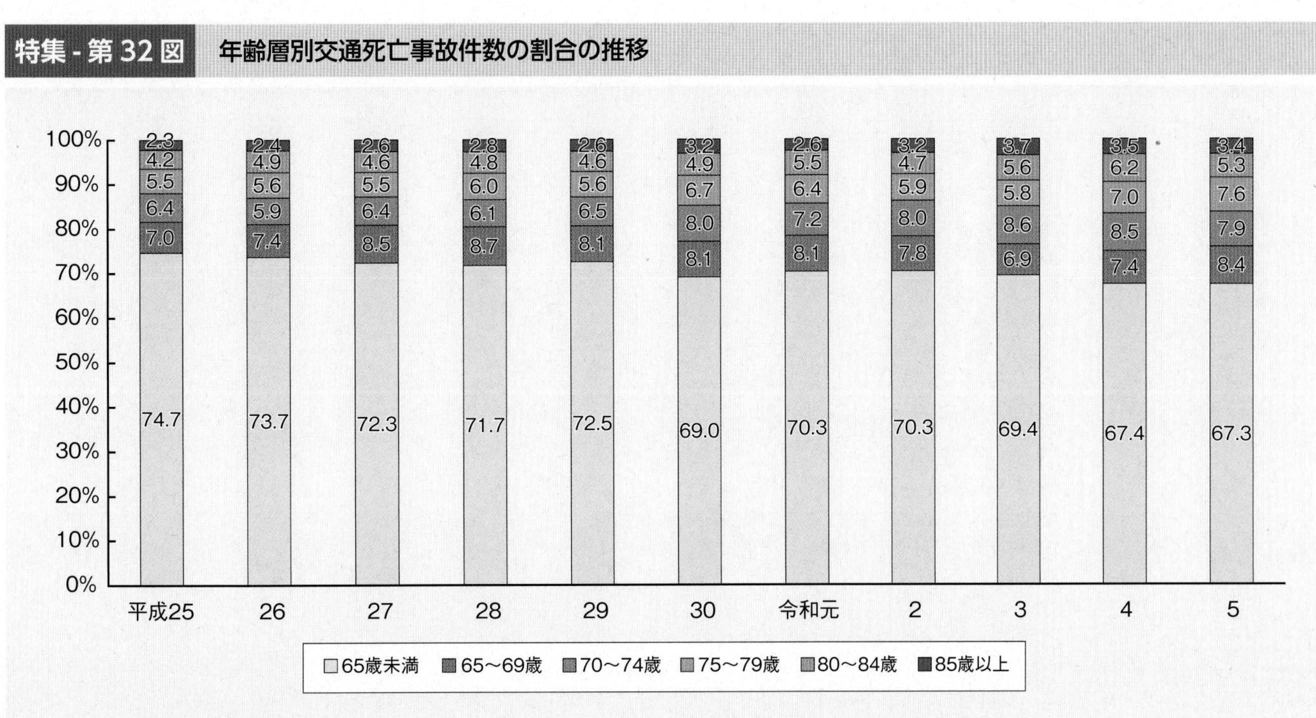

注　1　警察庁資料による。
　　2　第１当事者が原付以上の死亡事故を計上している。
　　3　構成割合は小数点以下第２位を四捨五入しているため，合計しても必ずしも100とならない。

※令和５年中の「原付」は，一般原動機付自転車及び特定小型原動機付自転車をいう。

特集 - 第 33 図　免許人口10万人当たり65歳以上の運転者による年齢層別交通死亡事故件数の推移

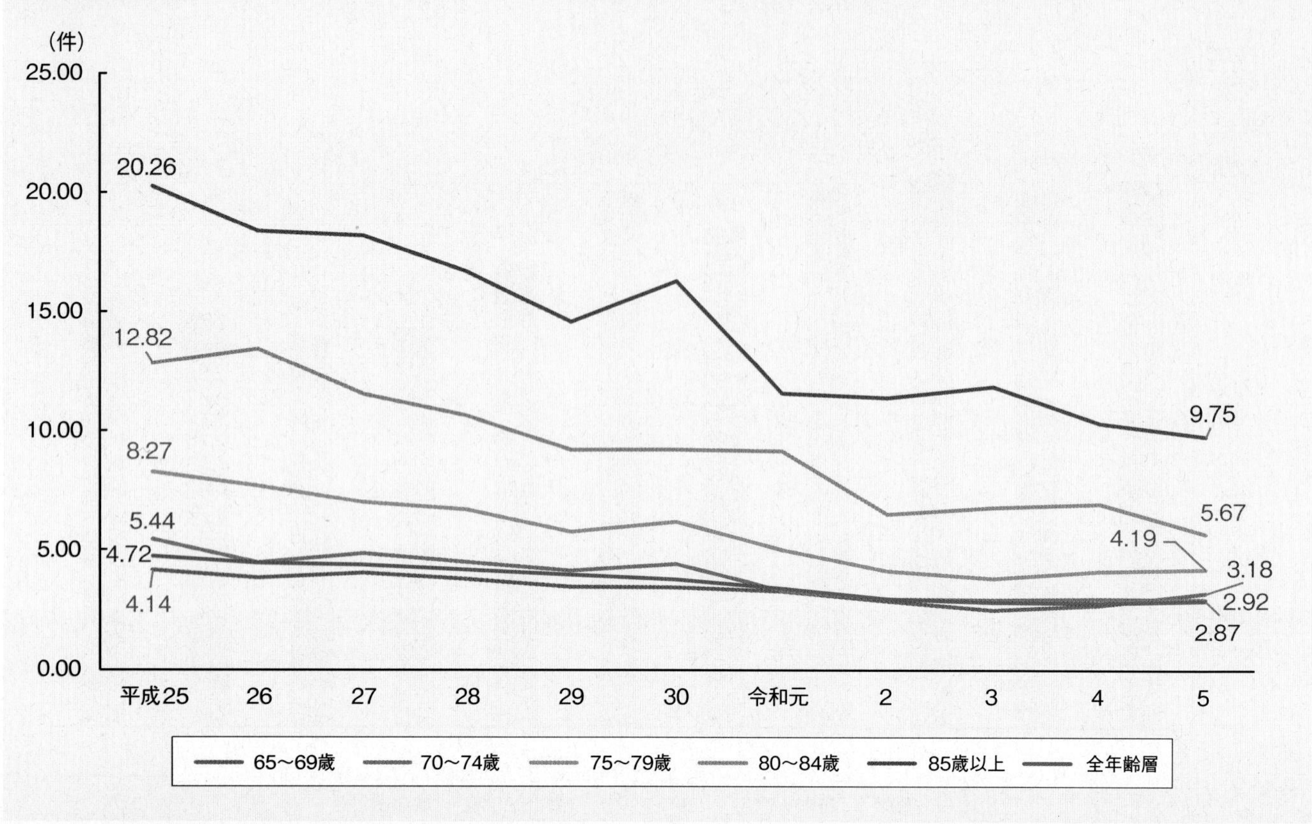

注　1　警察庁資料による。
　　2　算出に用いた免許保有者数は各年 12 月末の値である。
　　3　第 1 当事者が原付以上の死亡事故を計上している。

2　高齢運転者による交通死亡事故の特徴

⑴昼夜別に見た発生状況

交通死亡事故の昼夜別発生状況（平成25年～令和５年の合計）を見ると，65歳未満の運転者による交通死亡事故については，昼間と比較して夜間における交通死亡事故件数が多くなっており，夜間における交通死亡事故件数の割合は，55.9%となっている。

一方，65歳以上の運転者による交通死亡事故については，夜間よりも昼間における交通死亡事故件数が多くなっており，昼間における交通死亡事故件数の割合は，65～69歳が60.3%，70～74歳が67.5%，75～79歳が76.6%，80～84歳が82.2%，85歳以上が85.9%と，年齢層が上がるとともに高くなっている（特集-第34図）。

特集-第34図　昼夜別交通死亡事故件数と割合（年齢層別，平成25年～令和５年の合計）

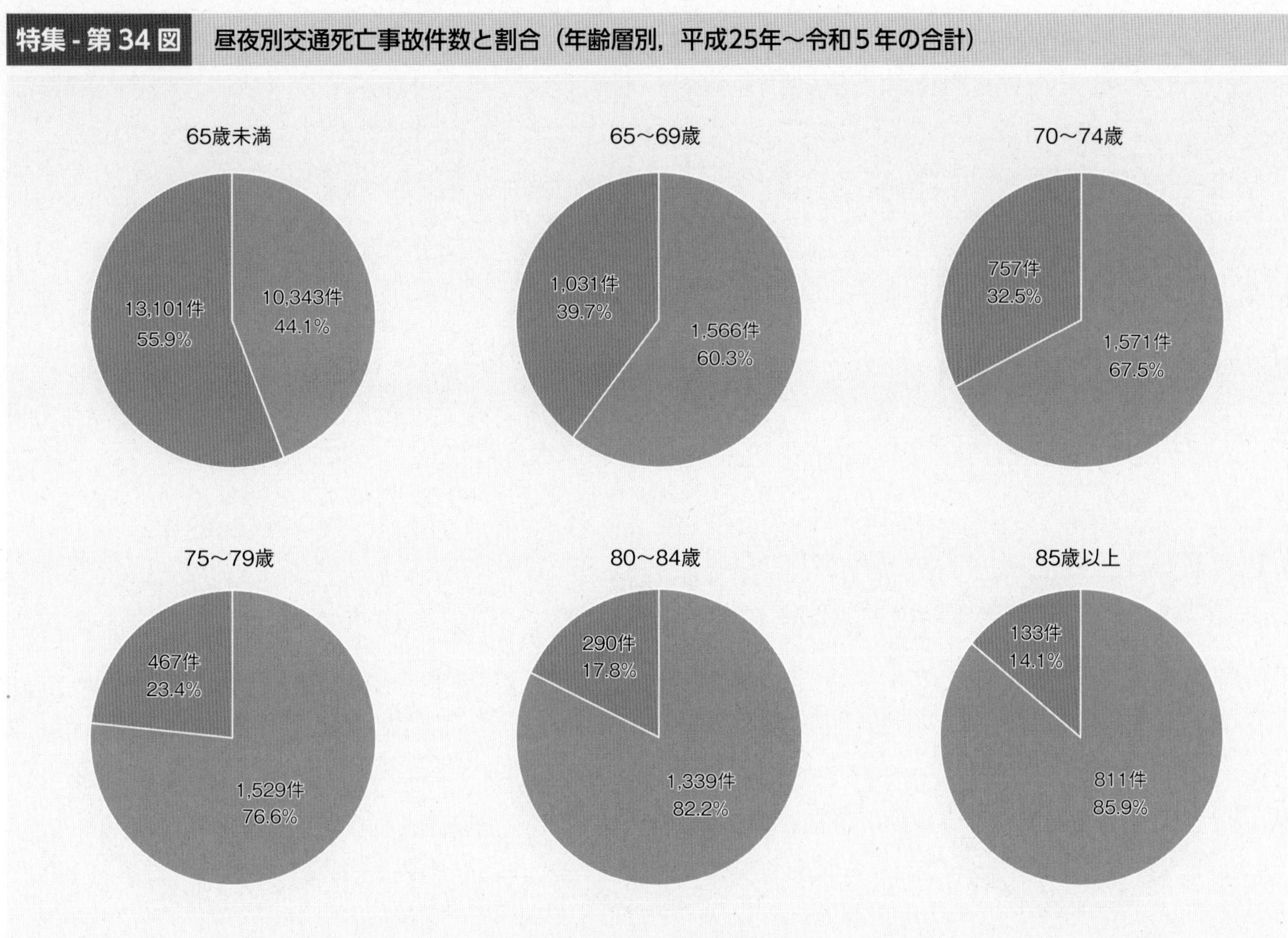

注　1　警察庁資料による。
　　2　第１当事者が原付以上の死亡事故を計上している。

⑵道路種類別に見た発生状況

交通死亡事故の道路種類別発生状況（平成25年～令和５年の合計）を見ると，65歳未満の運転者及び65歳以上の運転者による交通死亡事故のいずれについても，高速道路よりも一般道路における交通死亡事故件数が多い。

また，交通死亡事故件数全体に占める一般道路における交通死亡事故件数の割合は，65歳未満の運転者による交通死亡事故については93.3％，65歳以上の運転者による交通死亡事故については，65～69歳が96.9％，70～74歳が98.1％，75～79歳が97.7％，80～84歳が98.6％，85歳以上が98.8％となっており，65歳以上の運転者の方がより高い割合になっている（特集-第35図）。

特集-第35図　道路種類別交通死亡事故件数と割合（年齢層別，平成25年～令和５年の合計）

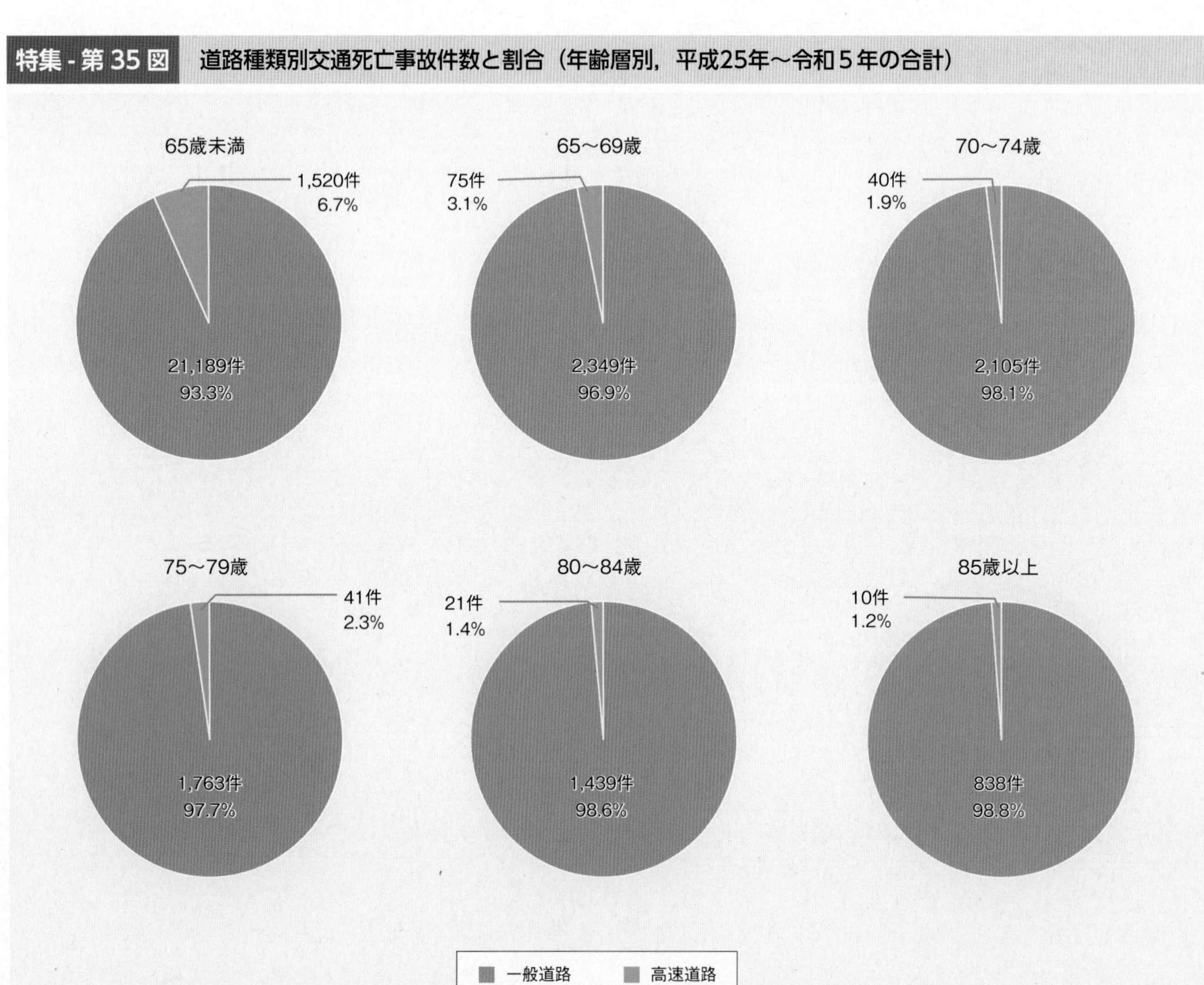

注　1　警察庁資料による。
　　2　第１当事者が原付以上の死亡事故を計上している。

⑶事故類型別に見た発生状況

交通死亡事故を事故類型別（平成25年～令和５年の合計）に見ると，65歳未満の運転者による交通死亡事故と比較して，65歳以上の運転者による交通死亡事故については，年齢層が高くなるとともに車両単独事故による交通死亡事故件数の占める割合が高くなっている。具体的類型としては，道路を進行中に運転を誤って車線を逸脱し電柱や家屋等に衝突するといった工作物衝突や，車線を逸脱し崖下に転落するなどの路外逸脱による交通死亡事故件数の占める割合が高くなっている。

また，車両相互事故における出会い頭や正面衝突による交通死亡事故件数が占める割合も高く，これらの傾向は，75～79歳，80～84歳及び85歳以上の運転者による交通死亡事故において顕著になっている（特集-第36図）。

特集-第36図　交通死亡事故の事故類型比較（年齢層別，平成25年～令和５年の合計）

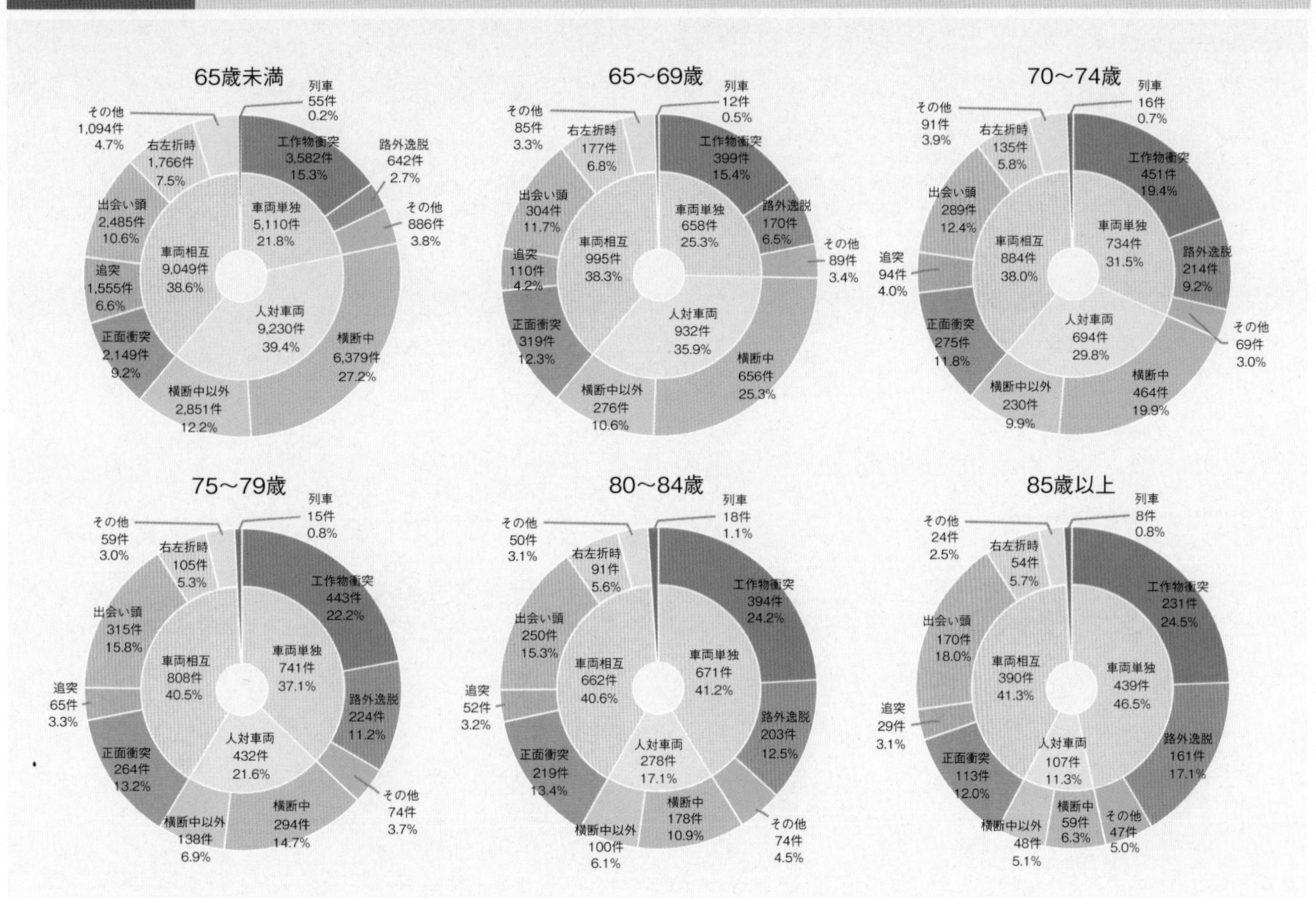

注　1　警察庁資料による。
　　2　第１当事者が原付以上の死亡事故を計上している。
　　3　構成割合は小数点以下第２位を四捨五入しているため，合計しても必ずしも100とならない。

⑷人的要因別に見た発生状況

交通死亡事故の人的要因（平成25年～令和５年の合計）を見ると，65歳未満の運転者による交通死亡事故と比較して，65歳以上の運転者による交通死亡事故については，年齢層が高くなるとともに操作不適による交通死亡事故件数が占める割合が高くなっており，75～79歳，80～84歳及び85歳以上の年齢層においては，それぞれ最も高い割合を占めている。

また，操作不適による交通死亡事故のうち，ハンドル操作不適や，ブレーキとアクセルの踏み間違いによる交通死亡事故件数が占める割合が高くなっており，特にブレーキとアクセルの踏み間違いによる交通死亡事故については，80～84歳及び85歳以上の運転者による交通死亡事故件数全体に占める割合が，65歳未満の運転者による交通死亡事故件数全体に占める割合のそれぞれ約20.5倍，約17.8倍になっている（特集-第37図）。

特集-第37図　交通死亡事故の人的要因比較（年齢層別，平成25年～令和５年の合計）

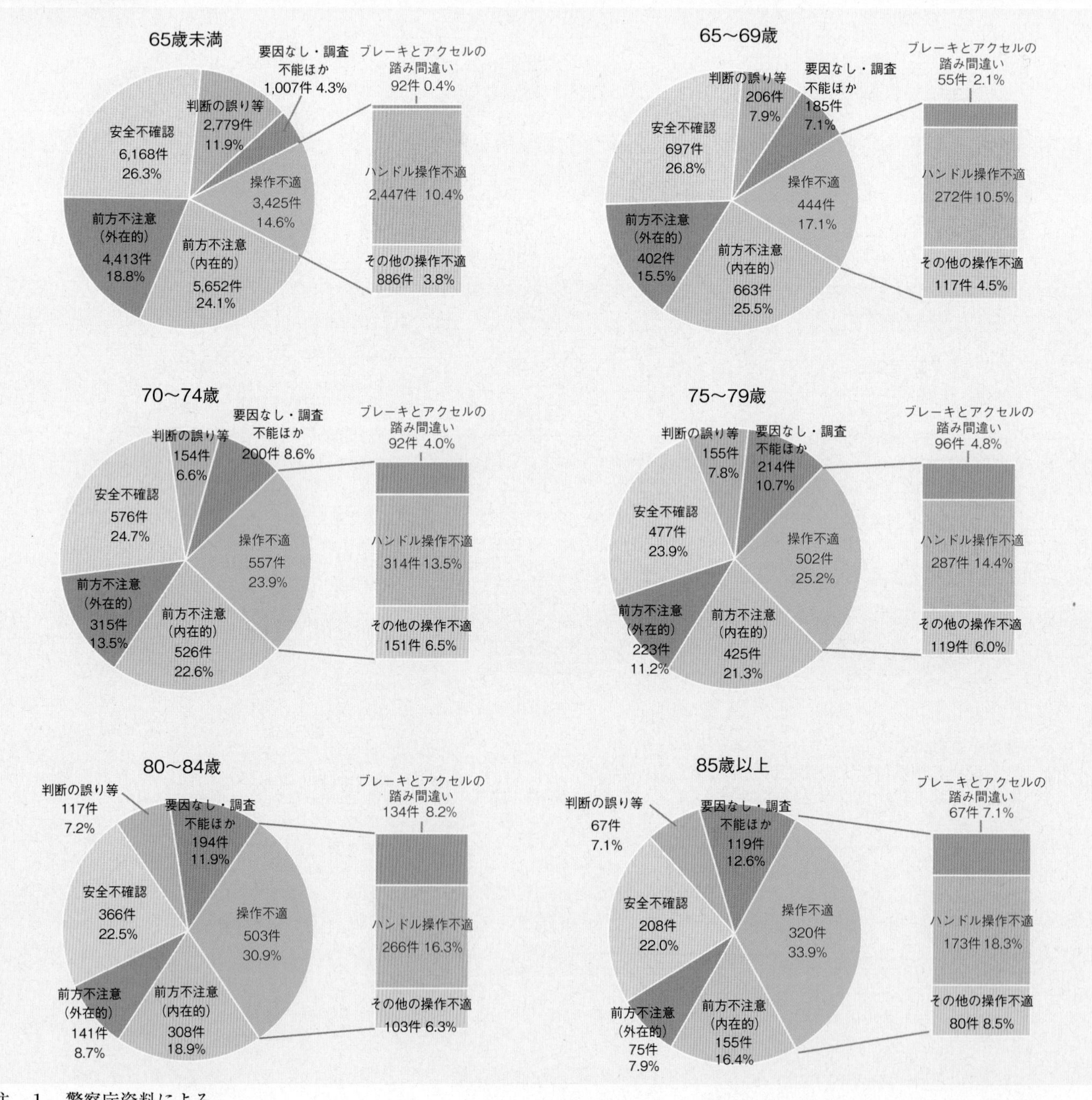

注　1　警察庁資料による。
　　2　第１当事者が原付以上の死亡事故を計上している。
　　3　構成割合は小数点以下第２位を四捨五入しているため，合計しても必ずしも100とならない。

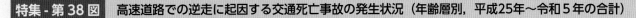

⑸高速道路における逆走に起因する交通死亡事故の発生状況

高速道路における逆走に起因する交通死亡事故の発生状況（平成25年～令和５年の合計）を見ると，65歳未満の運転者による交通死亡事故件数が占める割合が45.8％であるのに対し，65歳以上の運転者による交通死亡事故件数が占める割合は54.2％となっており，半数以上を占めている（特集-第38図）。

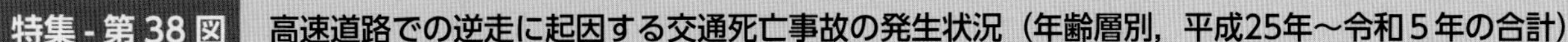

特集-第38図　高速道路での逆走に起因する交通死亡事故の発生状況（年齢層別，平成25年～令和５年の合計）

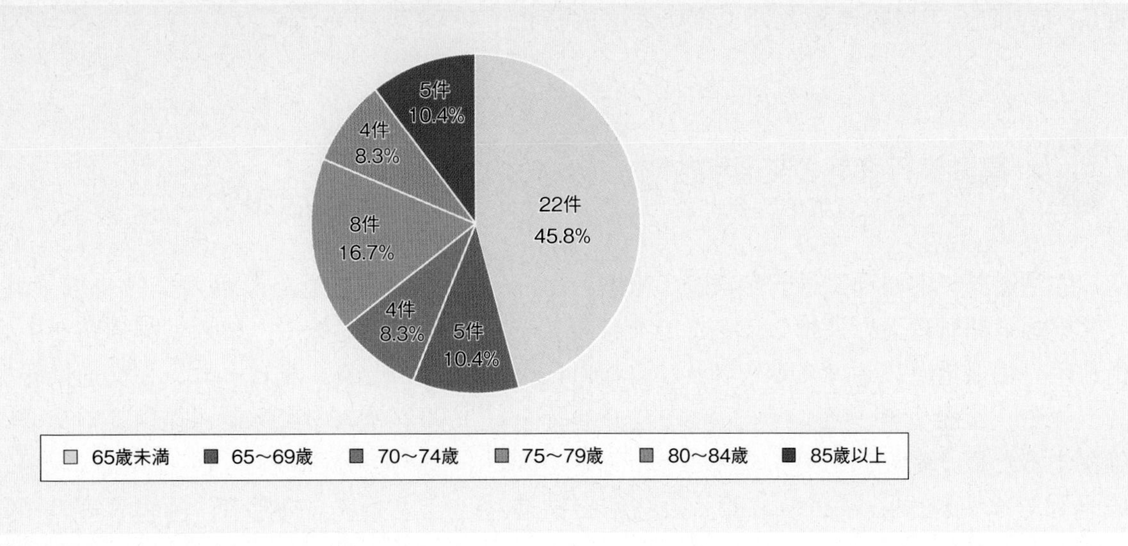

注　1　警察庁資料による。
　　2　第１当事者が原付以上の死亡事故を計上している。
　　3　構成割合は小数点以下第２位を四捨五入しているため，合計しても必ずしも100とならない。

⑹交通事故防止対策の必要性

これらを踏まえると，高齢者の特性として，個人差はあるものの，一般的に加齢により身体機能や認知機能が低下するとされており，こうした身体機能や認知機能の変化が運転行動に影響を及ぼし，車両単独事故による交通死亡事故や，車両相互事故の出会い頭及び正面衝突による交通死亡事故の割合を高くしているほか，ハンドル操作の誤りや，ブレーキとアクセルの踏み間違いといった運転操作自体に要因がある交通死亡事故の割合を高くしている可能性が考えられる。

このため，加齢に伴う身体機能や認知機能の低下を踏まえた高齢運転者対策の強化や教育の充実，高齢運転者の交通事故防止に資する先進安全技術の開発や普及促進，安全に運転できる道路交通環境の整備，運転に不安を覚える高齢者への支援，自らの運転によらなくても安心して移動できる手段の確保等に取り組んでいく必要がある。

第2章 高齢者の交通事故防止に向けた取組

高齢者の交通死亡事故の発生状況や特徴については，前述のとおりであり，政府においては，高齢者の交通事故防止を図るため，「本格的な高齢社会への移行に向けた総合的な高齢者交通安全対策について」，「高齢運転者による交通事故防止対策について」，「未就学児等及び高齢運転者の交通安全緊急対策」，「第11次交通安全基本計画」等に基づき，また，交通事故の発生状況等を踏まえ様々な取組を行っている。

第1節 高齢歩行者等の交通事故防止のための取組

1 生活道路における交通安全対策の推進

警察と道路管理者が連携し，平成23年以降，市街地等の生活道路における歩行者及び自転車利用者（以下「歩行者等」という。）の安全な通行を確保するため，最高速度30キロメートル毎時の区域規制等を実施する「ゾーン30」の整備を推進しており，令和５年度末までに全国で4,358地区を整備している。

令和３年８月からは，最高速度30キロメートル毎時の区域規制と物理的デバイスとの適切な組合せにより交通安全の向上を図ろうとする区域を「ゾーン30プラス」として設定し，ハンプ，狭さく等の設置による車両の速度抑制対策や通過交通の進入抑制対策，外周幹線道路の交通を円滑化するための交差点改良等により，生活道路における人優先の安全・安心な通行空間の整備の更なる推進を図ることとしており，５年度末までに全国で128地区を整備している（特集-第39図）。

また，高輝度標識等の見やすく分かりやすい道路標識・道路標示の整備や信号灯器のLED化等の安全対策や，外周幹線道路を中心として，信号機の改良，光ビーコン・交通情報板等によるリアルタイムの交通情報提供等の交通円滑化対策を実施している。

さらに，高齢者，障害者等の移動等の円滑化の促進に関する法律（平18法91，以下「バリアフリー法」という。）にいう生活関連経路を構成する道路を中心として，音響により信号表示の状況を知らせる音響信号機，高齢者等の安全な交差点の横断を支援する歩行者等支援情報通信システム（PICS），信号表示面に青時間までの待ち時間及び青時間の残り時間を表示する経過時間表示機能付き歩行者用灯器，歩行者と自動車が通行する時間を分離して交通事故を防止する歩車分離式信号機等のバリアフリー対応型信号機等の整備を推進しているほか，歩道の整備等により，安心して移動できる歩行空間ネットワークを整備している。

特集-第39図 ゾーン30プラスの概要

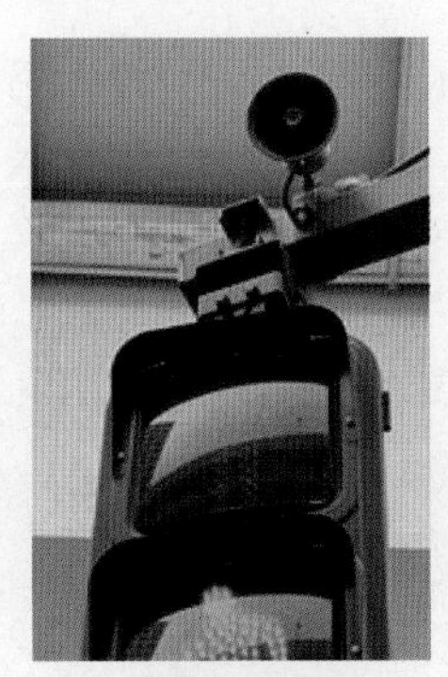
音響信号機

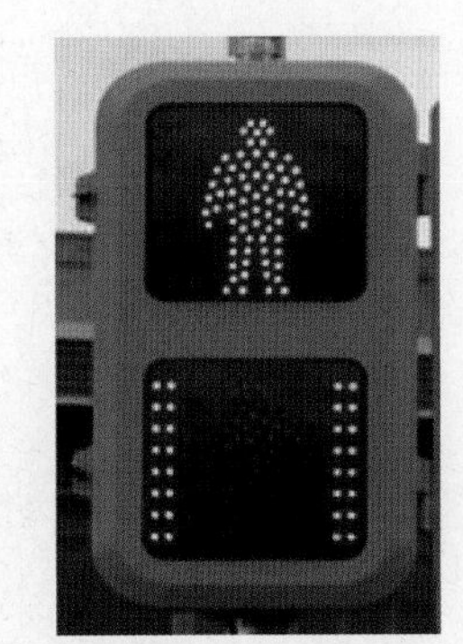
経過時間表示機能付き歩行者用灯器

高輝度標識

2　高齢者等の安全に資する歩行空間等の整備

駅，官公庁施設，病院等を結ぶ道路や駅前広場等において，高齢者を始めとした歩行者が安心して安全に通行できるようにするため，幅の広い歩道の整備や歩道の段差・傾斜・勾配の改善，道路の無電柱化，踏切道のバリアフリー対策，昇降装置付立体横断施設の整備，バリアフリー対応型信号機の整備，信号灯器のLED化，道路標識の高輝度化等を推進している。

また，駅前等の交通結節点においては，エレベーター等の設置，スロープ化や建築物との直結化が図られた立体横断施設，交通広場の整備等を推進し，安全で快適な歩行空間の確保を図っている。

特に，バリアフリー法に基づく重点整備地区に定められた駅の周辺地区等においては，公共交通機関等のバリアフリー化と連携しつつ，誰もが歩きやすい幅の広い歩道，道路横断時の安全を確保する機能を付加したバリアフリー対応型信号機等の整備を連続的・面的に整備しネットワーク化を図っている。

このほか，歩行者，自転車及び自動車が適切に分離された安全で快適な自転車通行空間の計画的な整備を推進するとともに，普通自転車等の歩道通行を可能とする交通規制の実施場所の見直しや自転車の通行位置を示した道路の整備等を通じて自転車と歩行者の安全確保を図っている。

また，自転車通行の安全性を向上させるため，普通自転車専用通行帯の整備箇所については原則として駐車禁止規制を実施するなど，自転車と自動車が混在通行する道路においては，周辺の交通実態等を踏まえた駐車規制を実施している。

普通自転車専用通行帯の整備例

段差・傾斜・勾配が
改善された歩道の整備例

（整備前）

（整備後）

無電柱化の整備例

3　交通安全教育及び広報啓発の推進

⑴歩行者の安全確保

国及び地方公共団体は，高齢者に対する交通安全指導者の養成，教材等の開発など指導体制の充実に努めるとともに，高齢者が加齢に伴って生ずる身体機能の変化が行動に及ぼす影響等を理解し，自ら納得して安全な交通行動を実践することができるよう，関係団体，交通ボランティア，医療機関・福祉施設関係者等と連携して，交通安全教室を開催するほか，シミュレーター等の教育機材を活用した参加・体験・実践型の交通安全教育を積極的に推進している。

特に，歩行中の交通死亡事故における歩行者の法令違反については，第1章第2節で見たように，65歳以上の者は65歳未満の者と比較して横断違反の割合が高い実態を踏まえ，交通ルールの遵守を促す交通安全教育の実施に努めている。

また，運転免許を持たないなど，交通安全教育を受ける機会の少ない高齢者を中心に，家庭訪問による個別指導，見守り活動等の高齢者と日常的に接する機会を利用した指導等において，高齢者の事故実態に応じた具体的な指導や交通安全教育を行い，高齢者の移動の安全が地域全体で確保されるよう努めている。

電動車椅子を利用する高齢者に対しては，電動車椅子の製造メーカーで組織される団体等と連携し，購入時等における安全利用に向けた指導・助言を徹底するとともに，継続的な交通安全教育の促進に努めている。

このほか，運転者に対し，高齢者を始めとする歩行者に対する保護意識の向上を図るため，運転者教育や安全運転管理者等による指導，広報啓発活動等により，歩行者の特性を理解させる効果的な交通安全教育等の実施に努めるとともに，歩行者の保護が図られるべき横断歩道上においても，歩行者が被害者となる交通事故が発生していることから，運転者に対し，横断歩道における歩行者の優先義務※の周知に取り組んでいる。

交通安全教育の実施状況

⑵自転車の安全利用

令和5年4月，全ての自転車利用者に対する乗車用ヘルメット着用の努力義務化を内容とする道路交通法の一部を改正する法律（令4法32）が施行された。

これを機会に，自転車に関する交通秩序の更なる整序化を図り，自転車の安全利用を促進するため，改正内容を盛り込むなどした「自転車の安全利用の促進について」（令和4年11月1日中央交通安全対策会議交通対策本部決定）が決定され，これにより改めて示された「自転車安全利用五則※」は，「車道が原則，左側を通行　歩道は例外，歩行者を優先」，「交差点では信号と一時停止を守って，安全確認」，「夜間はライトを点灯」，「飲酒運転は禁止」及び「ヘルメットを着用」となった。

国，地方公共団体，関係機関等は連携し，「自転車安全利用五則」を活用するなどして，自転車乗車時の頭部保護の重要性や，乗車用ヘルメット着用を始めとした交通ルール・マナーについて効果的な広報啓発活動を推進するとともに，高齢者が加齢に伴って生ずる身体機能の変化が行動に及ぼす影響等を理解し，自ら納得して安全な交通行動を実践することができるよう，自動車教習所等の練習コース，視聴覚教材，シミュレーター等を活用した参加・体験・実践型の交通安全教育を推進している。

※横断歩道における歩行者の優先義務
車両等が横断歩道に接近する場合には，歩行者がいないことが明らかな場合を除き，直前で停止することができるような速度で進行するとともに，横断中又は横断しようとする歩行者があるときは，一時停止等をしなければならない義務。

※自転車安全利用五則
自転車の交通ルールの広報啓発に活用することとされている「自転車の安全利用の促進について」の別添に定められているもの。

また，第１章第２節で見たように，自転車乗用中の交通死亡事故における自転車利用者の法令違反について，65歳以上の者は65歳未満の者と比較して何らかの法令違反がある割合が高いほか，自転車乗用中における死傷者の乗車用ヘルメットの着用率が65歳未満の者と比較して低い水準となっていることから，高齢者を対象とした自転車大会の開催等を通じ，交通ルール遵守の意識向上を図るなど，自転車の安全利用に向けた取組を推進している。

さらに，警察では，車道における自転車の右側通行，信号無視等の実態から自転車関連事故が現に発生し，又は発生が懸念され，自転車交通秩序の実現が必要と認められる地区・路線を「自転車指導啓発重点地区・路線」（以下「重点地区等」という。）として選定しており，重点地区等においては，重点的・計画的に，指導啓発活動等を推進している。

改定した自転車安全利用五則の広報啓発用リーフレット

4　薄暮時から夜間における交通安全対策

第１章第２節で見たように，夜間，65歳以上の者が道路横断中に死亡する交通死亡事故が多く発生していることなどから，薄暮時から夜間における歩行者等の交通事故防止に効果が期待できる反射材用品等の普及を図るため，各種広報媒体を活用して積極的な広報啓発を推進するとともに，反射材用品等の視認効果，使用方法等について理解を深めるため，参加・体験・実践型の交通安全教育を推進している。

反射材用品等の普及に当たっては，衣服や靴，鞄等の身の回り品への反射材の組み込みを推奨するとともに，適切な反射性能を有する製品についての情報提供に努めているほか，高齢者が利用する機会の多い施設等における反射材用品の配布等に取り組んでいる。

また，薄暮時から夜間における歩行者等や対向車の早期発見による交通事故防止対策として，前照灯の早めの点灯や，対向車や先行車がいない状況におけるハイビームの使用の促進を図っている。

さらに，道路標識の大型化・高輝度化・自発光化及び道路標示の高輝度化を推進している。

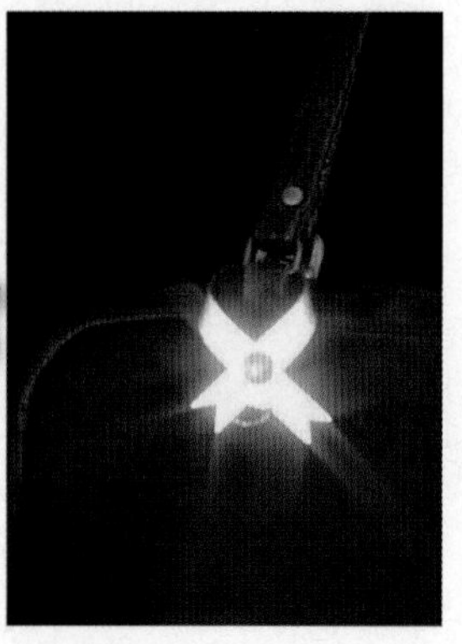
歩行者用反射材用品の例

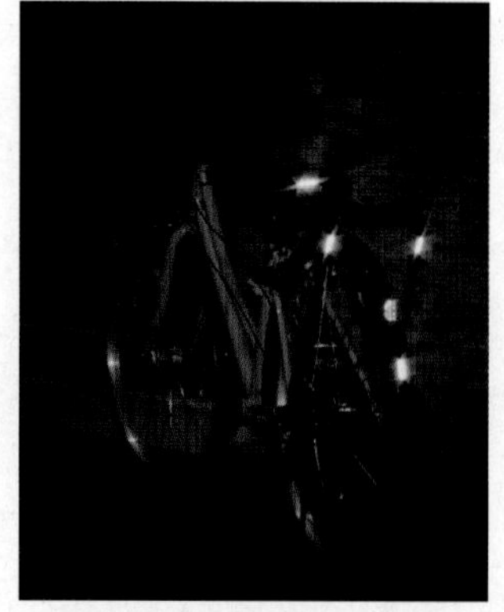
自転車用反射材用品の例

第2節 高齢運転者による交通事故防止のための取組

1　高齢者の安全運転を支える対策の推進

(1)高齢運転者に対する教育等の現状

運転免許証の更新期間が満了する日における年齢が70歳以上の者には，更新期間が満了する日前6月以内に高齢者講習を受講することが義務付けられている。

また，運転免許証の更新期間が満了する日における年齢が75歳以上の者については，運転免許証の更新期間が満了する日前6月以内に，認知機能検査を受けることが義務付けられている。

加えて，高齢運転者による交通事故情勢を踏まえ，道路交通法の一部を改正する法律（令2法42）により，令和4年5月から，普通自動車に対応する運転免許保有者のうち一定の違反歴がある75歳以上の者は，同じく6月以内に，運転技能検査に合格しなければ，運転免許証が更新されないこととされた（特集-第40図）。

運転技能検査では，一時停止や信号通過等の課題が課され，検査の結果が一定の基準に達しない者は不合格となるが，更新期日まで繰り返し受検することができる。

また，認知機能検査については，三つの区分によりなされていた結果の判定が，認知症のおそれの有無のみの二つの区分によることとされたほか，高齢者講習については，認知機能検査の結果にかかわらず内容が一本化され，講義，運転適性検査器材による指導及び実車指導を内容とする2時間の講習となった。

なお，普通自動車を運転することができない運転免許（原動機付自転車免許，普通自動二輪車免許，小型特殊自動車免許等）のみを受けている者又は運転技能検査対象者に対しては，実車指導を除いた1時間の講習※を行っている。

このほか，運転に不安を覚える高齢運転者等に対して，運転免許証の自主返納だけでなく，より安全な自動車に限って運転を継続するという中間的な選択肢として，運転免許に，運転できる自動車の種類をサポートカー※に限定するなど一定の条件を付すことを申請することができることとされた。

※高齢運転者による交通死亡事故の多くは，普通自動車により発生していること，また，高齢者講習の実車指導においては，運転技能検査と同様に客観的指標を用いた評価を行うことから，普通自動車を運転することができない運転免許のみを受けている者又は運転技能検査対象者については，高齢者講習における実車指導を免除している。

※サポートカー

安全運転サポート車のうち，他の車両や歩行者に接近した場合にブレーキが作動する衝突被害軽減ブレーキ及びブレーキとアクセルを踏み間違えた場合の急発進を防ぐペダル踏み間違い急発進抑制装置の先進安全技術が搭載された自動車をいう。

特集-第40図　運転免許証の更新時における運転技能検査，認知機能検査及び高齢者講習の流れ

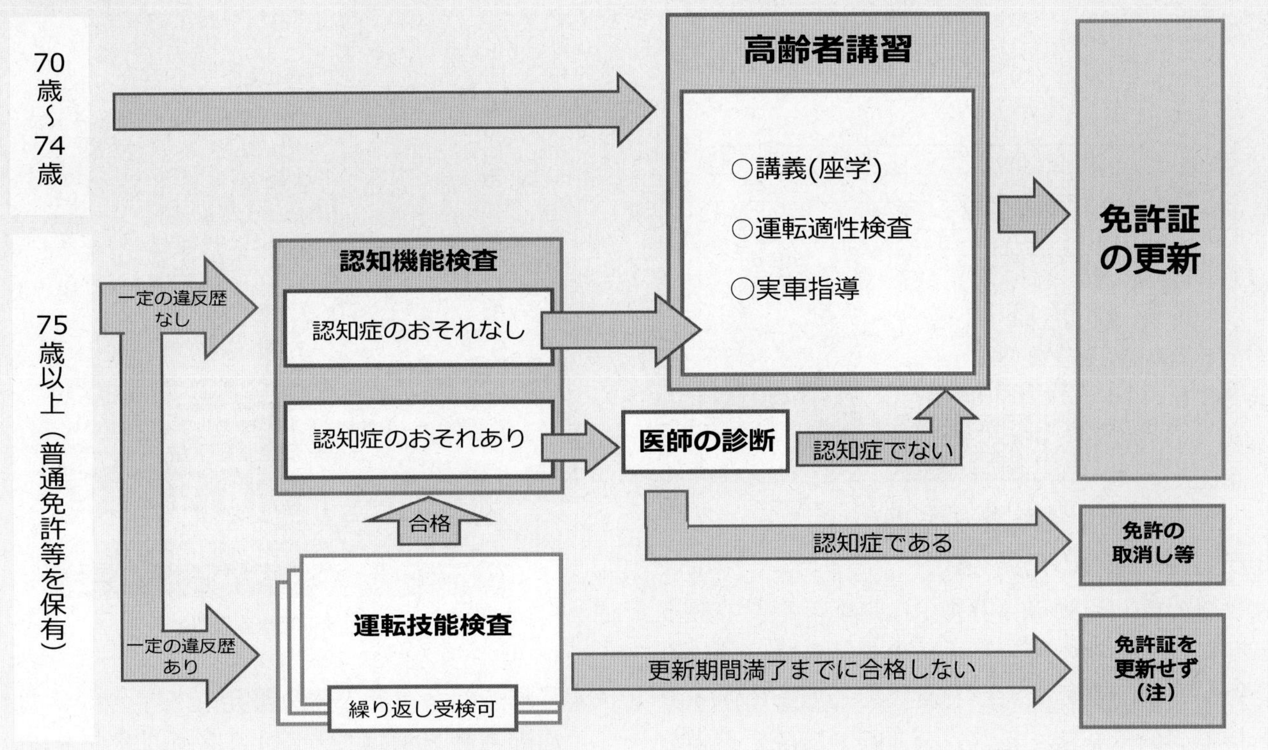

注：運転技能検査に合格しなくても普通自動車を運転することができない運転免許は希望により更新することができる。

サポートカー限定免許に関する広報ポスター

⑵運転免許証の自主返納制度等の周知

高齢運転者等が身体機能の低下等を理由に自動車等の運転をやめる際には，申請により運転免許を取り消し，運転免許証を返納することができるが，その場合には，返納後５年以内に申請すれば，運転経歴証明書の交付を受けることができる。

また，運転免許証の更新を受けずに失効した場合でも，失効後５年以内に申請すれば，運転経歴証明書の交付を受けることができる。運転経歴証明書の交付を受けた者は，バス・タクシーの乗車運賃の割引等の様々な特典を受けることができる。

警察では，自主返納及び運転経歴証明書制度の周知を図るとともに，運転免許証の返納後又は運転免許の失効後に運転経歴証明書の交付を受けた者への支援について，関係機関・団体等に働き掛けを行い，自動車の運転に不安を有する高齢者等が自主返納等をしやすい環境の整備に向けた取組を進めている。

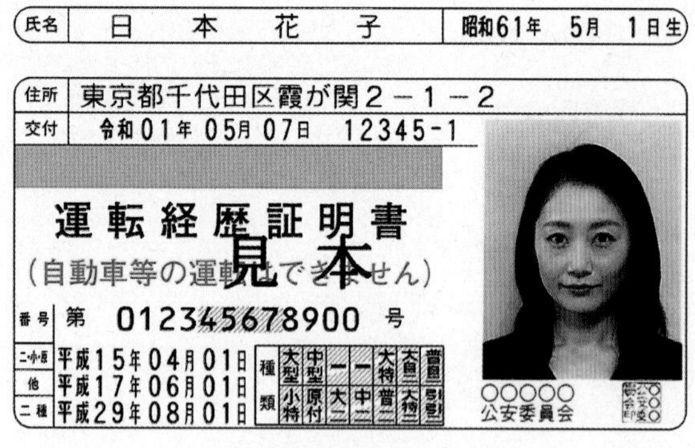
氏名　日　本　花　子　昭和61年　5月　1日生
住所　東京都千代田区霞が関２－１－２
交付　令和01年05月07日　12345-1
運転経歴証明書
見本
（自動車等の運転はできません）
番号　第　012345678900　号
二・小・原　平成15年04月01日
他　平成17年06月01日
二種　平成29年08月01日
種類　大型　中型　準中型　普通　大特　大自二　普自二　小特　原付　大二　中二　普二　大特二　引　引二
○○○○○
公安委員会

運転経歴証明書の様式

⑶安全運転相談の充実・強化

警察では，自動車等の安全な運転に不安のある高齢運転者やその家族等からの相談を受け付けるため，安全運転相談窓口を設けて，加齢に伴う身体機能の低下を踏まえた安全運転の継続に必要な助言・指導や，自主返納制度及び自主返納者等に対する各種支援施策の教示を行っており，全国統一の専用相談ダイヤル「＃8080（シャープハレバレ）※」を導入し，安全運転相談の認知度及び利便性の向上に努めている。

また，安全運転相談窓口では，看護師の資格を有する医療系専門職員を始めとする専門知識の豊富な職員を配置し，適切な相談場所を確保するなどして，相談者のプライバシー保護のために特段の配慮をしているほか，相談終了後も運転者等に連絡して継続的な対応を図ったり，患者団体や医師会等と密接に連携し，必要に応じて相談者に専門医を紹介するなど，安全運転相談の充実を図っている。

安全運転相談に関する広報ポスター

⑷高齢運転者標識の普及啓発

高齢運転者標識※は，他の車両の運転者に注意を喚起するとともに，高齢運転者標識を表示した自動車を保護することなどによって交通事故防止を図るものであり，高齢運転者標識を表示した自動車に対する幅寄せや割込みは禁止されている。

このため，70歳以上の運転者に対する高齢運転者標識の表示の促進を図るとともに，高齢運転者の特性を理解し，高齢運転者標識を取り付けた自動車への保護意識を高めるよう，他の年齢層に対しても，広報啓発に努めている。

高齢運転者標識

※＃8080（シャープハレバレ）
安全運転相談ダイヤルに電話すると，都道府県警察の安全運転相談窓口に直接つながるようになっている。
※高齢運転者標識は，平成23年２月に様式が変更されたが，変更前の標識（「もみじマーク」）についても，当分の間，表示することができる。

⑸高速道路における逆走対策の推進

第１章第３節で見たとおり，高速道路において高齢運転者等による逆走に起因する交通死亡事故が発生しているところであり，国土交通省においては，令和元年９月に策定した「高速道路における安全・安心基本計画」を踏まえ，11年までに逆走による重大事故ゼロを目指して，高速道路における逆走対策に取り組んでいる。

具体的には，インターチェンジ，ジャンクション部等におけるラバーポールや大型矢印路面標示の設置，カラー舗装の実施等といった物理的・視覚的対策を進めているほか，民間企業から公募・選定した逆走対策技術の積極的な展開を進めている（特集-第41図，第42図）。

また，官民連携による画像認識技術の開発・普及へ向けた取組として，東北道旧蓮田サービスエリアの試験コースを活用した試験や自動車関連メーカー各社へのヒアリングを行い，「画像認識技術を用いた逆走防止対策ガイドライン（案）」を作成した（特集-第43図）。

令和５年７月からは，本州四国連絡高速道路の一部の区間において，逆走検知システムが逆走車を検知した場合，逆走車への警告及び順走車への注意喚起をスピーカー（音），回転灯（光）及び警告表示板（文字）により行う逆走検知・警告システムの試行を開始している（特集-第44図）。

警察では，高速道路の安全利用のため，関係機関・団体等と連携し，サービスエリア等において，高速道路を通行する際の注意点や逆走・誤進入の危険性等に関するチラシを配布するなど広報啓発活動を行うとともに，車両故障や交通事故等により運転が困難となった場合の措置等に関する参加・体験・実践型の交通安全教育を行っている。

また，逆走の危険性や逆走時の対応について，運転免許更新時の講習等で周知を図っている。

特集-第41図　分合流部・出入口部の逆走防止対策の例

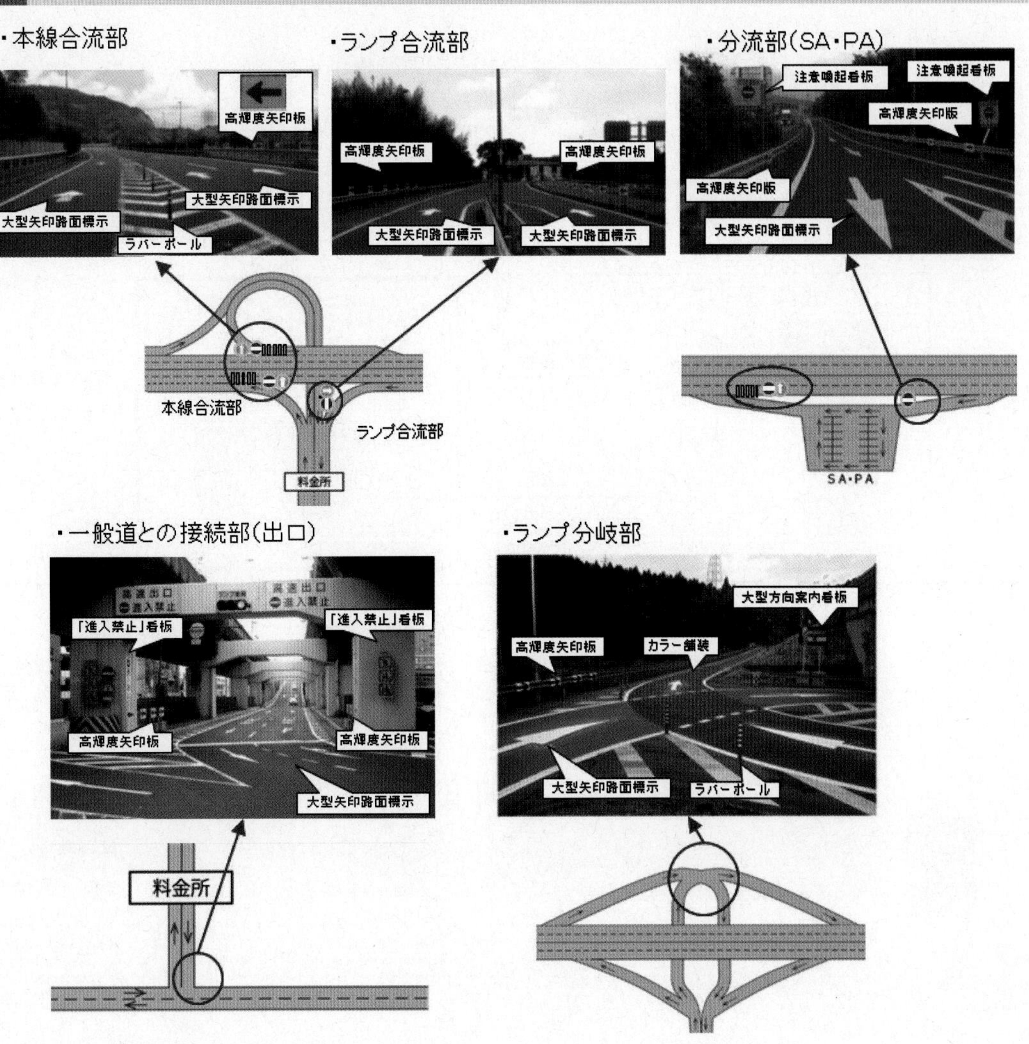

特集 - 第 42 図　民間企業から公募・選定した逆走対策技術の例

錯視効果を応用した路面標示

立体的に見えるよう描かれた路面標示を施工し，逆走車両へ注意喚起するもの。

設置事例：西瀬戸自動車道　大浜PA

①３Ｄステレオカメラを活用した画像解析技術による逆走検知

３Ｄステレオカメラによる画像を解析し，車両の移動方向を判別して逆走車両を検知するもの。

②ETC2.0路側機逆走情報即時提供方式

ETC2.0車載器を搭載した車両と通信可能なITSスポットを設置することにより，車両の走行方向を判定し，逆走車両のみに適用される警告情報を配信し，警告するもの。

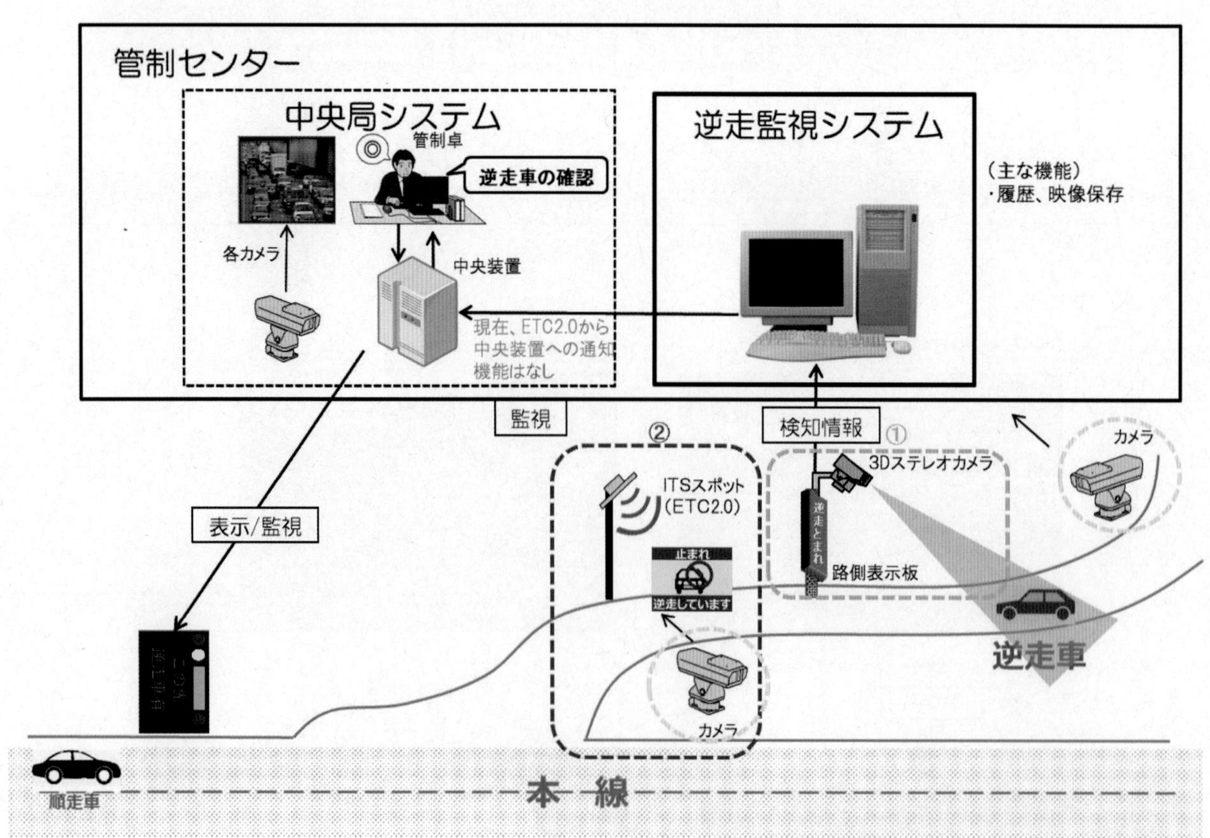

特集 - 第 43 図　東北道　旧蓮田サービスエリアでの実験イメージ

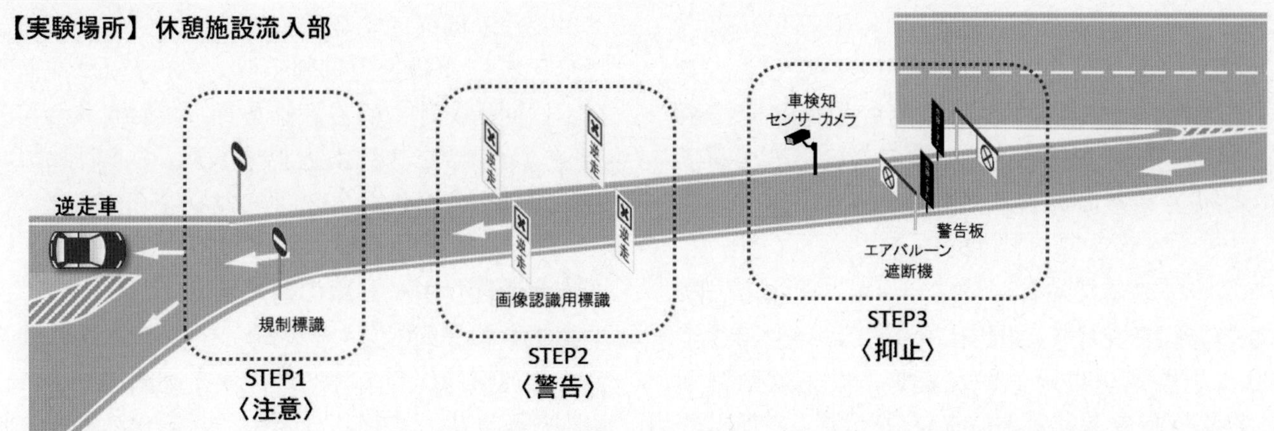

STEP1 〈注意〉
進入禁止看板等による注意喚起

STEP2 〈警告〉
ドラレコ，カーナビ等からの警告

STEP3 〈抑止〉
遮断機等による強制抑止

特集 - 第 44 図　逆走検知・警告システムの概要

○逆走車を検知した場合，スピーカー（音）・回転灯（光）・警告表示板（文字）で逆走車への警告を行うと同時に，順走車へも注意喚起

逆走車を検知すると

順走車へ情報提供します	逆走車へ警告します
スピーカ：音声にて注意喚起 「ウーー（サイレン） 逆走車あり。逆走車あり。」 回転灯　：発光にて注意喚起 表示設備：電光表示にて注意喚起「逆走車あり」	スピーカ：音声にて警告 「ウーー（サイレン） 逆走です。逆走です。」 回転灯　：発光にて警告 表示設備：電光表示にて警告「逆走です」

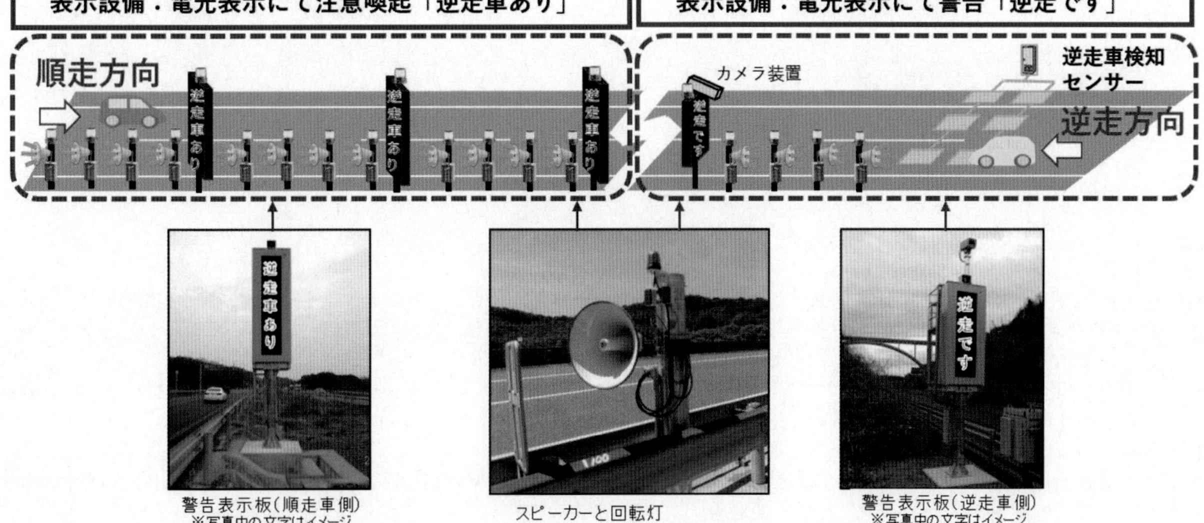

警告表示板（順走車側）
※写真中の文字はイメージ

スピーカーと回転灯

警告表示板（逆走車側）
※写真中の文字はイメージ

⑹衝突被害軽減ブレーキの基準策定等

第１章第３節で見たとおり，交通死亡事故件数全体に占める65歳以上の運転者による交通死亡事故件数の割合が増加するなどしているところであり，衝突被害軽減ブレーキ等の先進安全技術は，高齢運転者を始めとした運転者による交通事故の防止や事故時の被害軽減の効果が期待されている。

乗用車等の衝突被害軽減ブレーキに関する国際基準の発行を受けて，国内においては，令和２年１月に道路運送車両の保安基準（昭26運輸省令67，以下「保安基準」という。）を改正し，世界に先駆け３年11月以降の乗用車等※の国産新型車から段階的に対自動車及び対歩行者への衝突被害軽減ブレーキの装備を義務付けることとした※。

また，令和３年９月に乗用車等の衝突被害軽減ブレーキの要件を対自動車及び対歩行者から対自転車へも拡充しており※，引き続き，自動車の安全性向上に向けて，更なる保安基準の拡充・強化を図ることとしている。

このほか，市販されている自動車等の安全性能評価試験を行い，その結果を公表することで，ユーザーが安全な自動車等を選択できる環境をつくり，安全な自動車等の普及を図ることを目的として，自動車アセスメント情報の提供を行っている。

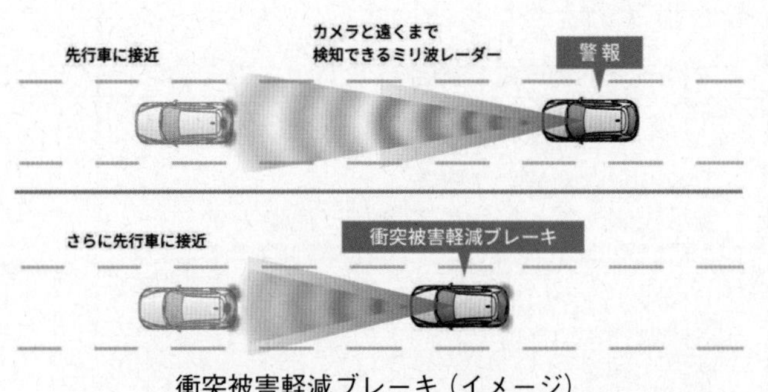

衝突被害軽減ブレーキ（イメージ）

自動車の安全性能評価試験では，衝突被害軽減ブレーキ（対自動車，対歩行者及び対自転車），ペダル踏み間違い急発進抑制装置（対自動車及び対歩行者），車線逸脱抑制装置，フルラップ前面衝突，側面衝突等に係る評価を行っており，令和５年度（令和６年３月31日時点）は，８車種について「自動車安全性能2023」の結果を公表した。

⑺安全運転サポート車の普及促進

第１章第３節で見たとおり，ペダルの踏み間違いなど運転操作ミス等に起因する高齢運転者による事故が発生していることや，高齢化の進展により運転者の高齢化が今後も加速していくことを踏まえ，高齢運転者が自ら運転する場合の安全対策として，安全運転サポート車（サポカー※）の普及促進に取り組んでいる。

経済産業省及び国土交通省においては，令和元年度補正予算において，高齢運転者の交通安全対策の一環として，65歳以上の者を対象に，先進安全技術を搭載したサポカーの購入等を補助するサポカー補助金を創設した。具体的には，歩行者及び車両に対する衝突被害軽減ブレーキやペダル踏み間違い急発進抑制装置を搭載したサポカーの購入に最大10万円，後付けのペダル踏み間違い急発進抑制装置の購入・設置に最大４万円の補助を実施した（現在は終了）。

また，経済産業省では，高齢運転者等に対して，サポカーの機能や使用方法等を分かりやすく伝えるため，ポスター・チラシの配布，ガイドブックの作成，サポカーポータルサイトの運営のほか，全国での「サポカー実感試乗会」を開催するなどしている。「サポカー実感試乗会」は，令和２年１月から２月に北海道，宮城県，埼玉県，愛知県，大阪府，広島県，香川県及び福岡県の全国８か所の運転免許センター等で開催したほか，５年

※乗用車等
　専ら乗用の用に供する自動車（二輪自動車，側車付二輪自動車，三輪自動車，カタピラ及びそりを有する軽自動車並びに被牽引自動車を除く。）であって乗車定員10人未満のもの及び貨物の運送の用に供する自動車（三輪自動車，カタピラ及びそりを有する軽自動車並びに被牽引自動車を除く。）であって車両総重量が3.5トン以下のもの。

※乗用車等の対自動車及び対歩行者への衝突被害軽減ブレーキの装備義務化について，適用日は，新型車が令和３年11月１日（輸入自動車は６年７月１日），継続生産車が７年12月１日（輸入自動車は８年７月１日，貨物の運送の用に供する軽自動車は９年９月１日）となっている。

※乗用車等の衝突被害軽減ブレーキの要件を対自動車及び対歩行者から対自転車へ拡充することについて，適用日は，新型車が令和６年７月１日，継続生産車が８年７月１日となっている。

※安全運転サポート車の愛称であるセーフティ・サポートカーの略称。

２月に埼玉県で開催した。

サポカーの普及促進等により，先進安全技術を搭載した自動車の普及促進に取り組んだ結果，ほぼ全ての新車乗用車に衝突被害軽減ブレーキ等の先進安全技術が搭載されている。

サポカーはやわかりガイド

サポートカーに関するチラシ

2　高齢者の移動を伴う日常生活を支える施策の推進

(1)自動運転技術を活用した新しい移動手段の実用化

ア　道の駅等を拠点とした自動運転サービス

中山間地域では高齢化が進んでおり，日常生活における人流・物流の確保が喫緊の課題となっている。一方，全国約1,200か所に設置された「道の駅」については，その多くが中山間地域に設置されており，物販を始め診療所や行政窓口等，生活に必要なサービスも集積しつつある。

こうした課題を解決するため，国土交通省では，平成29年度から令和２年度まで中山間地域における道の駅等を拠点とした自動運転サービス実証実験を全国18か所で実施した。

実証実験では，一般車両も混在する空間における自動運転車両の円滑な走行や，積雪路面における走行の安全性等の技術的な検証のほか，地域の特色を踏まえたビジネスモデルを検討するため，貨客混載による農作物や加工品等の集落から道の駅への配送や，自動運転車で集荷した農作物を高速バスと連携して他地域に配送するなどの実験にも取り組んだ。

令和元年11月に道の駅「かみこあに」（秋田県）において社会実装を開始したほか，３年４月に道の駅「奥永源寺渓流の里」（滋賀県），７月に「みやま市山川支所」（福岡県），10月に道の駅「赤来高原」（島根県）において社会実装を開始した。

道の駅「かみこあに」（秋田県）の自動運転サービス

イ　ラストマイル自動走行等

最寄駅等と目的地を結ぶラストマイル自動走行は，運転手不足を解消するとともに，高齢者等の安全かつ円滑な移動に資するものとして，地方部等において自治体や地域交通事業者，地域住民からの期待が大きいことから，経済産業省及び国土交通省において平成28年度から実証実験を開始した。

実証実験では，福井県永平寺町，沖縄県北谷町等において，長期の移動サービス実証を通じて技術開発や事業性の検討を行うなどし，このうち，永平寺町においては，令和２年12月に国内で初めて遠隔監視室にいる１人の遠隔操作者が，遠隔型自動運転システム※を活用して３台の無人自動運転車を遠隔監視・操作する試験運行を開始した。

その後，更なる車両の高度化等を進め，令和３年３月に，国内で初めて，遠隔型自動運転システムについて自動運行装置※（レベル３※）としての認可を受け，当該システムによる無人自動運転移動サービスを開始した。

さらに，北谷町においても，令和３年３月に海岸線走路（町有地）において１人の遠隔操作者が２台の無人自動運転車を遠隔監視・操作する形でサービスを開始した。

また，これらの実証実験は，小型自動運転カートや小型自動運転バスを用いて実施していたが，事業性を向上するため，多数の乗客を運ぶことができる中型自動運転バスを用いた実証実験を令和２年度に実施した。

この実証実験では，５つのバス運行事業者を選定して，多様な走行環境を有する全国５地域（茨城県日立市，神奈川県横浜市，滋賀県大津市，兵庫県三田市及び福岡県北九州市・苅田町）において実施し，中型自動運転バスによる公共移動サービスの事業化に向け，技術やサービスの検証を行った。

このほか，自動運転による地域公共交通実証事業を実施し，その持続可能性について検証したほか，自動運転移動サービスの実証実験における技術的支援を行った。

ウ　特定自動運行の許可制度の創設

運転者がいない状態での無人自動運転のうち，限定地域における遠隔監視のみの無人自動運転移動サービスを念頭に置いた許可制度の創設等を内容とする道路交通法の一部を改正する法律が令和４年４月に成立し，当該許可制度の創設に係る規定は５年４月に施行された。

沖縄県北谷町の無人自動運転移動サービス

兵庫県三田市の中型自動運転バスによる
自動運転移動サービス実証実験

※遠隔型自動運転システム
自動運転技術を用いて自動車を自律的に走行させるシステムで，緊急時等に備えて自動車から遠隔に存在する監視・操作者が電気通信技術を利用して当該自動車の運転操作を行うことができるもの。

※自動運行装置
プログラムにより自動的に自動車を運行させるために必要な装置であって，当該装置ごとに国土交通大臣が付する条件（使用条件）で使用される場合において，自動車を運行する者の操縦に係る認知，予測，判断及び操作に係る能力の全部を代替する機能を有するもの。

※レベル３
「自動運転に係る制度整備大綱」等で採用されている，SAE（Society of Automotive Engineers）International の J3016 における運転自動化レベルのうち，システムが全ての動的運転タスク（操舵，加減速，運転環境の監視，反応の実行等，車両を操作する際にリアルタイムで行う必要がある機能）をシステムが機能するよう設計されている特有の条件内で実施するが，システムの作動継続が困難な場合は，システムの介入要求等に対して，運転者の適切な応答が期待されるもの。

この改正により，自動運行装置のうち同装置の使用条件を満たさなくなった場合に直ちに自動的に安全な方法で自動車を停止させることができるものを適切に使用して自動車を運行することが「特定自動運行」と定義され，「運転」の定義から除外されたことで，運転者の存在を前提としないレベル４※に相当する自動運転のうち一定の許可基準を満たすものの実施が可能となった。

特定自動運行を行おうとする者は，特定自動運行を行おうとする場所を管轄する都道府県公安委員会に，経路や交通事故発生時の対応方法等を記載した特定自動運行計画等を提出し，許可を受けなければならないこととされたほか，許可を受けた者（特定自動運行実施者）は，車内又は遠隔監視を行うための車外の決められた場所に特定自動運行主任者を配置した上で，特定自動運行計画に従って特定自動運行を行う義務を負うとともに，当該特定自動運行主任者は，交通事故があった場合に必要な措置を講じなければならないなどとされた（特集-第45図）。

エ　自動運転レベル４等先進モビリティサービス研究開発・社会実装プロジェクト

レベル４等の先進モビリティサービスの実現・普及は，環境負荷の低減，移動課題の解決等に貢献することが期待される。

経済産業省及び国土交通省では，高齢者等の交通事故防止や移動手段の確保等に資する地域の無

特集-第45図　特定自動運行の許可制度のイメージ

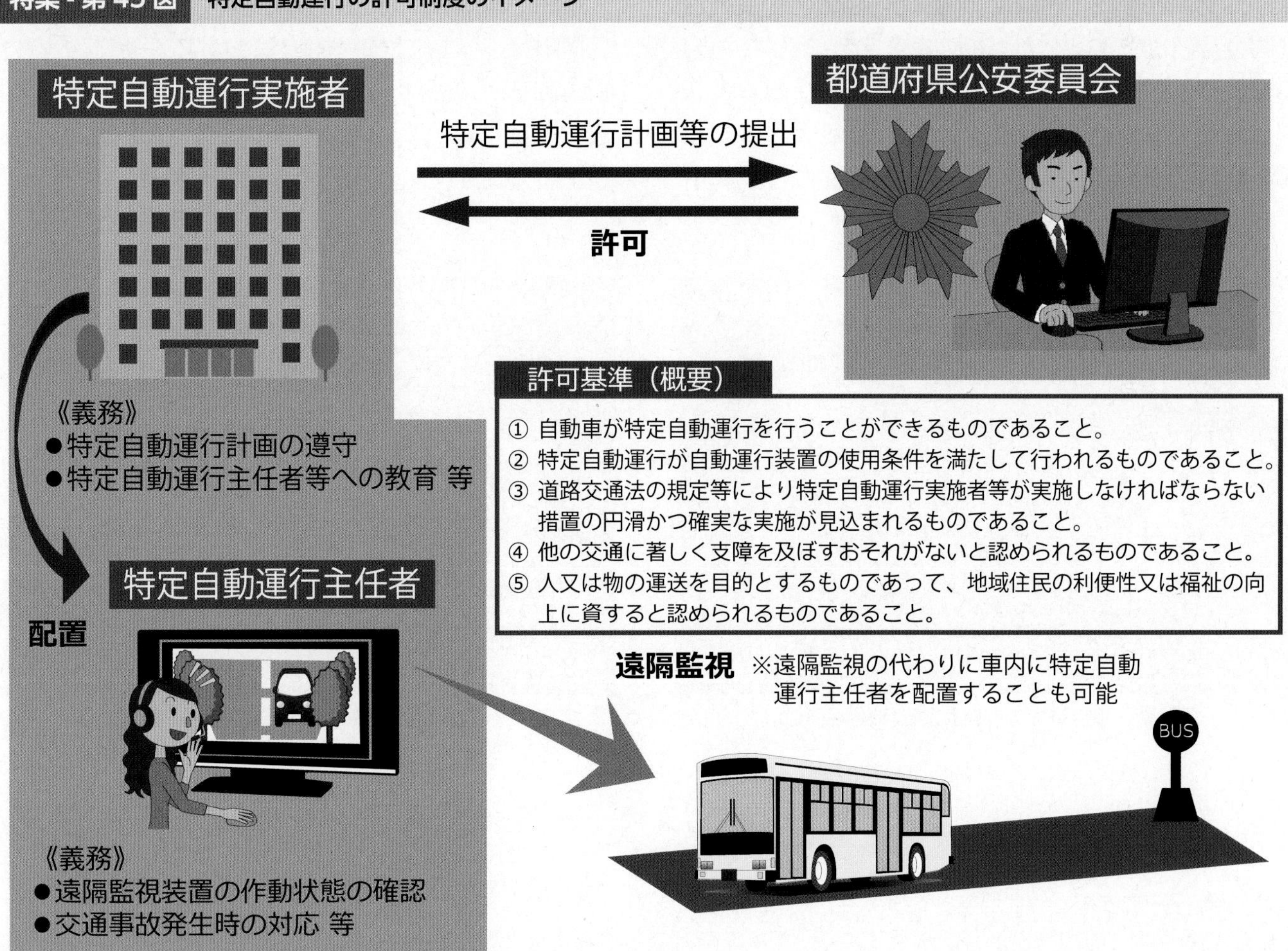

※レベル４
「自動運転に係る制度整備大綱」等で採用されている，SAE（Society of Automotive Engineers）International の J3016 における運転自動化レベルのうち，システムが全ての動的運転タスク（操舵，加減速，運転環境の監視，反応の実行等，車両を操作する際にリアルタイムで行う必要がある機能）及びシステムの作動継続が困難な場合への応答をシステムが機能するよう設計されている特有の条件内で実施し，システムの作動継続が困難な場合，運転者が介入要求等に応答することが期待されないもの。

人自動運転移動サービスの社会実装等に向けて，令和３年度に「自動運転レベル４等先進モビリティサービス研究開発・社会実装プロジェクト」（RoAD to the L4）を立ち上げた。

このプロジェクトでは，無人自動運転移動サービスを実現・普及させるため，令和４年度を目途に限定エリアにおいて車両に対し遠隔監視のみ（レベル４）による無人自動運転移動サービスを実現することや，７年度を目途に多様なエリアで，多様な車両を用いた無人自動運転移動サービスを50か所程度の地域で実現すること等を目標に掲げ，先行事例の創出や，サービスの横展開のための知見の共有に取り組んでいる。

福井県永平寺町においては，令和３年３月から開始した遠隔型自動運転システムによるレベル３の無人自動運転移動サービスについて，更に車両等の開発を進め，国内で初めて，道路運送車両法（昭26法185）に基づき運転者を必要としない自動運転車（レベル４）としての認可を受けるとともに，道路交通法（昭35法105）に基づき特定自動運行の許可を取得し，５年５月21日から運転者を必要としない遠隔監視のみを行う形でのレベル４に相当する無人自動運転移動サービスを開始した。

茨城県日立市では，公道交差を含む専用道区間等におけるレベル４無人自動運転移動サービスの実現に向け，ひたちBRT※路線内で中型自動運転バスを用いて技術面やサービス面に関する実証実験を行っている。

また，今後，より大規模かつ複雑な交通環境での新たな無人自動運転移動サービスの開始が見込まれ，こうしたサービスの早期実現に向けては，事業者及び関係省庁間での適切な情報共有の促進等のための環境整備が必要であるとの観点から，「自動運転レベル４等先進モビリティサービス研究開発・社会実装プロジェクト」の下に「レベル４モビリティ・アクセラレーション・コミッティ」を令和５年10月に立ち上げた。

同コミッティでは，国内におけるレベル４の自動運転タクシーサービスの早期実現に向けて，関係省庁間での情報共有を図りつつ，取組の進捗管理を行っている（特集-第46図）。

福井県永平寺町の無人自動運転移動サービス

茨城県日立市のひたちBRT路線内における
中型自動運転バスによる自動運転移動サービス実証実験

※ BRT：Bus Rapid Transit（バス高速輸送システム）の略。

特集-第46図　自動運転タクシーのイメージ

⑵地域公共交通の「リ・デザイン」

人口減少等による長期的な需要の減少に加え，運転手等の人手不足による供給の減少により，バスを始めとする地域公共交通を取り巻く状況は厳しいものとなっている。

他方，高齢者の運転免許の返納件数は依然高い水準にあり，受け皿としての移動手段を確保することの重要性を増している。

これまで，高齢者を含む地域住民の移動手段の確保に向け，地方公共団体が中心となって，地域公共交通の活性化及び再生に関する法律（平19法59）に基づき，令和5年度末までに1,021件の地域公共交通計画が作成されるなど，持続可能な地域旅客運送サービス提供の確保に資する取組が進められている。

また，依然として厳しい状況を踏まえ，地域の関係者の連携と協働の促進を国の努力義務として位置付けるとともに，ローカル鉄道の再構築に関する仕組みの創設・拡充，エリア一括協定運行事業の創設，道路運送高度化事業の拡充等を盛り込んだ地域公共交通の活性化及び再生に関する法律等の一部を改正する法律（令5法18）が令和5年10月に全面施行されたほか，地域の多様な関係者の連携・協働（共創）による実証運行の支援や交通事業者によるDX・GXによる経営改善支援，社会資本整備総合交付金による鉄道施設・バス施設の整備等，地域公共交通の再構築を図るための所要の予算が措置された。

引き続き，あらゆる政策ツールを最大限活用しつつ，デジタル田園都市国家構想実現会議の下に立ち上げた地域の公共交通リ・デザイン実現会議（議長：国土交通大臣）における議論も踏まえ，関係省庁と連携して利便性・生産性・持続可能性の高い地域公共交通への「リ・デザイン」（再構築）を加速化させていくこととする。

第3章　終わりに

第１章及び第２章において，高齢者が関係する交通事故の状況や特徴を分析するとともに，国と地方公共団体，関係機関・団体等が連携して取り組んでいる高齢者に係る交通事故防止対策について紹介した。

65歳以上の交通事故死者数は，過去最多であった平成７年の3,241人と比較すると，令和５年は1,466人と半分以下にまで減少しており，これは国と地方公共団体，関係機関・団体等が連携して高齢者に係る交通事故防止対策に取り組んできた成果によるものと考えられる。

しかしながら，交通事故死者数に占める65歳以上の者の割合は，依然として５割を超える高い水準で推移していることや，今後，高齢化が一層進展することを踏まえれば，高齢者の交通事故防止は喫緊の課題であることに違いはない。

現行の第11次交通安全基本計画においても，高齢者の安全確保は，交通事故の被害を減らすために重点的に対策を講じる対象と位置付けており，この課題を解決するためには，これまでに交通対策本部等で策定した高齢者の交通事故防止対策をより深化させるとともに，第11次交通安全基本計画に盛り込まれた高齢者の交通事故防止に係る各種施策や，交通事故の発生状況等を踏まえた取組を引き続き強力に推進する必要がある。

第11次交通安全基本計画において目標に掲げている令和7年までに交通事故死者数を2,000人以下とし，「世界一安全な道路交通」を実現するため，引き続き，国と地方公共団体，関係機関・団体等が連携して，高齢者の交通事故防止に向けた取組を推進していく。

第1編
陸上交通

第1部 道路交通

第1章 道路交通事故の動向

第1節 道路交通事故の長期的推移

道路交通事故（人身事故に限る。）の長期的推移をみると，戦後，昭和20年代後半から40年代半ば頃までは，交通事故死者数及び負傷者数ともに著しく増大しており，26年から45年までに交通事故負傷者数は３万1,274人から98万1,096人（31.4倍）へ，死者数は4,429人から１万6,765人（3.8倍）へと増加している（第1-1図）。

これは，車社会化の急速な進展に対して，道路整備，信号機，道路標識等の交通安全施設が不足していたことはもとより，車両の安全性を確保するための技術が未発達であったことや，交通社会の変化に対する人々の意識が遅れていたことなど，社会の体制が十分に整っていなかったことが要因であったと考えることができる。

このため，交通安全の確保は焦眉の社会問題となり，昭和45年に交通安全対策基本法が制定され，国を挙げての交通安全対策が進められた。

同法では，交通の安全に関する総合的かつ長期的な施策の大綱である交通安全基本計画の作成について定めており，昭和46年度の第１次交通安全基本計画から始まり，その後５年ごとに作成され，令和３年には，３年度から７年度までの５年間を計画期間とする第11次計画が策定された。

各計画では，それぞれ達成すべき目標を掲げ，交通安全に関する施策を強力に推進してきた結果，令和４年の交通事故死者数は2,610人となり，過去最悪であった昭和45年の１万6,765人の約６分の１とすることができたが，令和５年の交通事故死者数は2,678人となり，平成27年以来８年ぶりに増加した。

また，重傷者数についても，令和５年は２万7,636人であり，平成12年の８万105人から漸減傾向にあったものの，同年以来23年ぶりに増加した（第1-1表，第1-1図）。

第1-1図 道路交通事故による交通事故発生件数，死者数，重傷者数及び負傷者数の推移

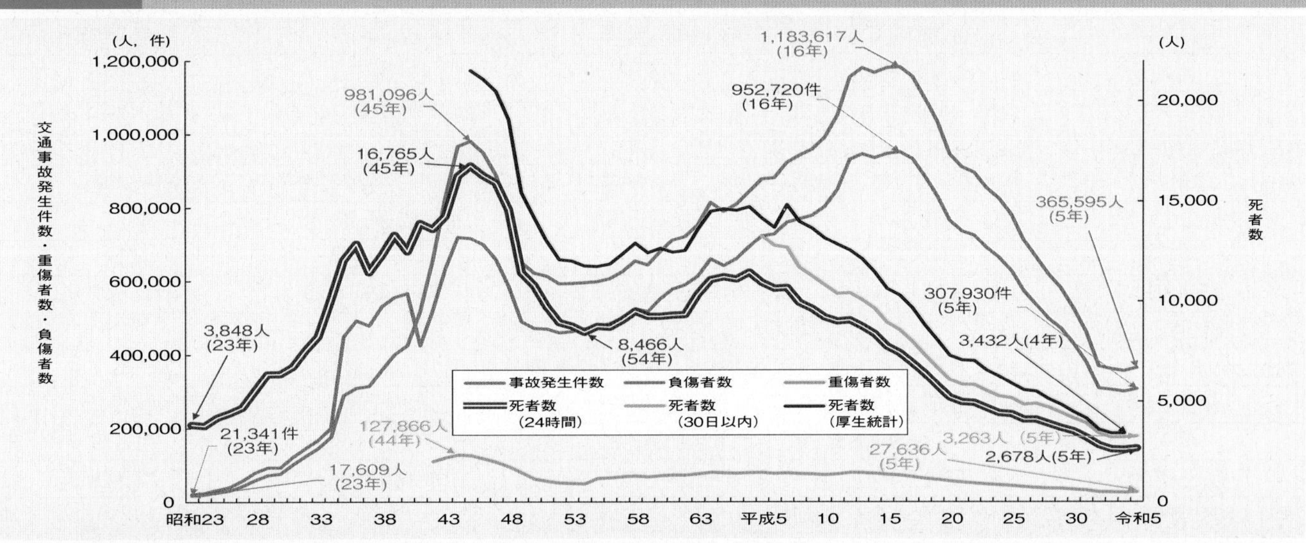

注　1　警察庁資料による。
2　「死者数（24時間）」とは，交通事故によって，発生から24時間以内に死亡した人数をいう。
3　「死者数（30日以内）」とは，交通事故によって，発生から30日以内（交通事故発生日を初日とする。）に死亡した人数をいう。
4　「死者数（厚生統計）」は，警察庁が厚生労働省統計資料「人口動態統計」に基づき作成したものであり，当該年に死亡した者のうち原死因が交通事故によるもの（事故発生後１年を超えて死亡した者及び後遺症により死亡した者を除く。）をいう。
なお，平成６年以前は，自動車事故とされた者を，平成７年以降は，陸上の交通事故とされた者から道路上の交通事故ではないと判断される者を除いた数を計上している。
5　「重傷者数」とは，交通事故によって負傷し，１箇月（30日）以上の治療を要する者の人数をいう。
6　昭和41年以降の交通事故発生件数は，物損事故を含まない。
7　死者数（24時間），負傷者数及び交通事故発生件数は，昭和46年以前は，沖縄県を含まない。

第 1-1 表　交通安全基本計画の目標値と実数値

第１次交通安全基本計画（昭和 46 年度〜昭和 50 年度）				
昭和 50 年の歩行者推計死者約 8,000 人を半減				
昭和 46 年	昭和 47 年	昭和 48 年	昭和 49 年	昭和 50 年
5,761 人	5,689 人	5,376 人	4,140 人	3,732 人
第２次交通安全基本計画（昭和 51 年度〜昭和 55 年度）				
過去の最高であった昭和 45 年の交通事故死者数 16,765 人の半減				
昭和 51 年	昭和 52 年	昭和 53 年	昭和 54 年	昭和 55 年
9,734 人	8,945 人	8,783 人	8,466 人	8,760 人
第３次交通安全基本計画（昭和 56 年度〜昭和 60 年度）				
昭和 60 年までに年間の死者数を 8,000 人以下にする。				
昭和 56 年	昭和 57 年	昭和 58 年	昭和 59 年	昭和 60 年
8,719 人	9,073 人	9,520 人	9,262 人	9,261 人
第４次交通安全基本計画（昭和 61 年度〜平成２年度）				
平成２年までに年間の死者数を 8,000 人以下にする。				
昭和 61 年	昭和 62 年	昭和 63 年	平成元年	平成２年
9,317 人	9,347 人	10,344 人	11,086 人	11,227 人
第５次交通安全基本計画（平成３年度〜平成７年度）				
平成７年の死者数を年間１万人以下とする。				
平成３年	平成４年	平成５年	平成６年	平成７年
11,109 人	11,452 人	10,945 人	10,653 人	10,684 人
第６次交通安全基本計画（平成８年度〜平成 12 年度）				
年間の交通事故死者を平成９年までに１万人以下とし，さらに，平成 12 年までに 9,000 人以下とする。				
平成８年	平成９年	平成 10 年	平成 11 年	平成 12 年
9,943 人	9,642 人	9,214 人	9,012 人	9,073 人
第７次交通安全基本計画（平成 13 年度〜平成 17 年度）				
平成 17 年までに，年間の 24 時間死者数を交通安全対策基本法施行以降の最低であった昭和 54 年の 8,466 人以下とする。				
平成 13 年	平成 14 年	平成 15 年	平成 16 年	平成 17 年
8,757 人	8,396 人	7,768 人	7,436 人	6,937 人
第８次交通安全基本計画（平成 18 年度〜平成 22 年度）				
平成 22 年までに，年間の 24 時間死者数を 5,500 人以下にする。平成 22 年までに，年間の死傷者数を 100 万人以下にする。				
平成 18 年	平成 19 年	平成 20 年	平成 21 年	平成 22 年
6,415 人	5,796 人	5,209 人	4,979 人	4,948 人
1,104,979 人	1,040,448 人	950,912 人	916,194 人	901,245 人
第９次交通安全基本計画（平成 23 年度〜平成 27 年度）				
平成 27 年までに，年間の 24 時間死者数を 3,000 人以下にする。平成 27 年までに，年間の死傷者数を 70 万人以下にする。				
平成 23 年	平成 24 年	平成 25 年	平成 26 年	平成 27 年
4,691 人	4,438 人	4,388 人	4,113 人	4,117 人
859,304 人	829,830 人	785,880 人	715,487 人	670,140 人
第 10 次交通安全基本計画（平成 28 年度〜令和２年度）				
令和２年までに，年間の 24 時間死者数を 2,500 人以下にする。令和２年までに，年間の死傷者数を 50 万人以下にする。				
平成 28 年	平成 29 年	平成 30 年	令和元年	令和２年
3,904 人	3,694 人	3,532 人	3,215 人	2,839 人
622,757 人	584,544 人	529,378 人	464,990 人	372,315 人
第 11 次交通安全基本計画（令和３年度〜令和７年度）				
令和７年までに，年間の 24 時間死者数を 2,000 人以下にする。令和７年までに，年間の重傷者数を 22,000 人以下にする。				
令和３年	令和４年	令和５年		
2,636 人	2,610 人	2,678人		
27,204 人	26,027 人	27,636人		

注　第１次計画の計画期間の実数値は，歩行中の交通事故死者数。
第８次から第 10 次計画の計画期間の実数値は，上段が年間の 24 時間死者数，下段が年間の死傷者数。
第 11 次計画期間の実数値は，上段が年間の 24 時間死者数，下段が年間の重傷者数。

死傷者数については，第１次及び第２次計画に基づく諸対策により，昭和45年の99万7,861人から52年には60万2,156人に減少し，その後，増勢になるものの，ピークに達した平成16年の119万1,053人と比較すると，令和５年の死傷者数は36万8,273人であり，約３分の１まで減少している（第1-2図）。

死傷者数を人口10万人当たりでみると，昭和45年の962.1人から一旦急激に減少したものの，50年代から増勢に転じ，平成13年に934.7人となった。その後，減少に転じ，令和５年には294.7人となった。次に，自動車保有台数１万台当たりでみると，昭和43年からほぼ一貫して減少を続け，平成３年には130.6人までに減少し，その後，横ばい又は微減傾向となり，令和５年には44.3人となった。死者数を人口10万人当たりでみると，昭和45年まで年とともに増加し，同年には16.2人となったが，46年以降は減少に転じ，平成に入り一時増加したものの，令和５年には2.1人となった。次に，自動車保有台数１万台当たり，自動車１億走行キロ当たりでみると，昭和50年代半ばまで順調に減少してきた後は，漸減傾向が続いている（第1-3図）。

なお，本白書における交通事故統計の数値は，原則として警察庁の交通統計による数値であり，交通事故死者数は，24時間死者数である。

このほかに，交通事故発生後30日以内に死亡した者（30日以内死者）の数を集計したものがあり，令和５年は3,263人となっている（参考-３参照）。

さらに，交通事故を原死因とする死亡者（事故発生後１年を超えて死亡した者及び後遺症により死亡した者を除く。）を計上している厚生労働省の人口動態統計について，警察庁では，陸上交通事故死亡者数から，明らかに道路上の交通事故ではないと判断された者を除いた数を「厚生統計の死者」として計上しており，令和４年は3,432人となっている（第1-1図）。

第1-2図　死傷者数，運転免許保有者数，自動車保有台数及び自動車走行キロの推移

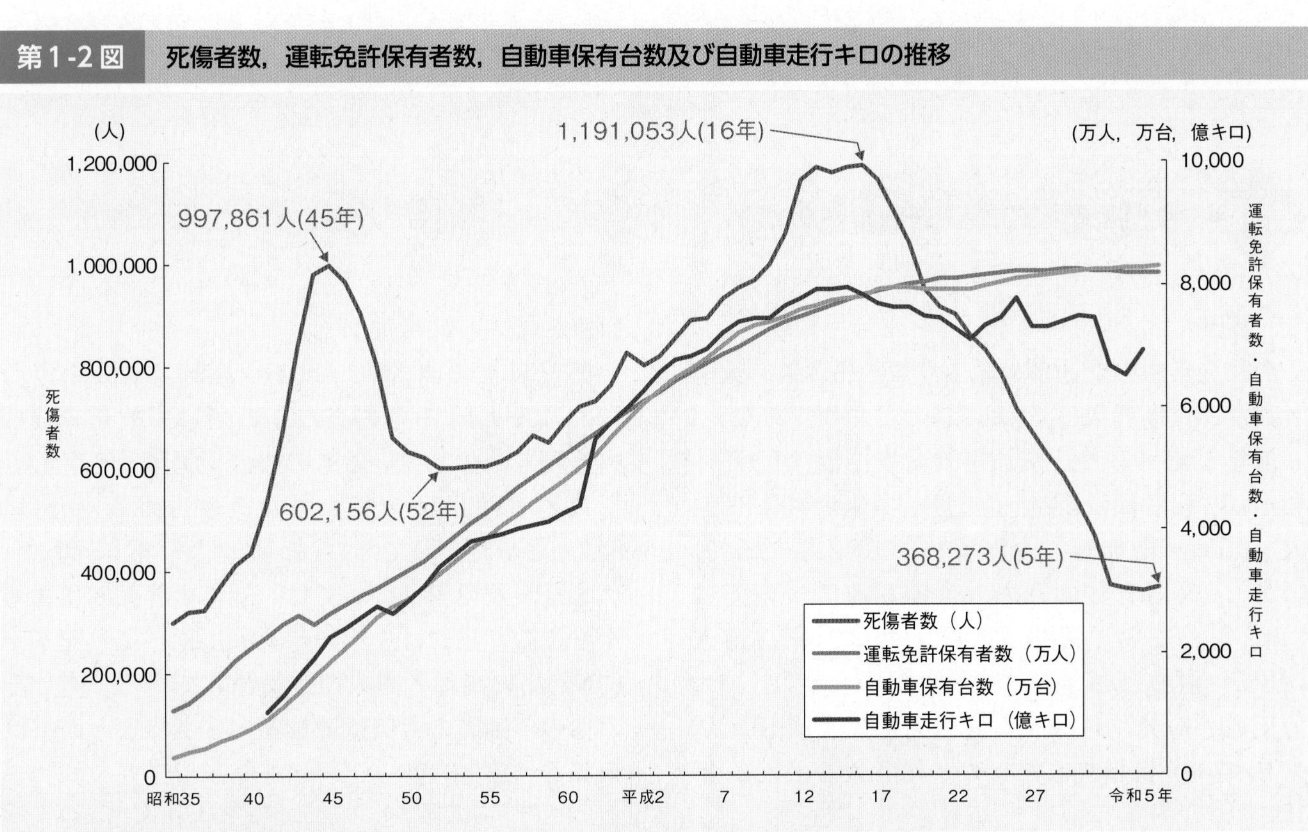

注　１　死傷者数は警察庁資料による。
　　２　運転免許保有者数は警察庁資料により，各年12月末現在の値である。
　　３　自動車保有台数は国土交通省資料により，各年12月末現在の値である。保有台数には第１種及び第２種原動機付自転車並びに小型特殊自動車を含まない。
　　４　自動車走行キロは国土交通省資料により，各年度の値である。軽自動車によるものは昭和62年度から計上している。

第1-3図　人口10万人・自動車保有台数1万台・自動車1億走行キロ当たりの交通事故死傷者数及び死者数の推移

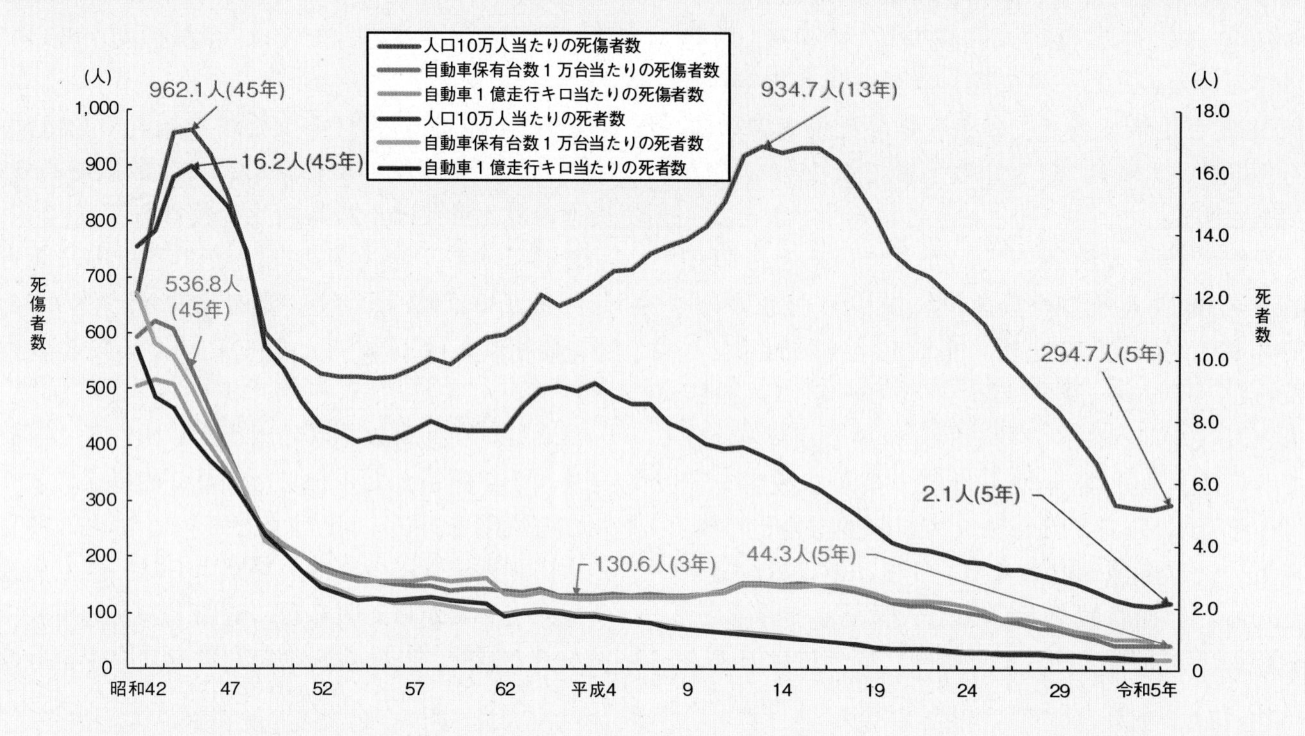

注　1　死傷者数及び死者数は警察庁資料による。
2　算出に用いた人口は，該当年の人口であり，総務省統計資料「人口推計」（各年10月1日現在（補間補正を行っていないもの。ただし，国勢調査実施年は国勢調査人口による。））による。ただし，令和5年は前年の人口による。
3　自動車保有台数は国土交通省資料により，各年12月末現在の値である。保有台数には第1種及び第2種原動機付自転車並びに小型特殊自動車を含まない。
4　自動車走行キロは国土交通省資料により，各年度の値である。軽自動車によるものは昭和62年度から計上している。

第2節　令和5年中の道路交通事故の状況

1　概況

令和5年中の交通事故発生件数，死者数，重傷者数及び負傷者数は，第1-1図のとおりである。

前年と比べると，交通事故発生件数は7,091件（2.4%），死者数は68人（2.6%），負傷者数は8,994人（2.5%）増加し（死傷者数は9,062人（2.5%）増加），負傷者数のうち，重傷者数については1,609人（6.2%），軽傷者数については7,385人（2.2%）増加した。

交通事故発生件数及び負傷者数は平成16年以来19年ぶりに増加したほか，死者数も平成27年以来8年ぶりに増加した。

65歳以上の高齢者（以下「高齢者」という。）における人口10万人当たりの交通事故死者数は引き続き減少しているものの，交通事故死者のうち高齢者は1,466人であり，その占める割合は，54.7%と依然として高い（第1-4図及び第1-5図）。

また，致死率については，近年上昇傾向にあるが，この背景には，他の年齢層に比べて致死率が約6倍高い高齢者の人口が増加している一方，その他の年齢層の人口は減少傾向にあることが挙げられる（第1-6図）。

第1-4図　高齢者及び高齢者以外の交通事故死者数の推移

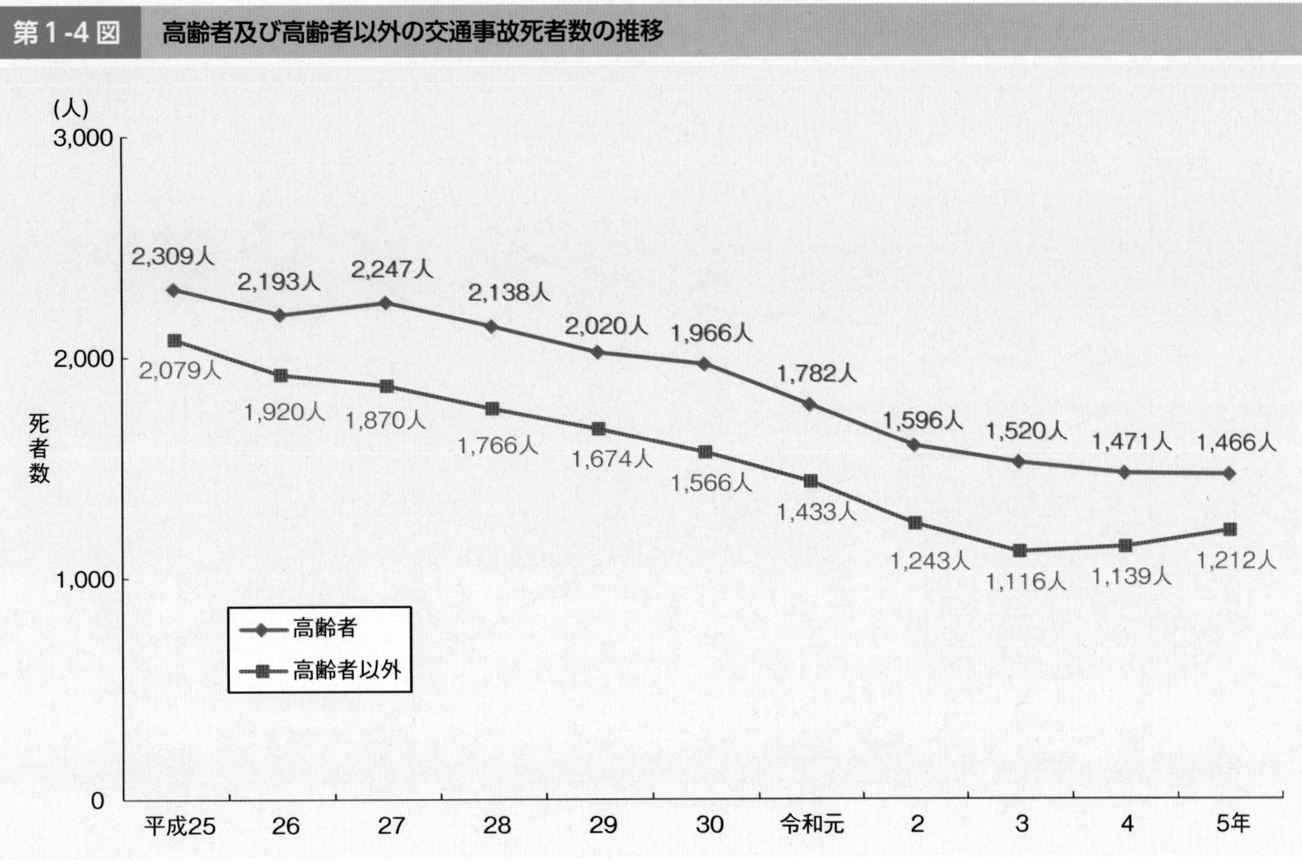

注　警察庁資料による。

第1-5図　人口10万人当たり高齢者及び高齢者以外の交通事故死者数の推移

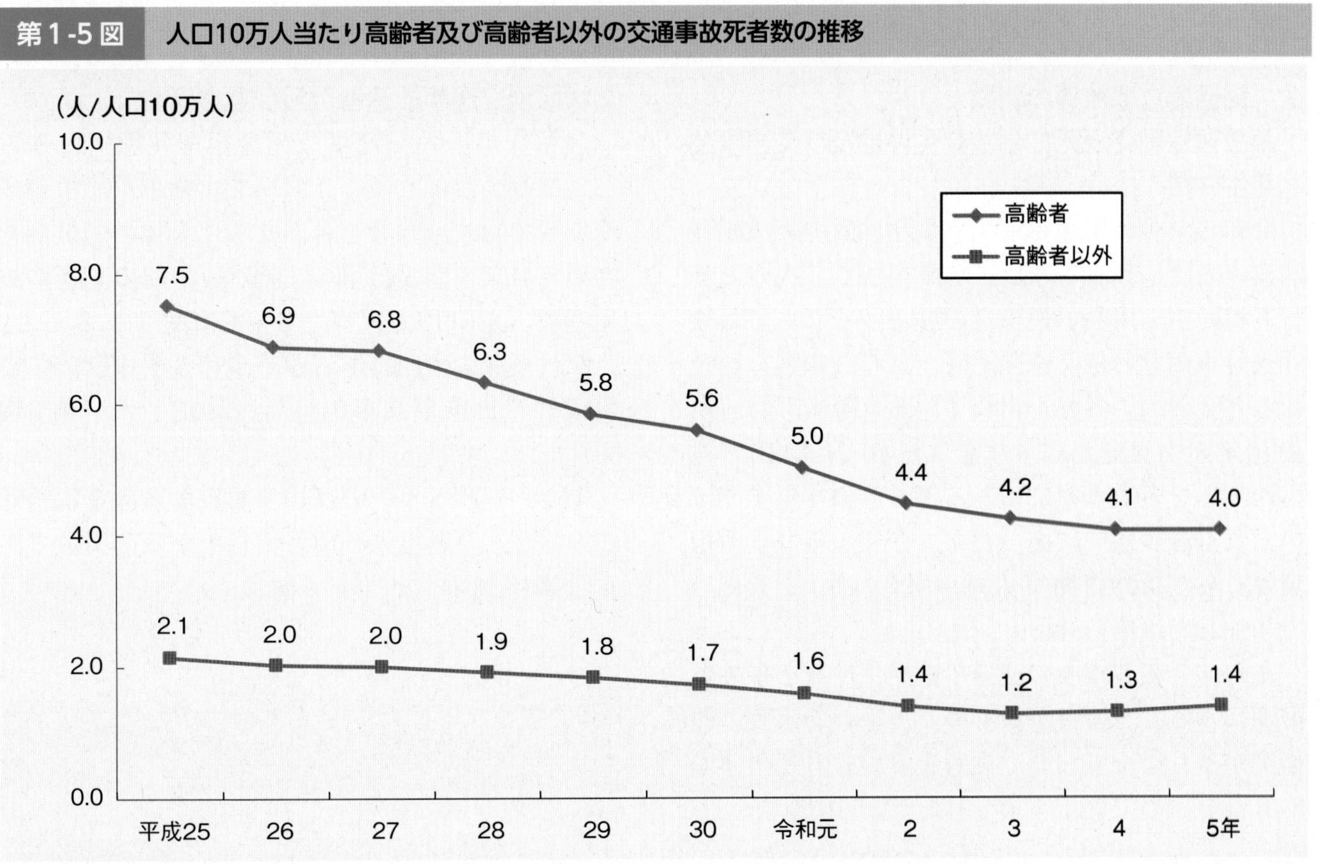

注　1　警察庁資料による。
　　2　算出に用いた人口は，該当年の前年の人口であり，総務省統計資料「人口推計」（各年10月１日現在（補間補正を行っていないもの。ただし，国勢調査実施年は国勢調査人口（平成27年は「年齢不詳の人口をあん分した人口」，令和２年は「不詳補完値」）による。））による。

第1-6図　致死率及び死者数の推移

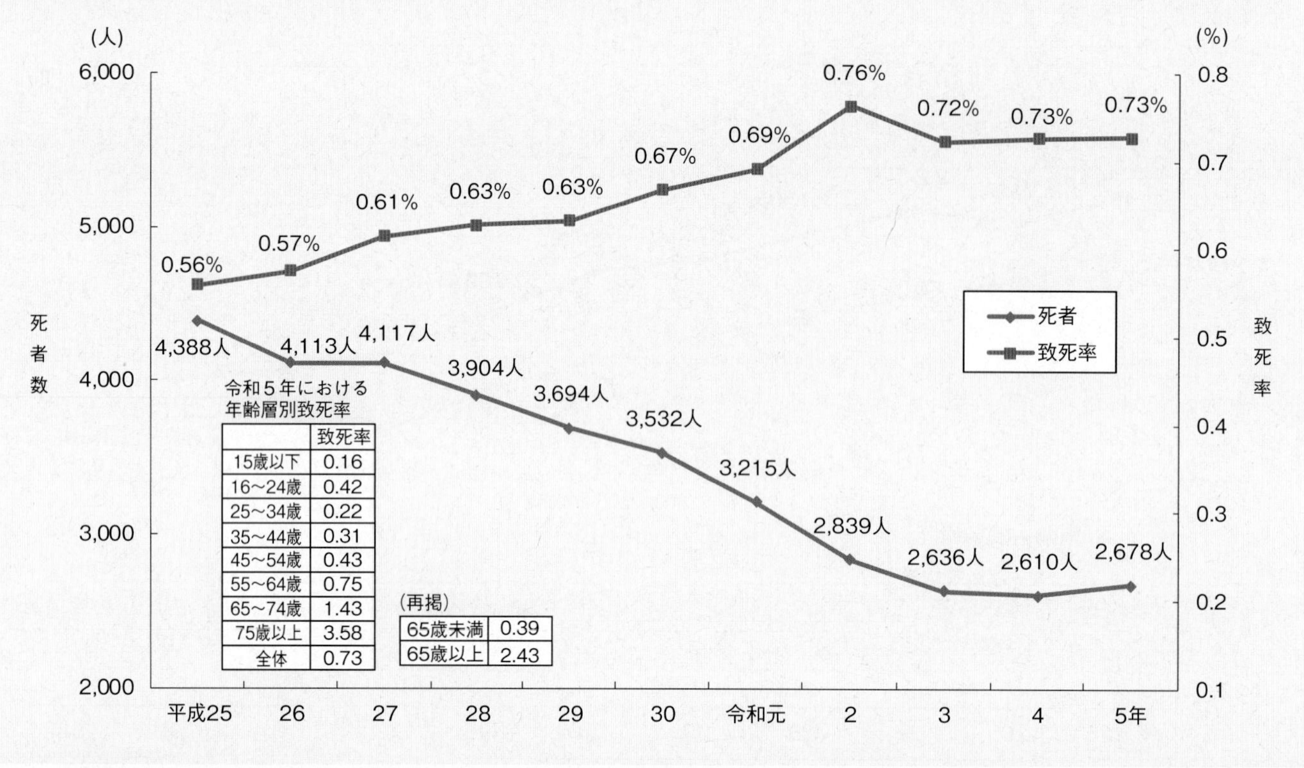

	致死率
15歳以下	0.16
16～24歳	0.42
25～34歳	0.22
35～44歳	0.31
45～54歳	0.43
55～64歳	0.75
65～74歳	1.43
75歳以上	3.58
全体	0.73

(再掲)	
65歳未満	0.39
65歳以上	2.43

注　1　警察庁資料による。
　　2　致死率＝死者数÷死傷者数×100

2　交通死亡事故等の特徴

⑴事故類型別交通死亡事故発生件数及び交通事故発生件数

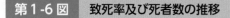

令和５年中の交通死亡事故発生件数を事故類型別にみると，正面衝突等※が最も多く，次いで歩行者横断中，出会い頭衝突の順で多くなっており(「人対車両その他」を除く。)，この３類型を合わせると全体の約６割を占めている（第1-7図）。過去10年間の交通死亡事故発生件数（人口10万人当たり）を事故類型別にみると，令和４年まではいずれも減少傾向にあったが，令和５年は正面衝突等，右左折時衝突（「人対車両その他」を除く。）で増加した（第1-8図）。

また，令和５年中の交通事故発生件数を事故類型別にみると，追突が最も多く，次いで出会い頭衝突が多くなっており，両者を合わせると全体の約６割を占めている（第1-9図，第1-10図）。

⑵状態別交通事故死者数及び重傷者数

令和５年中の交通事故死者数を状態別にみると，歩行中が最も多く，次いで自動車乗車中が多くなっており，両者を合わせると全体の約７割を占めている（第1-11図）。過去10年間の交通事故死者数（人口10万人当たり）を状態別にみると，いずれも減少傾向にあるが，令和５年中は前年と比較して自動車乗車中以外は増加した（第1-12図）。

また，令和５年中の交通事故重傷者数を状態別にみると，自動車乗車中と歩行中がほぼ同数である（第1-13図）。

※正面衝突等
　事故原因が類似する正面衝突，路外逸脱，工作物衝突をまとめたもの。

第 1-7 図　事故類型別交通死亡事故発生件数（令和５年）

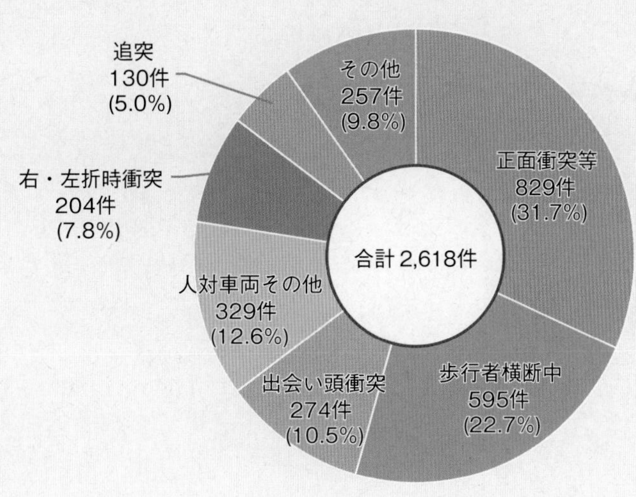

注　1　警察庁資料による。
　　2「人対車両その他」とは，人対車両の事故のうち，歩行者横断中以外の事故をいう（対面通行中，背面通行中，路上横臥等）。
　　3「正面衝突等」とは，正面衝突，路外逸脱及び工作物衝突をいう。
　　4（　）内は構成率である。

第 1-8 図　事故類型別人口10万人当たり交通死亡事故発生件数の推移

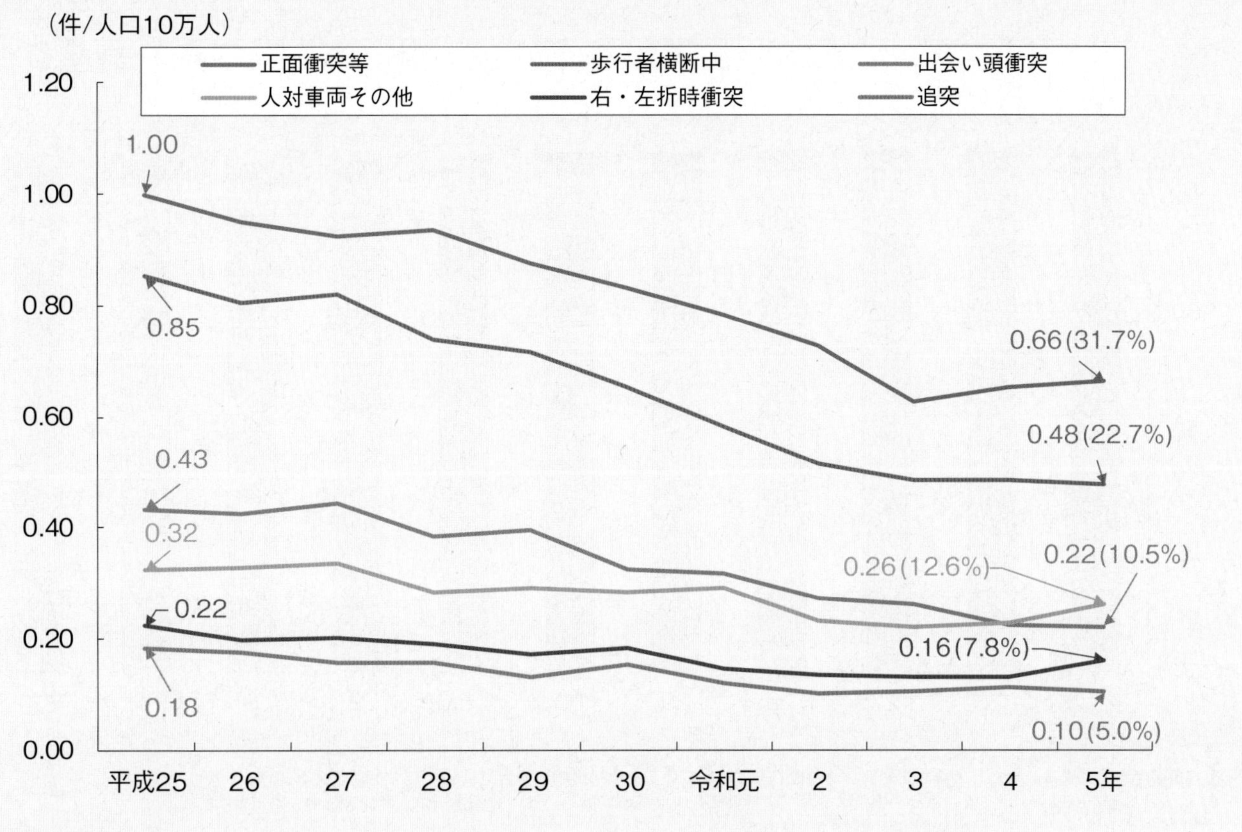

注　1　警察庁資料による。
　　2「人対車両その他」とは，人対車両の事故のうち，歩行者横断中以外の事故をいう（対面通行中，背面通行中，路上横臥等）。
　　3「正面衝突等」とは正面衝突，路外逸脱及び工作物衝突をいう。
　　4　算出に用いた人口は，該当年の前年の人口であり，総務省統計資料「人口推計」（各年10月１日現在（補間補正を行っていないもの。ただし，国勢調査実施年は国勢調査人口による。））による。

第１-9図　事故類型別交通事故発生件数（令和５年）

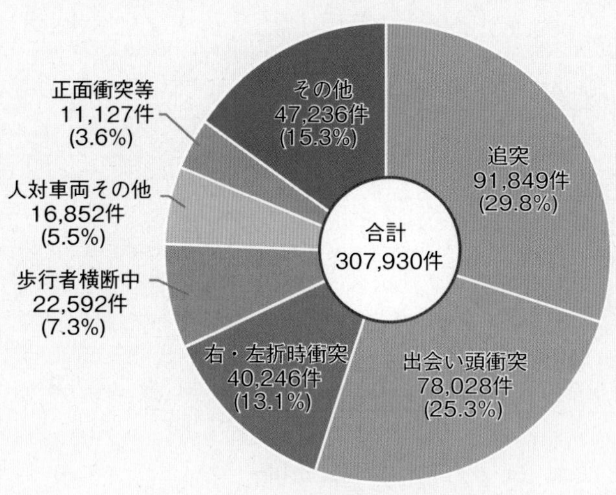

注　1　警察庁資料による。
　　2　「人対車両その他」とは，人対車両の事故のうち，歩行者横断中以外の事故をいう（対面通行中，背面通行中，路上横臥等）。
　　3　「正面衝突等」とは正面衝突，路外逸脱及び工作物衝突をいう。
　　4　（　）内は構成率である。

第１-10図　事故類型別交通事故発生件数の構成率の推移

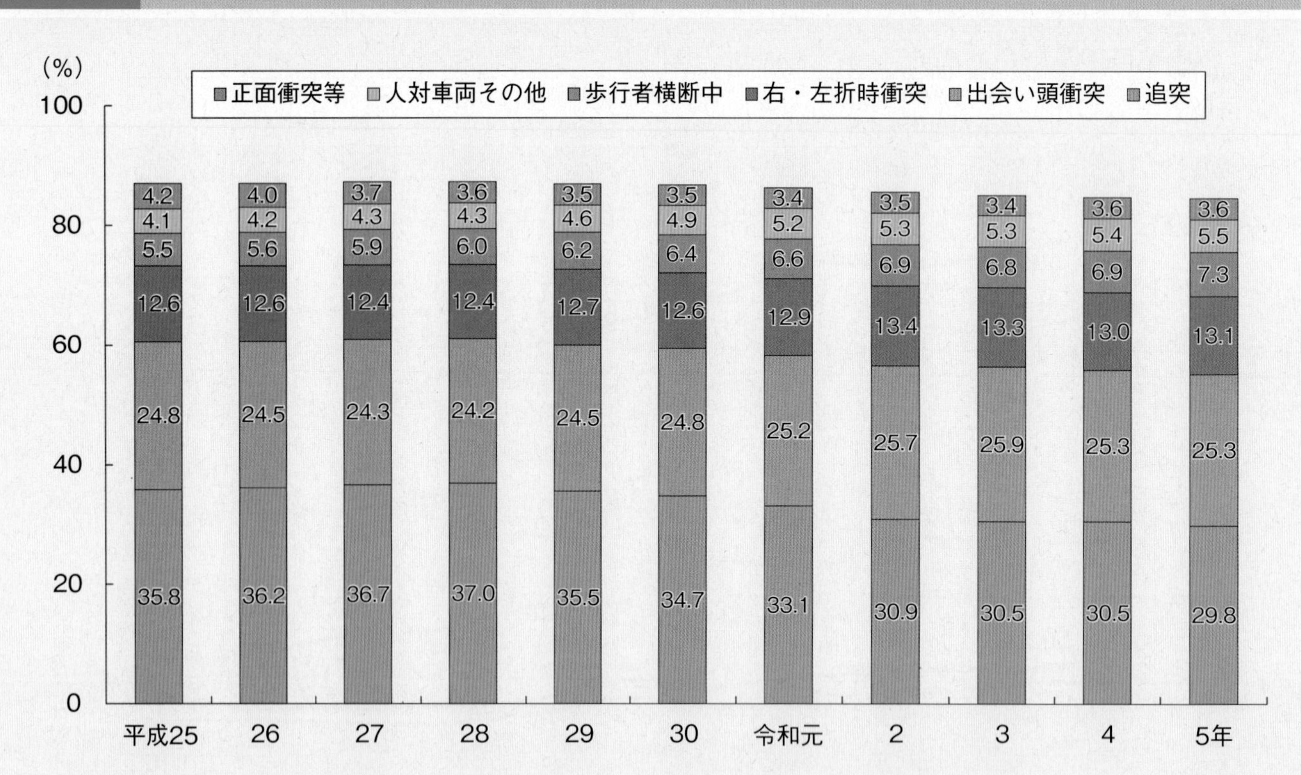

区分	平成25	26	27	28	29	30	令和元	2	3	4	5年
正面衝突等	4.2	4.0	3.7	3.6	3.5	3.5	3.4	3.5	3.4	3.6	3.6
人対車両その他	4.1	4.2	4.3	4.3	4.6	4.9	5.2	5.3	5.3	5.4	5.5
歩行者横断中	5.5	5.6	5.9	6.0	6.2	6.4	6.6	6.9	6.8	6.9	7.3
右・左折時衝突	12.6	12.6	12.4	12.4	12.7	12.6	12.9	13.4	13.3	13.0	13.1
出会い頭衝突	24.8	24.5	24.3	24.2	24.5	24.8	25.2	25.7	25.9	25.3	25.3
追突	35.8	36.2	36.7	37.0	35.5	34.7	33.1	30.9	30.5	30.5	29.8

注　1　警察庁資料による。ただし，事故類型別「その他」を省略しているため，構成率の合計は必ずしも100％とならない。
　　2　「人対車両その他」とは，人対車両の事故のうち，歩行者横断中以外の事故をいう（対面通行中，背面通行中，路上横臥等）。
　　3　「正面衝突等」とは正面衝突，路外逸脱及び工作物衝突をいう。

第1-11図　状態別交通事故死者数（令和５年）

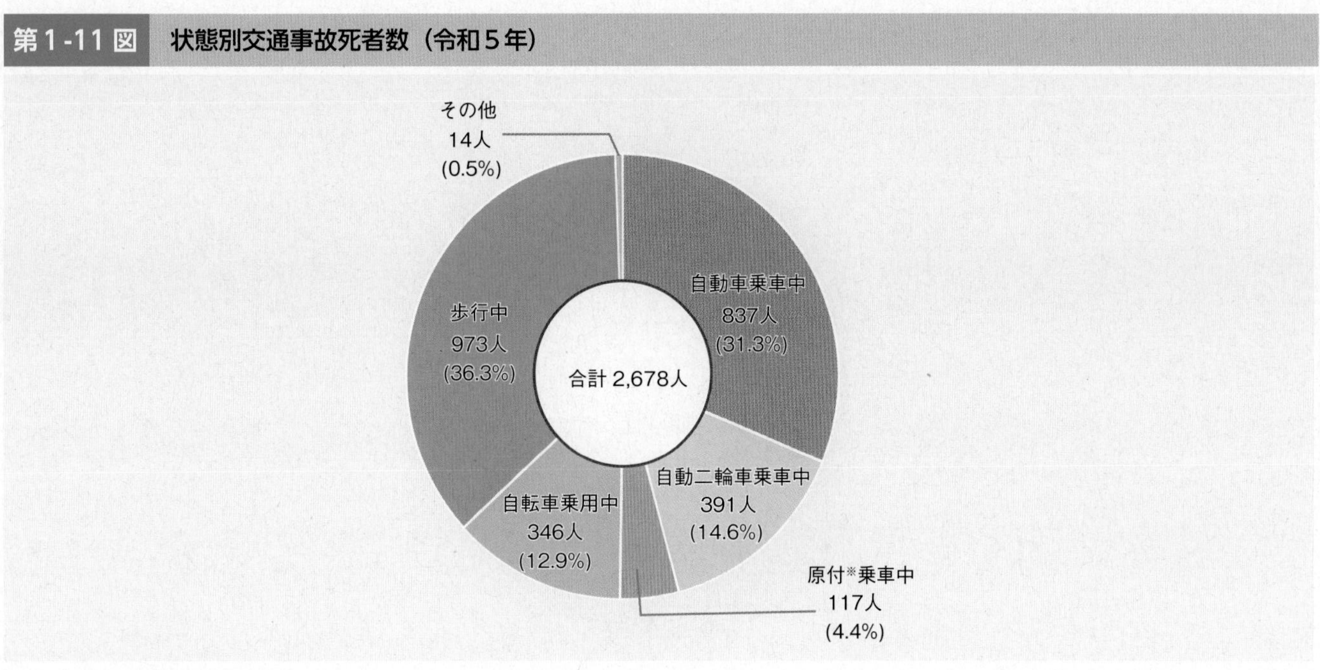

注　1　警察庁資料による。
　　2　（　）内は構成率である。

第1-12図　状態別人口10万人当たり交通事故死者数の推移

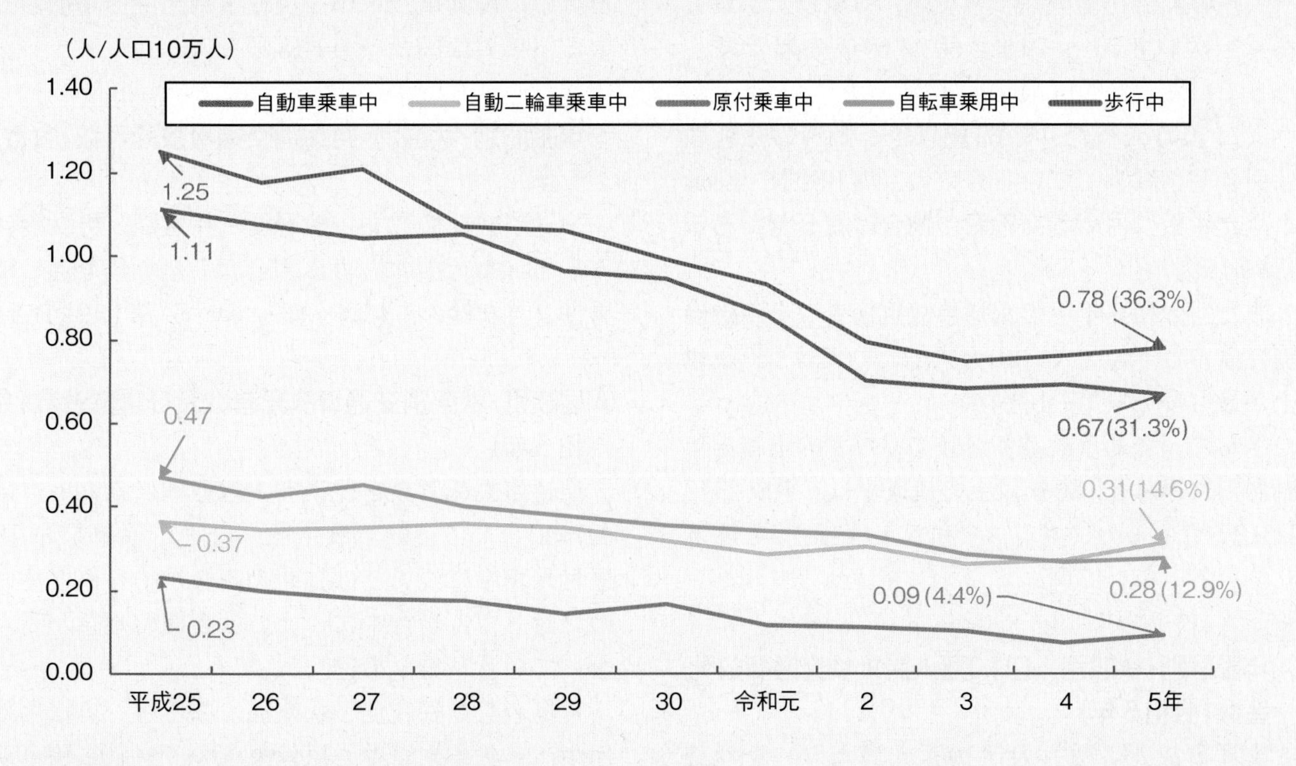

注　1　警察庁資料による。
　　2　算出に用いた人口は，該当年の前年の人口であり，総務省統計資料「人口推計」（各年10月1日現在（補間補正を行っていないもの。ただし，国勢調査実施年は国勢調査人口による。））による。

※原付
　令和５年中の「原付」は，一般原動機付自転車及び特定小型原動機付自転車をいう。

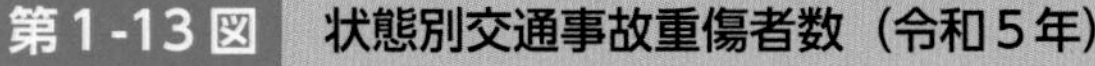

第1-13図　状態別交通事故重傷者数（令和5年）

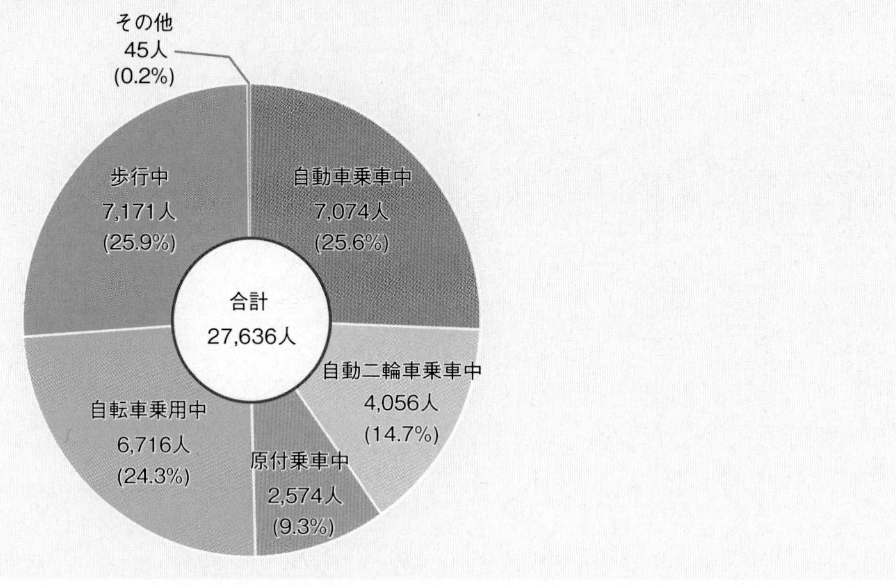

注　1　警察庁資料による。
　　2　（　）内は構成率である。

⑶年齢層別交通事故死者数・重傷者数

令和5年中の交通事故死者数を年齢層別にみると，各層人口10万人当たりでは，80歳以上が最も多く，次いで70～79歳，60～69歳の順で多くなっている（第1-14図）。

人口10万人当たりの65歳以上高齢者の死者数は引き続き減少しているものの（第1-5図），交通事故死者数に占める高齢者の割合は約5割である（第1-15図）。

また，令和5年中の交通事故重傷者数を年齢層別にみると，各層人口10万人当たりでは，80歳以上が最も多い（第1-16図）。

さらに，交通事故重傷者数の構成率の推移を年齢層別にみると，80歳以上の構成率は，平成25年は9.3%であるのに対し，令和5年は13.2%と増加している（第1-17図）。

⑷年齢層別・状態別人口10万人当たり交通事故死者数（令和5年）

交通事故死者数（人口10万人当たり）を状態別にみると，令和5年の歩行中死者数（人口10万人当たり）については，高齢者で多く，特に80歳以上では全年齢層の約4.2倍の水準となっているほか，30歳代以降は，年齢が高くなるにつれて，歩行中，自動車乗車中，自転車乗用中で増加している（第1-12図及び第1-18図）。

⑸年齢層別・状態別・男女別交通事故死者数（令和5年）

交通事故死者数を年齢層別・状態別・男女別にみると，歩行中の占める割合は，全年代を通じて男性より女性の方が高くなっている（第1-19図）。

⑹昼夜別・状態別交通事故死者数及び重傷者数（令和5年）

交通事故死者数を昼夜別・状態別にみると，自動車乗車中，自転車乗用中，自動二輪車乗車中，原付乗車中については昼間の割合が約6割と高いのに対して，歩行中については夜間の割合が高くなっている（第1-20図）。

重傷者数を昼夜別・状態別にみると，自転車乗用中，自動車乗車中，原付乗車中，自動二輪車乗車中については，いずれも昼間の割合が6割以上と高い（第1-20図）。

第1-14図　年齢層別人口10万人当たり交通事故死者数の推移

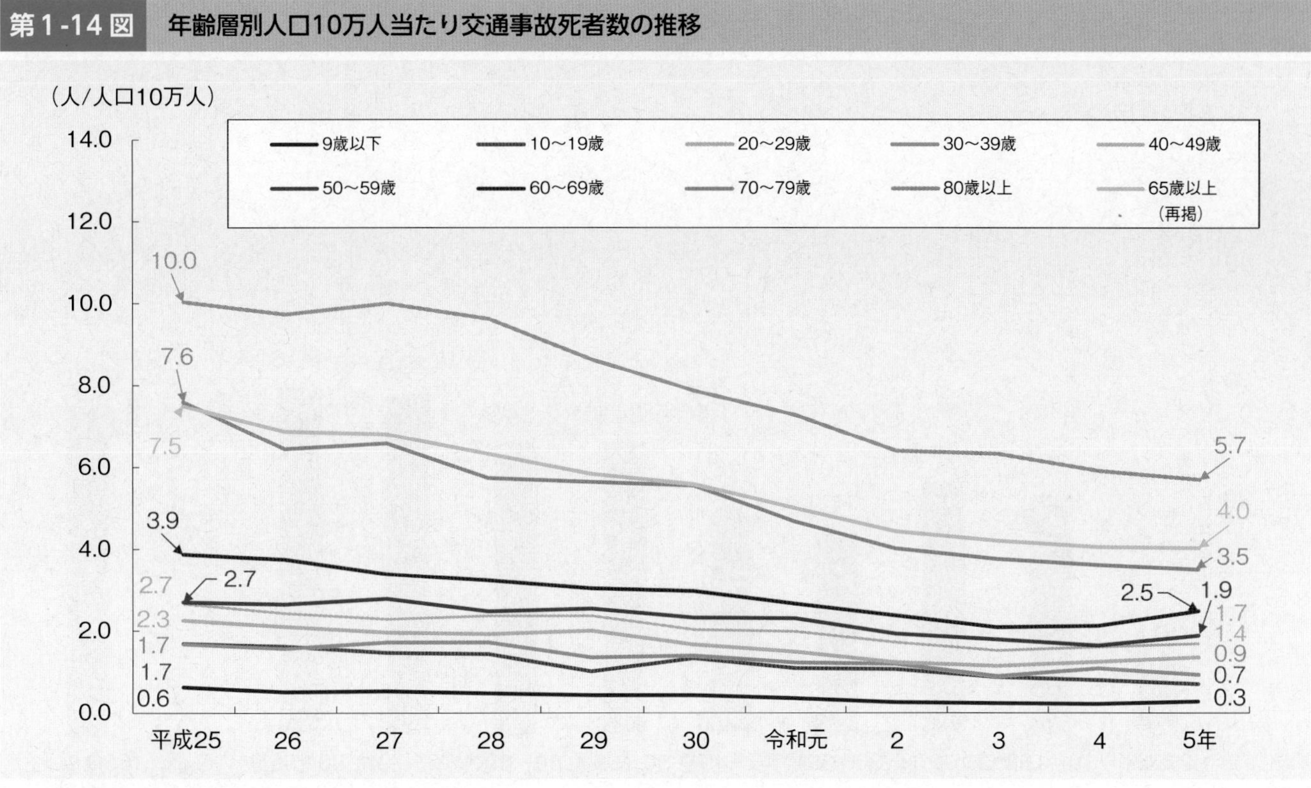

注　1　警察庁資料による。
　　2　算出に用いた人口は，該当年の前年の人口であり，総務省統計資料「人口推計」（各年10月１日現在（補間補正を行っていないもの。ただし，国勢調査実施年は国勢調査人口（不詳補完値）による。））による。

第1-15図　年齢層別交通事故死者数の推移

（人）
3,000
2,500
2,000
1,500
1,000
500
0
9歳以下
10～19歳
20～29歳
30～39歳
40～49歳
50～59歳
60～69歳
70～79歳
80歳以上
65歳以上（再掲）
2,309
1,038
897
716
399
423
355
290
202
68
1,466 (54.7%)
703 (26.3%)
577 (21.5%)
375 (14.0%)
333 (12.4%)
239 (8.9%)
215 (8.0%)
129 (4.8%)
79 (2.9%)
28 (1.0%)
平成25
26
27
28
29
30
令和元
2
3
4
5年

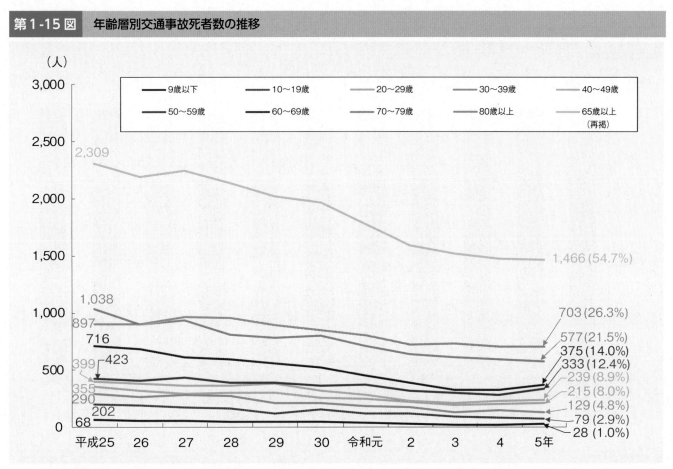

注　1　警察庁資料による。
　　2　（　）内は構成率である。

第１-16図　年齢層別人口10万人当たり交通事故重傷者数（令和５年）

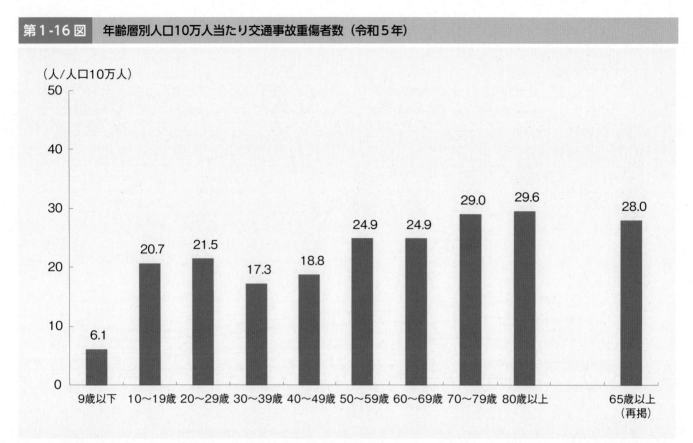

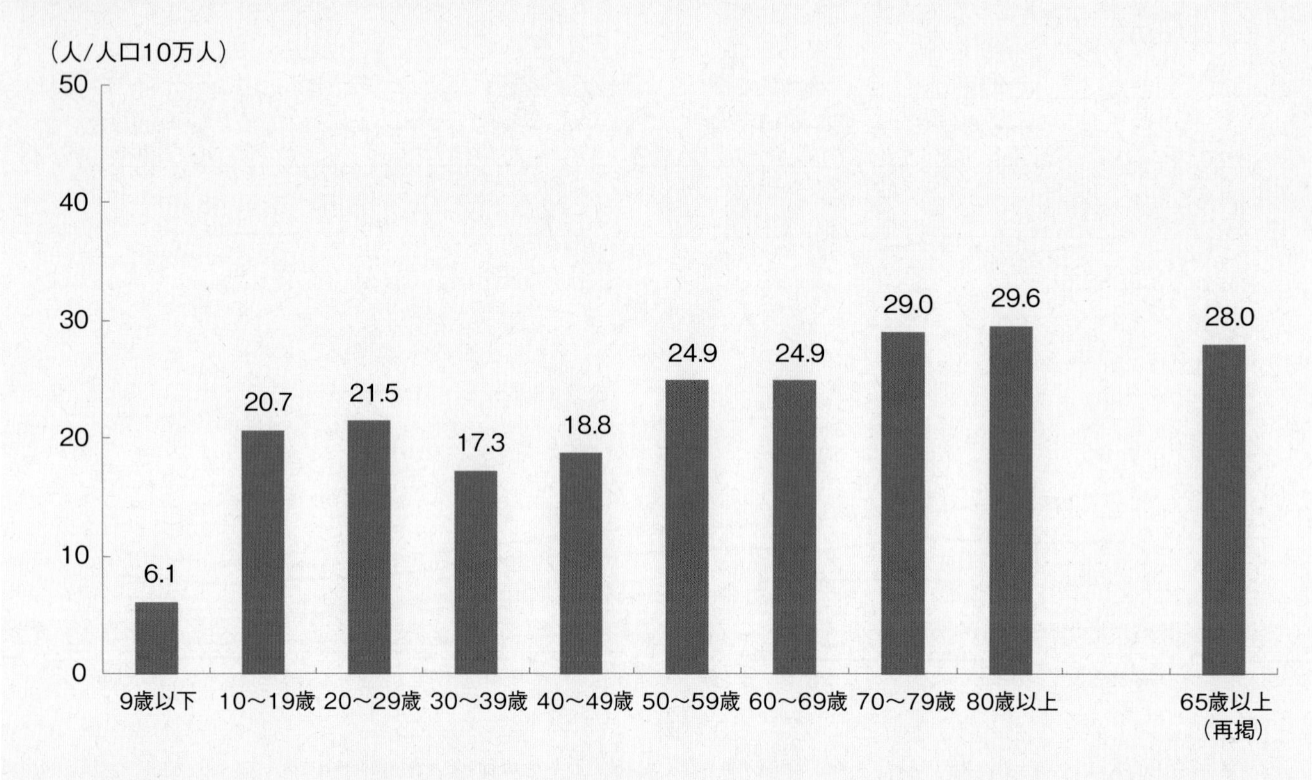

（人/人口10万人）

9歳以下	10～19歳	20～29歳	30～39歳	40～49歳	50～59歳	60～69歳	70～79歳	80歳以上	65歳以上（再掲）
6.1	20.7	21.5	17.3	18.8	24.9	24.9	29.0	29.6	28.0

注　1　警察庁資料による。
　　2　算出に用いた人口は，総務省統計資料「人口推計」（令和４年10月１日現在）による。

第１-17図　年齢層別交通事故重傷者数の構成率の推移

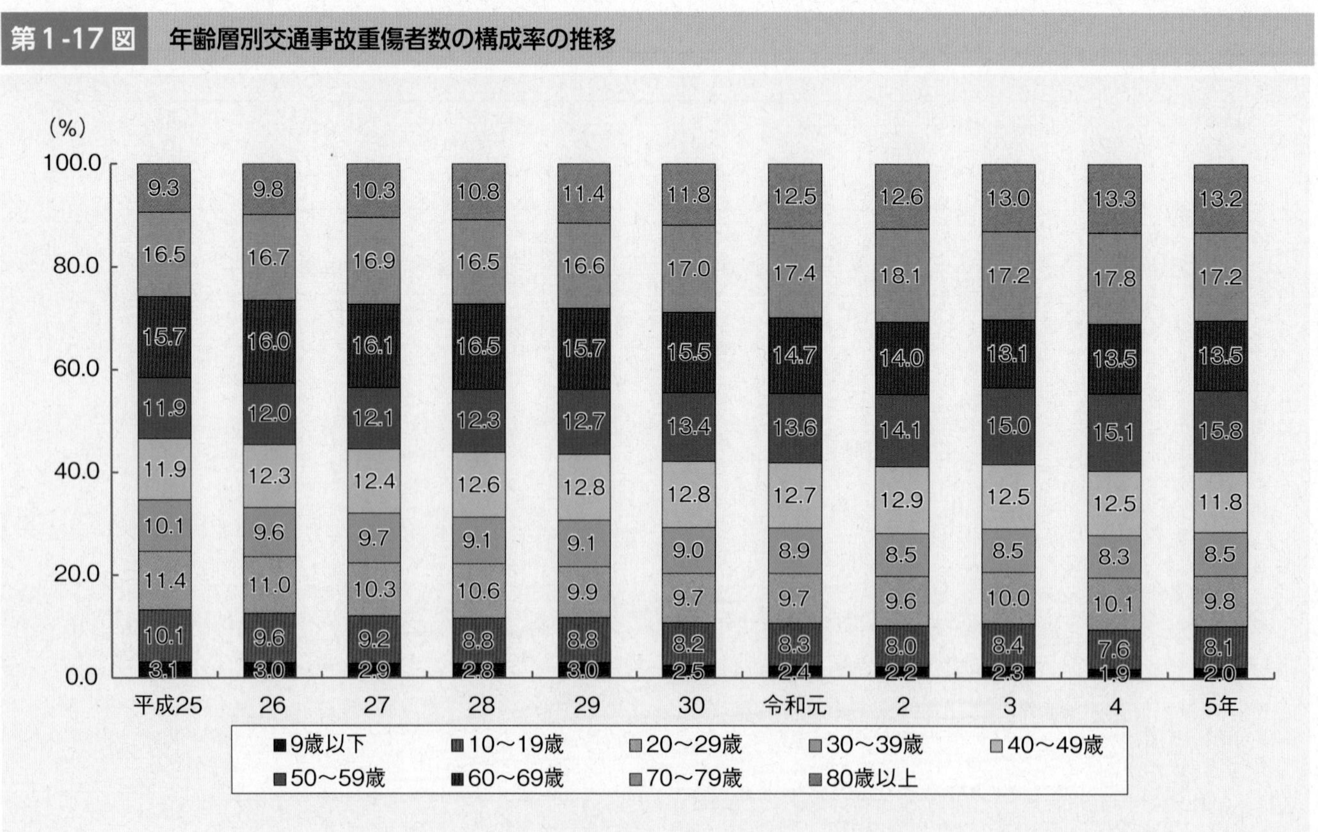

注　警察庁資料による。

第1-18図　年齢層別・状態別人口10万人当たり交通事故死者数（令和５年）

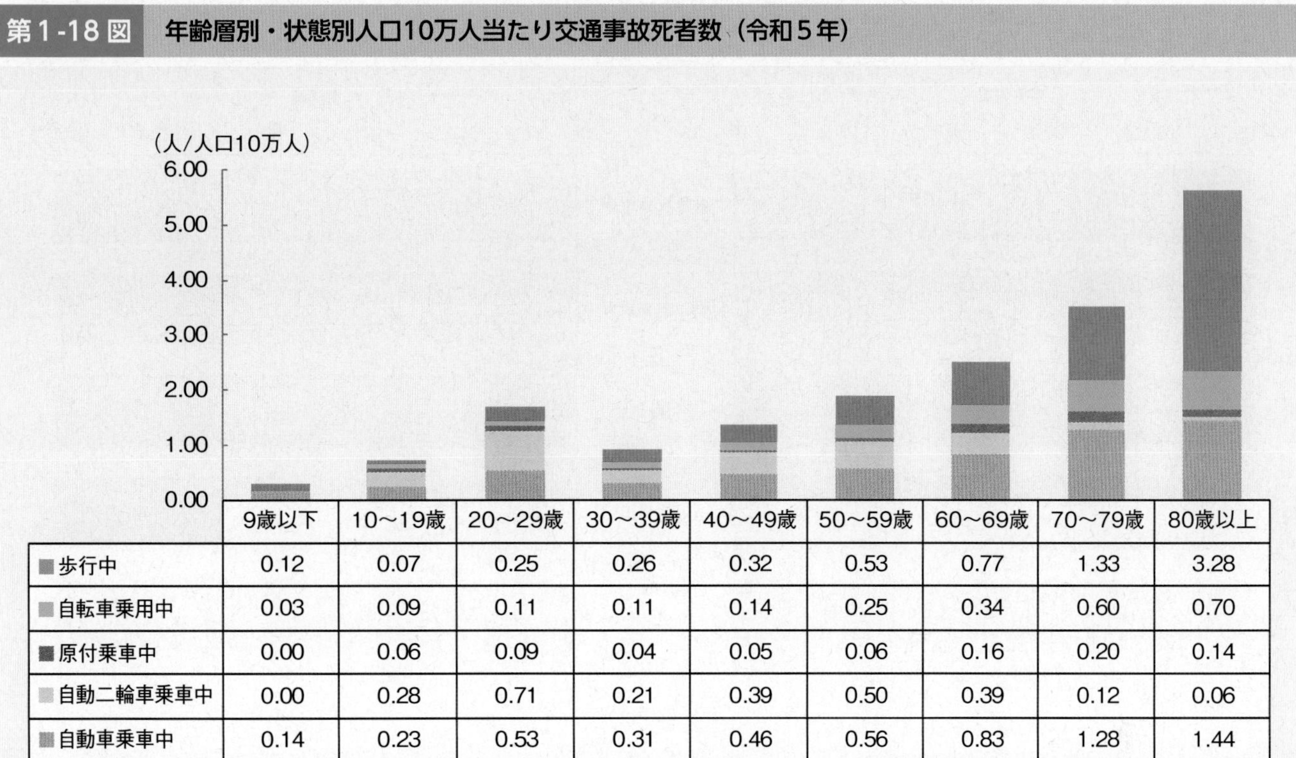

	9歳以下	10～19歳	20～29歳	30～39歳	40～49歳	50～59歳	60～69歳	70～79歳	80歳以上
■歩行中	0.12	0.07	0.25	0.26	0.32	0.53	0.77	1.33	3.28
■自転車乗用中	0.03	0.09	0.11	0.11	0.14	0.25	0.34	0.60	0.70
■原付乗車中	0.00	0.06	0.09	0.04	0.05	0.06	0.16	0.20	0.14
■自動二輪車乗車中	0.00	0.28	0.71	0.21	0.39	0.50	0.39	0.12	0.06
■自動車乗車中	0.14	0.23	0.53	0.31	0.46	0.56	0.83	1.28	1.44

注　1　警察庁資料による。
　　2　算出に用いた人口は，総務省統計資料「人口推計」（令和４年10月１日現在）による。

第1-19図　年齢層別・状態別・男女別交通事故死者数（令和５年）

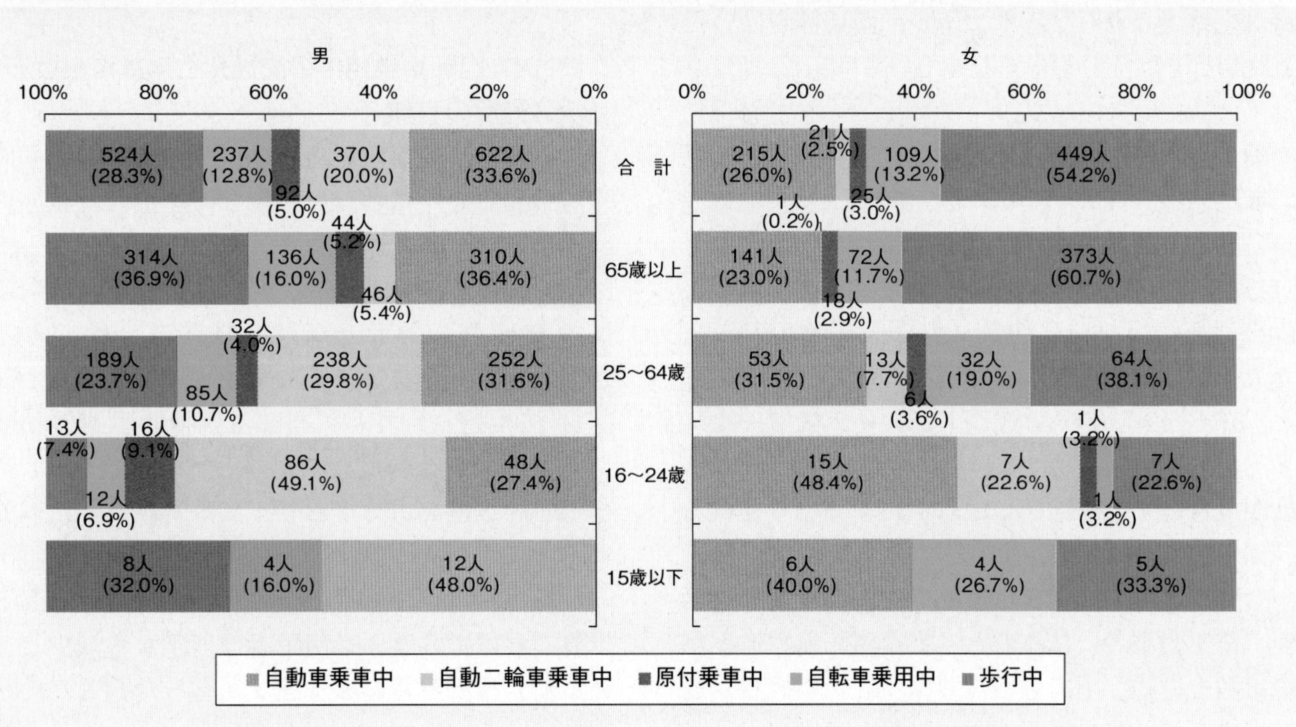

注　1　警察庁資料による。ただし，上記の状態別に含まれない事故（列車との事故等）を省略しているため，構成率の合計は必ずしも100%とならない。
　　2　（　）内は構成率である。

第1-20図　昼夜別・状態別交通事故死者数及び重傷者数（令和５年）

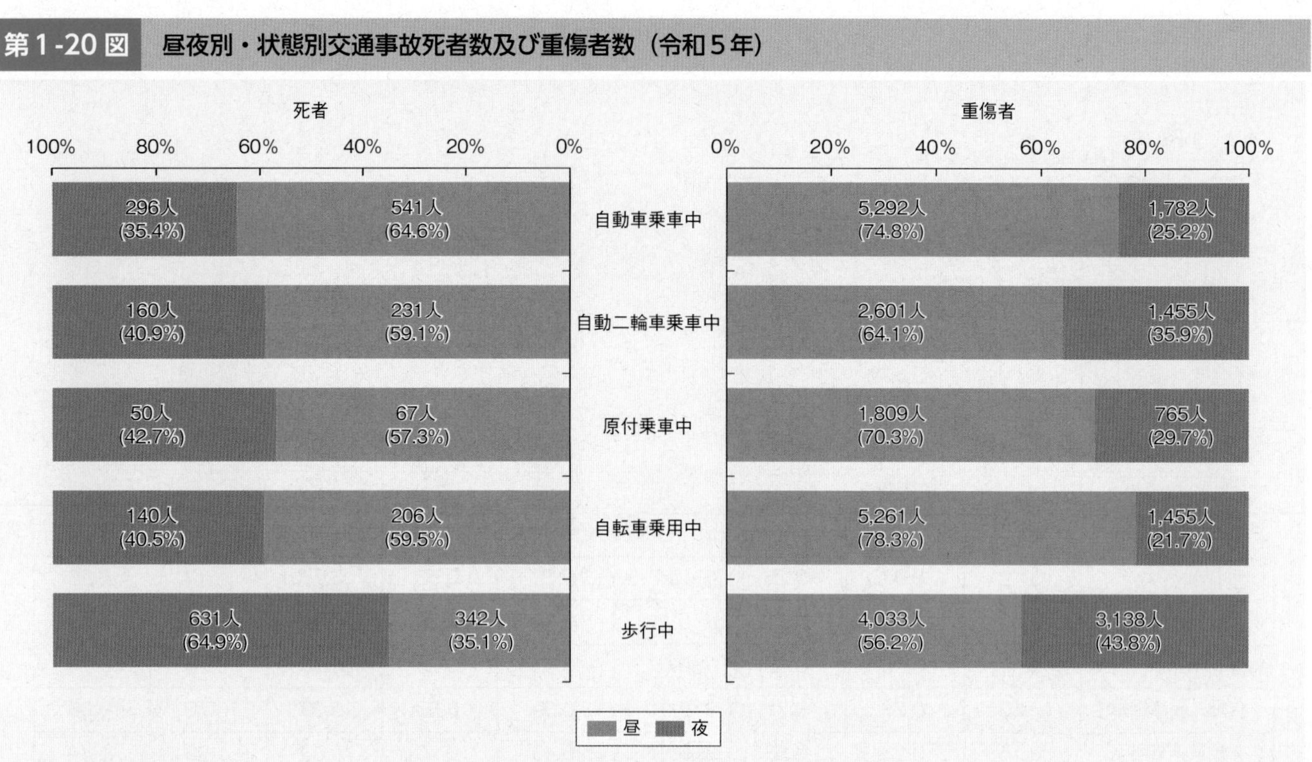

注　1　警察庁資料による。
　　2　昼夜別の「昼間」とは日の出から日没までの間をいい，「夜間」とは，日没から日の出までの間をいう。
　　3　日の出及び日没の時刻は，各日ごとの各都道府県の都道府県庁所在地（北海道は各方面本部所在地を含む。）の国立天文台天文情報センター暦計算室の計算による日の出入り時刻による。
　　4　（　）内は構成率である。

(7)道路形状別交通死亡事故発生件数（令和５年）

令和５年中の交通死亡事故発生件数を道路形状別にみると，交差点内が最も多く，次いで一般単路（交差点，カーブ，トンネル，踏切等を除いた道路形状をいう。）が多くなっている（第1-21図）。

(8)第１当事者別の交通死亡事故発生件数（令和５年）

自動車，自動二輪車又は原動機付自転車（以下「自動車等」という。）の運転者が第１当事者となる交通死亡事故発生件数（免許保有者10万人当たり）を過去10年間の推移で年齢層別にみると，16～19歳及び80歳以上が他の年齢層に比べ多くなっており，令和５年中については，16～19歳が最も多く，次いで80歳以上が多くなっている（第1-22図）。

令和５年中の交通死亡事故発生件数を法令違反別（第１当事者）にみると，安全運転義務違反が約半数を占め，中でも漫然運転，安全不確認，運転操作不適，脇見運転が多い（第1-23図）。

当事者別（第１当事者）にみると，自家用乗用車及び自家用貨物車で全体の約７割を占めている（第1-24図）。

(9)歩行中，自転車乗用中の交通死亡事故における法令違反の有無

歩行中の交通事故死者数は減少傾向にあるものの，令和５年中は前年と比較して増加し，状態別交通事故死者数では最も多くなっている（第1-25図）。令和５年中における歩行中死者数の法令違反の有無を高齢者と高齢者以外に分けてみると，ともに５割以上に法令違反があるが（第1-26図），法令違反別では，高齢者は横断歩道外横断や走行車両の直前直後横断など「横断違反※」の割合が約３割を占めており，高齢者以外と比べて多くなっている（第1-27図）。また，令和５年中の自転車乗用中死者数について，高齢者と高齢者以外に分けてみると，高齢者は前年から減少しているが，自転車側に法令違反があった割合が約８割と多くを占めている（第1-28図）。

※横断違反
　横断歩道外横断，走行車両直前直後横断等。

第 1-21 図　道路形状別交通死亡事故発生件数（令和５年）

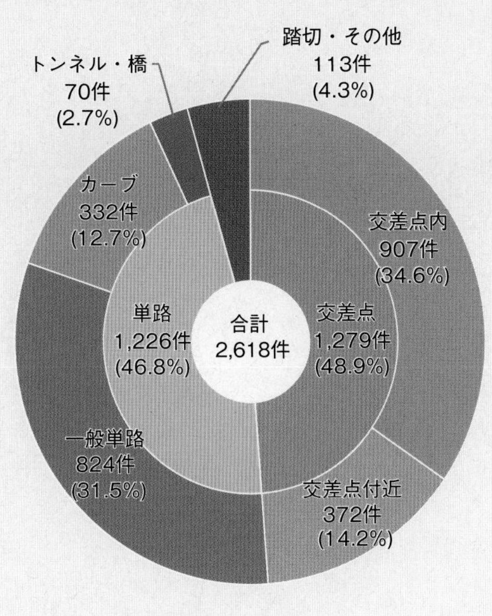

注　1　警察庁資料による。
　　2　（　）内は構成率である。

第 1-22 図　自動車，自動二輪車又は原動機付自転車運転者（第１当事者）の年齢層別免許保有者10万人当たり交通死亡事故発生件数の推移

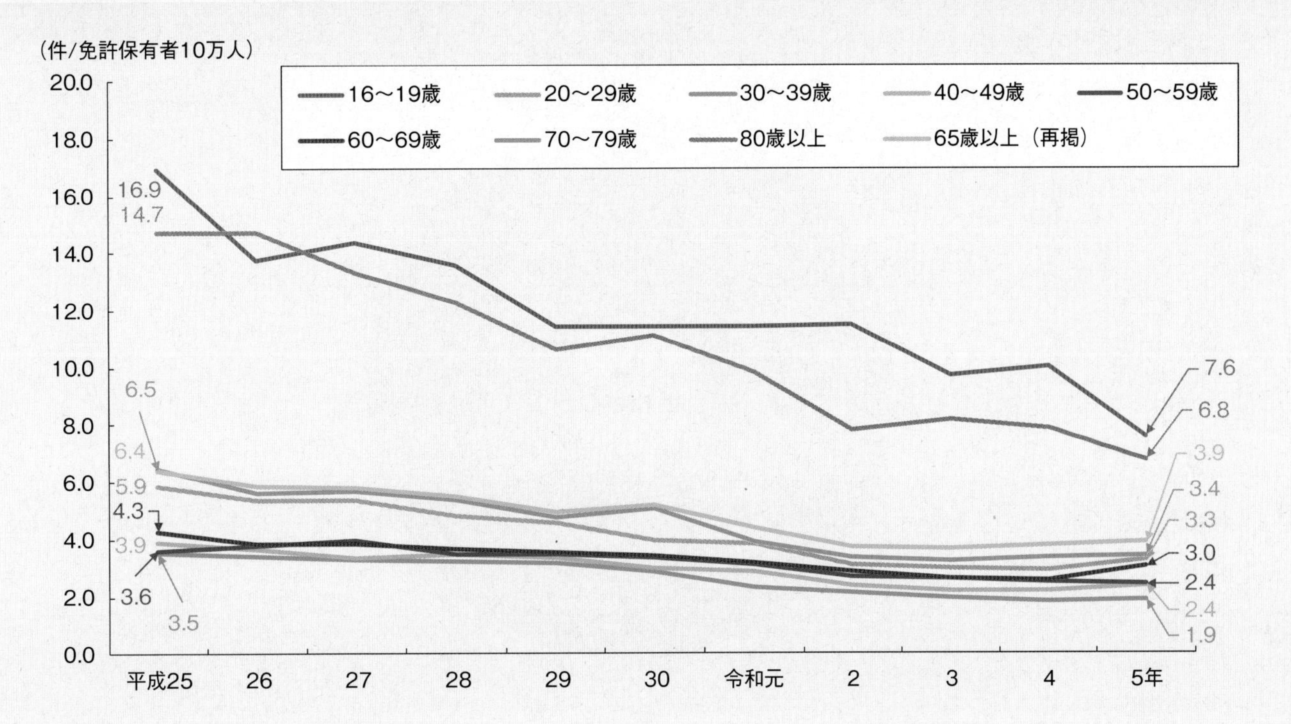

注　1　警察庁資料による。
　　2　算出に用いた免許保有者数は各年 12 月末の値である。

第 1 -23 図　法令違反別（第１当事者）交通死亡事故発生件数（令和５年）

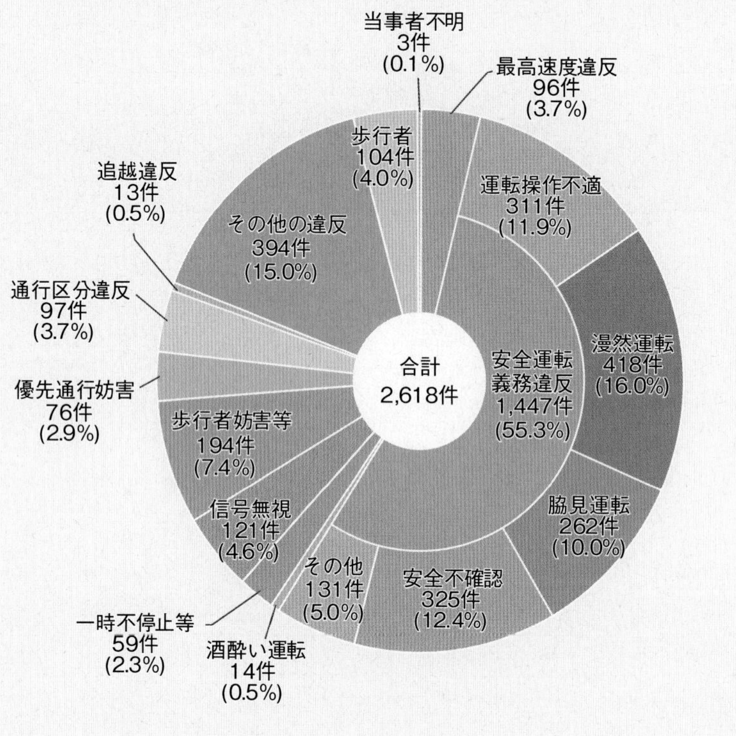

注　1　警察庁資料による。
　　2　（　）内は構成率である。

第 1 -24 図　当事者別（第１当事者）交通死亡事故発生件数（令和５年）

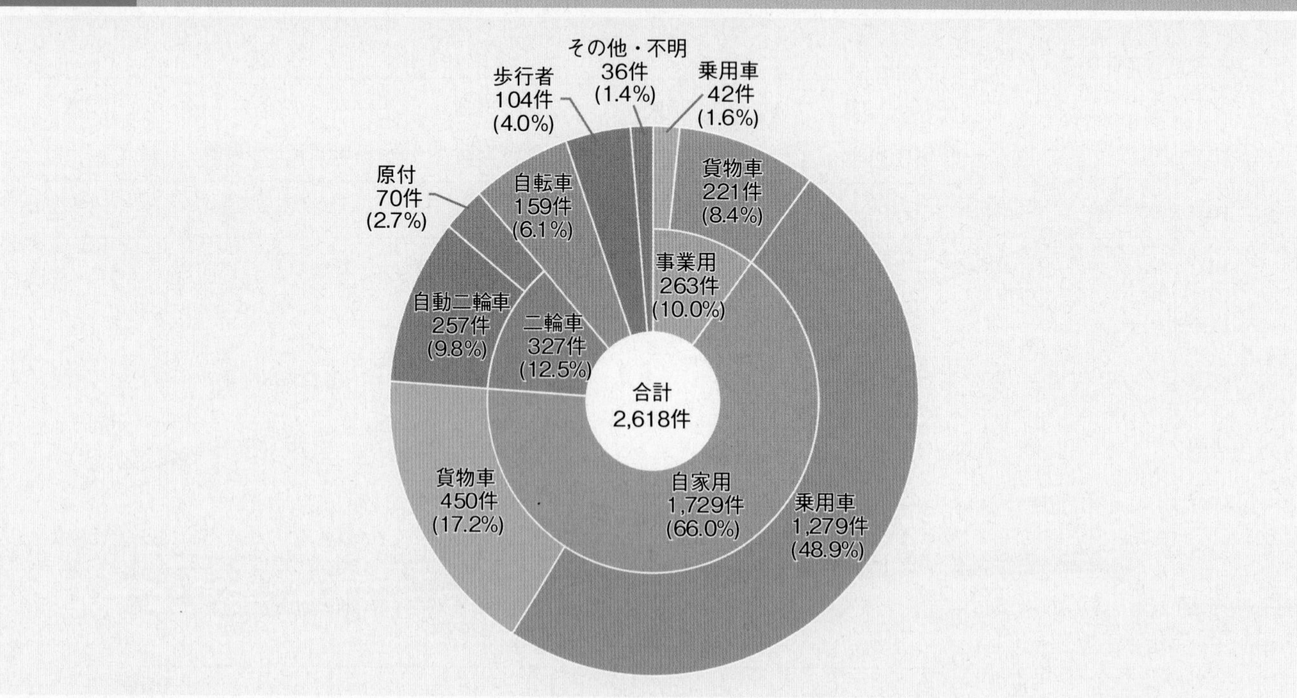

注　1　警察庁資料による。
　　2　（　）内は構成率である。

第1-25図　状態別交通事故死者数の推移

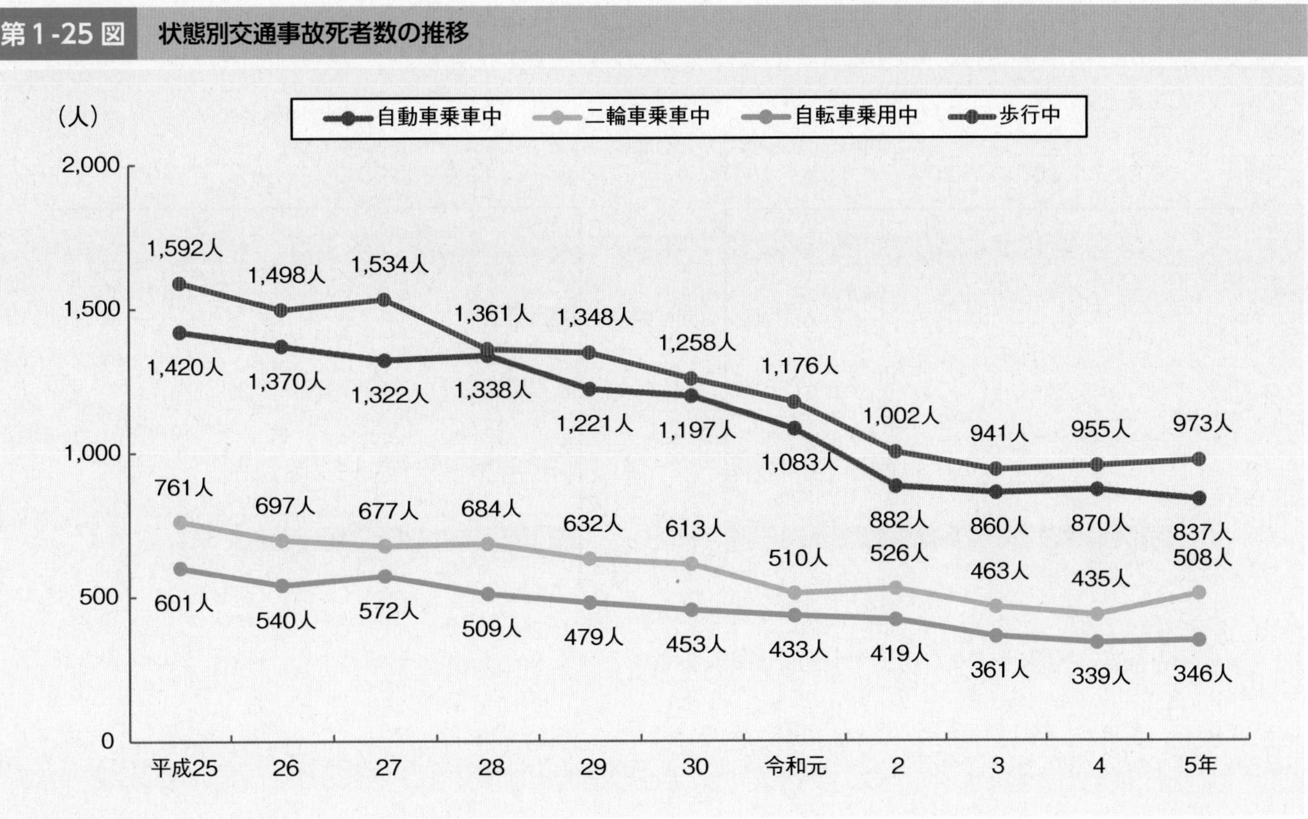

注　警察庁資料による。

第1-26図　歩行中死者（第１・第２当事者）の法令違反状況の推移

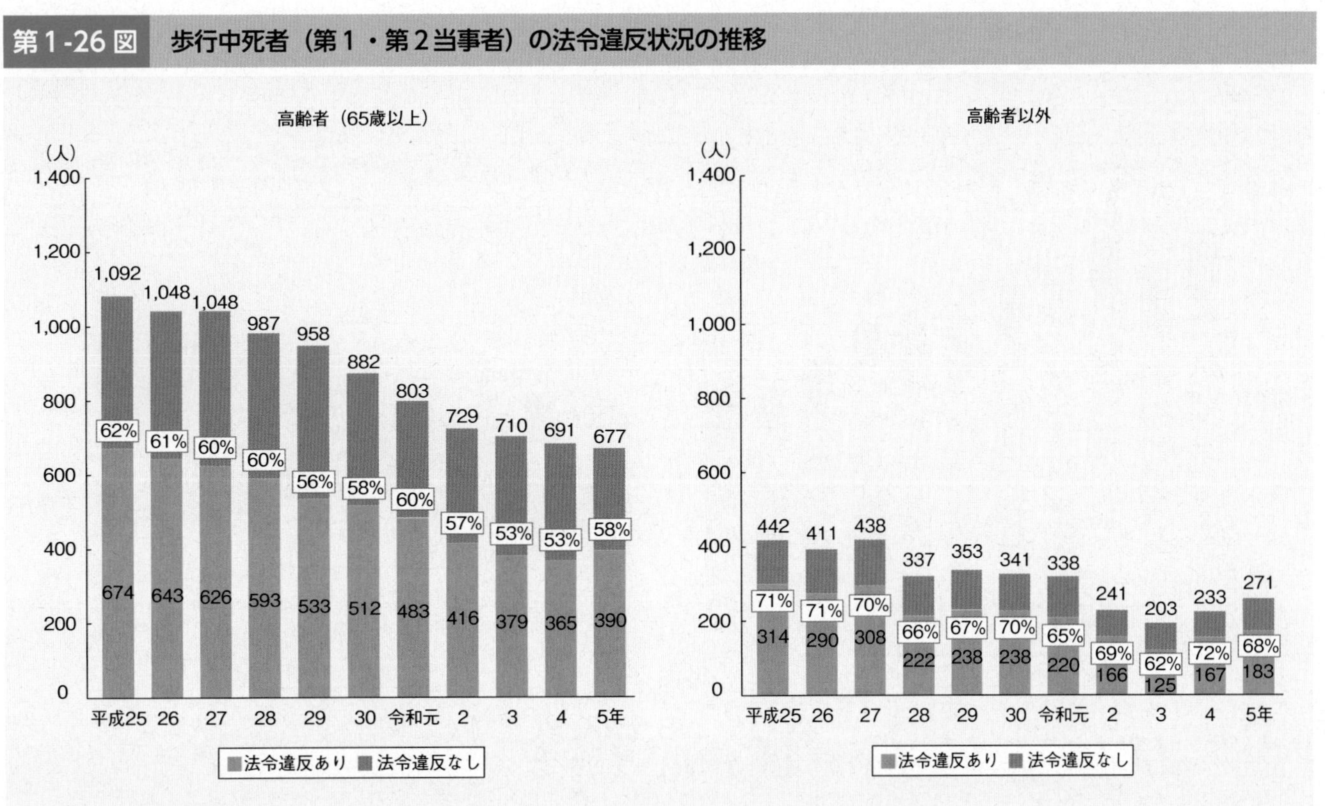

注　1　警察庁資料による。
　　2　「法令違反あり」には，法令に規定のない「飛び出し（安全を確認しないで道路に飛び出したもの）」，「調査不能（違反種別が不明の場合）」等を含む。

第1-27図　歩行中死者（第1・第2当事者）の法令違反別比較（令和5年）

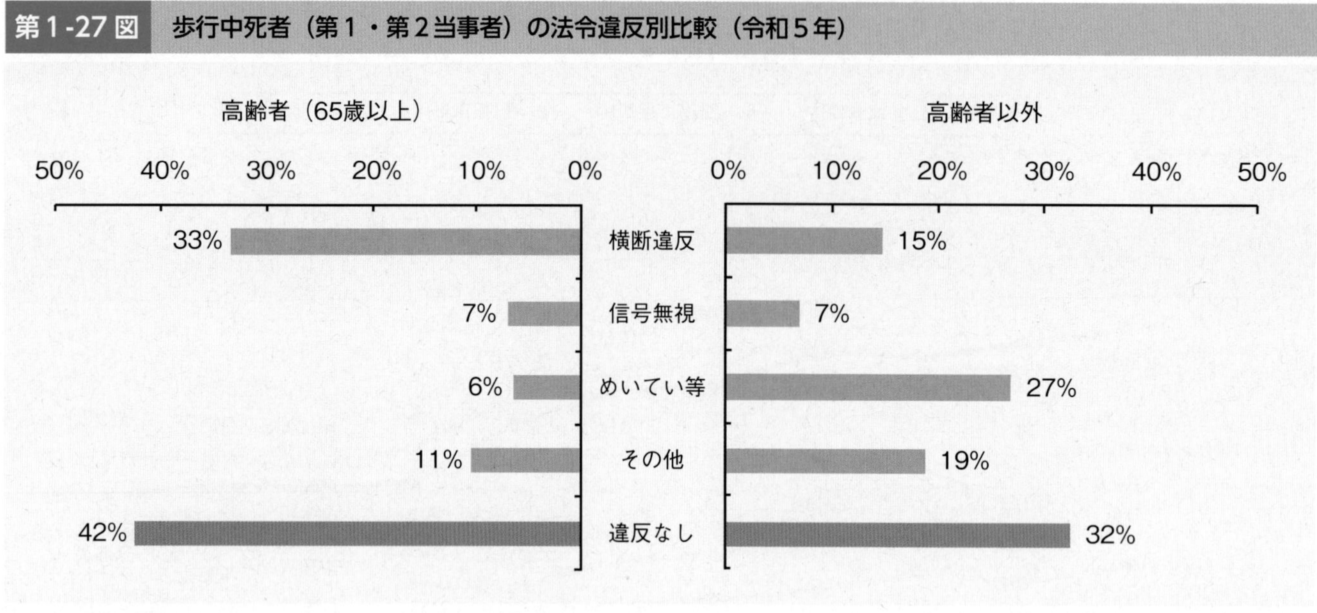

注　1　警察庁資料による。
　　2　「横断違反」とは，横断歩道外横断，走行車両の直前直後横断等をいう。

第1-28図　自転車乗用中死者（第1・第2当事者）の法令違反状況の推移

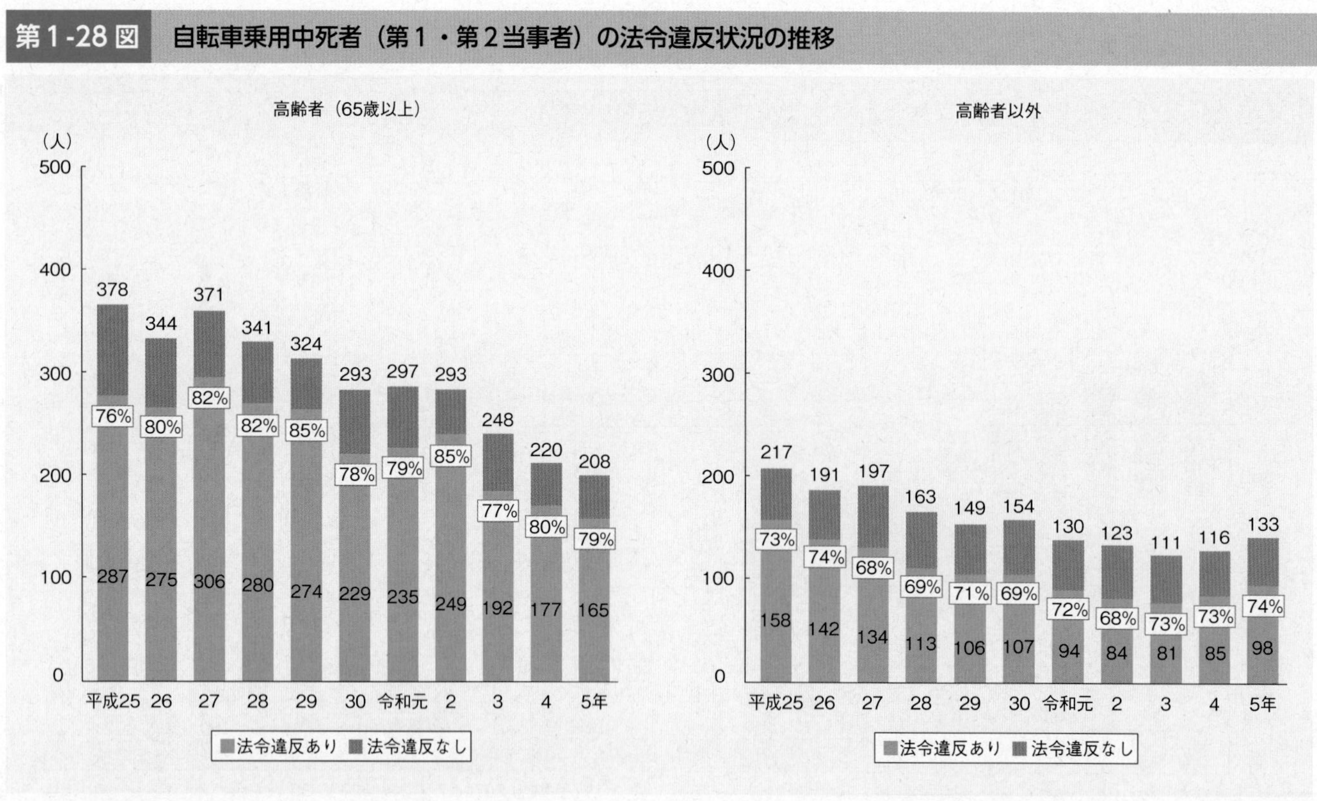

注　1　警察庁資料による。
　　2　「法令違反あり」には，「調査不能（違反種別が不明の場合）」等を含む。

⑽飲酒運転による交通事故発生状況（令和５年）

令和５年中の自動車等の運転者（第１当事者）の飲酒運転による交通死亡事故発生件数は前年から減少した一方で，交通事故発生件数は前年から増加した。飲酒運転による死亡事故は，平成14年以降，累次の飲酒運転の厳罰化，飲酒運転根絶の社会的気運の高まりにより大幅に減少してきたが，近年はその減少幅が縮小している（第1-29図）。

⑾シートベルト着用有無別の交通事故死者数（令和５年）

令和５年中の自動車乗車中の交通事故死者数をシートベルト着用の有無別にみると，非着用の全体に占める割合は約４割で前年とほぼ同水準だった。これまでシートベルト着用者率の向上が自動車乗車中の死者数の減少に大きく寄与していたが，近年はシートベルト着用者率（自動車乗車中死傷者に占めるシートベルト着用の死傷者の割合）が伸び悩んでいる。令和５年中のシートベルト着用者率は94.7%にとどまっており，自動車乗車中の交通事故死者数をシートベルト着用有無別にみると，シートベルト着用者数はシートベルト非着用者数の約1.4倍になっているが，５年中のシートベルト着用有無別の致死率をみると，非着用の致死率は着用の14.6倍と高くなっている（第1-30図，第1-31図及び第1-32図）。

⑿チャイルドシート使用の有無別死傷者数

令和５年中の６歳未満幼児の自動車同乗中の死者数及び重傷者数は，第1-33図のとおりである。

チャイルドシートの使用者率及び６歳未満幼児の自動車同乗中の致死率は，ほぼ横ばいで推移しており，６歳未満幼児の自動車同乗中の死亡重傷率も，年により増減はあるものの，ほぼ横ばいで推移している（第1-34図）。

令和５年中のチャイルドシート使用有無別の死亡重傷率をみると，不使用は使用の2.4倍，致死率をみると，不使用は使用の1.8倍となる（第1-35図）。

第1-29図　自動車，自動二輪車又は原動機付自転車運転者（第１当事者）の飲酒運転による交通事故発生件数及び交通死亡事故件数の推移

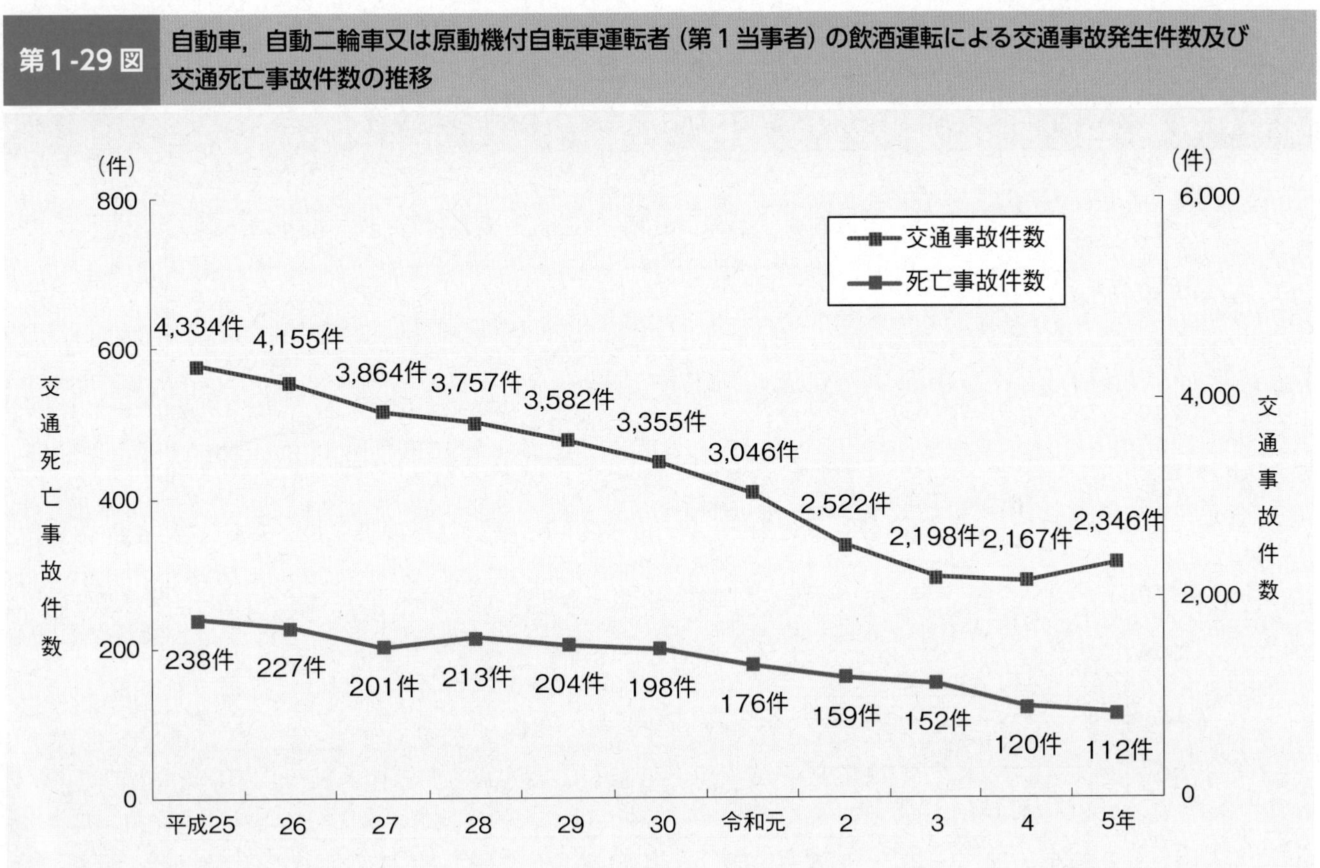

注　警察庁資料による。

第1-30図　自動車乗車中のシートベルト着用有無別交通事故死者数の推移

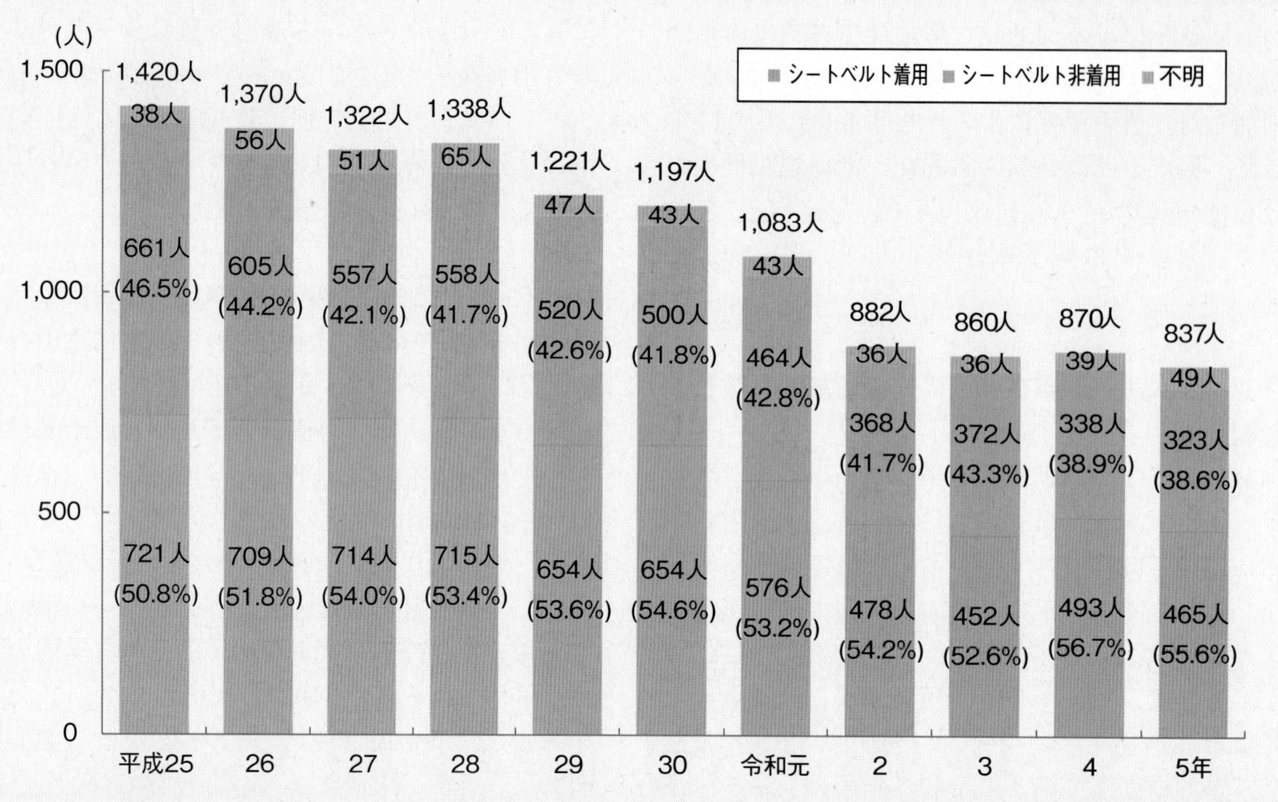

注　1　警察庁資料による。
　　2　（　）内は構成率である。

第1-31図　自動車乗車中の交通事故におけるシートベルト着用者率及び致死率の推移

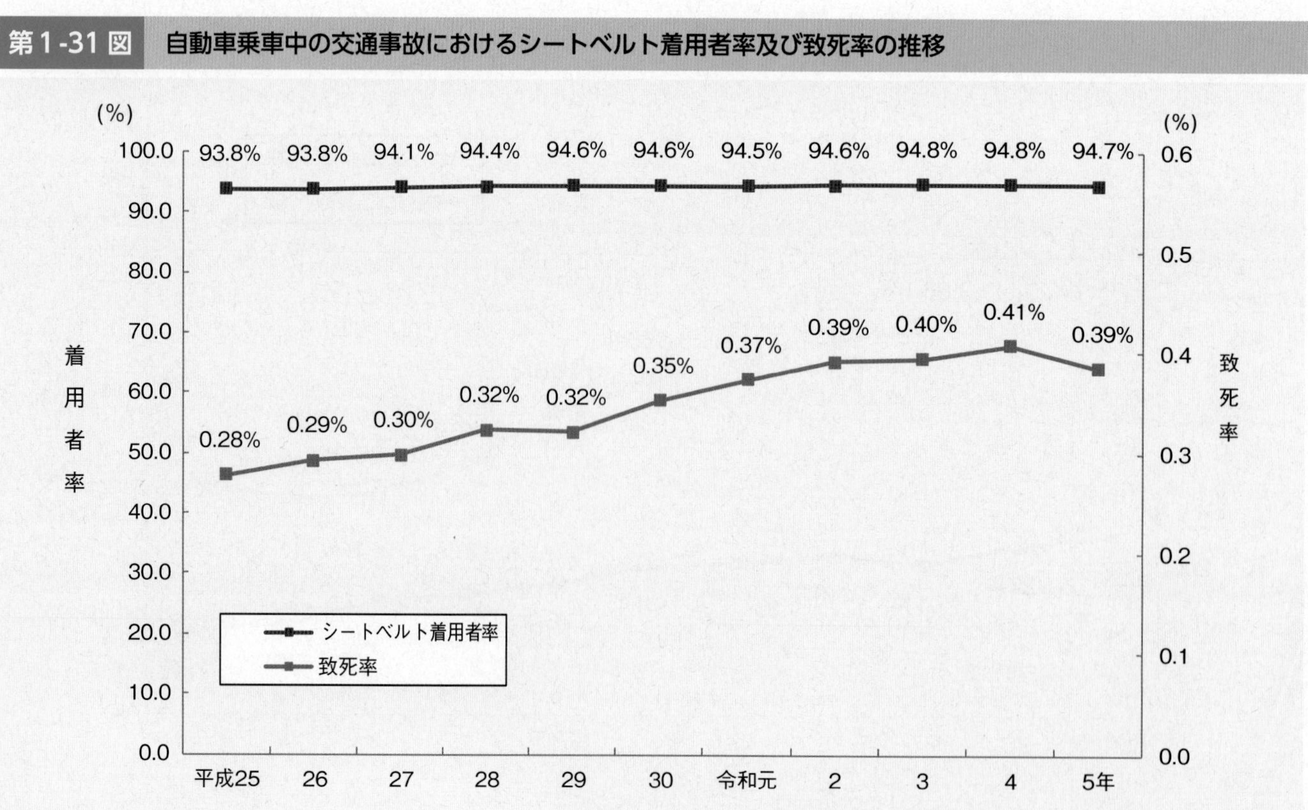

注　1　警察庁資料による。
　　2　シートベルト着用者率＝シートベルト着用死傷者数（自動車乗車中）÷死傷者数（自動車乗車中）×100
　　3　致死率＝死者数（自動車乗車中）÷死傷者数（自動車乗車中）×100

第1-32図　自動車乗車中の交通事故におけるシートベルト着用有無別致死率（令和５年）

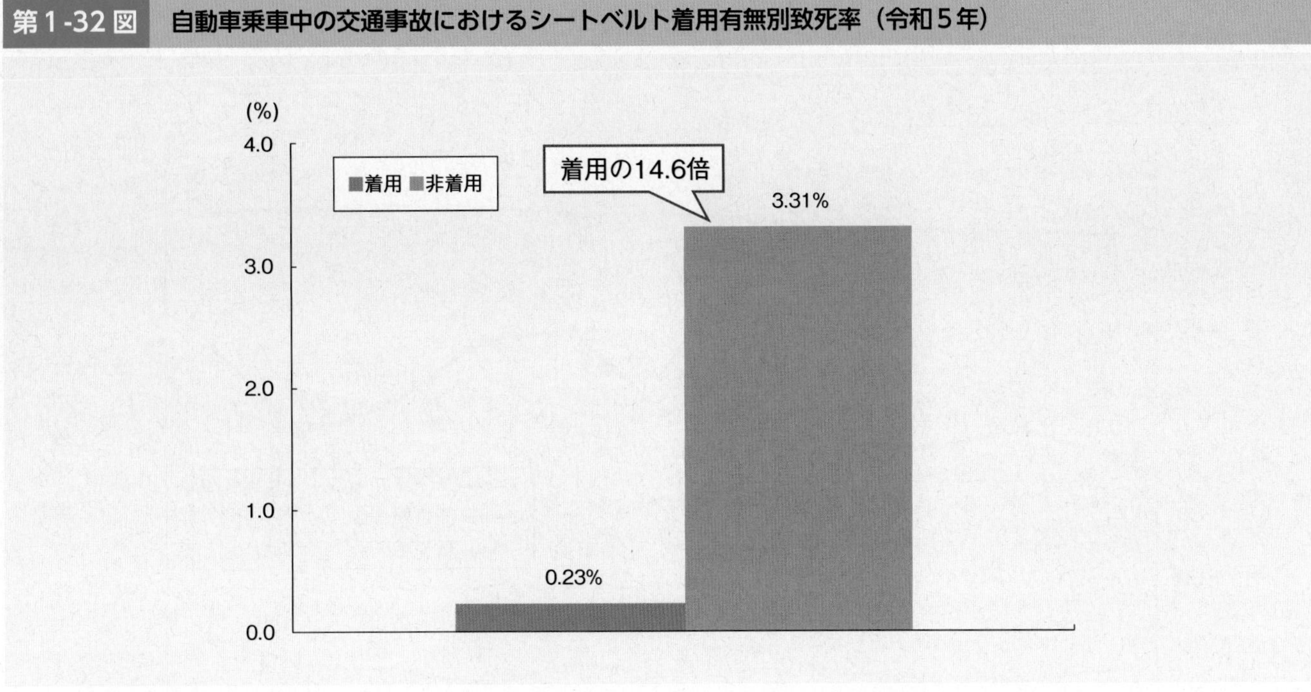

注　1　警察庁資料による。
　　2　致死率＝死者数（自動車乗車中）÷死傷者数（自動車乗車中）× 100

第1-33図　自動車同乗中（６歳未満）のチャイルドシート使用有無別交通事故死者数及び重傷者数の推移

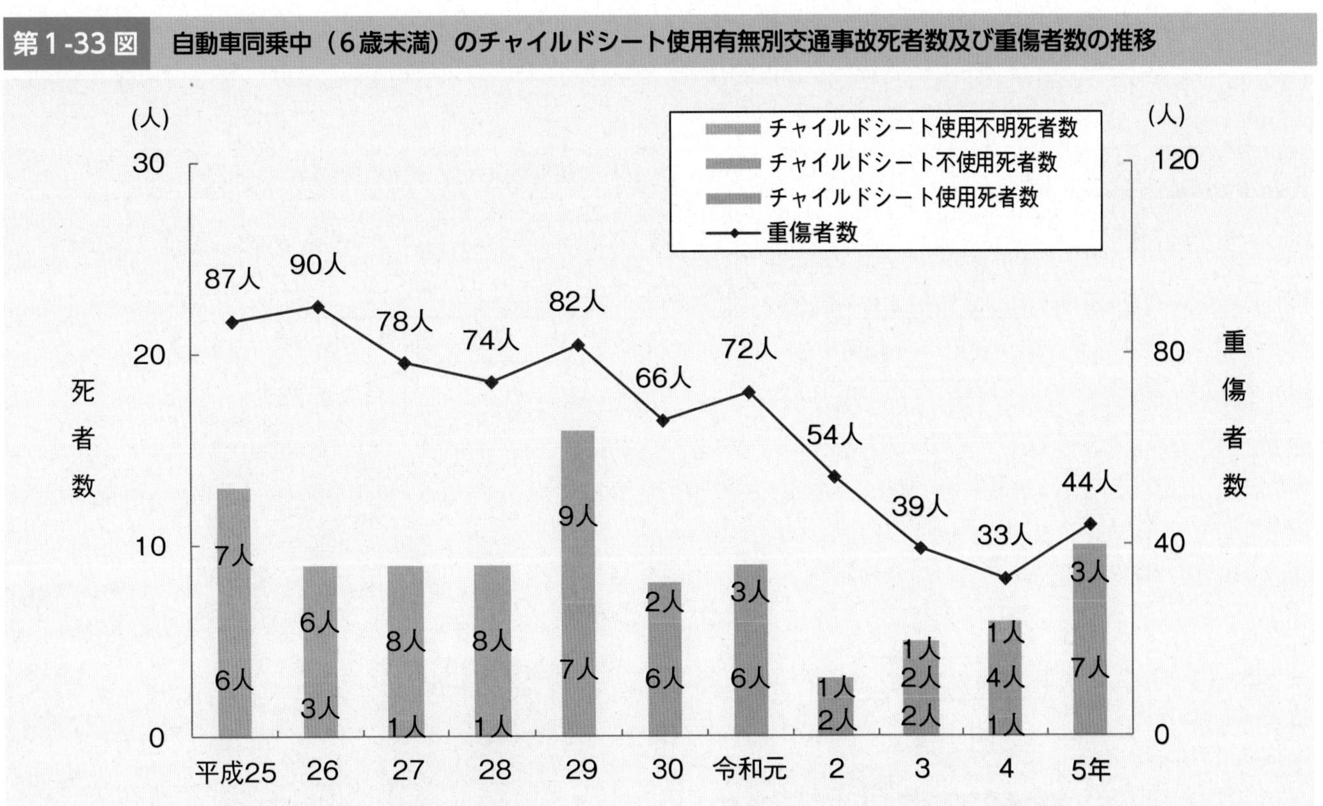

注　警察庁資料による。

第1-34図　自動車同乗中（6歳未満）のチャイルドシート使用者率，致死率及び死亡重傷率の推移

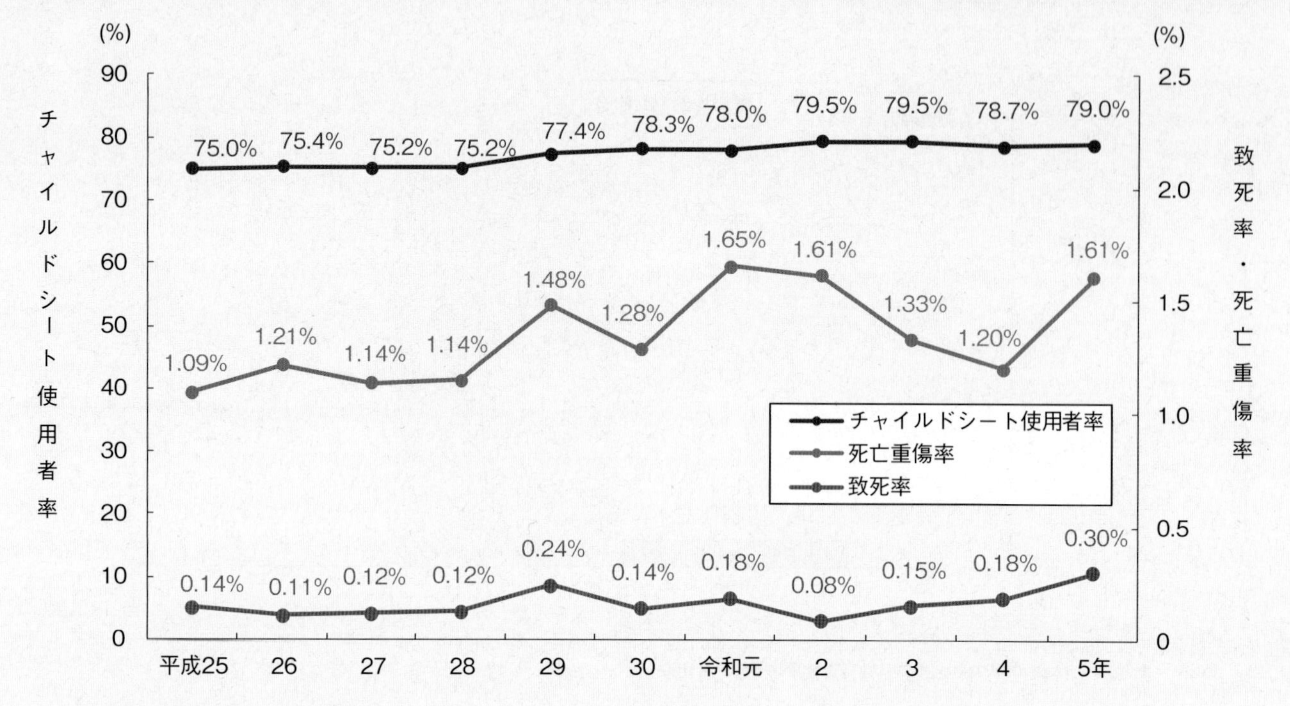

注　1　警察庁資料による。
　　2　チャイルドシート使用者率＝チャイルドシート着用死傷者数（6歳未満自動車同乗中）÷死傷者数（6歳未満自動車同乗中）×100
　　3　致死率＝死者数（6歳未満自動車同乗中）÷死傷者数（6歳未満自動車同乗中）×100
　　4　死亡重傷率＝（死者数（6歳未満自動車同乗中）＋重傷者数（6歳未満自動車同乗中））÷死傷者数（6歳未満自動車同乗中）×100

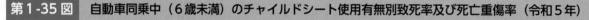

第1-35図　自動車同乗中（6歳未満）のチャイルドシート使用有無別致死率及び死亡重傷率（令和5年）

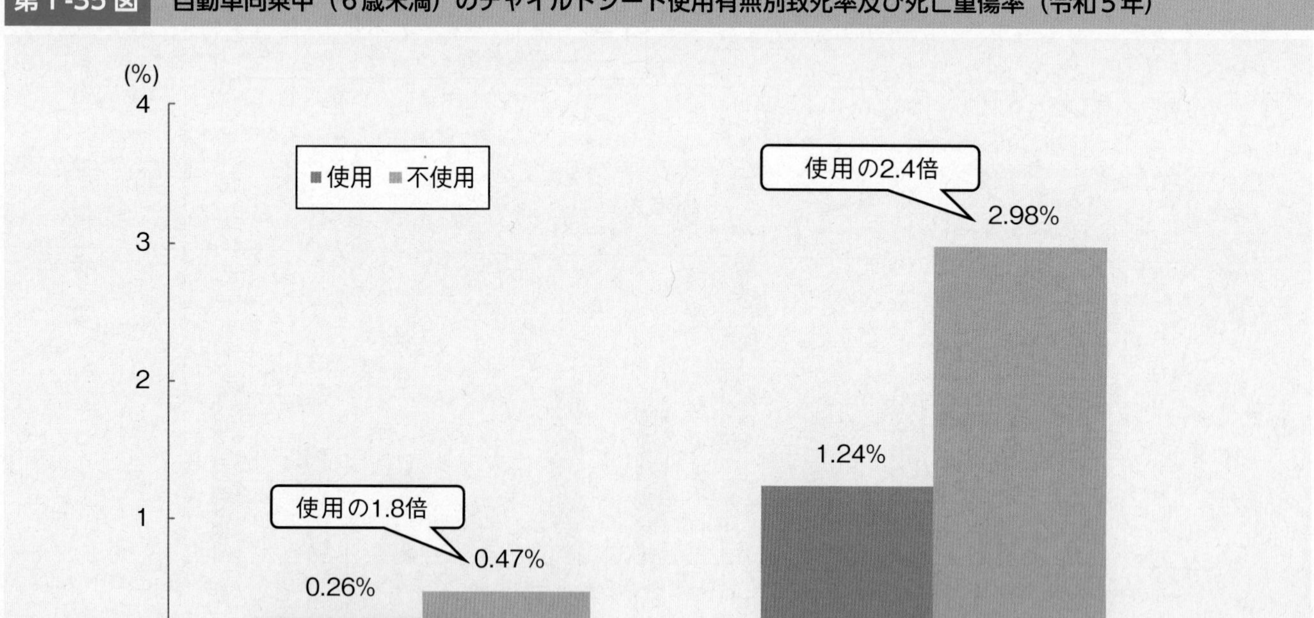

注　1　警察庁資料による。
　　2　致死率＝死者数（6歳未満自動車同乗中）÷死傷者数（6歳未満自動車同乗中）×100
　　3　死亡重傷率＝（死者数（6歳未満自動車同乗中）＋重傷者数（6歳未満自動車同乗中））÷死傷者数（6歳未満自動車同乗中）×100

3　高速道路における交通事故発生状況

⑴概況

令和５年中の高速道路（高速自動車国道法（昭32法79）第４条第１項に規定する高速自動車国道及び道路交通法（昭35法105）第110条第１項の規定により国家公安委員会が指定する自動車専用道路をいう。以下同じ。）における交通事故発生件数，死者数及び負傷者数は，第1-36図のとおりである。

前年と比べると，交通事故発生件数及び負傷者数は増加したが，死者数は約１割減少した。

⑵死亡事故率

高速道路は，歩行者や自転車の通行がなく，原則として平面交差がないものの，高速走行となるため，わずかな運転ミスが交通事故に結びつきやすく，また，事故が発生した場合の被害も大きくなり，関係車両や死者が多数に及ぶ重大事故に発展することが多い。そのため，令和５年中の死亡事故率（交通事故発生件数のうち交通死亡事故の割合）を高速道路と一般道路に分けてみると，高速道路における死亡事故率（2.0％）は，一般道路における死亡事故率（0.8％）に比べ約2.5倍となっている。

⑶事故類型別及び法令違反別発生状況

令和５年中の高速道路における事故類型別交通事故発生状況をみると，車両相互の事故の割合が最も高く，中でも追突が多い。次いで高いのが車両単独事故の割合で，これは一般道路と比較しても高くなっており，防護柵等への衝突が最も多く，次いで分離帯等への衝突が多くなっている。また，法令違反別発生状況をみると，安全運転義務違反が約９割を占めており，その内容は前方不注意，動静不注視，安全不確認の順となっている（第1-37図）。

⑷昼夜別交通事故発生状況

令和５年中の高速道路における昼夜別交通事故発生状況をみると，交通事故全体では昼間の発生が夜間の発生の約３倍となっている。交通死亡事故でも，昼間の発生が夜間の発生より多いが，死亡事故率では夜間が昼間を上回っている（第1-38図）。

第1-36図　高速道路における交通事故発生件数，死者数及び負傷者数の推移

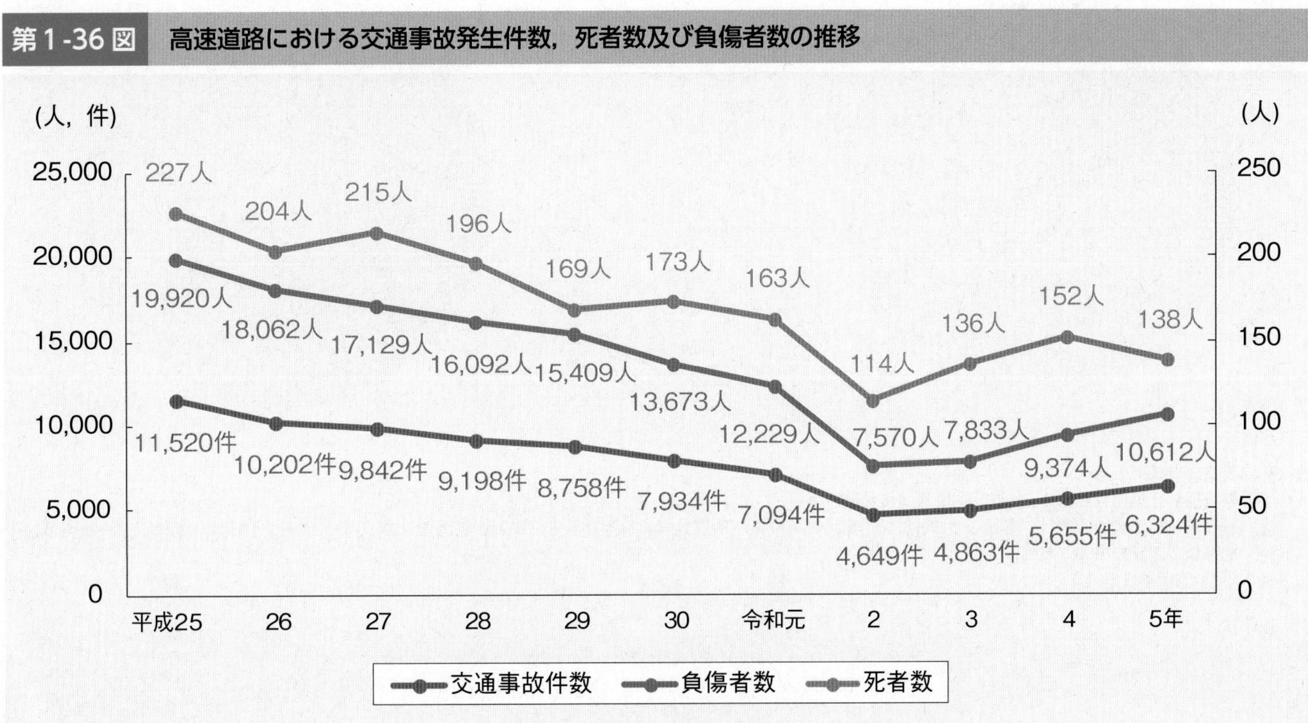

注　警察庁資料による。

第1-37図　高速道路における事故類型別及び法令違反別交通事故発生件数（令和5年）

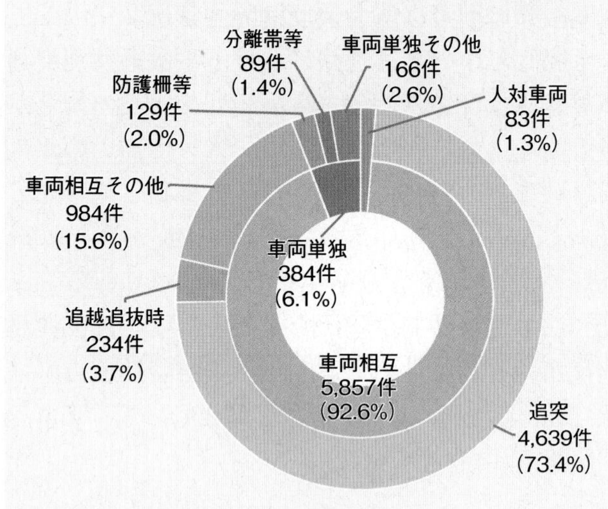

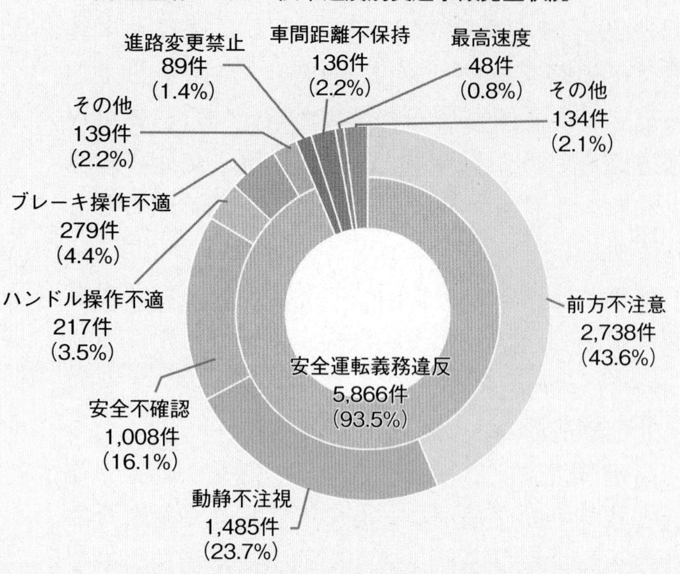

注　1　警察庁資料による。
　　2　（　）内は構成率である。

第1-38図　高速道路における昼夜別交通事故発生状況

注　1　警察庁資料による。
　　2　昼夜別の「昼間」とは，日の出から日没までの間をいい，「夜間」とは，日没から日の出までの間をいう。
　　3　日の出及び日没の時刻は，各日ごとの各都道府県の都道府県庁所在地（北海道は各方面本部所在地を含む。）の国立天文台天文情報センター暦計算室の計算による日の出入り時刻による。
　　4　（　）内は構成率である。

第２章　道路交通安全施策の現況

第１節　道路交通環境の整備

１　道路及び交通安全施設等の現況

⑴道路の現況

我が国の道路は，令和４年３月末現在で実延長123万388キロメートルである。国土交通省では，安全で円滑な道路交通環境を確保するため，高規格幹線道路を始めとする道路ネットワークの体系的な整備を進めており，道路種別ごとの現況は，以下のとおりである。

ア　高規格幹線道路

高規格幹線道路は，全国的な自動車交通網を形成する自動車専用道路網のうち，道路審議会答申（昭62）に基づき建設大臣が定めたもので，高速自動車国道，本州四国連絡道路，一般国道の自動車専用道路により構成される。

イ　地域高規格道路

地域高規格道路は，全国的な高規格幹線道路と一体となって規格の高い幹線道路網を形成するものである。

ウ　都市高速道路

都市高速道路は，大都市圏における円滑な道路交通を確保するために建設されているものであり，地域高規格道路の一部を構成するものである。

エ　その他の一般道路

一般国道，主要地方道及び一般都道府県道として分類される道路の実延長は，令和４年３月末現在18万6,025キロメートルとなっている。

これに市町村道を加えると122万1,220キロメートルとなり，その改良率（幅員5.5メートル以上。以下その他の記載がない限り同じ。）及び舗装率（簡易舗装を含む。以下同じ。）はそれぞれ62.8％，82.7％である。

（ア）　一般国道

一般国道の道路実延長は５万6,144キロメートル，改良率，舗装率はそれぞれ93.2％，99.5％である。

（イ）　主要地方道等

主要地方道（国土交通大臣の指定する主要な都道府県道又は市道）の道路実延長は５万7,879キロメートル，改良率，舗装率はそれぞれ80.1％，98.3％である。主要地方道以外の一般都道府県道については７万2,002キロメートルで，それぞれ64.0％，95.9％である。一般国道や主要地方道に比して，主要地方道以外の一般都道府県道の整備水準は低くとどまっている。

（ウ）　市町村道

市町村道の道路実延長は103万5,195キロメートル，改良率（幅員5.5メートル未満を含む。），舗装率は，それぞれ60.1％，80.0％であり，その整備水準は最も低くなっている。

⑵交通安全施設等の現況

交通安全施設等は，都道府県公安委員会及び道路管理者がそれぞれ整備を行っており，令和５年３月末現在の整備状況は次のとおりである。

ア　都道府県公安委員会が整備する施設

（ア）　交通管制センター

交通管制センターは，全国の主要74都市に設置されており，交通管制システムにより，車両感知器等で収集した交通量や走行速度等のデータを分析し，信号機，道路標識及び道路標示の設置・管理その他道路における交通の規制を広域にわたって総合的に行うとともに，収集・分析したデータを交通情報として広く提供し，運転者が混雑の状況や所要時間を的確に把握して安全かつ快適に運転できるようにすることにより，交通の流れを分散させ，交通渋滞や交通公害の緩和を促進している。

（イ）　信号機

信号機の設置基数は約20万7,000基であり，このうち約35％に当たる約７万3,000基が交通管制センターで直接制御されている。なお，信号機のうち，押ボタン式信号機は約３万1,000基であり，バリアフリー対応型信号機※は，約４万4,000基である。

また，幹線道路の機能の維持向上のため，信号機のサイクル※，スプリット※，オフセット※等の設定の計画的な見直し等を推進するとともに，信号機の集中制御化，系統化，感応化，多現示化等の改良を行っている。

（ウ）　交通情報提供装置

最先端の情報通信技術（ICT）等を用いて交通管理の最適化を図るため，光ビーコン※，交通情報板等の交通情報提供装置の整備を推進している。

（エ）　道路標識及び道路標示

規制標識及び指示標識の設置枚数は，約942万枚であり，そのうち約53万枚が大型標識（灯火式，反射式又は自発光式）である。

イ　道路管理者が整備する施設

（ア）　歩道等

歩行者・自転車・自動車の異種交通を分離することにより，歩行者，自転車利用者等の安全と快適性を確保し，併せて，道路交通の円滑化に資するため，歩道等の整備を推進しており，歩道設置済道路延長は令和４年３月末現在で約18万キロメートルである。

また，安全で快適な歩行空間の拡大を図るため，歩道等の整備に際しては，高齢者や障害者等が安心して社会参加できるよう，幅が広く使いやすい歩道等の整備，既設歩道の段差の解消，勾配の改善，視覚障害者誘導用ブロックの設置等の措置を講じている。

（イ）　立体横断施設

歩行者等と車両を立体的に分離することにより，歩行者の安全確保とともに，自動車交通の安全かつ円滑な流れを確保するため，横断歩道橋及び地下横断歩道を整備している。

（ウ）　道路照明

夜間において，あるいはトンネル等の明るさが急変する場所において，道路状況，交通状況を的確に把握するための良好な視環境を確保し，道路交通の安全，円滑を図るため，道路照明を整備している。

（エ）　防護柵

車両の路外，対向車線，歩道等への逸脱を防止し，乗員及び第三者への被害を最小限にとどめることや，歩行者及び自転車の転落若しくはみだりな横断を抑制することを目的として防護柵を整備している。

（オ）　道路標識

初めて訪れる観光客や外国人など，全ての道路利用者の安全かつ円滑な移動に資するため，主要な幹線道路の交差点及び交差点付近におけるルート番号等を用いた案内標識や，高齢者，身体障害者等を含む歩行者の安全かつ円滑な移動を確保する地図標識等を整備している。

（カ）　道路情報提供装置

道路交通情報をリアルタイム（即時）に提供する道路交通情報通信システム（VICS※）については，ビーコン（通信スポットを含む。）の整備を図った。また，異常気象時の道路状況に関する情報等（都市間のルート選択に資する情報を含む。）を迅速かつ的確に提供するため，道路情報板２万6,022基を設置・運用している。

また，カーラジオを通してドライバーに道路の状況に関する情報を提供する路側通信システムを

※バリアフリー対応型信号機
　音響により信号表示の状況を知らせる音響信号機，信号表示面に青時間までの待ち時間及び青時間の残り時間を表示する経過時間表示機能付き歩行者用灯器，歩行者・自転車と車両が通行する時間を分離して，交通事故を防止する歩車分離式信号等，高齢者，障害者等が道路を安全に横断できるよう整備している信号機。

※サイクル
　信号機の灯火が青色，黄色，赤色と一巡する時間。

※スプリット
　１サイクル時間において，信号機が設置された交差点を通過する交通流のうち，同時に通行権を与えられている交通流の一群にそれぞれ割り当てられる時間の割合。

※オフセット
　車両がスムーズに通過できるようにするための，隣接する信号機間の青信号開始時間のずれを表したもの。

※光ビーコン
　通過車両を感知して交通量等を測定するとともに，車載装置と交通管制センターとの間の情報のやり取りを媒介する路上設置型の赤外線通信装置。

※VICS：Vehicle Information and Communication System

全国で設置・運用している。さらに，安全で円滑な道路交通を確保するため，高速道路等に，情報ターミナル※等を設置している。

なお，交通安全施設の老朽化等による第三者被害の防止を図る観点から，道路管理者による道路標識，道路照明等の総点検を実施している。

2　生活道路等における人優先の安全・安心な歩行空間の整備

地域の協力を得ながら，通学路，生活道路，市街地の幹線道路等において，歩道を整備するなど，「人」の視点に立った交通安全対策を推進した。

(1)生活道路における交通安全対策の推進

警察と道路管理者が緊密に連携し，最高速度30キロメートル毎時の区域規制とハンプや狭さく等の物理的デバイスとの適切な組合せにより交通の安全の向上を図ろうとする区域を「ゾーン30プラス」（令和5年度末までに128地区を整備）として設定し，車両の速度抑制対策や通過交通の進入抑制対策，外周幹線道路の交通を円滑化するための交差点改良等を推進し，全ての人が安心して通行できる道路空間の確保を図っている。なお，対策の検討や効果検証に当たり，ETC2.0プローブ情報※等のデータの活用を図っている。

都道府県公安委員会においては，交通規制，交通管制及び交通指導取締りの融合に配意した施策を推進した。生活道路については，歩行者・自転車利用者の安全な通行を確保するため，これまでのゾーン30（令和5年度末までに4,358地区を整備。ゾーン30プラスとして整備している地区を含む。）の整備を含め，低速度規制を実施した。令和3年度末までに全国で整備したゾーン30（4,187地区）において，整備前年度の1年間と整備翌年度の1年間における死亡重傷事故発生件数を比較したところ，29.2％減少しており，そのうち対歩行者・自転車事故も26.5％減少するなど，交通事故抑止及びゾーン内における自動車の通過速度の抑制に効果があることが確認された。

また，高輝度標識等の見やすく分かりやすい道路標識・道路標示の整備や信号灯器のLED化，路側帯の設置・拡幅，ゾーン規制の活用等の安全対策や，外周幹線道路を中心として，信号機の改良，光ビーコン・交通情報板等によるリアルタイムの交通情報提供等の交通円滑化対策を実施したほか，高齢者，障害者等の移動等の円滑化の促進に関する法律（平18法91，以下「バリアフリー法」という。）にいう生活関連経路を構成する道路を中心として，バリアフリー対応型信号機等の整備を推進した。

道路管理者においては，歩道の整備等により，安心して移動できる歩行空間ネットワークを整備した。

また，道路標識の高輝度化・必要に応じた大型化・可変化・自発光化，標示板の共架，設置場所の統合・改善，道路標示の高輝度化等（以下「道路標識の高輝度化等」という。）を行い，見やすく分かりやすい道路標識・道路標示の整備を推進した。

(2)通学路等における交通安全の確保

通学路における交通安全を確保するため，「通学路交通安全プログラム」等に基づく定期的な合同点検の実施やPDCAサイクルに基づいた対策の改善・充実等の継続的な取組を支援するとともに，道路交通実態に応じ，学校，教育委員会，警察，道路管理者等の関係機関が連携し，ハード・ソフトの両面から必要な対策を推進した。

また，子供が犠牲となる事故等の発生を受け，令和元年6月に決定された「未就学児等及び高齢運転者の交通安全緊急対策」に基づき，引き続き対策必要箇所のうち，対策未完了の箇所について，幼稚園，保育所，認定こども園等のほか，その所管機関や道路管理者，警察等が連携し，必要な対策を推進している。

さらに，令和3年6月に発生した下校中の小学生の交通事故を受け，「交通安全対策に関する関係閣僚会議」において，「通学路等における交通安全の確保及び飲酒運転の根絶に係る緊急対策」が決定され，通学路における合同点検を実施

※情報ターミナル
　高速道路の休憩室内に設置され，道路交通情報，行先別経路案内等情報を提供する装置。
※プローブ情報
　カーナビゲーションシステムに蓄積された走行履歴情報。

するとともに，合同点検の結果を踏まえ，学校，教育委員会，道路管理者，警察が連携して，速度規制や登下校時間帯に限った車両通行止め，通学路の変更，スクールガード等による登下校時の見守り活動の実施等によるソフト面の対策に加え，歩道やガードレール，信号機，横断歩道等の交通安全施設等の整備等によるハード面の対策を適切に組み合わせるなど，地域の実情に対応した，効果的な対策を検討し，速やかに実施している。なお，放課後児童クラブの来所・帰宅経路についても，市町村立小学校が行う合同点検を踏まえつつ，安全点検を実施している。

小学校，幼稚園，保育所，認定こども園や児童館等に通う児童・幼児，中学校，高校に通う生徒の通行の安全を確保するため，通学路等の歩道整備等を積極的に推進するとともに，ハンプ・狭さく等の設置，路肩のカラー舗装，防護柵・ライジングボラード等の設置，自転車道・自転車専用通行帯・自転車の通行位置を示した道路等の整備，押ボタン式信号機・歩行者用灯器等の整備，立体横断施設の整備，横断歩道等の拡充等の対策を推進した。

⑶高齢者，障害者等の安全に資する歩行空間等の整備

ア　高齢者，障害者等の自立した日常生活及び社会生活を確保するため，駅，官公庁施設，病院等を結ぶ道路や駅前広場等において，高齢者・障害者を始めとする誰もが安心して通行できるよう，幅の広い歩道の整備や歩道の段差・傾斜・勾配の改善，無電柱化等の整備を推進した。

このほか，音響信号機や歩車分離式信号，歩行者等支援情報通信システム（PICS※）等のバリアフリー対応型信号機，エスコートゾーン，昇降装置付立体横断施設，歩行者用休憩施設，自転車駐車場，障害者用の駐車マス等を有する自動車駐車場等の整備を推進した。あわせて，高齢者，障害者等の通行の安全と円滑を図るとともに，高齢運転者の増加に対応するため，信号灯器のLED化，道路標識の高輝度化等を推進した。

また，駅前等の交通結節点において，エレベーター等の設置，スロープ化や建築物との直結化が図られた立体横断施設，交通広場等の整備，視覚障害者誘導用ブロックの設置等を推進し，安全で快適な歩行空間の確保を図った。

特に，バリアフリー法に基づく重点整備地区に定められた駅の周辺地区等においては，公共交通機関等のバリアフリー化と連携しつつ，誰もが歩きやすい幅の広い歩道，道路横断時の安全を確保する機能を付加したバリアフリー対応型信号機等の整備を連続的・面的に整備しネットワーク化を図った。

さらに，視覚障害者誘導用ブロック，歩行者用の案内標識，バリアフリーマップ等により，公共施設の位置や施設までの経路等を適切に案内した。

イ　横断歩道，バス停留所付近の違法駐車等の悪質性・危険性・迷惑性の高い駐車違反に対する取締りを推進するとともに，高齢者，障害者等の円滑な移動を阻害する要因となっている歩道や視覚障害者誘導用ブロック上等の自動二輪車等の違法駐車についても，放置自転車等の撤去を行う市町村と連携を図りつつ適切な取締りを推進した。

3　高速道路の更なる活用促進による生活道路との機能分化

高規格幹線道路から生活道路に至る道路ネットワークを体系的に整備し，道路の適切な機能分化を推進した。

特に，高規格幹線道路等，事故率の低い道路利用を促進するとともに，生活道路においては，車両速度の抑制や通過交通の進入抑制を図り，歩行者，自転車中心の道路交通を形成した。

4　幹線道路における交通安全対策の推進

⑴事故ゼロプラン（事故危険区間重点解消作戦）の推進

交通安全に資する道路整備事業の実施に当たって，効果を科学的に検証しつつ，マネジメントサイクルを適用することにより，効率的・効果的な実施に努め，少ない予算で最大の効果を得られるよう，幹線道路において，「選択と集中」，「市民参加・市民との協働」により重点的・集中的に交通事故の撲滅を図る『事故ゼロプラン（事故危険

※PICS：Pedestrian Information and Communication Systems

区間重点解消作戦)』を推進した。

(2)事故危険箇所対策の推進

事故の発生割合の高い幹線道路の区間や，ETC2.0プローブ情報等のデータ活用により明らかになった潜在的な危険区間等，「事故危険箇所」として指定している2,748か所について，都道府県公安委員会及び道路管理者が連携して，信号機の新設・改良，歩車分離式信号の整備，道路標識の高輝度化等を推進するとともに，歩道等の整備，隅切り等の交差点改良，視距の改良，付加車線等の整備，中央帯の設置，バス路線等における停車帯の設置及び防護柵，区画線等の整備，道路照明・視線誘導標等を設置するなど集中的な交通事故対策を推進している。

(3)幹線道路における交通規制

幹線道路については，交通の安全と円滑化を図るため，道路の構造，交通安全施設等の整備状況，交通実態等を勘案しつつ，速度規制，追越しのための右側部分はみ出し通行禁止規制等について見直しを行い，その適正化を図った。

(4)重大事故の再発防止

交通死亡事故等の重大事故が発生した場合に，同一場所における交通事故の再発防止対策を講ずるため実施している現場点検，現地検討会等（一次点検）に加えて，一次点検の結果等を警察本部及び警察署等で共有することにより，同様に道路交通環境の改善を図るべき危険箇所を発見し，当該危険箇所においても同様の交通事故の再発を防止するために必要と認められる措置を講ずる二次点検プロセスを推進した。

(5)適切に機能分担された道路網の整備

ア　自動車，自転車，歩行者の異種交通を分離し，交通流の純化を促進するため，高規格幹線道路から生活道路に至るネットワークを体系的に整備するとともに，歩道や自転車通行空間の整備を推進した。

イ　一般道路に比較して死傷事故率が低く安全性の高い高規格幹線道路等の整備やインターチェンジの増設等による利用しやすい環境を整備し，より多くの交通量を分担させることによって道路ネットワーク全体の安全性を向上させた。

ウ　通過交通の排除と交通の効果的な分散により，都市部における道路の著しい混雑，交通事故の多発等の防止を図るため，バイパス及び環状道路等の整備を推進した。

エ　幹線道路で囲まれた居住地域内や歩行者等の通行の多い商業地域内等においては，通過交通をできる限り幹線道路に転換させるなど道路機能の分化により，生活環境を向上させるため，補助的な幹線道路，区画道路，歩行者専用道路等の系統的な整備等を実施した。

オ　国民のニーズに応じた効率的な輸送体系を確立し，道路混雑の解消等円滑な交通流が確保された良好な交通環境を形成するため，鉄道駅等の交通結節点，空港，港湾の交通拠点への交通モード間の接続（モーダルコネクト）の強化を実施した。

(6)高速自動車国道等における事故防止対策の推進

高速自動車国道等においては，緊急に対処すべき交通安全対策を総合的に実施する観点から，交通安全施設等の整備を計画的に進めるとともに，渋滞区間における道路の拡幅等の改築事業，適切な道路の維持管理，道路交通情報の提供等を積極的に推進し，安全水準の維持，向上を図った。

ア　事故削減に向けた総合的施策の集中的実施

安全で円滑な自動車交通を確保するため，事故の多い地点等，対策を実施すべき箇所について事故の特徴や要因を分析し，箇所ごとの事故発生状況に対応した交通安全施設等の整備を実施した。

中央分離帯の突破による重大事故のおそれがある箇所について中央分離帯強化型防護柵の設置の推進を図るとともに，雨天時の事故を防止するための高機能舗装，夜間の事故を防止するための高視認性区画線の整備等の各種交通安全施設の整備を実施した。また，道路構造上往復の方向に分離されていない非分離区間については，対向車線へのはみ出しによる重大事故を防止するため，四車線化等に伴う中央分離帯の設置等分離対策の強化に加え，正面衝突事故防止対策として，土工部及び中小橋はワイヤロープの設置を概成，長大橋及びトンネル区間は令和３年度から新技術を実道へ試行設置するほか，高視認性ポストコーン，高視認性区画線の設置による簡易分離施設の視認性向上や凹凸型路面標示の設置などの交通安全対策を実施した。また，高速道路での逆走事故対策については，令和11年までに逆走による重大事故ゼロを目指し，対策を実施した。このほか，車両故障や交通事故により停車中の車両から降車し，又は車内に留まった運転者等が後続の通行車両等に衝突される死亡事故が発生していることから，利用者に対して車両故障や交通事故等の緊急の場合，ガードレールの外側等の安全な場所に避難するなどの措置等について周知するための広報啓発活動を推進した。

さらに，事故発生後の滞留車両の排除や，救助・救急活動を支援する緊急開口部としての転回路の整備等も併せて実施した。

イ　安全で快適な交通環境の整備

過労運転やイライラ運転を防止し，安全で快適な自動車走行に資するより良い走行環境の確保を図るため，本線拡幅，事故や故障による停車車両の早期撤去，上り坂での速度低下に対する注意喚起などの情報提供等による渋滞対策，休憩施設の混雑緩和等を推進した。

ウ　高度情報技術を活用したシステムの構築

道路利用者の多様なニーズに応え，道路利用者へ適切な道路交通情報等を提供するVICS等の整備・拡充を図るなど，高度道路交通システム（ITS※）の整備を推進した。

⑺道路の改築等による交通事故対策の推進

交通事故の多発等を防止し，安全かつ円滑・快適な交通を確保するため，道路の改築等による交通事故対策を推進した。

ア　歩行者及び自転車利用者の安全と生活環境の改善を図るため，歩道等を設置するための既存道路の拡幅，幹線道路の整備と併せた生活道路におけるハンプや狭さくの設置等によるエリア内への通過車両の抑制対策，自転車の通行を歩行者や車両と分離するための自転車通行空間の整備等の道路交通の安全に寄与する道路の改築事業を推進した。

イ　交差点及びその付近における交通事故の防止と交通渋滞の解消を図るため，交差点のコンパクト化，立体交差化等を推進した。また，進入速度の低下等による交通事故の防止や被害の軽減，信号機が不要になることによる待ち時間の減少等の効果が見込まれる環状交差点について，周辺の土地利用状況等を勘案し，適切な箇所への導入を推進した。

ウ　道路の機能と沿道の土地利用を含めた道路の利用実態との調和を図ることが交通の安全の確保に資することから，交通流の実態を踏まえつつ，沿道からのアクセスを考慮した副道等の整備，植樹帯の設置，路上駐停車対策等を推進した。

エ　商業系地区等における歩行者及び自転車利用者の安全で快適な通行空間を確保するため，これらの者の交通量や通行の状況に即して，幅の広い歩道，自転車通行空間等の整備を推進した。

オ　交通混雑が著しい都心地区，鉄道駅周辺地区等において，人と車の交通を体系的に分離するとともに，歩行者空間の拡大を図るため，地区周辺の幹線道路，ペデストリアンデッキ※，交通広場等の総合的な整備を推進した。

カ　歴史的街並みや史跡等卓越した歴史的環境の残る地区において，自動車交通の迂回を主目的とする幹線道路，地区に集中する観光交通等と歩行者等を分離する歩行者系道路の体系的な整備を推進することにより，歩行者・自転車利用者の安全・快適性の確保を図った。

⑻交通安全施設等の高度化

ア　交通実態に応じて，複数の信号機を面的・線的に連動させる集中制御化・プログラム多段系統化等の信号制御の改良を推進するとともに，疑似点灯防止による視認性の向上に資する信号灯器のLED化を推進した。

イ　道路の構造，交通の状況等に応じた交通の安全を確保するために，道路標識の高輝度化等，高機能舗装，高視認性区画線の整備等を推進したほか，交通事故発生地点を容易に把握し，速やかな事故処理及び的確な事故調査が行えるようにするとともに，自動車の位置や目的地までの距離を

※ITS：Intelligent Transport Systems
※ペデストリアンデッキ
　歩行者を保護するために車道と分離し立体的に設置した歩行者道。

容易に確認できるようにするためのキロポスト（地点標）の整備を推進した。

5　交通安全施設等の整備事業の推進

社会資本整備重点計画に即して，都道府県公安委員会及び道路管理者が連携し，交通事故実態の調査・分析を行いつつ，重点的，効果的かつ効率的に歩道や信号機の整備を始めとした交通安全施設等整備事業を推進することにより，道路交通環境を改善し，交通事故の防止と交通の円滑化を図った。

なお，事業の実施に当たっては，事故データの客観的な分析による事故原因の検証に基づき，効果的な交通事故対策の実施に努めた。

⑴交通安全施設等の戦略的維持管理

都道府県公安委員会では，整備後長期間が経過した信号機等の老朽化対策が課題となっていることから，平成25年に「インフラ老朽化対策の推進に関する関係省庁連絡会議」において策定された「インフラ長寿命化基本計画」等に即して，中長期的な視点に立った老朽施設の更新，施設の長寿命化，ライフサイクルコストの削減等を推進した。

また，横断歩行者優先の前提となる横断歩道の道路標識・道路標示が破損，滅失，褪色，摩耗等によりその効用が損なわれないよう効率的かつ適正な維持管理を行った。

⑵歩行者・自転車対策及び生活道路対策の推進

生活道路において人優先の考えに基づき，「ゾーン30プラス」等の車両速度の抑制，通過交通の抑制・排除等の面的かつ総合的な交通事故対策を推進するとともに，少子高齢社会の進展を踏まえ，歩行空間のユニバーサルデザイン化及び通学路における安全・安心な歩行空間の確保を図るとともに，自転車通行空間の整備，無電柱化の推進，安全上課題のある踏切の対策等による歩行者・自転車の安全な通行空間の確保を図った。

⑶幹線道路対策の推進

幹線道路では交通事故が特定の区間に集中して発生していることから，事故危険箇所等の事故の発生割合の大きい区間において重点的な交通事故対策を実施した。この際，事故データの客観的な分析による事故原因の検証に基づき，信号機の改良，交差点改良等の対策を実施した。

⑷交通円滑化対策の推進

交通安全に資するため，信号機の改良，交差点の立体化，開かずの踏切の解消等を推進したほか，駐車対策を実施することにより，交通容量の拡大を図り，交通の円滑化を推進するとともに，自動車からの二酸化炭素排出の抑制を推進した。

⑸ITSの推進による安全で快適な道路交通環境の実現

交通情報の収集・分析・提供や交通状況に即応した信号制御その他道路における交通の規制を広域的かつ総合的に行うため，交通管制システムの充実・改良を図った。

具体的には，複数の信号機を面的・線的に連動させる集中制御化・プログラム多段系統化等の信号制御の改良を図った。また，最先端の情報通信技術（ICT）等を用いて，高度化光ビーコン※の整備拡充，プローブ情報を活用した信号制御の高度化，信号情報活用運転支援システム（TSPS※）などの新交通管理システム（UTMS※）の推進やETC 2.0サービスの展開を図った。また，災害時に交通情報を提供するためのシステムを活用し，民間事業者が保有するプローブ情報を警察が保有する交通情報と融合して提供するなど，情報収集・提供環境の拡充等により，道路交通情報提供の充実等を推進し，安全で快適な道路環境の実現を図った。

⑹道路交通環境整備への住民参加の促進

道路交通環境の整備に当たっては，道路を利用する人の視点を生かすことが重要であることから，地域住民や道路利用者の主体的な参加の下に

※高度化光ビーコン
　プローブ情報の収集及び信号情報の提供の機能が付加された光ビーコン。
※TSPS：Traffic Signal Prediction Systems
※UTMS：Universal Traffic Management Systems

交通安全施設等の点検を行う交通安全総点検を積極的に推進するとともに，道路利用者等が日常感じている意見を受け付ける「標識BOX※」，「信号機BOX※」等を活用することにより，交通安全施設等の適切な維持管理等を推進した。また，交通の安全は，住民の安全意識により支えられることから，安全で良好なコミュニティの形成を図るために，交通安全対策に関して住民が計画段階から実施全般にわたり積極的に参加できるような仕組みを作り，行政と市民の連携による交通安全対策を推進した。

さらに，安全な道路交通環境の整備に係る住民の理解と協力を得るため，事業の進捗状況，効果等について積極的な広報を推進した。

⑺連絡会議等の活用

都道府県警察と道路管理者が設置している「都道府県道路交通環境安全推進連絡会議」やその下に設置されている「アドバイザー会議」を活用し，学識経験者のアドバイスを受けつつ施策の企画，評価，進行管理等に関して協議を行い，的確かつ着実に安全な道路交通環境の実現を図った。

さらに，「都道府県道路交通環境安全推進連絡会議」は，各市町村からの要請に応じ，ETC2.0で収集したビッグデータを活用して，対策区域における自動車の速度に関する情報や抜け道利用に関する情報，急挙動情報等を提供するなどの技術的支援を行った。

6　高齢者等の移動手段の確保・充実

⑴地域公共交通計画の作成

高齢者の運転免許の返納の増加等も背景に，令和５年10月に施行された改正地域交通法（令５法18）に基づき，高齢者を含む地域住民の移動手段の確保に向け，地域の関係者の連携・協働（共創）を促進するとともに，地方公共団体が中心となった，地域公共交通のマスタープラン（地域公共交通計画）の作成を推進することにより，利便性・生産性・持続可能性の高い地域公共交通への「リ・デザイン」（再構築）を推進した。

⑵MaaSの推進

MaaS（マース：Mobility as a Service）はスマホアプリ又はウェブサービスにより，地域住民や旅行者一人一人のトリップ単位での移動ニーズに対応して，複数の公共交通やそれ以外の移動サービスを最適に組み合わせて検索・予約・決済等を一括で行うサービスであり，新たな移動手段（AIオンデマンド交通，シェアサイクル等）や関連サービス（医療・福祉等）も組み合わせることが可能なサービスである。

MaaSは既存の公共交通の利便性の向上や，地域における移動手段の確保・充実に資するものであり，その普及により，高齢者等が自らの運転だけに頼らず，ストレスなく快適に移動できる環境が整備されることが期待できる。

このような状況を踏まえ，新たなモビリティサービスの社会実装を通じた移動課題の解決及び地域の活性化に挑戦する地域や企業を応援する「スマートモビリティチャレンジ」を推進している。令和元年度には28，令和２年度には50，令和３年度には26，令和４年度には17，令和５年度には14の先駆的な取組に支援を行い，MaaSを始めとする新たなモビリティサービスの早期の全国普及を図っているところである。

今後もこのような取組を進めることで，高齢者等が公共交通を利用してストレスなく快適に移動できる環境を整備し，自らの運転だけに頼らずに暮らせる社会の実現に努めていく。

⑶自動運転サービスの社会実装

政府では，令和７年度目途に50か所程度，令和９年度までに100か所以上の地域での自動運転移動サービスの実現を目標に掲げ，取組を進めている。

こうした，高齢者等の事故防止や移動手段の確保などに資する地域の自動運転サービスの社会実装に向けて，国土交通省及び経済産業省において「自動運転レベル４等先進モビリティサービス研究開発・社会実装プロジェクト」を実施しており，令和５年５月には，福井県永平寺町において国内

※標識BOX
　はがき，インターネット等により，運転者等から道路標識等に関する意見を受け付けるもの。
※信号機BOX
　はがき，インターネット等により，運転者等から信号機に関する意見を受け付けるもの。

で初めてレベル4での無人自動運転移動サービスを実現した。

また，自動運転の社会実装に向けた取組を行う地方公共団体に対して，地域公共交通確保維持改善事業（自動運転事業関係）により62件の支援や，交差点等の情報を提供する路車協調システムの実証実験を実施するなど，自動運転の普及・拡大に向けた取組を進めている。

7　歩行空間のユニバーサルデザイン化

高齢者や障害者等を含めて全ての人が安全に，安心して参加し活動できる社会を実現するため，駅，公共施設，福祉施設，病院等を結ぶ歩行空間の連続的・面的なユニバーサルデザイン化を推進した。

8　無電柱化の推進

災害の防止，安全かつ円滑な交通の確保，良好な景観の形成等の観点から，「無電柱化推進計画」に基づき無電柱化を推進した。

9　効果的な交通規制の推進

地域の交通実態等を踏まえ，交通規制や交通管制の内容について常に点検・見直しを図るとともに，交通事情の変化を的確に把握してソフト・ハード両面での総合的な対策を実施することにより，安全で円滑な交通流の維持を図った。

速度規制については，最高速度規制が交通実態に合った合理的なものとなっているかどうかの観点から，点検・見直しを進めることに加え，一般道路においては，実勢速度，交通事故発生状況等を勘案しつつ，規制速度の引上げ，規制理由の周知措置等を計画的に推進している。

高規格の高速道路については，有識者からなる調査研究委員会の提言を踏まえ，平成29年から新東名高速道路及び東北自動車道において100キロメートル毎時を超える最高速度規制の試行を段階的に実施して交通事故実態等を分析し，令和2年8月，100キロメートル毎時を超える最高速度規制の実施基準を新たに設けた。

同基準に基づき，東北自動車道，新東名高速道路及び東関東自動車道において，最高速度を120キロメートル毎時とする規制を実施しているほか，常磐自動車道において，最高速度を110キロメートル毎時とする規制を実施している。

駐車規制については，必要やむを得ない駐車需要への対応が十分でない場所を中心に，地域住民等の意見要望を十分に踏まえた上で，道路環境，交通量，駐車需要等に即応したきめ細かな駐車規制の見直しを推進した。

信号制御については，歩行者・自転車の視点で，信号をより守りやすくするために，横断実態等を踏まえ，歩行者の待ち時間の長い押ボタン式信号の改善を行うなど，信号表示の調整等の運用の改善を推進した。

さらに，都道府県公安委員会が行う交通規制の情報についてデータベース化を推進し，効果的な交通規制を行った。

10　自転車利用環境の総合的整備

⑴安全で快適な自転車利用環境の整備

クリーンかつエネルギー効率の高い持続可能な都市内交通体系の実現に向け，自転車の役割と位置付けを明確にしつつ，交通状況に応じて，歩行者・自転車・自動車の適切な分離を図り，歩行者と自転車の事故等への対策を講じるなど，安全で快適な自転車利用環境を創出する必要がある。このことから，第2次自転車活用推進計画（令和3年5月閣議決定）に基づき，「安全で快適な自転車利用環境創出ガイドライン」の周知を図るとともに技術的助言等を実施し，本ガイドラインに基づく自転車ネットワーク計画の策定や歩行者と自転車が分離された車道通行を基本とする自転車通行空間の整備等により，安全で快適な自転車利用環境の創出に関する取組を推進した。

また，自転車通行の安全性を向上させるため，自転車専用通行帯の設置区間や自転車と自動車を混在させる区間では，周辺の交通実態等を踏まえ，必要に応じて，駐車禁止又は駐停車禁止の規制を実施した。あわせて，自転車専用通行帯をふさぐなど悪質性・危険性・迷惑性の高い違法駐停車車両については，取締りを適切に実施した。

さらに，各地域において道路管理者や都道府県警察が自転車ネットワークの作成や道路空間の整備，通行ルールの徹底を進められるよう「安全で快適な自転車利用環境創出ガイドライン」の周知を図り，さらに，自転車を共同で利用するシェアサイクルなどの自転車利用促進策や，ルール・マナーの啓発活動などのソフト施策を積極的に推進した。

⑵自転車等の駐車対策の推進

自転車等の駐車対策については，その総合的かつ計画的な推進を図ることを目的として，自転車の安全利用の促進及び自転車等の駐車対策の総合的推進に関する法律（昭55法87）による施策を総合的に推進しており，自転車等駐車対策協議会の設置，総合計画の策定を促進するとともに，自転車等の駐車需要の多い地域及び今後駐車需要が著しく多くなることが予想される地域を中心に，社会資本整備総合交付金等による自転車等の駐車場整備事業を推進した。また，大量の自転車等の駐車需要を生じさせる施設について自転車等駐車場の設置を義務付ける附置義務条例の制定の促進を図っている。

鉄道の駅周辺等における放置自転車等の問題の解決を図るため，自転車等駐車対策協議会の積極的な運営と総合計画の策定の促進を図ること等を通じて，地方公共団体，道路管理者，都道府県警察，鉄道事業者等が適切な協力関係を保持した。また，「自転車等駐車場の整備のあり方に関するガイドライン」に基づき，自転車利用者のニーズに応じた自転車等駐車場の整備を推進した。

特に，バリアフリー法に基づき，市町村が定める重点整備地区内における生活関連経路を構成する道路においては，高齢者，障害者等の移動等の円滑化に資するため，関係機関・団体が連携した広報啓発活動等の違法駐車を防止する取組及び自転車等駐車場の整備を重点的に推進した。

11　ITSの活用

道路交通の安全性，輸送効率及び快適性の向上や，渋滞の軽減等，環境保全にも寄与する交通の円滑化の実現を目的に，最先端の情報通信技術（ICT）等を用いて人と道路と車両とを一体のシステムとして構築する新しい道路交通システムである「高度道路交通システム」（ITS）の開発及び普及を引き続き推進している。そのため，令和５年６月に閣議決定された「デジタル社会の実現に向けた重点計画」に基づき，産・学・官が連携を図りながら，研究開発やフィールドテスト※等を進めるとともに，インフラの整備や普及及び標準化に関する検討等についても一層の推進を図り，ITS世界会議等の国際的な会合において，インフラ協調型の自動運転の実現に資する技術的な成果の発表及び今後の取組の共有や，国内外の関係者との国際情報交換や国際標準化等の国際協力を積極的に進めた。

⑴道路交通情報通信システムの整備

安全で円滑な道路交通を確保するため，リアルタイムの渋滞情報や交通障害情報，交通規制情報などの道路交通情報を提供するVICSの整備・拡充を推進するとともに，対応車載器の普及を図った。

また，詳細な道路交通情報の収集・提供のため，高度化光ビーコン，ETC2.0等のインフラの整備を推進するとともに，インフラから提供される情報を補完するため，リアルタイムの自動車走行履歴情報（プローブ情報）等の広範な道路交通情報を集約・配信した。

⑵新交通管理システムの推進

最先端の情報通信技術（ICT）等を用いて交通管理の最適化を図るため，高度化光ビーコン等の機能を活用して公共車両優先システム（PTPS※），現場急行支援システム（FAST※）を始めとする新交通管理システム（UTMS）の整備を行うことにより，ITSを推進し，安全・円滑かつ快適で環境負荷の低い交通社会の実現を図った。

⑶交通事故防止のための運転支援システムの推進

交通の安全を高めるため，自動車単体では対応できない事故への対策として，情報通信技術（ICT）を活用した安全運転支援システムの導入・整備を推進した。

具体的には，高齢者を含む運転者に信号灯火に

※フィールドテスト
　実地試験，屋外試験等のこと。
※PTPS：Public Transportation Priority Systems
※FAST：Fast Emergency Vehicle Preemption Systems

関する情報等を提供することで，注意を促し，ゆとりを持った運転ができる環境を作り出すことにより，交通事故の防止を図るため，信号情報活用運転支援システム（TSPS）の整備を推進した。

産学官の連携により，先進技術を搭載した自動車の開発と普及を促進する「先進安全自動車（ASV※）推進プロジェクト」では，第７期ASV推進検討会を立ち上げ，テーマの１つとして「通信や地図を活用した協調型の安全技術の実用化と普及に向けた共通仕様の検討」に取り組み，車両間の通信により，見通しの悪い交差点での出会い頭の事故等を防止する安全技術や歩行者等の交通弱者と通信を行い，交通弱者が被害者となる事故を防止する安全技術等がより安全に寄与する事故形態の検討を行った。

電波を用いた自動運転・安全運転支援等を目的とするV2X※用通信システムについて，既存のITS用周波数帯（760MHz帯）に加えて，国際的に検討が進められている周波数帯（5.9GHz帯）の追加割当てに向けて，令和５年２月に「自動運転時代の“次世代のITS通信”研究会」を立ち上げ，同年８月，「国際的な周波数調和や既存無線局との干渉などを勘案し，5,895～5,925MHzの最大30MHz幅を目途にV2X通信向けの割当を検討する」旨の中間取りまとめを行った。

⑷ETC2.0の展開

平成27年８月より本格的に車載器の販売が開始されたETC2.0は，令和６年３月末時点で約1,142万台が出荷されている。ETC2.0では，事故多発地点，道路上の落下物等の注意喚起等に関する情報を提供することで安全運転を支援するほか，収集した速度や利用経路，急ブレーキのデータなど，多種多様できめ細かいビッグデータを活用して，ピンポイント渋滞対策や交通事故対策，生産性の高い賢い物流管理など，道路ネットワークの機能を最大限に発揮する取組を推進した。

⑸道路運送事業に係る高度情報化の推進

公共交通機関利用者の利便性向上のため，道路運送事業においてITS技術を活用し，バス・タクシーの利用促進に資するバスロケーションシステム・配車アプリの導入を推進した。

⑹ITS用無線システムの国際標準化活動

国際電気通信連合の無線通信部門（ITU-R）の地上業務研究委員会（SG5）において，無線技術を活用した自動運転車（CAV※）に求められる通信要件の検討を行う研究課題261-5に基づき，CAVのユースケースや目的・通信要件，通信技術等を取りまとめるITU-R新報告案M.[CAV]が議論された。我が国のITS技術がITU-R勧告等に反映されることを目的に，世界的なITS用通信技術の動向調査を行うとともに，ITS関係の国際会合において意見交換等を実施するなど，積極的に国際標準化活動を行った結果，我が国のCAVに関する検討内容等が盛り込まれたM.[CAV]が令和５年９月のSG5会合で承認された。

また，我が国のITS用無線システムが各国で採用されるよう，周波数割当てや道路交通事情等が我が国と類似するアジア地域への普及・展開を図るべく，引き続きインドにおいてITS用無線システムの実用化実証及び同国標準規格への採用に向けた働き掛けを行った。

⑺ITSに関する国際標準化活動

主要国におけるITSに関する技術開発や標準化動向を踏まえ，国際標準化機構（ISO）の国際会議において我が国から提案中の国際規格原案の審議を促進するとともに，新規規格原案の追加提案を行うなど，積極的に国際標準化活動を行い，令和５年度は，自動バレー駐車※に関わる国際標準の発行を行った。

※ASV：Advanced Safety Vehicle
※V2X：Vehicle to Everything
※CAV：Connected Automated Vehicle
※自動バレー駐車
大型施設の駐車場等で，ユーザーが出入口で乗降車する際以外，車両の受け渡しと駐車スペースまでの往復と駐車を，無人の自動走行により行う技術。

12　交通需要マネジメントの推進

依然として厳しい道路交通渋滞を緩和し，道路交通の円滑化を図るため，バイパス・環状道路の整備や交差点の改良，付加車線の設置等の交通容量の拡大策，交通管制の高度化等に加えて，パークアンドライド※の推進，X（旧ツイッター）・インターネット等情報通信ツールの活用，時差通勤・通学，フレックスタイム（自由勤務時間）制の導入，ITS利用の促進，路肩活用等の柔軟な車線運用等により，多様化する道路利用者のニーズを的確に捉え，輸送効率の向上や交通量の時間的・空間的平準化を図る交通需要マネジメント（TDM）を推進した。

⑴公共交通機関利用の促進

令和５年10月に施行された改正地域交通法に基づき，地域の関係者の連携・協働（共創）を促進するとともに，地方公共団体が中心となった地域公共交通のマスタープラン（地域公共交通計画）の作成を推進することで，公共交通サービスの改善を進めるなど，公共交通機関利用の促進を図った。

道路交通混雑が著しい一部の道路について，バス専用・優先通行帯規制の実施，ハイグレードバス停※や公共車両優先システム（PTPS）の整備，パークアンドバスライドの導入等バスの利用促進を図った。

また，路面電車，モノレール等の公共交通機関の整備を支援するとともに，エコ通勤※等の広報・啓発活動を行うことで，鉄道，バス等の公共交通機関への転換による円滑な道路交通の実現を図った。

さらに，鉄道，バス事業者による運行頻度・運行時間の見直し，乗り継ぎ改善等によるシームレス※な公共交通の実現を図ること等により，利用者の利便性の向上を図るとともに，鉄道駅・バス停までのアクセス（交通手段）確保のために，パークアンドライド駐車場，自転車道，駅前広場等の整備を促進し，交通結節機能を強化した。

多様な交通モードが選択可能で利用しやすい環境を創出し，人とモノの流れや地域活性化の更なる促進のため，バスタ新宿を始めとする集約型公共交通ターミナル「バスタプロジェクト」を全国で推進しており，平成31年に品川，令和２年に神戸三宮，新潟，令和３年に追浜，近鉄四日市，呉，令和５年に札幌で事業化された。

⑵貨物自動車利用の効率化

効率的な自動車利用等を促進するため，共同輸配送による貨物自動車の積載効率向上や宅配便の再配達削減の推進等による物流効率化を図った。

13　災害に備えた道路交通環境の整備

⑴災害に備えた道路の整備

地震，豪雨，豪雪，津波等の災害が発生した場合においても安全で安心な生活を支える道路交通を確保する必要があり，地震による被災時に円滑な救急・救援活動，緊急物資の輸送，復旧活動に不可欠な緊急輸送を確保するため，緊急輸送道路上の橋梁及び同道路をまたぐ跨道橋の耐震補強対策や無電柱化を実施した。

また，豪雨・豪雪時等においても，安全・安心で信頼性の高い道路ネットワークを確保するため，道路斜面等の防災対策や災害のおそれのある区間を回避・代替する道路の整備を推進するとともに，津波や洪水に対しては，浸水が想定される地域において，道路高架区間や盛土部分等を一時的な避難場所として活用するため，避難階段等を整備した。

※パークアンドライド
　都心部へ乗り入れる自家用自動車による交通混雑を緩和するため，郊外の鉄道駅・バスターミナル等の周辺に駐車場を整備し，自動車を駐車（パーク）させ，鉄道・バス等公共交通機関への乗換え（ライド）を促すシステム。

※ハイグレードバス停
　バス停の機能を高度化したもので，バス接近表示器（バスロケーションシステム）や上屋，ベンチ等を整備したもの。

※エコ通勤
　事業者が主体となり，従業員への働き掛け，電車・バスの情報提供，通勤制度の見直し，通勤バス導入等を行うことでマイカー通勤から公共交通への転換等を行う取組。

※シームレス
　「継ぎ目のない」の意味。公共交通分野におけるシームレス化とは，乗り継ぎ等の交通機関の「継ぎ目」の交通ターミナル内の歩行や乗降に際しての「継ぎ目」をハード・ソフト両面にわたって解消することにより，出発地から目的地までの移動を全体として円滑かつ利便性の高いものとすること。

⑵災害に強い交通安全施設等の整備

地震，豪雨，豪雪，津波等の災害が発生した場合においても安全で円滑な道路交通を確保するため，交通管制センター，交通監視カメラ，車両感知器，交通情報板等の交通安全施設等の整備を推進するとともに，通行止め等の交通規制を迅速かつ効果的に実施するための道路災害の監視システムの開発・導入や交通規制資機材の整備を推進した。あわせて，災害発生時の停電による信号機の機能停止を防止する信号機電源付加装置の整備を推進した。

また，オンライン接続により都道府県警察の交通管制センターから詳細な交通情報をリアルタイムで警察庁が収集し，広域的な交通管理に活用する「広域交通管制システム」の的確な運用を推進した。

⑶災害発生時における交通規制

災害発生時における交通規制の迅速かつ的確な実施を図るため，関係機関と緊密に連携し，緊急交通路の確保，緊急通行車両確認標章の交付，交通検問所の設置，信号機の滅灯対策，広域緊急救助隊の出動運用等について，南海トラフ地震発生時の交通規制計画や首都直下地震発生時の交通規制計画等に基づき，総合的かつ実践的な訓練を実施した。

⑷災害発生時における情報提供の充実

災害発生時において，道路の被災状況や道路交通状況を迅速かつ的確に収集・分析・提供し，復旧や緊急交通路，緊急輸送道路等の確保及び道路利用者等に対する道路交通情報の提供等に資するため，高度化光ビーコン，交通監視カメラ，車両感知器，交通情報板，道路交通情報提供装置，道路管理情報システム，ETC2.0路側機等の整備を推進するとともに，インターネット等を活用した道路・交通に関する災害情報等の提供を推進した。

また，災害時に交通情報を提供するためのシステムを運用し，令和6年能登半島地震等において，民間事業者が保有するプローブ情報を警察が保有する交通情報と融合して提供するとともに，災害通行実績データシステムによって官民ビッグデータを活用し，相互に連携を図りつつ，災害対応へ活用を図った。

14　総合的な駐車対策の推進

道路交通の安全と円滑を図り，都市機能の維持及び増進に寄与するため，道路交通の状況や地域の特性に応じた総合的な駐車対策を推進した。

令和5年中の駐車車両への衝突事故の発生件数は，690件で，31人が死亡したほか，110番通報された要望・苦情・相談のうち，駐車問題に関するものが9.5%を占めた。

⑴きめ細かな駐車規制の推進

ア　地域住民等の意見要望等を十分に踏まえつつ，駐車規制の点検・見直しを実施するとともに，物流の必要性や自動二輪車の駐車需要等にも配慮し，地域の交通実態等に応じた規制の緩和を行うなど，きめ細かな駐車規制を推進した。

イ　違法な駐停車が交通渋滞等交通に著しい迷惑を及ぼす交差点においては，違法駐車抑止システム※を活用し，違法な駐停車を抑制して交通の安全と円滑化を図った。

ウ　都市部の交通渋滞を緩和するため，特に違法駐車が著しい幹線道路において，きめ細かな駐車規制の実施や違法駐車防止指導員等を配置して指導・広報・啓発を行った。

⑵違法駐車対策の推進

取締り活動ガイドラインに沿った取締りの推進，駐車監視員による放置車両の確認等に関する事務の円滑な運用，放置違反金制度による使用者責任の追及，悪質な運転者の責任追及の徹底等により，地域の駐車秩序の確立を図った。令和5年中の放置駐車の取締り件数（放置車両確認標章取付件数）は78万829件であった。

⑶駐車場等の整備

路上における無秩序な駐車を抑制し，安全かつ円滑な道路交通を確保するため，駐車規制及び違

※違法駐車抑止システム
　交差点に設置されたテレビカメラ及びスピーカーを用いて，違法駐車車両を監視し，必要に応じ音声で警告することにより，違法駐車を抑止するシステム。

法駐車の取締りの推進と併せ，次の施策により駐車環境の整備及び配置適正化を推進した。

ア　駐車場整備に関する調査を推進し，自動車交通が混雑する地区等において，駐車場整備地区の指定を促進するとともに，当該地区において計画的，総合的な駐車対策を行うため，駐車場整備計画の策定を推進した。

イ　地域の駐車需要を踏まえた附置義務駐車施設の整備を促進するとともに，民間駐車場の整備を促進した（第1-2表）。

ウ　郊外部からの過度な自動車流入を抑制し，都心部での交通の混雑・ふくそうを解消するため，都市再生特別措置法（平14法22）に基づく駐車場法（昭32法106）の特例制度による駐車場配置適正化区域の設定等の促進や，市街地の周縁部（フリンジ）等に駐車場を配置する等，パークアンドライド等の普及のための環境整備を推進したほか，まちづくり計画等を踏まえた駐車場の配置適正化を促進した。

エ　高速道路の休憩施設における駐車マス不足に対応するため，駐車マスの拡充や駐車場予約システムを導入するとともに，「道の駅」を活用した休憩サービスの拡充等高速道路外の休憩施設等の活用を推進した。

第1-2表　駐車場整備状況（令和５年３月末現在）

	都市計画駐車場	届出駐車場（注２）	附置義務駐車施設（注３）
箇所数	432	9,977	80,388
台数	111,280	1,936,137	3,514,442

注　1　国土交通省資料による。
　　2　都市計画区域内において，道路の路面外に設置される一般公共の用に供される駐車場のうち，自動車の駐車の用に供する部分の面積が500m²以上であって，駐車料金を徴収するものをいう。ただし，都市計画駐車場又は附置義務駐車施設に該当するものは，これらにおいて計上しているため除いている。
　　3　地方公共団体が定める附置義務条例に基づき設置された駐車施設をいう。

⑷違法駐車を排除する気運の醸成・高揚

違法駐車の排除及び自動車の保管場所の確保等に関し，国民への広報・啓発活動を行うとともに，関係機関・団体との密接な連携を図り，地域交通安全活動推進委員の積極的な活用等により，住民の理解と協力を得ながら違法駐車締め出し気運の醸成・高揚を図った。

⑸ハード・ソフト一体となった駐車対策の推進

必要やむを得ない駐車需要への対応が十分でない場所を中心に，地域の駐車管理構想を見直し，自治会，地元商店街等地域の意見要望を十分に踏まえた駐車規制の点検・改善，道路利用者や関係事業者等による自主的な取組の促進，地方公共団体や道路管理者に対する路外駐車場及び共同荷さばきスペースや路上荷さばきスペース整備の働き掛け，違法駐車の取締り，積極的な広報・啓発活動等ハード・ソフト一体となった総合的な駐車対策を推進した。

15　道路交通情報の充実

⑴情報収集・提供体制の充実

多様化する道路利用者のニーズに応えて道路利用者に対し必要な道路交通情報を提供することにより，安全かつ円滑な道路交通を確保するため，光ファイバーネットワーク等の情報技術を活用しつつ，高度化光ビーコン，交通監視カメラ，車両感知器，交通情報板，道路情報提供装置，ETC2.0等の整備による情報収集・提供体制の充実を図るとともに，交通管制エリアの拡大等の交通管制システムの充実・高度化を図るほか，全国の交通規制情報のデータベース化を推進した。

⑵ITSを活用した道路交通情報の高度化

ITSの一環として，運転者に渋滞状況等の道路交通情報を提供する高度化光ビーコン，VICSやETC2.0の整備・拡充を積極的に図るとともに，高度化光ビーコンを活用し，信号情報活用運転支援システム（TSPS）の整備を進めることや，全国の高速道路上に設置された約1,800か所のETC2.0路側機を活用し，渋滞回避支援や安全運転支援等の情報提供の高度化を図り，交通を分散することにより交通渋滞を解消し，交通の安全と円滑化に向けた取組を推進した。

⑶適正な道路交通情報提供事業の促進

予測交通情報を提供する事業者の届出制等を規定した道路交通法及び交通情報を提供する際に事

業者が遵守すべき事項を定めた交通情報の提供に関する指針（平14国家公安委員会告示12）に基づく事業者への指導・監督によって交通情報提供事業の適正化を図ること等により，民間事業者による正確かつ適切な道路交通情報の提供を促進した。

⑷分かりやすい道路交通環境の確保

時間別・車種別等の交通規制の実効を図るための視認性・耐久性に優れた大型固定標識及び路側可変標識の整備並びに利用者のニーズに即した系統的で分かりやすい案内標識及び中央線変移システムの整備を推進した。

また，主要な幹線道路の交差点及び交差点付近における，ルート番号等を用いた案内標識の設置の推進等により，国際化の進展への対応に努めた。

16　交通安全に寄与する道路交通環境の整備

⑴道路の使用及び占用の適正化等

ア　道路の使用及び占用の適正化

工作物の設置，工事等のための道路の使用及び占用の許可に当たっては，道路の構造を保全し，安全かつ円滑な道路交通を確保するために適正な運用を行うとともに，道路使用許可条件の遵守等について指導した。また，占用物件の損壊による道路構造や交通への支障を防ぐため，道路占用者の維持管理義務を明確化し，道路占用者において物件の維持管理が適切になされるよう取組を実施した。

さらに，交通が著しくふくそうする道路又は幅員が著しく狭い道路について，電柱が車両の能率的な運行や歩行者の安全かつ円滑な通行の支障となっているときは，道路上における電柱の占用を禁止する取組を実施した。

イ　不法占用物件の排除等

道路交通に支障を与える不法占用物件等については，実態把握，強力な指導取締りその他の必要な措置によりその排除を行い，特に市街地について重点的にその是正を実施した。

また，道路上から不法占用物件等を一掃するためには，地域における道路の適正な利用についての認識を高める必要があることから，沿道住民等に対して道路占用制度の周知を行った。

ウ　道路の掘り返しの規制等

道路の掘り返しを伴う占用工事について，工事時期の平準化及び工事に伴う事故・渋滞の防止のため，関係者間の工事調整による共同施工，年末年始及び年度末の工事抑制等の取組を実施した。

さらに，掘り返しを防止する抜本的対策として共同溝等の整備を推進した。

⑵休憩施設等の整備の推進

過労運転に伴う事故防止や近年の高齢運転者等の増加に対応して，「道の駅」等の休憩施設等の整備を推進した。

⑶こどもの遊び場等の確保

ア　都市公園の整備

都市における児童の遊び場が不足していることにより，路上における遊びや運動による交通事故が発生することを防ぐため，街区公園，近隣公園，運動公園など，都市公園法（昭31法79）に基づき設置される都市公園の整備を促進した（第1-3表）。

イ　交通公園の整備

児童が遊びながら交通知識等を体得できるような各種の施設を設置した交通公園は，全国で開設されており，一般の利用に供されている。

第1-3表　都市公園等の整備状況（令和５年３月末現在）

年度	住区基幹公園		都市基幹公園		緑道	
	箇所数	面積	箇所数	面積	箇所数	面積
	箇所	ha	箇所	ha	箇所	ha
令和４年度	99,382	35,391	2,252	39,910	1,012	930

注　1　国土交通省資料による。
　　2　交通安全に関連する都市公園のみである。
　　3　住区基幹公園とは，街区公園，近隣公園及び地区公園であり，都市基幹公園とは，総合公園及び運動公園である。

ウ　児童館，児童遊園等の整備

児童館及び児童遊園は，児童福祉法（昭22法164）による児童厚生施設であり，児童に健全な遊びを与えてその健康を増進し，情操を豊かにすることを目的としているが，児童の交通事故防止にも資するものである。令和４年10月１日現在，児童館が4,301か所，児童遊園が2,074か所それぞれ設置されている。児童遊園は，児童の居住する全ての地域を対象に，その生活圏に見合った設置が進められており，特に児童の遊び場が不足している場所に優先的に設置されている。

このほか，幼児等が身近に利用できる小規模な遊び場（いわゆる「ちびっ子広場」）等が地方公共団体等により設置されている。

エ　学校等の開放

こどもの安全な遊び場の確保のために，小学校，中学校等の校庭，体育施設等の開放を促進した。

⑷道路法に基づく通行の禁止又は制限

道路の構造を保全し，又は交通の危険を防止するため，道路の破損，欠壊又は異常気象等により交通が危険であると認められる場合及び道路に関する工事のためやむを得ないと認められる場合には，道路法（昭27法180）に基づき，迅速かつ的確に通行の禁止又は制限を実施した。

また，危険物を積載する車両の水底トンネル※等の通行の禁止又は制限及び道路との関係において必要とされる車両の寸法，重量等の最高限度を超える車両の通行の禁止又は制限に対する違反を防止するため，関係機関が連携し，違反車両の取締りを実施した。

⑸地域に応じた安全の確保

積雪寒冷特別地域においては，冬期の安全な道路交通を確保するため，冬期積雪・凍結路面対策として都道府県単位や地方ブロック単位にこだわらない広範囲で躊躇ない予防的・計画的な通行規制や集中的な除雪作業，凍結防止剤散布の実施，交差点等における消融雪施設等の整備，流雪溝，チェーン着脱場等の整備を推進した。

また，大雪が予想される場合には道路利用者に対し，通行止め，立ち往生車両の有無，広域迂回や出控えの呼び掛けなど，道路情報板への表示やラジオ，SNS等様々な手段を活用して幅広く情報提供するとともに，滞留が発生した場合には，滞留者に対して，定期的に，除雪作業や滞留排出の進捗，通行止めの解除見通し等を情報提供した。

さらに，安全な道路交通の確保に資するため，気象，路面状況等を収集し，道路利用者に提供する道路情報提供装置等の整備を推進した。

また，冬期の安全で快適な歩行空間を確保するため，中心市街地や公共施設周辺等における除雪の充実や消融雪施設の整備等の冬期バリアフリー対策を実施した。

※水底トンネル

水底にあるトンネル，その他水際にあるトンネルで当該トンネルの路面の高さが水面の高さ以下のもの又は長さ5,000メートル以上のトンネル。

特定小型原動機付自転車の安全利用のための取組について

令和５年７月１日，道路交通法の一部を改正する法律（令４法32）のうち，特定小型原動機付自転車の交通方法等に関する規定が施行された。

これにより，一定の基準[注1]を満たす車両は，特定小型原動機付自転車として，運転免許を受けずに運転することができるようになるなど，新たな交通ルールが適用されることとなった。

特定小型原動機付自転車の交通ルール

特定小型原動機付自転車については，16歳未満の者の運転は禁止されているものの，その運転に運転免許を要しない。また，車道の左側を通行することが原則であり[注2]，乗車用ヘルメットの着用の努力義務が課されているほか，交通反則通告制度や放置違反金制度の対象とされている。

なお，特定小型原動機付自転車については，自動車損害賠償責任保険（共済）に加入し，車体にナンバープレートを取り付けなければならない。

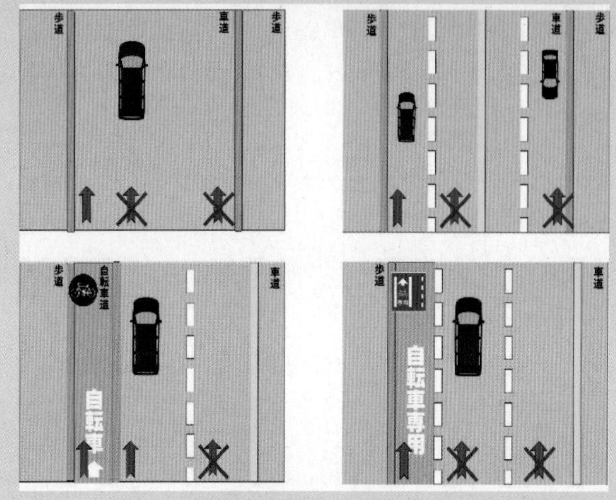

【通行場所のイメージ】

特定小型原動機付自転車関連交通事故の状況

令和５年７月から12月までの間に発生した特定小型原動機付自転車関連交通事故件数[注3]は85件であり，死者数は０人，負傷者数は86人であった。

相手当事者別特定小型原動機付自転車関連交通事故件数（令和５年７月から12月まで）

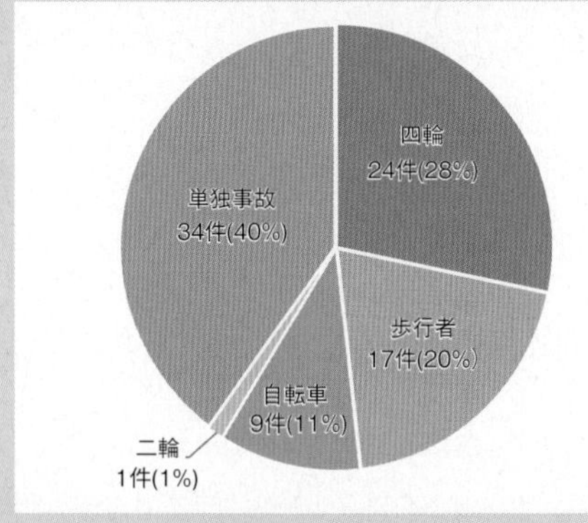

特定小型原動機付自転車

注　1：性能上の最高速度が20キロメートル毎時以下に設定されていること，車体の大きさが長さ190センチメートル，幅60センチメートルを超えないこと，道路運送車両の保安基準に適合する最高速度表示灯が備えられていることなど。
2：例外として，性能上の最高速度が6キロメートル毎時以下に設定され，それに連動して最高速度表示灯を点滅させているなどの条件を満たす場合には，道路標識等により通行することができるとされている歩道を通行することができるが，その場合には，歩行者を優先し歩道の車道寄りの部分を徐行しなければならない。
3：特定小型原動機付自転車が第１又は第２当事者となった事故件数。

特定小型原動機付自転車の安全利用に向けた交通安全教育の推進

警察では，特定小型原動機付自転車の販売事業者やシェアリング事業者による購入者や利用者への交通安全教育が努力義務とされたことを踏まえ，これらの事業者による交通安全教育が，関係省庁及び関係事業者から成る「パーソナルモビリティ安全利用官民協議会」が策定した「特定小型原動機付自転車の安全な利用を促進するための関係事業者ガイドライン」に従って行われるよう支援している。

特定小型原動機付自転車運転者による交通違反に対する指導取締りの強化

警察では，特定小型原動機付自転車の運転者による飲酒運転，信号無視等の悪質・危険な違反のほか，通行区分違反，横断歩行者等妨害等の歩行者に危険を及ぼすおそれの高い違反に重点を置いた指導取締りを行っている。

また，交通の危険を生じさせるおそれのある一定の違反行為を反復して行った特定小型原動機付自転車の運転者を対象として，特定小型原動機付自転車の運転による交通の危険を防止するため，特定小型原動機付自転車運転者講習を実施しており，令和５年７月から12月までの間に13人が受講した。

特定小型原動機付自転車運転者に対する取締り状況（令和５年７月から12月まで）

信号無視	指定場所一時不停止	通行区分	歩行者妨害	酒気帯び	その他	取締り件数（件）
2,685	463	3,440	172	37	333	7,130

特定小型原動機付自転車に関する交通ルール等については，以下のURL（警察庁ホームページ）を参照
https://www.npa.go.jp/bureau/traffic/anzen/tokuteikogata.html

通学路における合同点検結果に基づく対策の実施状況について ～通学路等における交通安全の確保及び飲酒運転の根絶に係る緊急対策～

緊急対策策定の経緯

令和３年６月28日，千葉県八街市において，下校中の小学生の列にトラックが衝突し，５人が死傷する痛ましい交通事故が発生したことを受けて，同月30日，第１回「交通安全対策に関する関係閣僚会議」（以下「関係閣僚会議」という。）が開催され，内閣総理大臣から，「通学路の総点検を改めて行い，緊急対策を拡充・強化する」，「子供の安全を守るための万全の対策を講じる」，「飲酒運転の根絶に向けた徹底を行う」旨の指示がなされた。

第１回関係閣僚会議における内閣総理大臣指示を踏まえ，同年８月４日，第２回関係閣僚会議が開催され，「通学路等における交通安全の確保及び飲酒運転の根絶に係る緊急対策」（以下「緊急対策」という。）が策定された。

通学路における合同点検結果に基づく対策の実施

緊急対策に基づき，小学校の通学路を対象に合同点検を実施し，全国で７万6,404か所の対策箇所を抽出した。抽出した対策必要箇所について，速度規制や登下校時間帯に限った車両通行止め，通学路の変更，スクールガード等による登下校時の見守り活動の実施等によるソフト面での対策に加え，歩道やガードレール，信号機，横断歩道等の交通安全施設等の整備等によるハード面での対策を適切に組み合わせるなど，関係機関と連携して，通学路における交通安全の確保に取り組んできた。

令和５年４月５日，第４回関係閣僚会議が開催され，安全対策を講ずるに当たり，用地買収が必要な箇所など，一定の期間を要する箇所があることを背景として，内閣総理大臣から，「残る通学路の安全対策の取組を加速するとともに，暫定的な安全対策の実施を含め，目標期間の令和５年度末までに，通学路合同点検対象の全国７万6,404か所全てにおいて安全対策を講じることを目指して，取り組む」旨の指示がなされ，当初想定された対策の完了までに一定の期間を要する箇所については，暫定的な安全対策※を講じていくこととなった。

＜当初想定された対策（例）＞

歩道の設置

防護柵の設置

スムーズ横断歩道の設置

内，用地買収が必要な箇所など，一定の期間を要する箇所

暫定的な安全対策を推進

＜暫定的な安全対策（例）＞

注意喚起看板の設置

車線分離標による歩行空間の確保

見守り活動

※暫定的な安全対策
当初想定された対策の完了までに一定の期間を要する箇所について，暫定的に講ずる対策のことをいう。

通学路合同点検推進体制

令和５年４月，こども家庭庁が新たに設立されたことに伴い，緊急対策のうち，特に重要な通学路の合同点検については，こども家庭庁が司令塔となって，関係省庁と連携し，取組を推進していくこととなった。

＜通学路合同点検推進体制＞

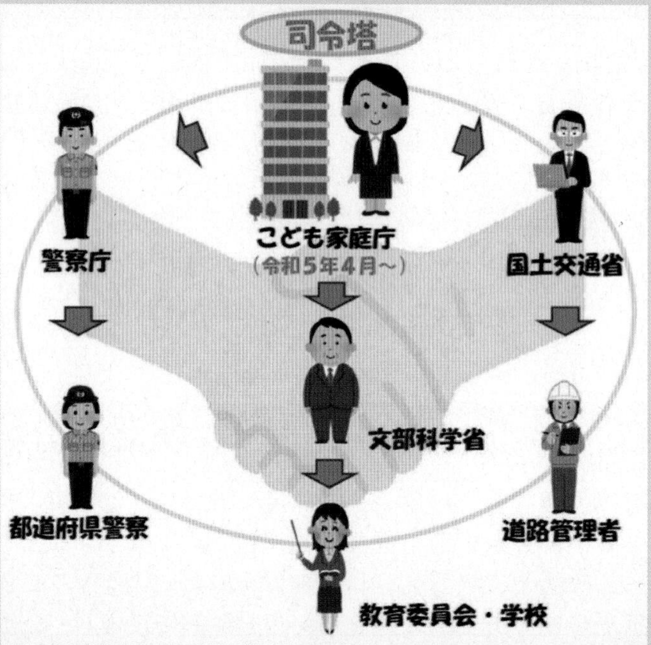

対策の実施状況（令和５年12月末現在）

令和６年能登半島地震の甚大な影響を受けた石川県，富山県及び新潟県を除いた全国７万2,568か所の対策必要箇所に対し，６万6,203か所（91.2%）において対策が完了。暫定的な安全対策を含めると，７万1,026か所（97.9%）において対策が講じられた（令和５年12月末時点）。

	箇所数			割合
対策必要箇所（全体数）	7万2,568か所	対策済	6万6,203か所	91.2%
		暫定的な安全対策を含む	7万1,026か所	97.9%
教育委員会・学校による対策箇所	3万9,398か所	対策済	3万9,100か所	99.2%
		暫定的な安全対策を含む	3万9,280か所	99.7%
道路管理者による対策箇所	3万7,291か所	対策済	3万1,442か所	84.3%
		暫定的な安全対策を含む	3万5,902か所	96.3%
警察による対策箇所	1万6,358か所	対策済	1万6,233か所	99.2%
		暫定的な安全対策を含む	1万6,251か所	99.3%

※　1か所につき複数の機関が対策を実施する場合等があるため，各実施機関による対策箇所数の合計は，対策必要箇所（全体数）と一致しない。
※　石川県，富山県及び新潟県を除く。

子供の安全な通行を確保するための道路交通環境の整備の推進

<歩道の設置>

路側帯が狭く，通行するこどもと車両との間に十分な間隔が確保されない

歩道の設置により，安全な歩行空間を確保

<信号機の設置>

通行車両が多く，道路を安全に横断できない

信号機の設置により，道路を安全に横断できる環境を整備

<最高速度規制・スムーズ横断歩道の設置>

生活道路だが，車両速度が速く，道路を安全に歩行・横断できない

最高速度規制引下げ，スムーズ横断歩道の設置により，車両速度を抑制し，横断歩行者等の安全を確保

<注意喚起看板の設置>

歩道の設置を計画しているが，施工の完了までに一定の期間を要する

暫定的な安全対策

暫定的に注意喚起看板を設置

本対策の詳細については，URL（内閣府ホームページ）を参照
https://www8.cao.go.jp/koutu/taisaku/index-w.html

バリアフリーに関する取組について

高齢者，障害者等の自立した日常生活及び社会生活を確保することの重要性に鑑み，高齢者，障害者等の移動上及び施設の利用上の利便性及び安全性の向上の促進を図り，もって公共の福祉の増進に資することを目的として，平成18年，「高齢者，障害者等の移動等の円滑化の促進に関する法律」（平18法91，以下「バリアフリー法」という。）が制定された。

バリアフリー法に基づき，高齢者や障害者等を含め，全ての人が安全に安心して参加し活動できる社会を実現するため，歩道の整備，バリアフリー対応型信号機を始めとした様々な取組を推進している。

「道路の移動等円滑化に関するガイドライン」の改定

令和２年５月改正のバリアフリー法や，令和３年３月改正の「移動等円滑化のために必要な道路の構造及び旅客特定車両停留施設を使用した役務の提供の方法に関する基準を定める省令」（以下「道路移動等円滑化基準」という。）を踏まえ，令和４年３月，バリアフリー法や道路移動等円滑化基準に加えて，高齢者，障害者等を始めとした全ての人が利用しやすいユニバーサルデザインによる道路空間の在り方について，具体的目安を示した「道路の移動等円滑化に関するガイドライン」（以下「ガイドライン」という。）が作成された。

令和４年４月，奈良県内において視覚に障害のある方が踏切道内で列車に接触して死亡する事故が発生したことを受け，同年６月にガイドラインを改定した。その後，令和５年９～10月に実施した踏切道での視覚障害者誘導方法に関する実験を踏まえ，令和６年１月にガイドラインを図のとおり改定し，踏切道手前部の視覚障害者誘導用ブロックと踏切道内誘導表示の設置方法や構造について規定した。

改定されたガイドラインを踏まえ，踏切道手前部の視覚障害者誘導用ブロックと踏切道内誘導表示の設置等について，対策が必要な特定道路※や地域ニーズのある道路（視聴覚障害者情報提供施設等の障害者施設近隣など）と交差する踏切道を優先的に，「改良すべき踏切道」として踏切道改良促進法（昭36法195）に基づき指定し，道路管理者と鉄道事業者が連携した上で，対策を推進する。

※特定道路
　バリアフリー基本構想に位置付けられた生活関連経路を構成する道路等で，国土交通大臣が指定する道路。

道路の移動等円滑化に関するガイドラインの改定概要

「道路の移動等円滑化に関するガイドライン」令和６年１月改定
https://www.mlit.go.jp/road/road/traffic/bf/kijun/pdf/all.pdf

バリアフリー対策例

<バリアフリー型信号機の整備>

目の不自由な方が安全に横断できるよう，音響により信号表示の状況を知らせる音響信号機や，歩行者等と車両が通行する時間を分離して交通事故を防止する歩車分離式信号を始めとしたバリアフリー対応型信号機の整備を推進している。

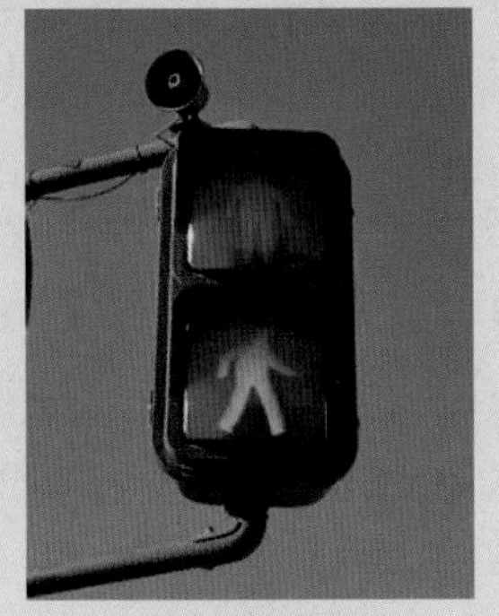

音響信号機

歩車分離式信号

歩行者用押ボタン箱

<高輝度標識・エスコートゾーンの整備>

自動車の前照灯の光を反射する素材を用いた，夜間における視認性が高い道路標識・道路標示の整備を行うとともに，横断歩道上における視覚障害者の安全性及び利便性を向上させるエスコートゾーンの整備を推進している。

高輝度標識

エスコートゾーン

<視覚障害者誘導用ブロックの整備>

視覚障害者が歩行の手がかりとする視覚障害者誘導用ブロックの整備を推進している。

視覚障害者誘導用ブロック

第２節　交通安全思想の普及徹底

１　段階的かつ体系的な交通安全教育の推進

交通安全教育指針（平10国家公安委員会告示15）等を活用し，幼児から成人に至るまで，心身の発達段階やライフステージに応じた段階的かつ体系的な交通安全教育を実施した。特に，高齢化が進展する中で，高齢者自身の交通安全意識の向上を図るとともに，他の世代に対しても高齢者の特性を知り，その上で高齢者を保護し，また，高齢者に配慮する意識を高めるための啓発指導を強化した。さらに，自転車を使用することが多い小学生，中学生及び高校生に対しては，交通社会の一員であることを考慮し，自転車利用に関する道路交通の基礎知識，交通安全意識及び交通マナーに係る教育の充実に努めた。

学校においては，学習指導要領等に基づき，体育科・保健体育科や特別活動はもとより，各教科等の特質に応じ，教育活動全体を通じて計画的かつ組織的な指導に努めている。

また，交通安全のみならず生活全般にわたる安全教育について，目標，内容等を明示した学校安全資料「『生きる力』をはぐくむ学校での安全教育」などの参考資料等の活用を促し，安全教育の充実を図った。さらに，学校保健安全法（昭33法56）に基づき，令和４年度からの５年間を計画期間とする「第３次学校安全の推進に関する計画」（令和４年３月25日閣議決定）を策定し，施策を推進している。

交通安全教育・普及啓発活動を行うに当たっては，参加・体験・実践型の教育方法を積極的に取り入れるとともに，教材の充実を図りホームページに掲載するなどにより，インターネットを通じて地域や学校等において行われる交通安全教育の場における活用を促進し，国民が自ら納得して安全な交通行動を実践することができるよう，必要な情報を分かりやすく提供することに努めた。

交通安全教育・普及啓発活動について，国，地方公共団体，警察，学校，関係民間団体，地域社会，企業及び家庭がそれぞれの特性をいかし，互いに連携を取りながら地域が一体となった活動が推進されるように促している。特に，交通安全教育・普及啓発活動に当たる地方公共団体職員や教職員の指導力の向上を図るとともに，地域における民間の指導者を育成することなどにより，地域の実情に即した自主的な活動を促進した。

また，家庭や地域において，子供，父母，祖父母の各世代が交通安全について互いに話し合い，注意を呼び掛け，実践するなど世代間交流を促進し，効果的な交通安全教育の推進に努めた。

さらに，交通安全教育・普及啓発活動の実施後には，効果を検証・評価し，より一層効果的な実施に努めるとともに，交通安全教育・普及啓発活動の意義，重要性等について関係者の意識が深まるよう努めた。

⑴幼児に対する交通安全教育の推進

ア　幼稚園・保育所・認定こども園における交通安全教育

幼稚園教育要領，保育所保育指針及び幼保連携型認定こども園教育・保育要領に基づき，家庭及び地域の関係機関・団体等と連携・協力を図りながら，日常の教育・保育活動のあらゆる場面を捉えて，交通安全教育を計画的，かつ継続的に行うよう指導した。これらを効果的に実施するため，例えば，紙芝居や視聴覚教材等を利用したり親子で実習したりするなど，分かりやすい指導に努めるよう促した。

イ　児童館・児童遊園における交通安全に関する指導

生活指導の一環として，交通安全に関する指導を推進するとともに，地域組織等を支援し，その活動の強化に努めた。

ウ　関係機関・団体等における支援

幼稚園・保育所・認定こども園，児童館・児童遊園に対する教材・教具・情報の提供等の支援を行うとともに，幼児の保護者が常に幼児の手本となって安全に道路を通行するなど，家庭において適切な指導ができるよう保護者に対する交通安全講習会等の実施に努めたほか，チャイルドシートの正しい利用を促進するため，指導員を養成する講習会を開催した。

また，交通ボランティアによる幼児に対する通園時や園外活動時等の安全な行動の指導，保護者を対象とした交通安全講習会等の開催を促進した。

さらに，令和５年度中に自動車安全運転センター安全運転中央研修所において，2,285人の幼児に対して交通安全研修を実施した。

⑵小学生に対する交通安全教育の推進

ア　小学校における交通安全教育

家庭及び関係機関・団体等との連携・協力を図りながら，体育科，特別活動はもとより各教科等の特質に応じ，学校の教育活動全体を通じて計画的に，安全な歩行の仕方，自転車の安全な利用，乗り物の安全な利用，危険の予測と回避，交通ルールの意味及び必要性を重点として交通安全教育を実施するとともに，教職員等を対象とした心肺蘇生法の実技講習会等を実施した。

イ　関係機関・団体等における支援

小学校において行われる交通安全教育の支援を行うとともに，児童に対する補完的な交通安全教育の推進を図った。

また，児童の保護者が日常生活の中で模範的な行動を取り，歩行中，自転車乗用中など実際の交通の場面で，児童に対し，基本的な交通ルールや交通マナーを教えられるよう保護者を対象とした交通安全講習会等を開催した。

さらに，交通ボランティアによる児童に対する安全な行動の指導を促進した。

また，令和５年度中に，自動車安全運転センター安全運転中央研修所において，4,472人の児童に対して交通安全研修を実施した。

⑶中学生に対する交通安全教育の推進

ア　中学校における交通安全教育

家庭及び関係機関・団体等との連携・協力を図りながら，保健体育科，特別活動はもとより各教科等の特質に応じ，学校の教育活動全体を通じて計画的に，安全な歩行の仕方，自転車の安全な利用，自動車等の特性，危険の予測と回避，標識等の意味，自転車事故における加害者の責任，応急手当等を重点として交通安全教育を実施するとともに，教職員等を対象とした心肺蘇生法の実技講習会等を実施した。

イ　関係機関・団体等における支援

中学校で行われる交通安全教育が円滑に実施できるよう指導者の派遣，情報の提供等の支援を行うとともに，地域において，保護者対象の交通安全講習会や中学生に対する補完的な交通安全教育を実施した。

また，令和５年度中に自動車安全運転センター安全運転中央研修所において，329人の中学生に対して交通安全研修を実施した。

⑷高校生に対する交通安全教育の推進

ア　高等学校における交通安全教育

家庭及び関係機関・団体等との連携・協力を図りながら，保健体育科，特別活動はもとより各教科等の特質に応じ，学校の教育活動全体を通じて計画的に，自転車の安全な利用，二輪車・自動車の特性，危険の予測と回避，運転者の責任，飲酒運転の防止を含む運転者に求められる行動，応急手当等について更に理解を深めるとともに，生徒の多くが，近い将来，普通免許等を取得することが予想されることから，免許取得前の教育としての性格を重視した交通安全教育を実施した。特に，二輪車・自動車の安全に関する指導については，道路環境や交通事故の発生状況等地域の実情に応じて，関係機関・団体やPTA等と連携しながら，安全運転に関する意識と実践力の向上を図るとともに，実技指導等を含む安全に道路を通行するために必要な技能と知識を習得させるための交通安全教育の充実を図っている。また，令和５年７月から新たな車両区分として設けられた特定小型原動機付自転車は，16歳以上であれば運転免許を必要としないことを踏まえ，交通安全教室等を通じて，同車の交通ルールや安全利用について周知を図った。このほか，教職員等を対象とした心肺蘇生法の実技講習会等を実施した。

イ　関係機関・団体等における支援

高等学校で行われる交通安全教育が円滑に実施できるよう指導者の派遣，情報の提供等の支援を行うとともに，地域において，高校生及び相当年齢者に対する補完的な交通安全教育を実施した。また，小中学校等との交流を図るなどして高校生の果たし得る役割を考えさせるとともに，交通安全活動への積極的な参加を促した。

⑸成人に対する交通安全教育の推進

運転免許取得時の教育は，指定自動車教習所等における教習が中心となることから，都道府県公安委員会は，適正な教習水準の確保のため指導・助言を行っている。

免許取得後の運転者教育は，運転者としての社会的責任の自覚，安全運転に必要な知識及び技能，特に危険予測・回避の能力の向上，交通事故被害者等の心情等交通事故の悲惨さに対する理解，交通安全意識・交通マナーの向上を目標とし，都道府県公安委員会が行う各種講習，自動車教習所等が受講者の特性に応じて行う運転者教育及び事業所の安全運転管理の一環として安全運転管理者，運行管理者等が行う交通安全教育を中心としている。

自動車の使用者等が選任することとなる安全運転管理者，運行管理者等を法定講習，指導者向けの研修会等へ積極的に参加させ，事業所における自主的な安全運転管理の活発化に努めた。また，自動車安全運転センター安全運転中央研修所等の研修施設において，高度な運転技術，指導方法等を身に付けた運転者教育指導者の育成を図るとともに，これらの交通安全教育を行う施設の整備を推進した。

また，社会人に対しては，公民館等の社会教育施設における学級・講座などにより，交通安全教育を実施した。大学生・高等専門学校生等に対しては，学生等の自転車，二輪車及び自動車の利用実態や地域における交通事故発生状況等の実態に応じて，関係機関・団体等と連携した交通安全教育の推進に努めた。

さらに，二輪車運転者については，交通安全意識の向上と交通安全活動への積極的な参加を促進するため，関係機関・団体等が連携して，二輪車の安全に関する各種情報の提供，自主的な訓練への協力，クラブリーダーの育成等を行うことにより，二輪車クラブの指導育成を図るとともに，クラブ未加入二輪車運転者のクラブ加入の促進及び新規クラブの組織化を促進したほか，二輪車の特性を踏まえた実技教室等の交通安全教育を行った。

⑹高齢者に対する交通安全教育の推進

国及び地方公共団体は，高齢者に対する交通安全指導担当者の養成，教材・教具等の開発など指導体制の充実に努めるとともに，高齢者が加齢に伴って生ずる身体機能の変化が行動に及ぼす影響等を理解し，自ら納得して安全な交通行動を実践することができるよう，各種教育器材を活用した参加・体験・実践型の交通安全教育を積極的に推進した。特に，歩行中の死亡事故の法令違反別では，高齢者は高齢者以外と比較して「横断違反」の割合が高い実態を踏まえ，交通ルールの遵守を促す交通安全教育の実施に努めた。また，関係団体，交通ボランティア，医療機関・福祉施設関係者等と連携して，高齢者の交通安全教室等を開催するとともに，高齢者に対する社会教育の場面，福祉活動，各種の催し等の多様な機会を活用した交通安全教育を実施した。特に，運転免許を持たないなど，交通安全教育を受ける機会のなかった高齢者を中心に，家庭訪問による個別指導，見守り活動等の高齢者と日常的に接する機会を利用した助言等により，高齢者の移動の安全が地域全体で確保されるように努めた。その際，高齢者の自発性を促すことに留意しつつ，高齢者の事故実態に応じた具体的な指導を行うこととし，反射材用品等の普及促進にも努めた。

高齢者同士の相互啓発等により交通安全意識の向上を図るため，老人クラブ，老人ホーム等における交通安全部会の設置，高齢者交通安全指導員（シルバーリーダー）の養成等を促進し，老人クラブ等が関係団体と連携して，自主的な交通安全活動を展開し，地域・家庭における交通安全活動の主導的役割を果たすよう努めた。

電動車椅子を利用する高齢者に対しては，電動車椅子の製造メーカーで組織される団体等と連携して，購入時等における安全利用に向けた指導・助言を徹底するとともに，継続的な交通安全教育の促進に努めた。

地域における高齢者の安全運転の普及を促進するため，シルバーリーダー及び地域の高齢者に影響力のある者等を対象とした参加・体験・実践型の講習会を開催し，高齢者の安全運転に必要な知識の習得とその指導力の向上を図り，高齢者交通安全教育の継続的な推進役の養成に努めた。

⑺障害者に対する交通安全教育の推進

交通安全のために必要な技能及び知識の習得のため，字幕入りビデオの活用等に努めるとともに，参加・体験・実践型の交通安全教室を開催するなど障害の程度に応じたきめ細かい交通安全教育を推進した。

その他，運転免許の更新時講習等の際には，手話通訳やルビを付した字幕入りの講習用映像を活用している。

⑻外国人に対する交通安全教育等の推進

我が国の交通ルールやマナーに関する知識の普及による交通事故防止を目的として，在留外国人に対しては，母国との交通ルールの違いや交通安全に対する考え方の違いを理解させるなど，効果的な交通安全教育を推進するとともに，外国人を雇用する使用者等を通じ，外国人の講習会等への参加を促進した。また，訪日外国人に対しては，関係機関・団体等と連携し，多言語によるガイドブックやウェブサイト等各種広報媒体を活用して我が国の交通ルールに関する広報啓発活動を推進した。

その他，日本の運転免許を取得する際に行う運転免許学科試験や運転に必要な知識の確認の多言語化を推進した。

⑼交通事犯被収容者に対する教育活動等の充実

ア　交通事犯受刑者に対する教育活動等の充実

刑事施設においては，被害者の生命や身体に重大な影響を与える交通事故を起こした受刑者や重大な交通違反を反復した受刑者を対象に，改善指導として，「交通安全指導」，「被害者の視点を取り入れた教育」，「アルコール依存回復プログラム」といった指導を組み合わせて実施している。

「交通安全指導」は，受刑者に交通違反や事故の原因等について考えさせることを通じて，遵法精神，責任観念，人命尊重の精神等をかん養することを目的に，飲酒運転の危険性と防止策，罪の重さ，被害者及びその遺族等への対応等について，グループワークや講義等を通して指導を行っている。

「被害者の視点を取り入れた教育」は，被害者及びその遺族等の被害に関する心情及び置かれている状況並びに被害者等から聴取した心情などを認識させ，被害者及びその遺族等に誠意を持って対応していくとともに，再び罪を犯さない決意を固めさせ，謝罪や被害弁償に向けた具体的な行動を考えさせることなどを目的とし，被害者遺族等のゲストスピーカー等による講話，グループワーク等により，被害者等の精神的・身体的苦痛，更には経済的負担の大きさなどを理解させている。

「アルコール依存回復プログラム」は，自己の飲酒の問題性を理解させ，その改善を図るとともに，再飲酒しないための具体的な方法を習得させることを目的に，認知行動療法の手法を活用し，アルコール依存に係る民間自助団体等の協力を得ながらグループワークを実施している。

イ　交通事犯少年に対する教育活動

令和4年中に少年院送致決定を受けて少年院に新たに収容された少年のうち，非行名が「道路交通法違反」となっている少年は，85人であり，新収容者全体の6.4%を占めている。

各少年院においては，交通事犯少年に対して，対象者の個別的な問題性に応じた適切な矯正教育その他の健全な育成に資する処遇を行うとともに，人命尊重の精神，遵法精神のかん養に重点を置いた交通問題に関する教育を実施しており，再非行防止のための指導の充実を図っている。

ウ　交通事犯少年に対する鑑別

少年鑑別所においては，交通事犯少年の特性の的確な把握，より適切な鑑別の在り方等について，専門的立場から検討するとともに，運転適性検査や法務省式運転態度検査等の活用により，交通事犯少年に対する鑑別の一層の適正・充実化を図った。

⑽交通事犯により保護観察に付された者に対する保護観察の充実

令和4年に交通事犯により保護観察に付された者（更生指導※の対象者を含む。）は5,316人であり，これらの者に対しては，遵法精神のかん養，安全運転態度の形成等を目的とした保護観察を実施した。このうち，家庭裁判所において交通事犯により保護観察に付された少年であって，事犯の内容が比較的軽微な者に対しては，集団処遇を中心とした特別な処遇を短期間に集中して行う交通短期保護観察等を実施した。

さらに，被害者を死亡させ又は身体に重大な傷

※更生指導

保護処分時に18歳以上の少年であり，6月の保護観察に付された者に対して行う保護観察処遇。

害を負わせた保護観察対象者に対して，罪の重さを認識させ，被害者等に誠実に対応するよう促すことを目的としたしょく罪指導を行っている。

２　効果的な交通安全教育の推進

交通安全教育を行うに当たっては，受講者が，安全に道路を通行するために必要な技能及び知識を習得し，かつ，その必要性を理解できるようにするため，参加・体験・実践型の教育方法を積極的に活用した。

交通安全教育を行う機関・団体は，交通安全教育に関する情報を共有し，他の関係機関・団体の求めに応じて交通安全教育に用いる資機材の貸与，講師の派遣及び情報の提供等，相互の連携を図りながら交通安全教育を推進した。

また，受講者の年齢や道路交通への参加の態様に応じた交通安全教育指導者の養成・確保，ドライブレコーダー映像やシミュレーター，VR等の機器の活用など，柔軟に多様な方法を活用し，着実に教育を推進するよう努めた。

さらに，交通安全教育の効果を確認し，必要に応じて教育の方法，利用する教材等を見直して，社会やライフスタイルの変化，技術の進展を踏まえ，常に効果的な交通安全教育ができるよう努めた。

このほか，動画を活用した学習機会の提供，ウェブサイトやSNS等の各種媒体の積極的活用等，時代に即した交通安全教育や広報啓発活動についても効果的に推進している。

３　交通安全に関する普及啓発活動の推進

⑴交通安全運動の推進

国民一人一人に広く交通安全思想の普及・浸透を図り，交通ルールの遵守と正しい交通マナーの実践を習慣付けるとともに，国民自身による道路交通環境の改善に向けた取組を推進するための国民運動として，運動主催機関・団体を始め，地方公共団体の交通対策協議会等の構成機関・団体が相互に連携して，交通安全運動を組織的・継続的に展開した。

運動重点として，歩行者，自転車，自動車運転者の交通事故防止，夕暮れ時や夜間の交通事故防止，飲酒運転の根絶など，時節や交通情勢を反映した事項を設定するとともに，地域の実情に即した効果的な交通安全運動を実施するため，必要に応じて地域の重点を定めた。

実施に当たっては，事前に，運動の趣旨，実施期間，運動重点，実施計画等について広く国民に周知することにより，市民参加型の交通安全運動の充実・発展を図るとともに，関係機関・団体が連携し，運動終了後も継続的・自主的な活動が展開されるよう，事故実態，住民や交通事故被害者等のニーズ等を踏まえた取組を推進した。

また，地域に密着したきめ細かい活動が期待できる民間団体及び交通ボランティアの参加促進を図ったほか，参加・体験・実践型の交通安全教室の開催等により，交通事故を身近なものとして意識させる交通安全活動を促進した。

ア　令和５年春及び令和５年秋の全国交通安全運動の実施と結果

令和５年春及び令和５年秋の全国交通安全運動は，中央交通安全対策会議の交通対策本部が決定した推進要綱に基づき，関係省庁，地方公共団体及び関係13団体が主催し，156団体の協賛の下に実施した。

春の運動は，５月11日から20日までの10日間，「こどもを始めとする歩行者の安全の確保」，「横断歩行者事故等の防止と安全運転意識の向上」，「自転車のヘルメット着用と交通ルール遵守の徹底」を全国重点とするとともに，必要に応じて地域の交通事故実態に即した地域重点も定めることとし，歩行者に対する交通ルール遵守の徹底を図るための交通安全教育等の実施，運転者に対する歩行者の保護を重点に置いた指導・啓発，後部座席を含めた全ての座席のシートベルトの正しい着用及びチャイルドシートの正しい使用を徹底するための講習等の実施，飲酒運転や妨害運転（いわゆる「あおり運転」）等の防止に向けた啓発活動の推進，自転車利用者に対するヘルメット着用の徹底に向けた広報啓発，交通ルールの遵守と交通マナーの向上を目的とした街頭活動等の推進，電動キックボード等の利用者に対する販売事業者等と連携した安全利用と交通ルールを周知するための広報啓発活動の推進等，効果的な活動を行った。また，新型コロナウイルス感染症の状況を踏まえ，ウェブサイトやSNS等の各種媒体を活用した広報啓発活動や情報提供等を積極的に推進するなど，創意工夫を凝らした交通安全活動を促進した。

秋の運動は，９月21日から30日までの10日間，「こどもと高齢者を始めとする歩行者の安全の確保」，「夕暮れ時と夜間の交通事故防止及び飲酒運転等の根絶」，「自転車等のヘルメット着用と交通ルール遵守の徹底」を全国重点とするとともに，必要に応じて地域の交通事故実態に即した地域重点も定めることとし，歩行者に対する交通ルールの遵守を促す指導・啓発等の実施，夕暮れ時と夜間における反射材用品等の着用推進，運転者に対する横断中，横断しようとする歩行者等の優先義務等についての指導・啓発，飲酒運転や妨害運転の防止に向けた啓発活動の推進，夕暮れ時における自動車前照灯の早めの点灯と夜間の対向車や先行車がいない状況でのハイビームの活用の促進，後部座席を含めた全ての座席のシートベルトの正しい着用及びチャイルドシートの正しい使用を徹底するための講習等の実施，自転車利用者に対するヘルメット着用の徹底に向けた広報啓発，交通ルールの遵守と交通マナーの向上を目的とした街頭指導等の推進，前照灯点灯の徹底などのルール遵守による自転車安全利用の促進，特定小型原動機付自転車の利用者に対し，交通ルールを周知するための事業者等と連携した広報啓発活動の推進等，効果的な活動を行った。また，ウェブサイトやSNS等の各種媒体を活用した広報啓発活動や情報提供等を積極的に推進するなど，創意工夫を凝らした交通安全活動を促進した。

実施に当たっては，交通対策本部決定（春の運動は令和５年２月１日，秋の運動は同年７月３日）を受けて，中央においては，主催の各機関及び団体がそれぞれ運動の具体的な実施計画を定め，国の機関の地方支分部局及び団体の下部組織に対してその推進を図るよう適切な措置を講じた。

また，地方においては，都道府県交通対策協議会等の関係機関を通じて，国の機関の地方支分部局，地方公共団体及び民間団体が相互に連絡を保持しつつ，地域の実態等に応じた具体的な実施計画を作成し，運動期間を中心として広報活動及び交通安全教育を推進するとともに，生活道路網を中心とする道路交通環境の点検整備等を集中的に実施するなどの効果的な運動を展開した。

（ア）　広報活動

国，地方公共団体及び民間団体は，新聞，テレビ，ラジオ，ウェブサイト，SNS，ケーブルテレビ，有線（無線）放送，デジタルサイネージ，広報雑誌，ポスター，パンフレット，チラシ，立て看板，横断幕，懸垂幕，広告塔，構内放送，広報車の巡回広報等による対象に応じた広報活動を活発に展開した。

（イ）　交通安全教育

春及び秋の全国交通安全運動期間中の交通安全教育は，都道府県，市区町村，教育委員会，警察，幼稚園，保育所，認定こども園，学校，交通安全協会（交通安全活動推進センター），交通安全母の会，交通指導員，PTA，安全運転管理者協議会等の関係機関・団体の協力の下に実施された。

指導内容は，交通社会の一員としての自覚と責任を持つよう促すことを基本とし，①歩行者については，道路の正しい通行と横断方法，反射材用品等の着用効果，②自転車利用者については，「自転車安全利用五則」を活用した自転車の通行ルールと交通マナーの周知徹底，③保護者については，家庭における交通安全意識の醸成，特に子供の交通安全のための知識としつけ方，④運転者とその雇主等に対しては，交通法令を遵守し，体調面も考慮した安全運転の励行，子供，高齢者，障害者等や他の車両に対する「思いやり・ゆずり合い」の気持ちを持って運転する交通マナーの呼び掛け，全ての座席のシートベルトの正しい着用とチャイルドシートの正しい使用，飲酒運転や妨害運転等の防止が主なものである。また，指導方法についてみると，運転者・安全運転管理者等に対する講習会，自治会・町内会・各種関係団体での座談会，小学生・中学生・高校生等を対象とする交通安全教室，高齢者への参加・体験・実践型の交通安全教育や家庭訪問，子供とその保護者及び高齢者の世代間交流を視野に入れた交通安全教室等多彩なものとなっている。これら各種の指導を強化するため，地域において交通安全教育の核となる指導者の養成を積極的に支援し，指導の効率化を図った。なお，運動期間中には，街頭での歩行者，自転車等利用者及び二輪車・自動車の運転者に対する直接指導も行われた。

（ウ）　運動期間中の交通事故

全国交通安全運動期間中の交通事故の発生状況は，第1-4表のとおりである。

第 1-4 表　令和５年全国交通安全運動期間中の交通事故発生状況

区分	春の全国交通安全運動			秋の全国交通安全運動		
	発生件数	死者数	負傷者数	発生件数	死者数	負傷者数
	件	人	人	件	人	人
令和５年	7,949	65	9,478	8,428	63	9,899
令和４年	8,111	57	9,567	8,468	83	10,036
増減数	－162	8	－89	－40	－20	－137
増減率（%）	－2.0%	14.0%	－0.9%	－0.5%	－24.1%	－1.4%

注　警察庁資料による。

イ　地方公共団体の行う交通安全運動

春及び秋の全国交通安全運動のほか各地域の交通実態に応じ，夏の交通安全運動，年末年始の交通安全運動，行楽期の交通安全運動，シートベルト・チャイルドシート着用の推進運動，飲酒運転根絶運動等多様な交通安全運動を実施した。

ウ　交通安全組織による交通安全活動

職場内での運転者組織，地域での飲酒・暴走運転等無謀運転追放のための住民組織，学校内での児童生徒の安全組織，特に交通少年団及び幼児交通安全クラブ，交通安全母親組織等における活動の充実強化により，交通安全意識の定着が図られた。

エ 「交通事故死ゼロを目指す日」

交通安全に対する国民の更なる意識の向上を図り，国民一人一人が交通事故に注意して行動することにより交通事故の発生を抑止し，近年の交通事故死傷者数の減少傾向をより確実なものにするため，「交通事故死ゼロを目指す日」を春及び秋の全国交通安全運動期間中の５月20日及び９月30日に設定し，広報啓発活動を積極的に展開した。

⑵横断歩行者の安全確保

運転者に対し，子供・高齢者・障害者を始めとする歩行者に対する保護意識の向上を図るため，運転者教育や安全運転管理者等による指導，広報啓発活動等により，歩行者の特性を理解させる効果的な交通安全教育等の実施に努めた。

また，本来歩行者の保護が図られるべき横断歩道上においても，歩行者が被害者となる交通事故が発生していることから，これらの交通事故を防止するため，運転者に対して，横断歩道に歩行者がいないことが明らかな場合を除き直前で停止可能な速度で進行する義務と横断歩道において歩行者を優先する義務について強く周知したほか，歩行者に対しては，手を上げる・差し出す，運転者に顔を向けるなどして運転者に対して横断する意思を明確に伝えること，安全を確認してから横断を始めること，横断中も周りに気を付けることといった交通ルール・マナーの周知を図るとともに，自らの安全を守るための交通行動を促す交通安全教育等を推進した。

⑶自転車の安全利用の推進

令和５年４月，全ての自転車利用者に対する乗車用ヘルメット着用の努力義務化を内容とする改正道路交通法が施行された。改正内容を盛り込み，交通対策本部決定（令和４年11月１日）により改めて示された「自転車安全利用五則」を活用するなどして，自転車乗車時の頭部保護の重要性や，全ての年齢層の自転車利用者に対する乗車用ヘルメット着用を始めとした交通ルール・マナーについての広報啓発活動を推進するとともに，自動車教習所等の練習コース，視聴覚教材，シミュレーター，スケアード・ストレイト方式※等を活用した参加・体験・実践型の自転車教室等の交通安全教育を推進した。

このほか，自転車を用いた配達業務中の交通事故を防止するため，関係事業者等に対する交通安全対策の働き掛け，自転車配達員への街頭における指導啓発，飲食店等を通じた配達員への交通ルール遵守の呼び掛け等を推進した。

さらに，無灯火や二人乗り等の違反に対する実効性のある指導警告や，悪質・危険な違反に対する取締りの強化を推進するとともに，自転車運転者講習制度の適切な運用を図り，危険な違反行為を繰り返す自転車運転者に対する教育を実施した。

※スケアード・ストレイト方式
　スタントマンによる交通事故再現等により，恐怖を直視する体験型教育手法。

令和５年「春の全国交通安全運動」

ポスター

チラシ

令和５年「秋の全国交通安全運動」

ポスター

チラシ

⑷後部座席を含めた全ての座席におけるシートベルトの正しい着用の徹底

シートベルト非着用時の致死率は，着用時と比較して格段に高くなるため，関係機関・団体等が連携して衝突実験映像やシートベルトコンビンサー※を用いた着用効果が実感できる参加・体験型の交通安全教育等を推進したほか，あらゆる機会・媒体を通じて着用徹底の啓発活動を展開し，シートベルトの着用効果及び正しい着用方法について理解を深めるなど，後部座席を含めた全ての座席でのシートベルト着用の徹底を図った。

⑸チャイルドシートの正しい使用の徹底

チャイルドシートの使用効果及び正しい使用方法について，理解を深めるための広報啓発・指導を推進し，正しい使用の徹底を図った。

不適正使用時の致死率は，適正使用時と比較して格段に高くなるため，チャイルドシートの使用効果及び正しい使用方法について，着用推進シンボルマーク等を活用しつつ，幼稚園・保育所・認定こども園，病院，販売店等と連携した保護者に対する効果的な広報啓発・指導に努めた。特に，比較的年齢の高い幼児の保護者に対し，その取組を強化した。また，体格等の事情により，６歳以上の子供がシートベルトを適切に着用できない場合には，チャイルドシートを使用させることが望ましいことについて，広報啓発に努めたほか，地方公共団体，民間団体等が実施している各種支援制度の活用を通じて，チャイルドシートを利用しやすい環境づくりを促進した。

チャイルドシート着用推進シンボルマーク
「カチャピョン」

さらに，取り付ける際の誤使用の防止や，側面衝突時の安全確保等の要件を定めた新基準（i-size）に対応したチャイルドシートの普及促進，チャイルドシートと座席との適合表の公表の促進，製品ごとの安全性に関する比較情報の提供，分かりやすい取扱説明書の作成等，チャイルドシート製作者及び自動車製作者における取組を促した。また，チャイルドシートを利用するユーザーに必要な情報が行き渡るようにするため，販売店等における利用者への正しい使用の指導・助言，出産を控えた家族向けのスマートフォンアプリにおける広報記事の掲載，産婦人科や地方公共団体窓口等を通じたパンフレットの配布のほか，関係行政機関及び民間団体で構成するシートベルト・チャイルドシート着用推進協議会のウェブサイトに取付け解説動画等を掲載するなど，正しい使用方法の周知徹底を推進した。

⑹反射材用品等の普及促進

夕暮れ時から夜間における歩行者及び自転車利用者の事故防止に効果が期待できる反射材用品等の普及を図るため，各種広報媒体を活用して積極的な広報啓発を推進するとともに，反射材用品等の視認効果，使用方法等について理解を深める取組を推進した。

反射材用品等の普及に当たっては，衣服や靴，鞄等の身の回り品への反射材の組み込みを推奨するとともに，適切な反射性能を有する製品についての情報提供に努めた。

⑺飲酒運転根絶に向けた交通安全教育及び広報啓発活動等の推進

令和５年中の飲酒運転による交通事故件数は2,346件で，23年ぶりに増加に転じた。

ア　「飲酒運転を許さない社会環境づくり」の取組

飲酒運転の危険性や飲酒運転による交通事故の実態等について積極的に広報するとともに，飲酒が運転等に与える影響について理解を深めるため，映像機器や飲酒体験ゴーグルを活用した参

※シートベルトコンビンサー
衝突時の衝撃とシートベルトの効果を体験する装置。

加・体験型の交通安全教育を推進した。また，交通ボランティアや酒類製造・販売業，酒類提供飲食業等の関係業界に対して飲酒運転を防止するための取組を要請しているほか，（一財）全日本交通安全協会等が推進している「ハンドルキーパー運動」※への参加を広く国民に呼び掛けるなど，関係機関・団体等と連携して「飲酒運転を絶対にしない，させない」という国民の規範意識の確立を図った。

また，運転免許の取消し等の処分を受けた飲酒運転違反者※に対し，飲酒行動の改善等のためのカリキュラムを盛り込んだ取消処分者講習（飲酒取消講習）や，停止処分者講習を実施し，飲酒運転の危険性等についての重点的な教育を行った。

イ　刑事施設における交通安全指導等

刑事施設においては，飲酒運転が原因で受刑している者に対する改善指導として，「交通安全指導」，「被害者の視点を取り入れた教育」，「アルコール依存回復プログラム」（第１編第１部第２章第２節１⑼ア参照）といった指導を組み合わせて実施し，飲酒運転防止のための取組を実施している。

ウ　自動車運送事業者等に対する働き掛け

平成23年度から，点呼時に運転者の酒気帯びの有無を確認する際にアルコール検知器の使用を義務付けており，点呼時のアルコール検知器を使用した確認の徹底について，運転者に対する日常的な指導・監督を徹底するよう，講習会や全国交通安全運動，年末年始の輸送等安全総点検等も活用し，機会あるごとに事業者や運行管理者等に対し指導を行っている。

令和５年度においても，関係団体と共に飲酒運転の防止等法令遵守の徹底を行った。

エ　保護観察における飲酒運転事犯者に対する指導

保護観察対象者に対する飲酒運転防止のため，平成22年10月から，心理学等の専門的知識に基づいて策定された飲酒運転防止プログラムを実施し，飲酒運転事犯者に対する指導の充実強化に努めている。

⑻効果的な広報の実施

ア　家庭，学校，職場，地域等と一体となった広範なキャンペーンや，官民が一体となった各種広報媒体を通じた集中的なキャンペーン等を積極的に行い，子供と高齢者の交通事故防止，後部座席を含めた全ての座席のシートベルトの正しい着用及びチャイルドシートの正しい使用の徹底，自転車等の安全利用の推進，運転中のスマートフォンの操作や飲酒運転等悪質・危険な運転等の根絶，違法駐車の排除を推進したほか，妨害運転の危険性や罰則について周知等を図った。

イ　家庭向け広報媒体の積極的な活用，地方公共団体，町内会等を通じた広報等により家庭に浸透するきめ細かい広報の充実に努め，子供，高齢者等を交通事故から守るとともに，妨害運転や飲酒運転等の悪質・危険な運転を根絶する気運の高揚を図った。

ウ　民間団体の交通安全に関する広報活動を援助するため，国及び地方公共団体は，交通の安全に関する資料，情報等の提供を積極的に行い，報道機関の理解と協力を求め，全国民的気運の盛り上がりを図った。

⑼その他の普及啓発活動の推進

ア　高齢者の交通安全のための広報啓発等

高齢者の交通事故防止に関する国民の意識を高めるため，高齢者の歩行中や自転車乗用中の事故実態の広報を積極的に行った。また，高齢者に対する高齢運転者標識（高齢者マーク）の表示の促進を図るとともに，高齢運転者の特性を理解し，高齢者マークを取り付けた自動車への保護意識を高めるよう，他の年齢層に対しても，広報啓発に努めた。さらに，高齢運転者による交通事故の防止及び被害軽減に効果が期待できる安全運転サポート車※の普及啓発を官民一体となって推進した。

※ハンドルキーパー運動
　自動車によりグループで酒類提供飲食店に来たときには，その飲食店の協力を得て，グループ内で酒を飲まず他の者を安全に自宅まで送る者（ハンドルキーパー）を決め，飲酒運転を根絶しようという運動。

※飲酒運転違反者
　運転免許の取消事由に係る累積点数の中に飲酒運転の法令違反が含まれている者。

※安全運転サポート車
　衝突被害軽減ブレーキやペダル踏み間違い時加速抑制装置等の先進安全技術が搭載された自動車。

イ　薄暮・夜間事故防止のための広報啓発等

夜間の重大事故の主原因となっている最高速度違反，飲酒運転，歩行者の横断違反等による事故実態・危険性を広く周知し，これら違反の防止を図った。また，季節や気象の変化，地域の実態等に応じ，自動車及び自転車の前照灯の早期点灯，対向車や先行車がいない状況におけるハイビームの使用を促すとともに，歩行者・自転車利用者の反射材用品等の着用を推進した。

ウ　交通事故関連情報の提供

国民が，交通事故の発生状況を認識し，交通事故防止に関する意識の啓発等を図ることができるよう，インターネット等を通じて事故データ及び事故多発地点に関する情報の提供に努めた。

エ　自動車に係る安全情報の提供の充実

交通安全に関する意識を高めるため，自動車アセスメント情報や，安全装置の有効性，自動車の正しい使い方，点検整備の方法に係る情報，交通事故の概況，自動車運送事業者の先進的取組事例の紹介などの情報を総合的な安全情報として取りまとめ，自動車ユーザー，自動車運送事業者，自動車製造業者などの情報の受け手に応じ適時適切にウェブサイト等において情報提供を行った。

また，各事業者における日々の点呼時や安全教育等に活用してもらうため，事業者から行政へ事故報告があった事故のうち，重大なものや運行管理に問題があるものについて，メールマガジン「事業用自動車安全通信」に盛り込み，事業者や運行管理者等に対して配信した。

このほか，先進安全自動車（ASV）に関する技術の開発・普及が促進されていることを踏まえ，技術に対する過信による事故を防止するため，関係団体等と連携した広報啓発活動により，技術の限界や使用上の注意点等の理解の促進を図った。

オ　交通安全ファミリー作文コンクールの実施

各家庭や学校，地域等において交通安全に関する話合いを進めることにより，国民一人一人の交通安全意識の一層の向上を図り，交通ルールの遵守と正しい交通マナーの向上を目的として，交通安全ファミリー作文コンクールを実施した。また，約5,300点の応募の中から優秀作品を選出し，作品集として取りまとめ，都道府県，学校，関係機関・団体等に配布した（参考-４参照）。

作文コンクール募集ポスター

カ　交通安全フォーラムの開催

令和５年12月，内閣府は，令和５年度交通安全フォーラムを沖縄県と共同で「日本一安全で安心な交通社会の実現に向けて～飲酒運転及び歩行者事故のない美ら島沖縄へ！～」をテーマとして開催し，飲酒運転事故体験談や地域における様々な官民の取組事例の紹介を通じて，交通安全対策上の重要課題である飲酒運転の根絶と歩行者事故対策の広報啓発を行った。

キ　インターネットによる交通安全対策に関する情報提供等

交通安全基本計画と同計画に基づく交通安全対策に関する情報等をインターネットにより提供し，活用を促すことにより，地方公共団体の交通安全対策担当者，交通指導員等の支援を図るとともに，交通安全教育教材を作成してホームページに掲載し，地域において行われる交通安全教育に活用してもらうことを通じて，交通安全思想の普及を図った。

4　交通の安全に関する民間団体等の主体的活動の推進

(1)民間交通安全関係団体に対する協力等

交通安全意識の普及浸透を図るため，交通安全についての広報啓発活動を行うとともに，交通安全に関する調査研究等を推進している民間交通安全関係団体の育成に努め，これらの団体が実施する各種研修会の開催，機関誌及び広報資料の作成，反射材用品等の普及促進，その他交通安全のための諸活動が効果的に行われるよう協力・支援した。

また，道路交通法の規定に基づく全国交通安全活動推進センターに指定されている（一財）全日本交通安全協会については民間の交通安全活動団体の中核を担っていることから，警察庁では必要な助言・指導に努めた。

⑵地域交通安全活動推進委員に対する指導等

令和５年４月１日現在，全国で約１万7,000人が委嘱されている地域交通安全活動推進委員（以下「推進委員」という。）に対し，適正な交通の方法及び交通事故防止について住民の理解を深めるための交通安全教育や，高齢者・障害者その他その通行に支障のある者の通行の安全を確保するための方法，道路における適正な車両の駐車・道路の使用の方法，特定小型原動機付自転車又は自転車の適正な通行の方法について住民の理解を深めるための運動の推進等を適正かつ効果的に推進することができるよう指導した。

また，推進委員が組織する地域交通安全活動推進委員協議会において，推進委員相互の連携，必要な情報の提供，関係機関との連絡調整等を十分に行うことができるよう指導するとともに，推進委員が交通安全教育指針に基づいた効果的かつ適切な交通安全教育を行うことができるよう，交通安全活動推進センターが実施する研修等を通じ，その指導に努めた。

⑶交通指導員等に対する指導

地域における交通事故防止を徹底するため，地方公共団体，民間交通安全団体からの委嘱等を受け，子供，高齢者等に対する交通安全指導を行っている交通指導員等について，その活動が効果的に推進されるよう育成指導や情報提供に努めた。

⑷交通ボランティア等の養成

地域社会において交通安全活動を行っている交通指導員や交通ボランティア等を支援するため，交通安全教育に関する基礎的理論及びその実践的手法に関する知識・技能を習得させること等を目的とする交通安全指導者養成講座，交通安全に対する意識の向上及び資質の向上を図り，地域社会全体の交通安全の確保を図ることを目的とする交通ボランティア等ブロック講習会を開催した。

⑸交通安全功労者表彰の実施

内閣府では，交通安全の確保及び交通安全思想の普及に貢献し，顕著な功績のあった個人，団体，市区町村について，「交通安全功労者表彰」を実施している。

令和５年度は，個人18名，団体５団体，市区町村４市町村に対し，交通対策本部長（内閣府特命担当大臣）から表彰を行った。なお，本表彰は昭和46年から行われており，今回で53回目の実施であった。

5　地域における交通安全活動への参加・協働の推進

交通安全総点検の実施等

交通の安全は，人・道・車の調和が図られることにより保たれるものであり，利用する人の視点に立って捉えられるべき課題である。このような観点から，各種ボランティアを始め，地域の様々な人々や道路利用者の主体的な参加の下，道路交通環境の点検等を行い，行政と住民・企業など地域が一体となった取組を通じ，交通の安全確保を目指す交通安全総点検を始めとする各種活動を推進した。

交通ボランティア活動の取組について

富山県「富山市西田地方校区交通安全母の会」の活動

富山市西田地方校区交通安全母の会は，昭和48年，西田地方小学校に通学する児童の交通事故被害の防止に向けて，児童の母親が中心となって結成し，以降，主要交差点における登下校時の街頭監視活動を行うなど，50年間にも渡り，継続した実践的な交通安全対策に取り組んでいる。

また，保育園児や児童対象の歩行訓練を伴う実践的な「交通安全教室」や地域における「交通安全祈願パレード」にも積極的に参加・協力するなど，交通安全教育にも注力している。

その活動は，当初，児童を対象としていたが，現在では，運転者や高齢者などにも対象の幅を広げ，各季の交通安全運動において，関係団体と連携して「シートベルト着用」や「飲酒運転根絶」，「速度抑制」，「反射材の着用」などを訴えてチラシや交通安全マスコットを配布するなどの街頭キャンペーンを行い，地域の交通事故防止活動を牽引しており，地域住民の交通安全意識の向上に大きく貢献している。

小学校１年生対象の交通安全教室

交通安全祈願パレード

街頭キャンペーン

宮城県「仙台育英学園高等学校」の活動

仙台育英学園高等学校は，平成17年５月22日，飲酒運転のＲＶ車が，青信号を横断中の同校生徒の列に衝突し，３人の生徒の命を奪い，多くの生徒に重軽傷を負わせた事故を受け，二度と同じような悲惨な事故が繰り返されないよう，飲酒運転を根絶するための活動を継続して行っている。

同校は，事故発生日の５月22日を「I-Lion Day（アイライオンデイ）」と制定し，毎年追悼式と飲酒運転根絶の啓発活動を行っており，令和５年は事故現場に近い商業施設において，全国書道パフォーマンス大会で三連覇中の書道部員が「塩釜警察署一日署長」としてメッセージを発信し，来店者に対し飲酒運転を根絶する啓発チラシを配布した。

また，毎年開催される「宮城県飲酒運転根絶県民大会」においては，生徒会長が飲酒運転根絶メッセージを読み上げ，飲酒運転撲滅を呼び掛けるとともに，令和５年には同書道部員が飲酒運転根絶に向けた力強い書道パフォーマンスを披露した。

さらに，書道部員が書き上げた「飲酒運転根絶メッセージ」は，県警本部，県庁始め数多くの公共施設や商業施設に掲示されているほか，ポスターやチラシとして県内に広く配布されるなど，県民に対し飲酒運転根絶の意識と行動を強く訴え続けている。

書道部の一日警察署長

宮城県飲酒運転根絶県民大会における
生徒会長による飲酒運転根絶メッセージ

飲酒運転根絶チラシ

令和５年度交通安全フォーラムの開催について

内閣府では，国民の交通安全意識の高揚を図るため，交通事情に詳しい学識経験者や交通安全に関わる方々をお招きし，講演やパネルディスカッションを行う「交通安全フォーラム」を毎年各地で開催している。

令和５年度は，12月20日（水）に沖縄県浦添市において，沖縄県との共同で「日本一安全で安心な交通社会の実現に向けて～飲酒運転及び歩行者事故のない美ら島沖縄へ！～」をテーマに開催した。当日はあいにくの雨にもかかわらず，約600名が来場し，有識者からの飲酒事故体験談や地域における様々な取組事例の紹介を通じて，沖縄県の交通安全対策上の重要課題でもある飲酒運転の根絶と歩行者事故対策の広報啓発を行った。

基調講演

一般社団法人おきなわ ASK 代表理事　大田 房子 氏

アルコール依存症が原因で夫が飲酒運転による事故を起こし，飲酒運転の悲惨さや苦悩を加害者家族として身をもって経験しました。その後，夫婦で依存症を克服，これまでの自身の体験をもとに，アルコール依存症や飲酒運転の予防を呼びかける活動をおこなっています。

アルコール依存症はお酒をやめたくてもやめられず，常に体内にアルコールが残っている状態です。アルコール依存症は，一時的に改善しても元の状態に戻ってしまうことが多く，車を所有しているかぎり，飲酒運転を防ぐのは難しいのが実情です。家族が注意しても認めず，拒むことで，家庭内での争いや暴力に発展する恐れもあります。専門相談機関や医療機関の支援を受けて，改善に向けた行動をおこすことが大切です。

パネルディスカッション

琉球大学工学部工学科准教授　神谷 大介 氏

私は，土木計画学の視点から，自動車交通や公共交通，歩行者空間や社会基盤施設の設計とデザインを考えています。今回のテーマである飲酒運転や歩行者事故の防止は，人の行動変容が必要です。そのためには，法制度や道路を整えるといった構造的な方法と，心理的な方法の２つのアプローチがあります。私の専門は土木ですが，実は心理的なアプローチも重視すべきだと考えています。当事者たち自身が，楽しい雰囲気を持って取り組んでいかなくては，どのような活動も継続が難しいからです。「楽しい」を視点に入れることが，地域の交通安全活動を継続させるための鍵ではないかと考えています。

沖縄県警察本部交通部参事官 兼 交通企画課長 **親川 直樹** 氏

沖縄県では，飲酒運転の検挙件数が増加し，特に飲酒運転による人身事故と死亡事故が増加傾向にあります。人身事故に占める飲酒絡み事故の割合は，全国平均の約３倍と高い割合となっております。

歩行者事故では，高齢者と子供が被害を受けることが多く，特に高齢者が事故に遭う件数が増加しています。夜間の道路横断で事故に遭うことが多く，反射材や目立つ色の服装を身につけるなど，歩行者自身の対策も事故予防には効果的です。

沖縄県警察では，取締りの強化や啓発活動を通じて飲酒運転の根絶を目指すとともに，腹話術や模擬信号機といった学童向けの楽しい視点の交通安全教育も交えて，歩行者事故を含む交通事故を抑止してまいります。皆様の御理解と御協力をお願い申し上げます。

一般社団法人おきなわ ASK 代表理事 **大田 房子** 氏

お酒はストレス発散や楽しいコミュニケーションの一部として広く受け入れられていますが，飲酒運転の問題が根強く残っています。飲酒運転を避けるためには，アルコールの脳や身体に与える影響について，正しい知識が必要です。酔いとはどのような状態なのか，ほろ酔いや酩酊状態となるアルコール摂取量，アルコールを体内で分解するために必要な時間などです。

アルコールを摂取すると運動機能，注意力，判断力が低下し，自制心も弱まります。飲酒運転はぜったいにしてはいけません。仮に運転代行やハンドルキーパーがいても飲み過ぎには注意しましょう。飲酒運転の問題を回避し，安全な社会を築くために，節度ある適度な飲酒を守り，正しいお酒とのつき合い方を身につける「アルコール教育」を推進してまいります。

特定非営利活動法人バリアフリーネットワーク会議代表 **親川 修** 氏

私たちの「しょうがい者・こうれい者観光案内所」では，障害者や高齢者の方々が沖縄観光を楽しんでいただくために，ベビーカーや車椅子の貸出しを行っており，年間で約7,000件の利用があります。これらの歩行補助具の利用は，今後，ますます増えていくものと思われます。その活動を通じて注意する必要がある歩行者事故対策についてご紹介します。

車椅子のリフト車を使用する際やシニアカーでの走行は，道路が平坦でない場所や段差のある場所での事故が懸念されます。介護施設での送迎時にはシートベルトの着用が大切です。シートベルトをかけ忘れると，事故時に座っている人が飛ばされる危険性があります。周りの人々が注意を払うことが必要です。

視覚障害者や聴覚障害者への配慮も必要です。反射板を使ったタクシーサインや白杖のサインを理解し，助けの手を差し伸べることが大切です。障害者と共に安全な社会を築くために，これらの小さなサインを見逃さないようにしましょう。

沖縄県学童保育連絡協議会副会長　兼本 絹枝 氏

車社会の沖縄県では，こどもたちが学校や学童保育施設へ通学するときに，とりわけ車に注意を払う必要があります。ルールを守らない大人がいることも念頭に，こどもたちに安全な歩き方を身につけさせる必要があります。学校や警察など関係機関と連携し，交通ルールを教育する取り組みが必要です。年に一度の安全教育や事故情報の共有を通じて，こどもたちと保護者に安全意識を浸透させましょう。

こどもたちは，身体で気候を感じながら自分の足で通学路を歩くことを通して，社会や自然への感性を養います。安全に歩行する練習を重ねることで，身の回りの環境や危険に気付けるように育っていきます。

実施概要

<テーマ>

日本一安全で安心な交通社会の実現に向けて

～飲酒運転及び歩行者事故のない美ら島沖縄へ！～

<開催日時・場所>

日時：令和５年12月20日（水）午後２時30分～午後５時30分
場所：沖縄県浦添市てだこホール

<主催>

内閣府，沖縄県，沖縄県議会，沖縄県警察

<後援>

警察庁，文部科学省，厚生労働省，国土交通省

<協賛>

交通安全フォーラム推進協議会構成団体：

・一般社団法人　日本自動車工業会
・一般社団法人　日本自動車連盟
・公益財団法人　国際交通安全学会
・一般財団法人　全日本交通安全協会
・公益財団法人　三井住友海上福祉財団
・一般財団法人　日本交通安全教育普及協会

<プログラム>

◇オープニングアトラクション（空手演武）～劉衛流龍鳳会
１　開会　黙祷，主催者挨拶
２　飲酒運転根絶対策優良事業所認定標章交付式
３　基調講演　大田　房子　氏（一般社団法人おきなわASK代表理事）
４　パネルディスカッション
［コーディネーター］
神谷　大介　氏（琉球大学工学部工学科准教授）
［パネリスト］
親川　直樹　氏（沖縄県警察本部交通部参事官　兼　交通企画課長）
大田　房子　氏（一般社団法人おきなわASK代表理事）
親川　　修　氏（特定非営利活動法人バリアフリーネットワーク会議代表）
兼本　絹枝　氏（沖縄県学童保育連絡協議会副会長）
◇エンディングアトラクション（書道パフォーマンス）～小禄高校芸術教養コース書道部

第３節　安全運転の確保

１　運転免許保有者数及び運転免許試験の実施状況

⑴運転免許保有者数

令和５年末現在の運転免許保有者数は，前年と比べて約２万人増加して約8,186万人となった。このうち，男性は約９万人減少して約4,424万人，女性は約11万人増加して約3,762万人となり，その構成率は男性54.0％，女性46.0％となった（第1-5表）。

また，年齢層別の運転免許保有者数では，高齢者が約38万人増加した（第1-39図）。

運転免許の種類別保有者数は，第一種中型免許（８トン限定中型免許を含む。）保有者が約5,668万人で全体の69.2％を占めた（第1-6表）。

第1-5表　運転免許保有者数の推移

（各年12月末現在）

年	保有者数					対前年増減率			人口に対する割合		
	全体	人員		構成率		全体	男性	女性	全体	男性	女性
		男性	女性	男性	女性						
	千人	千人	千人	%	%	%	%	%	%	%	%
令和元年	82,158	44,779	37,380	54.5	45.5	－0.2	－0.5	0.2	74.8	84.4	65.8
2	81,990	44,597	37,393	54.4	45.6	－0.2	－0.4	0.0	74.8	84.3	66.0
3	81,896	44,460	37,436	54.3	45.7	－0.1	－0.3	0.1	74.7	84.0	66.0
4	81,841	44,331	37,510	54.2	45.8	－0.1	－0.3	0.2	74.8	84.0	66.3
5	81,863	44,242	37,621	54.0	46.0	0.0	－0.2	0.3	75.0	84.0	66.7

注　１　警察庁資料による。
　　２　人口に対する割合（％）は，16歳以上の人口に対する運転免許保有者数の割合（％）である。
　　３　算出に用いた人口は，該当年の人口であり，総務省統計資料「人口推計」（各年10月１日現在（補間補正を行っていないもの。ただし，国勢調査実施年は国勢調査人口による。））による。
　　４　単位未満は四捨五入しているため，内訳の合計が全体と一致しないことがある。

第1-6表　種類別運転免許保有者数

（各年12月末現在）

免許種別		令和4年		令和5年			
		全体	構成率	全体	うち男性	うち女性	構成率
		千人	%	千人	千人	千人	%
第二種免許	大型	802	1.0	783	767	16	1.0
	中型	698	0.9	658	619	39	0.8
	普通	78	0.1	101	87	14	0.1
	大特	2	0.0	2	2	0	0.0
	けん引	1	0.0	1	0	0	0.0
	小計	1,580	1.9	1,543	1,475	68	1.9
第一種免許	大型	4,083	5.0	4,039	3,892	146	4.9
	中型	57,558	70.3	56,678	28,931	27,747	69.2
	準中型	11,084	13.5	11,046	5,606	5,440	13.5
	普通	6,529	8.0	7,558	3,899	3,660	9.2
	大特	2	0.0	2	1	0	0.0
	大自二	20	0.0	24	19	5	0.0
	普自二	130	0.2	133	95	38	0.2
	小特	14	0.0	14	5	8	0.0
	原付	841	1.0	827	319	508	1.0
	小計	80,260	98.1	80,320	42,767	37,553	98.1
合計		81,841	100.0	81,863	44,242	37,621	100.0

注　１　警察庁資料による。
　　２　２種類以上の運転免許を受けている者については，運転免許の種類欄の上位の運転免許の種類によって計上した。
　　３　旧法普通免許は中型免許又は準中型免許に計上した。
　　４　単位未満は四捨五入しているため，合計（小計）が内訳と一致しないことがある。

第1-39図　男女別運転免許保有者数と年齢層別保有者率（令和5年末）

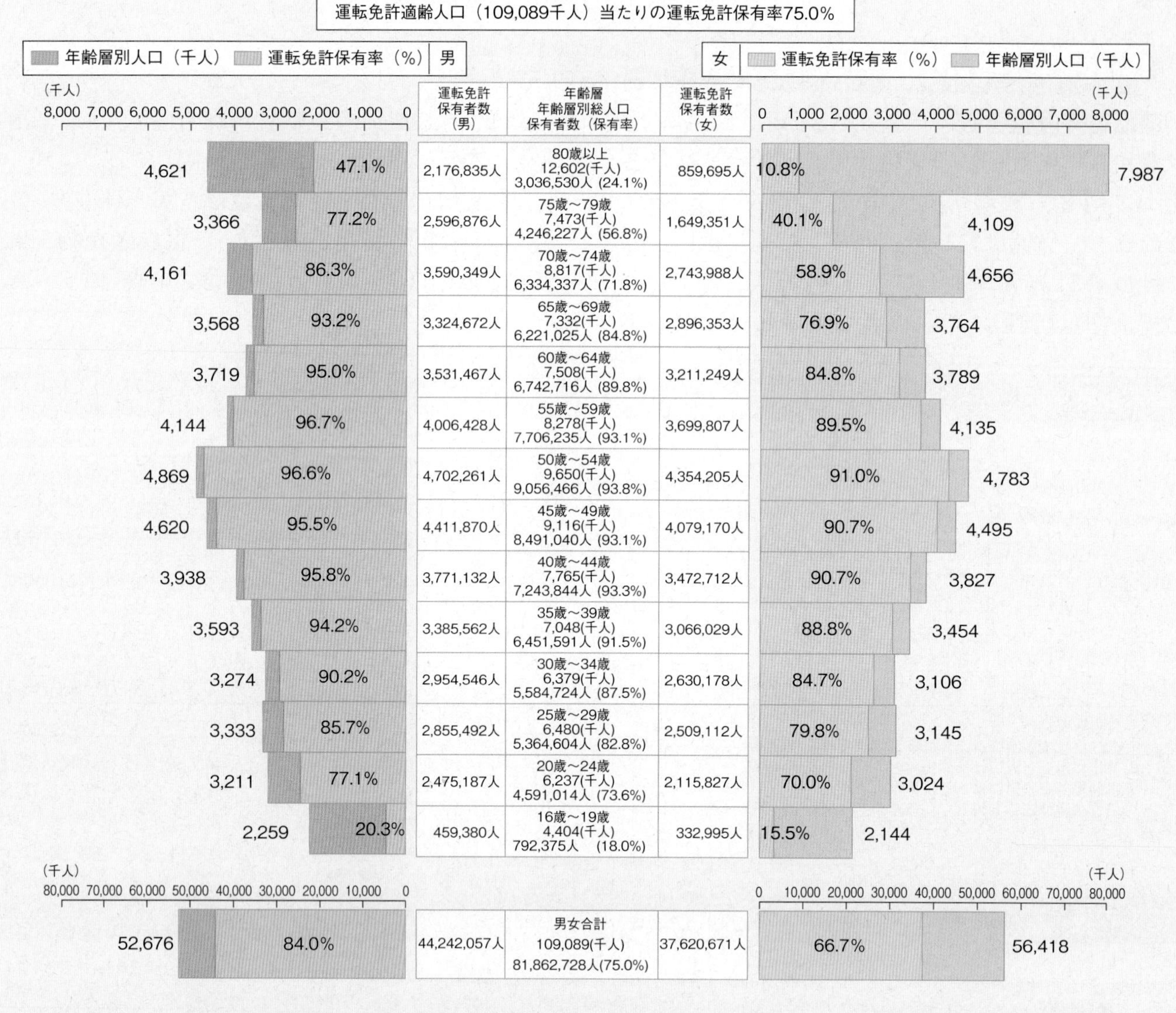

年齢層別人口（千人）（男）	運転免許保有率（男）	運転免許保有者数（男）	年齢層 年齢層別総人口 保有者数（保有率）	運転免許保有者数（女）	運転免許保有率（女）	年齢層別人口（千人）（女）
4,621	47.1%	2,176,835人	80歳以上 12,602(千人) 3,036,530人 (24.1%)	859,695人	10.8%	7,987
3,366	77.2%	2,596,876人	75歳～79歳 7,473(千人) 4,246,227人 (56.8%)	1,649,351人	40.1%	4,109
4,161	86.3%	3,590,349人	70歳～74歳 8,817(千人) 6,334,337人 (71.8%)	2,743,988人	58.9%	4,656
3,568	93.2%	3,324,672人	65歳～69歳 7,332(千人) 6,221,025人 (84.8%)	2,896,353人	76.9%	3,764
3,719	95.0%	3,531,467人	60歳～64歳 7,508(千人) 6,742,716人 (89.8%)	3,211,249人	84.8%	3,789
4,144	96.7%	4,006,428人	55歳～59歳 8,278(千人) 7,706,235人 (93.1%)	3,699,807人	89.5%	4,135
4,869	96.6%	4,702,261人	50歳～54歳 9,650(千人) 9,056,466人 (93.8%)	4,354,205人	91.0%	4,783
4,620	95.5%	4,411,870人	45歳～49歳 9,116(千人) 8,491,040人 (93.1%)	4,079,170人	90.7%	4,495
3,938	95.8%	3,771,132人	40歳～44歳 7,765(千人) 7,243,844人 (93.3%)	3,472,712人	90.7%	3,827
3,593	94.2%	3,385,562人	35歳～39歳 7,048(千人) 6,451,591人 (91.5%)	3,066,029人	88.8%	3,454
3,274	90.2%	2,954,546人	30歳～34歳 6,379(千人) 5,584,724人 (87.5%)	2,630,178人	84.7%	3,106
3,333	85.7%	2,855,492人	25歳～29歳 6,480(千人) 5,364,604人 (82.8%)	2,509,112人	79.8%	3,145
3,211	77.1%	2,475,187人	20歳～24歳 6,237(千人) 4,591,014人 (73.6%)	2,115,827人	70.0%	3,024
2,259	20.3%	459,380人	16歳～19歳 4,404(千人) 792,375人 (18.0%)	332,995人	15.5%	2,144
52,676	84.0%	44,242,057人	男女合計 109,089(千人) 81,862,728人(75.0%)	37,620,671人	66.7%	56,418

注　1　人口については，総務省統計資料「人口推計（令和5年10月1日現在）」による。
　　2　人口の千単位は四捨五入しているので，合計の数字と内訳が一致しない場合がある。

障害者の運転免許については，運転できる車両に限定の条件が付されているものが延べ27万7,449件，補聴器使用の条件が付されているものが延べ4万6,731件となった。

なお，令和5年中の国外運転免許証の交付件数は26万2,268件で，前年に比べ9万2,132件（54.2%）増加した。また，外国等の行政庁等の運転免許を有する者については，一定の条件の下に運転免許試験のうち技能試験及び学科試験を免除することとされており，令和5年中の当該免除に係る我が国の運転免許の件数は6万10件に上り，増減率で26.2%増となった。

⑵運転免許試験の実施状況

ア　運転免許試験の概況

令和5年中の運転免許試験の受験者数，合格者数等の概況は，第1-40図のとおりである。

受験者数は，前年に比べて49,567人（1.9%）減少し，合格者は，前年に比べて87,189人（4.2%）減少した。このうち，第1種免許についてみると，普通免許の受験者数は，前年に比べ0.2%増加（合格者1.0%減少），大型二輪免許及び普通二輪免許の受験者数は，前年に比べ3.0%減少（合格者6.0%減少），原付免許の受験者数は，前年に比べ0.9%減少（合格者2.3%減少）した。

第1-40図　運転免許試験の概況（令和５年）

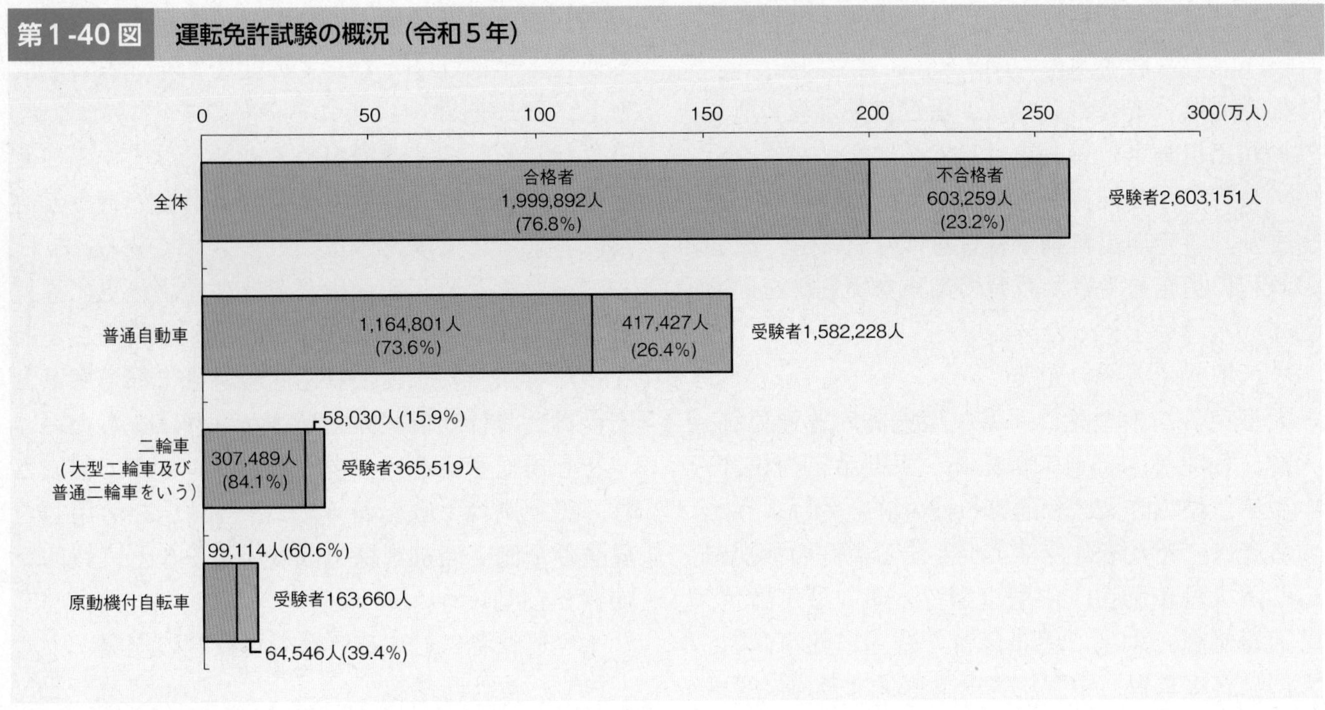

注　1　警察庁資料による。
　　2　仮免許試験を除く。
　　3　（　）内は構成率である。

イ　障害者等の運転免許取得

障害や病気の症状が自動車等の運転に及ぼす影響は様々であり，運転免許に一定の条件を付すことにより補うことができる場合もあることから，安全運転相談を通じ，運転免許の取得に係る適切な助言を行っている。

聴覚障害のある人のうち，補聴器を使用しても一定の音が聞こえない人については，特定後写鏡等の使用を条件に準中型自動車及び普通自動車を運転することが可能であり，令和５年末現在，この条件が付された準中型免許及び普通自動車免許保有者数は1,557人である。また，大型自動二輪車，普通自動二輪車，小型特殊自動車及び原動機付自転車の免許については，適性試験における聴力が廃止されている。

なお，大型自動車，中型自動車，準中型自動車，普通自動車及び大型特殊自動車については，補聴器を使用して一定の音が聞こえることを条件に運転ができるほか，平成28年４月からは，タクシーやバス等の旅客自動車についても補聴器を使用して一定の音が聞こえることを条件に運転できることとなった。

2　運転者教育等の充実

(1)運転免許を取得しようとする者に対する教育の充実

ア　自動車教習所における教習の充実

（ア）　指定自動車教習所における教習の充実

令和５年末現在における指定自動車教習所数は1,291か所で，これらの指定自動車教習所で技能検定に従事している技能検定員は１万8,063人，学科又は技能の教習に従事している教習指導員は３万673人である。

一方，令和５年中に指定自動車教習所を卒業した者は152万8,207人で，前年に比べ10万6,426人（6.5％）減少し，指定自動車教習所の卒業者で５年中に運転免許試験に合格した者の数は152万6,978人で，全合格者（原付免許等を除く。）の97.6％を占めた。

都道府県公安委員会では，指定自動車教習所の教習指導員，技能検定員等に対する定期的な講習や研修を通じ，その資質及び能力の向上を図るとともに，教習及び技能検定等について定期又は随時の検査を行い，教習内容の充実に努めたほか，教習施設及び教習資器材等の整備等についても指導を行った。

また，交通状況の変化に迅速，的確に対応するため，常に教習内容の充実に努めている。

（イ）　指定自動車教習所以外の自動車教習所における教習水準の向上

都道府県公安委員会では，指定自動車教習所以外の届出自動車教習所に対して必要な助言等を行い，教習水準の維持向上を図った。

また，特定届出自動車教習所に対しても，教習の課程の指定を受けた教習の適正な実施等を図るため，指導等を行った。

イ　取得時講習の充実

大型免許，中型免許，準中型免許，普通免許，大型二輪免許，普通二輪免許，大型第二種免許，中型第二種免許又は普通第二種免許を受けようとする者は，それぞれ受けようとする免許の種別に応じ，大型車講習，中型車講習，準中型車講習，普通車講習，大型二輪車講習，普通二輪車講習，大型旅客車講習，中型旅客車講習又は普通旅客車講習のほか，応急救護処置講習の受講が義務付けられており，これらは，運転に係る危険の予測等，安全な運転に必要な技能及び知識，気道確保，人工呼吸，胸骨圧迫（心臓マッサージ）等に関する知識についての講習となっている。

令和５年には，大型車講習を396人，中型車講習を330人，準中型車講習を727人，普通車講習を3,756人，大型二輪車講習を234人，普通二輪車講習を1,073人，大型旅客車講習を236人，中型旅客車講習を８人，普通旅客車講習を611人，第一種応急救護処置講習を4,260人，第二種応急救護処置講習を823人が受講した。

また，原付免許を受けようとする者に対しては，原付の運転に関する実技訓練等を内容とする原付講習が義務付けられており，令和５年には７万9,527人が受講した。

都道府県公安委員会では，これらの講習の水準が維持され，講習が適正に行われるよう，講習実施機関に対し指導を行った。

⑵運転者に対する再教育等の充実

ア　初心運転者対策の推進

運転免許取得後の経過年数の短い者（大部分が若者）が死亡事故を引き起こしているケースが多いことから（第1-41図），準中型免許，普通免許，大型二輪免許，普通二輪免許又は原付免許を受けてから１年に達する日までの間を初心運転者期間とし，この期間中にこれらの免許を受けた者が，違反行為をして法令で定める基準に該当することとなったときは，都道府県公安委員会の行う初心運転者講習を受講できることとされている。なお，この講習を受講しなかった者及び受講後更に違反行為をして法令で定める基準に該当することとなった者は，初心運転者期間経過後に都道府県公安委員会の行う再試験を受けなければならない。

初心運転者講習は，少人数のグループで編成され，路上訓練や運転シミュレーター※を活用した危険の予測，回避訓練を取り入れるなど実践的な内容としている。

イ　運転者に対する各種の再教育の充実

（ア）　更新時講習

運転免許証の更新を受けようとする者が受けなければならない更新時講習は，更新の機会を捉えて定期的に教育を行うことにより，安全な運転に必要な知識を補い，運転者の安全意識を高めることを目的としている。この講習は，受講対象者の

第1-41図　自動車等による死亡事故発生件数（第１当事者）の免許取得後経過年数別内訳（令和５年）

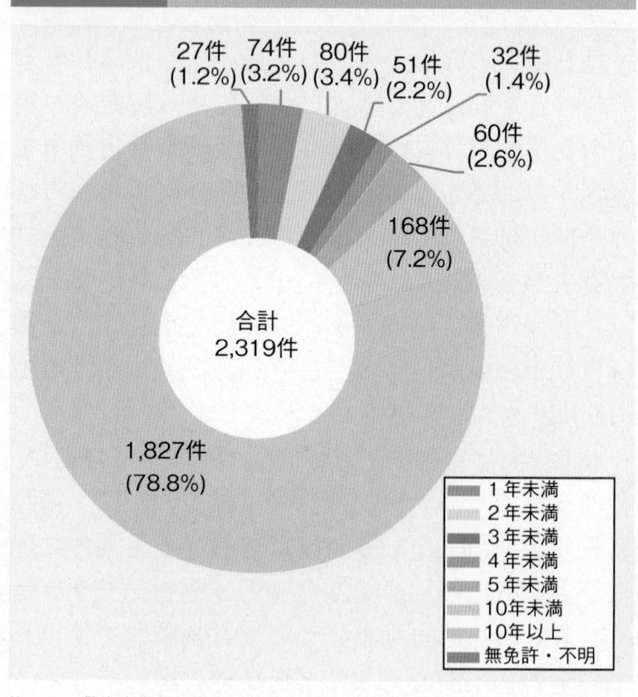

注　1　警察庁資料による。
　　2　（　）内は構成率である。

※運転シミュレーター
　運転者の適性を判断するための模擬運転装置。

違反状況等に応じ，優良運転者，一般運転者，違反運転者又は初回更新者の区分により実施している。

各講習では，視聴覚教材等を効果的に活用するなど工夫するとともに，一般運転者，違反運転者及び初回更新者の講習では，運転適性診断を実施し，診断結果に基づいた安全指導を行っている。令和５年には，優良運転者講習を893万8,904人，一般運転者講習を247万8,099人，違反運転者講習を166万5,503人，初回更新者講習を112万1,263人が受講した。

更新時講習では，高齢者等受講者の態様に応じた特別学級を編成し，受講者層の交通事故実態等について重点的に取り上げるなど，講習の充実を図っている。令和５年には，2,210人がこの特別学級による講習を受講した。

さらに，令和４年２月からは，北海道，千葉県，京都府及び山口県において，優良運転者の更新時講習をオンラインで受講可能とするモデル事業を調査研究として開始し，令和５年10月からはその対象を一般運転者に拡大して，令和６年度末までに予定している全国展開に向けて効果検証を行った。令和５年には，18万6,200人がこのオンライン更新時講習を受講した。

なお，一定の基準に適合する講習（特定任意講習）を受講した者は，更新時講習を受講する必要がないこととされている。特定任意講習では，地域，職域等が共通する運転者を集め，その態様に応じた講習を行っており，令和５年には，1,811人が受講した。

（イ）　取消処分者講習

取消処分者講習は，運転免許の取消処分等を受けた者を対象に，その者に自らの危険性を自覚させ，その特性に応じた運転の方法を助言・指導することにより，これらの者の運転態度の改善を図ろうとするものである。講習は，受講者が受けようとしている免許の種類に応じ，四輪運転者用講習と二輪運転者用講習に分かれており，運転免許の取消処分等を受けた者が免許を再取得しようとする際には，この講習の受講が受験資格となっている。講習に当たっては，運転適性検査に基づくカウンセリング，グループ討議，自動車等の運転や運転シミュレーターの操作に基づく指導を行うなど個別的，具体的な指導を行い，運転時の自重・自制を促している。また，飲酒運転違反者に対してより効果的な教育を行うことを目的に，飲酒行動の改善等のためのカリキュラムとして，スクリーニングテスト（AUDIT※），ブリーフ・インターベンション※等を盛り込んだ取消処分者講習（飲酒取消講習）を全国で実施している。令和５年中の取消処分者講習の受講者数は，２万749人であり，うち飲酒取消講習の受講者数は１万708人であった。

（ウ）　停止処分者講習

停止処分者講習は，運転免許の効力の停止又は保留等の処分を受けた者を対象に，その者の申出により，その者の危険性を改善するための教育として行うものである。講習は，行政処分の期間に応じて短期講習，中期講習，長期講習に区分され，また，二輪学級，飲酒学級，速度学級等受講者の違反状況等に応じた特別学級を編成している。受講者は，講習終了後の考査の成績等によって，行政処分の期間が短縮されることとなっている。講習では，道路交通の現状，交通事故の実態に関する講義，自動車等の運転や運転シミュレーターの操作に基づく指導等を行っている。令和５年中の停止処分者講習の受講者は13万2,398人であった。

（エ）　違反者講習

違反者講習は，軽微違反行為（３点以下の違反行為）をして一定の基準（累積点数で６点になるなど）に該当することになった者に対し受講が義務付けられているもので，受講者に対しては，運転免許の効力の停止等の行政処分を行わないとされている。

講習を受けようとする者は，運転者の資質の向上に資する活動の体験を含む課程又は自動車等及び運転シミュレーターを用いた運転について必要な適性に関する調査に基づく個別的指導を含む課

※AUDIT
世界保健機構がスポンサーになり，数か国の研究者によって作成された「アルコール使用障害に関するスクリーニングテスト」。面接又は質問紙により，その者が危険・有害な飲酒習慣を有するかどうかなどを判断する。

※ブリーフ・インターベンション
飲酒行動等の人の特定行動に変化をもたらすことを目的とした短時間のカウンセリング。

程を選択することができる。運転者の資質の向上に資する活動として，歩行者の安全通行のための通行の補助誘導，交通安全の呼び掛け，交通安全チラシの配布等の広報啓発等を行っている。令和５年中の違反者講習の受講者は５万6,779人であった。

（オ）　自動車教習所における交通安全教育

自動車教習所は，地域住民のニーズに応じ，地域住民に対する交通安全教育を行っており，地域における交通安全教育センターとしての役割を果たしている。具体的には，運転免許を受けている者を対象として，運転の経験や年齢等の区分に応じたいわゆるペーパードライバー教育，高齢運転者教育等の交通安全教育を行っている。こうした教育のうち，一定の基準に適合するものについては，その水準の向上と免許取得者に対する普及を図るため，都道府県公安委員会の認定を受けることができ，令和５年末現在，9,951件が認定されている。

⑶妨害運転等の悪質・危険な運転者に対する処分者講習での再教育

運転免許の取消処分等を受けた者を対象に，令和元年度から実施した問題行動の分析・指導方法に関する心理学的研究の結果を踏まえ，令和５年４月１日から，妨害運転等の悪質・危険な運転者の行動改善を図ることを目的としたディスカッション形式の指導を取消処分者講習に新たに導入している。

⑷二輪車安全運転対策の推進

ア　二輪免許交付時講習

主に二輪免許を新規取得した青少年層を対象として，免許証が交付される間における待ち時間を活用した二輪車の安全運転に関する講習を行っている。

イ　二輪運転者講習に対する協力

警察では，各都道府県の二輪車安全運転推進委員会が日本二輪車普及安全協会の協力を得て行っている二輪車安全運転講習及び原付安全運転講習に対し，講師として警察官等を派遣するなどの協力を行っている。

⑸高齢運転者対策の充実

ア　高齢者講習等

高齢者は，一般的に身体機能の低下が認められるが，これらの機能の変化を必ずしも自覚しないまま運転を行うことが事故の一因となっていると考えられる。このため，運転免許証の更新期間が満了する日における年齢が70歳以上の高齢者には，更新期間が満了する日前６月以内に高齢者講習を受講することが義務付けられている。

高齢者講習は，受講者に実際に自動車等の運転をしてもらうことや運転適性検査器材を用いた検査を行うことにより，運転に必要な適性に関する調査を行い，受講者に自らの身体的な機能の変化を自覚してもらうとともに，その結果に基づいて助言・指導を行うことを内容としており，この講習を受講した者は，更新時講習を受講する必要がないこととされている。令和５年中の高齢者講習（臨時高齢者講習，高齢者講習と同等の効果を生じさせるために行われる課程（認定教育）を含む。）の受講者は352万395人であった。

また，運転免許証の更新期間が満了する日における年齢が75歳以上の者については，運転免許証の更新期間が満了する日前６月以内に，認知機能検査を受けなければならないこととされており，加えて道路交通法の一部を改正する法律（令２法42）により令和４年５月から，普通自動車に対応する運転免許保有者のうち一定の違反歴がある者は，同じく６月以内に，運転技能検査に合格しなければ，運転免許証が更新されないこととされた。

運転技能検査では，一時停止や信号通過等の課題が実施され，検査の結果が一定の基準に達しない者は不合格となるが，更新期日までに繰り返し受検することができる。

令和５年中の認知機能検査（臨時認知機能検査，認知機能検査と同等の効果を生じさせるために行われる検査（認定検査）を含む。）の受検者数は274万202人，運転技能検査（運転技能検査と同等の効果を生じさせるために行われる検査（認定検査）を含む。）の受検者数は16万3,835人，うち合格者数は14万9,673人であった。

今後，超高齢化社会の更なる進展等に伴い，高齢運転者の増加が見込まれることから，高齢者講習等の円滑な実施に向け，引き続き，高齢者講習等の警察による直接実施や新たな実施機関の確保

第1-7表　申請による運転免許の取消し件数及び運転経歴証明書の交付件数の推移（令和元年～令和5年）

年次＼区分	令和元	令和2	令和3	令和4	令和5
申請による運転免許の取消し件数（件）	601,022	552,381	517,040	448,476	382,957
うち75歳以上の者	350,428	297,452	278,785	273,206	261,569
運転経歴証明書交付件数（件）	519,188	496,556	444,484	371,411	291,071
うち75歳以上の者	295,113	260,437	234,816	222,712	197,493

注　警察庁資料による。

による受講・受検枠の拡大等，必要な実施体制を確保するための効果的な取組を推進することとしている。

また，更新時の認知機能検査又は臨時認知機能検査の結果，認知症のおそれがあると判定された者については，その者の違反状況にかかわらず，医師の診断を要することとされている。

なお，一定の基準に適合する講習（特定任意高齢者講習）を受講した者は高齢者講習を受講する必要がないこととされている。

イ　申請による運転免許の取消し等

高齢運転者が身体機能の低下などを理由に自動車等の運転をやめる際には，本人の申請により運転免許を取り消し，運転免許証を返納することができる。

また，運転免許証の返納又は失効後５年以内に申請すれば，運転経歴証明書の交付を受けることができ，金融機関の窓口等で本人確認書類として使用することができる。

警察では，申請による運転免許の取消し及び運転経歴証明書制度の周知を図るとともに，運転免許証を返納した者への支援について，地方公共団体を始めとする関係機関・団体等に働き掛けるなど，自動車の運転に不安を有する高齢者等が運転免許証を返納しやすい環境の整備に向けた取組を進めている。

令和５年中の申請による運転免許の取消件数及び運転経歴証明書の交付件数は，第1-7表のとおりである。

ウ　安全運転サポート車の普及啓発

高齢運転者による交通事故の防止及び被害軽減に効果が期待できる安全運転サポート車（サポカー）について，関係機関・団体・事業所等が連携し，各種機会において試乗会を開催するなど，官民一体となって普及啓発を推進した。また，普及啓発に当たっては，その機能の限界や使用上の注意点を正しく理解し，機能を過信せずに責任を持って安全運転を行わなければならない旨の周知を図った。

⑹シートベルト，チャイルドシート及びヘルメットの正しい着用の徹底

後部座席を含めた全ての座席のシートベルト，チャイルドシート及びヘルメットの正しい着用の徹底を図るため，関係機関・団体等と連携し，各種講習・交通安全運動等あらゆる機会を通じて，着用効果の啓発等着用徹底キャンペーンを積極的に行うとともに，シートベルト，チャイルドシート及びヘルメット着用義務違反に対する街頭での交通指導取締りを推進した。

⑺自動車安全運転センターの業務の充実

自動車安全運転センターは，道路の交通に起因する障害の防止及び運転免許を受けた者等の利便の増進に資することを目的として，次のような業務を行った。

ア　安全運転研修業務

安全運転中央研修所では，高速周回路，中低速周回路，模擬市街路及び基本訓練コースのほか，スキッドパン※，モトクロス※，トライアル※コー

※スキッドパン
スリップを体験するための特殊路面。
※モトクロス
自然な地形や自然に類似した路面状況で行われるモーター・サイクル競技。
※トライアル
自然の障害物等を適切な技術を用いて乗り越え，失点の少なさを競うモーター・サイクル競技。

ス等の特殊な訓練コースを備えており，実際の道路交通現場に対応した安全運転の実践的かつ専門的な知識，技能についての体験的研修を行い，安全運転教育について専門的知識を有する交通安全指導者や高度な運転技能と知識を有する職業運転者，安全運転についての実践的な能力を身に付けた青少年運転者の育成を図っている。令和５年度には，延べ4万7,596人の研修を実施した。

イ　少年交通安全研修業務

安全運転中央研修所の附属交通公園では，幼児及び小・中学校の児童・生徒を対象とし，歩行者及び自転車利用者としての適正な交通の方法等について参加・体験型の交通安全研修を行い，交通安全意識の啓発を図っている。令和５年度には，7,086人の研修を実施した。

ウ　交通事故証明業務

交通事故当事者等の求めに応じて，交通事故の発生日時，場所，当事者の住所，氏名等を記載した交通事故証明書を交付した。

エ　経歴証明業務

運転者の求めに応じて運転経歴に係る証明書を交付し，運転者の利便を図った。運転経歴に係る証明書は，企業等における安全運転管理を進める上での有効な資料としての利用価値が高いことから，運転経歴に係る証明書の活用効果についてのリーフレットを配付するなど，その活用を推進した。

また，運転経歴に係る証明書のうち，無事故・無違反証明書又は運転記録証明書の交付申請をした者（過去１年以上の間，無事故・無違反で過ごした者に限る。）に対して，証明書に加えSD（SAFE DRIVER）カードを交付し，安全運転者であることを賞揚するとともに，安全運転を促した。

オ　累積点数通知業務

交通違反等の累積点数が運転免許の停止処分又は違反者講習を受ける直前の水準に達した者に対して，その旨を通知し安全運転の励行を促した。

カ　調査研究業務

横断歩道の道路標示の見直しに関する調査研究等を行った。

⑻自動車運転代行業の指導育成等

令和５年末現在，全国で7,707業者が都道府県公安委員会の認定を受けて営業を行っている。自動車運転代行業に従事する従業員数は5万5,636人，使用されている随伴用自動車の台数は1万7,484台である。

平成24年３月に「安全・安心な利用に向けた自動車運転代行業の更なる健全化対策」を策定し，自動車運転代行業の健全化及び利用者の利便性・安心感の向上を図るための施策を推進した。また，国土交通省では，自動車運転代行業の利用者保護の一層の確保を図るため，28年３月に「自動車運転代行業における適正な業務運営に向けた「利用者保護」に関する諸課題への対策」を策定し，同年４月から順次各種の施策を推進しているところである。

⑼自動車運送事業等に従事する運転者に対する適性診断の充実

軽井沢スキーバス事故を踏まえ，雇い入れた全ての貸切バスの運転者に適性診断（初任）の受診を義務付けるなどにより，適性診断の充実を図ってきたところである。

また，自動車運送事業等に従事する運転者が受診する適性診断の受診環境を整えるため，適性診断実施者への民間参入を促進しているところであり，令和５年度に適性診断の実施者について11社を認定し，通算で129社を認定している。

⑽危険な運転者の早期排除

ア　運転免許の拒否及び保留

運転免許試験に合格した者が，過去に無免許運転等の交通違反をしたり，交通事故を起こしたりしたことがあるときには点数制度により，また，一定の症状を呈する病気，麻薬中毒等の事由に該当するときには点数制度によらず，運転免許を拒否し，又は６月を超えない範囲で運転免許を保留することとされている。

イ　運転免許の取消し及び停止

運転免許を受けた者が，運転免許取得後に交通違反を犯し，又は交通事故を起こしたとしたときは点数制度により，また，一定の症状を呈する病気，麻薬中毒等の事由に該当することとなったときには点数制度によらず，その者の運転免許を取り消し，又は６月を超えない範囲で運転免許の効力を停止する処分を行うこととされている。

また，暴走行為を指揮した暴走族のリーダーのように自ら運転していないものの，運転者を唆して共同危険行為等重大な道路交通法違反をさせた者に対しても，運転免許の取消し等を行っている（第1-8表）。

3　運転免許制度の改善

運転免許証の更新申請等に係る国民の負担軽減の観点から，更新申請書や再交付申請書に添付する申請用写真の省略等，運転免許手続における簡素合理化を推進している。

また，障害のある運転免許取得希望者に対する利便性の向上を図るため，受験者である障害者が持ち込んだ車両による技能試験の実施等，障害者等に配意した施策を推進している。

4　安全運転管理の推進

安全運転管理者及び副安全運転管理者（以下「安全運転管理者等」という。）に対する講習を充実するなどにより，これらの者の資質及び安全意識の向上を図るとともに，事業所内で交通安全教育指針に基づいた交通安全教育が適切に行われるよう安全運転管理者等を指導した。

また，安全運転管理者等による若年運転者対策及び貨物自動車の安全対策の一層の充実を図るとともに，安全運転管理者等の未選任事業所の一掃を図り，企業内の安全運転管理体制を充実強化し，安全運転管理業務の徹底を図った。

さらに，事業活動に関してなされた道路交通法違反等についての使用者等への通報制度を十分活用するとともに，使用者，安全運転管理者等による下命，容認違反等については，使用者等の責任追及を徹底し適正な運転管理を図った。

事業活動に伴う交通事故防止を更に促進するため，ドライブレコーダー等，安全運転の確保に資する車載機器等を効果的に活用した交通安全教育や安全運転管理の手法等について周知を図った。

⑴安全運転管理者等の現況

安全運転管理者は，道路交通法により，自動車を５台以上使用する又は乗車定員11人以上の自動車を１台以上使用する事業所等において選任が義務付けられており，また，自動車を20台以上使用する事業所には，その台数に応じ，副安全運転管理者を置くことが義務付けられている（第1-9表）。

安全運転管理者等の年齢層別構成では40歳代と50歳代が多く，職務上の地位別構成では，課長以上が約半数を占めた（第1-10表）。

⑵安全運転管理者等に対する講習の実施状況

都道府県公安委員会は安全運転管理者等の資質の向上を図るため，自動車及び道路交通に関する法令の知識，安全運転に必要な知識，安全運転管理に必要な知識等を内容とした講習を実施している。

令和４年度における安全運転管理者等講習の実施状況は，第1-11表のとおりである。

⑶安全運転管理者協議会等に対する指導育成

企業等における自主的な安全運転管理を推進するとともに，安全運転管理者等の資質の向上を図るため，安全運転管理者等の組織への加入促進，自主的な検討会の開催，自動車安全運転センター安全運転中央研修所における研修の実施，無事故無違反運動等に対する指導育成等を行った。

都道府県ごとに組織されている安全運転管理者協議会に対しては，安全運転管理者等研修会の開催，事業所に対する交通安全診断等の実施を始め，交通安全教育資料及び機関誌（紙）の発行等について積極的に指導したほか，同協議会の自主的活動の促進を図っている。また，同協議会は，全国交通安全運動等を推進するとともに，職域における交通安全思想の普及活動に努めた。

5　事業用自動車の安全プラン等に基づく安全対策の推進

事業用自動車の交通事故については，令和３年３月に策定した「事業用自動車総合安全プラン2025」で掲げている，令和７年までに事業用自動車の事故による死者数を225人以下，人身事故件数を１万6,500件以下とする等事故削減目標の達成に向けて関係者が一丸となって各種取組を進めている。

令和４年においては，事業用自動車の事故による死者数は228人となり，前年に比べ21人（8.4%）減少した一方，事故件数は２万3,259件となっている。

第 1-8 表　運転免許の取消し，停止件数

(令和5年，件)

取消し		停止				合計
	うち初心取消	90 日以上	60 日	30 日	計	
34,546	926	33,242	24,856	107,528	165,626	200,172

注　1　警察庁資料による。
　　2「初心取消」とは，平成元年の道路交通法改正により導入された初心運転者期間制度による取消しである。

第 1-9 表　安全運転管理者等の年次別推移

(各年３月末)

年	事業所	安全運転管理者	副安全運転管理者	管理下運転者数	管理下自動車台数
	か所	人	人	人	台
令和元	337,721	337,721	72,223	7,612,460	4,686,318
2	338,636	338,636	73,362	7,695,857	4,694,167
3	339,068	339,068	74,557	7,822,339	4,714,960
4	352,335	352,335	76,911	8,082,323	4,859,925
5	391,631	391,631	81,909	8,689,207	5,229,259

注　警察庁資料による。

第 1-10 表　年齢層別及び職務上の地位別安全運転管理者等数

(令和5年３月末)

区分		安全運転管理者		副安全運転管理者	
		人員（人）	構成率（%）	人員（人）	構成率（%）
年齢層別	20～29 歳	10,197	2.6	3,397	4.1
	30～39 歳	46,757	11.9	11,682	14.3
	40～49 歳	118,535	30.3	27,031	33.0
	50～59 歳	142,016	36.3	30,648	37.4
	60 歳以上	74,126	18.9	9,151	11.2
合　計		391,631	100.0	81,909	100.0
地位別	課長以上	200,021	51.1	37,875	46.2
	係長	28,463	7.3	12,603	15.4
	主任	30,057	7.7	9,840	12.0
	使用者	69,251	17.7	1,621	2.0
	その他	63,839	16.3	19,970	24.4
合　計		391,631	100.0	81,909	100.0

注　警察庁資料による。

第 1-11 表　安全運転管理者等講習の年度別実施状況

(各年度末現在)

年度	安全運転管理者				副安全運転管理者			
	実施回数	受講対象者(A)	受講者数(B)	受講率(B)/(A)	実施回数	受講対象者(A)	受講者数(B)	受講率(B)/(A)
	回	人	人	%	回	人	人	%
平成 30	2,318	335,874	330,723	98.5	1,979	71,513	70,517	98.6
令和元	2,293	336,984	332,008	98.5	1,971	72,763	71,478	98.2
2	1,947	324,252	230,737	71.2	1,589	71,394	44,763	62.7
3	2,175	331,115	299,157	90.3	1,893	73,178	65,126	89.0
4	2,306	374,990	359,610	95.9	2,063	80,026	75,108	93.9

注　警察庁資料による。

令和５年度は，「事業用自動車に係る総合的安全対策検討委員会」を開催し，当該プランの達成に向けた取組状況のフォローアップを行った。

⑴バスの重大事故を踏まえた安全対策

平成28年１月に発生した軽井沢スキーバス事故を踏まえ，同年６月に「軽井沢スキーバス事故対策検討委員会」において取りまとめた85項目に及ぶ「安全・安心な貸切バスの運行を実現するための総合的な対策」を着実に実施してきた。他方，令和４年10月には静岡県の県道において観光バスが横転し，乗客が亡くなる痛ましい事故が発生したところ，二度とこのような悲惨な事故を起こさないよう，令和５年１月に「自動車運送事業者が事業用自動車の運転者に対して行う一般的な指導及び監督の実施マニュアル」の改正を行うとともに，同年10月には貸切バスの安全性向上に関する関係法令等の改正を行った。

⑵運輸安全マネジメントを通じた安全体質の確立

平成18年10月より導入した「運輸安全マネジメント制度」により，事業者が社内一丸となった安全管理体制を構築・改善し，国がその実施状況を確認し評価する取組を，令和５年度は114者に対して実施した。特に，平成29年７月の運輸審議会の答申を踏まえ，全ての事業者の運輸安全マネジメント評価を行うとした貸切バス事業者については，全ての評価を終了した。その後，新規許可を受けた貸切バス事業者や一定規模以上の貸切バス事業者を優先的に評価を実施した。

また，令和２年７月に策定，公表した「運輸防災マネジメント指針」を活用し，運輸安全マネジメント評価の中で防災マネジメントに関する評価を実施した。

⑶抜本的対策による飲酒運転，迷惑運転等悪質な法令違反の根絶

事業用自動車の運転者による酒気帯び運転や覚醒剤，危険ドラッグ等薬物使用運転の根絶を図るため，点呼時のアルコール検知器を使用した確認の徹底や，薬物に関する正しい知識や使用禁止について，運転者に対する日常的な指導・監督を徹底するよう，講習会や全国交通安全運動，年末年始の輸送等安全総点検なども活用し，機会あるごとに事業者や運行管理者等に対し指導を行っている。

また，運送事業者に対し飲酒運転防止の徹底を要請した。

⑷ICT・自動運転等新技術の開発・普及推進

自動車運送事業者における交通事故防止のための取組を支援する観点から，デジタル式運行記録計等の運行管理の高度化に資する機器の導入や，過労運転防止のための先進的な取組等に対し支援を行っている。

また，令和４年度には，運行管理高度化に係る実証実験を実施し，同一事業者内の遠隔点呼や自動点呼に用いる機器等の要件等を取りまとめ，令和５年３月，対面による点呼と同等の効果を有するものとして国土交通大臣が定める方法を定める告示を制定するとともに，令和５年度には，有識者が参画するワーキンググループにおける議論を踏まえ，事業者間遠隔点呼の先行実施を開始した。

⑸超高齢社会におけるユニバーサルサービス連携強化を踏まえた事故の防止対策

高齢者における発症率が高く自覚症状が無いまま運転を続ける可能性がある緑内障を始めとした視野障害等について，事業者が取り組むべき内容をマニュアルとして取りまとめ，各種講演会等を通じて周知を行っている。また，視野障害のある運転者を早期に発見することを目的とするスクリーニング検査の受診促進についてモデル事業を実施している。

⑹業態ごとの事故発生傾向，主要な要因等を踏まえた事故防止対策

輸送の安全の確保を図るため，トラック・バス・タクシーの業態ごとの特徴的な事故傾向を踏まえた事故防止の取組について評価し，更なる事故削減に向け，必要に応じて見直しを行う等のフォローアップを実施している。

トラックの中でも事業用軽貨物自動車の死亡重傷事故件数が増加していることを踏まえ，荷主や元請運送事業者等の関係者を交えた「貨物軽自動車運送事業適正化協議会」において，輸送の安全に関する情報共有や意見交換を実施している。

⑺事業用自動車の事故調査委員会の提案を踏まえた対策

事業用自動車事故調査委員会において，社会的影響の大きな事業用自動車の重大事故について，背景にある組織的・構造的問題の更なる解明を図るなど，より高度かつ複合的な事故要因の調査分析を行っており，令和５年度に５件，通算で58件の報告書を公表している。

⑻運転者の健康起因事故防止対策の推進

報告件数が近年増加傾向にある事業用自動車の健康起因事故を防止するため，「事業用自動車健康起因事故対策協議会」において「自動車運送事業者における脳血管疾患対策ガイドライン」（平成30年２月策定），「自動車運送事業者における心臓疾患・大血管疾患対策ガイドライン」（令和元年７月策定）や「自動車運送事業者における視野障害対策マニュアル」（令和４年３月策定）の周知等により健康起因事故対策を促進している。

⑼自動車運送事業者に対するコンプライアンスの徹底

自動車運送事業者における関係法令等の遵守及び適切な運行管理の徹底を図るため，悪質違反を犯した事業者や重大事故を引き起こした事業者に対する監査の徹底及び法令違反が疑われる事業者に対する重点的かつ優先的な監査を実施している。

また，平成28年11月より，事故を惹起するおそれの高い事業者を抽出・分析する機能を備えた「事業用自動車総合安全情報システム」の運用を開始した。

さらに，貸切バスについては，軽井沢スキーバス事故を受け取りまとめた総合的対策に基づき，法令違反を早期に是正させる仕組みの導入や行政処分を厳格化して違反を繰り返す事業者を退出させるなどの措置を平成28年12月より実施するとともに，平成29年８月より，民間の調査員が一般の利用者として実際に運行する貸切バスに乗車し，休憩時間の確保などの法令遵守状況の調査を行う「覆面添乗調査」を実施している。

このほか，自動車運送事業者に対する行政処分基準については適宜見直しすることとし，令和５年９月，大型車の車輪脱落事故を惹起した悪質な運送事業者に対する行政処分を追加する改正を行った。

⑽自動車運送事業安全性評価事業の促進等

貨物自動車運送適正化事業実施機関では，貨物自動車運送事業者について，利用者がより安全性の高いトラック事業者を選びやすくするとともに，事業者全体の安全性向上に資するため，平成15年度から，事業者の安全性を正当に評価・認定し，公表する「貨物自動車運送事業安全性評価事業（Gマーク制度）」を実施している。令和５年12月現在，２万9,044事業所に対して「安全性優良事業所（Gマーク認定事業所）」の認定を行っている。また，貸切バス事業者安全性評価認定実施機関では，貸切バス事業者について，利用者や旅行会社がより安全性の高い貸切バス事業者を選びやすくするとともに，事業者の安全性向上に資するため，平成23年度から，事業者の安全性を正当に評価・認定し，公表する「貸切バス事業者安全性評価認定（SAFETY BUS）」を実施している。令和５年12月現在，2,028事業者に対して認定を行っている。

⑾安全上問題のあるバス停留所における対策

バス停留所の安全性確保に資する取組として，警察や道路管理者等の関係機関の協力も得ながら，国土交通省運輸支局ごとに開催されるバス停留所安全性確保合同検討会でバス停留所ごとに安全対策の実施及び進捗状況の公表を行っている。

6　交通労働災害の防止等

⑴交通労働災害の防止

全産業で発生した労働災害のうち死亡災害についてみると，令和４年において，道路上の交通事故による死亡者は，全体の死亡者数の約17％を占め，特に陸上貨物運送事業では事業の特性から道路上の交通事故によるものが約37％を占めた（第1-12表）。

厚生労働省では，「交通労働災害防止のためのガイドライン」に基づき，都道府県労働局，労働基準監督署，関係団体を通じて，自動車運転者の睡眠時間の確保に配慮した適正な労働時間等の管理及び走行管理の実施等の対策を積極的に推進するよう，関係事業者に対し周知徹底することにより，交通労働災害防止対策の推進を図った。

第1-12表　労働災害による死者数中交通事故による死者数の占める割合の推移

年	全産業			陸上貨物運送事業		
	労働災害全死者数 (A)	道路上の交通事故 (B)	道路上の交通事故の比率 (B)/(A)	労働災害全死者数 (A)	道路上の交通事故 (B)	道路上の交通事故の比率 (B)/(A)
	人	人	%	人	人	%
平成30年	909	175	19.3	102	47	46.1
31/令和元年	845	157	18.6	101	40	39.6
2	784	164	20.9	86	32	37.2
3	778	129	16.6	89	37	41.6
4	774	129	16.7	90	33	36.7

注　1　厚生労働省資料による。
　　2　新型コロナウイルス感染症へのり患による労働災害を除いたもの。

⑵運転者の労働条件の適正化等

ア　自動車運転者の労働条件確保のための監督指導等

自動車運転者の労働時間等の労働条件の確保を図り，もって交通労働災害の防止に資するため，自動車運転者を使用する事業場に対し，重点的な監督指導を実施することなどにより（第1-13表），労働基準法（昭22法49）等の関係法令及び自動車運転者の労働時間等の改善のための基準（平元労働省告示7。以下「改善基準告示」という。）の遵守徹底を図った。さらに，令和6年4月から自動車運転者に時間外労働の上限規制及び改正された改善基準告示が適用されること等について，荷主を含めて幅広く周知等を行っている。また，「特定地域における一般乗用旅客自動車運送事業の適正化及び活性化に関する特別措置法等の一部を改正する法律」（平25法83）の附帯決議において，「一般乗用旅客自動車運送事業者は，歩合給と固定給のバランスの取れた給与形態の再構築，累進歩合制の廃止，事業に要する経費を運転者に負担させる慣行の見直し等賃金制度等の改善等に努める」等とされたことを踏まえ，タクシー運転者の賃金・労働条件の改善等については，運賃改定等の機会を捉えて，事業者に対して働き掛けを行った。

第1-13表　自動車運転者を使用する事業場に対する監督指導結果

（令和4年）

業種＼事項	監督実施事業場数	改善基準告示違反事業場数
トラック	3,079	1,790
バス	123	50
ハイヤー・タクシー	271	82
その他	312	115

注　厚生労働省資料による。

イ　相互通報制度等の活用

交通関係行政機関が，相互通報制度等を活用し，連携をより一層密にすることにより，協力して自動車運送事業者等の労務管理及び運行管理の適正化を図った。

ウ　労務管理の推進

自動車運転者の労働条件及び安全衛生の確保及び改善を図るため，使用者等に対し，労働時間管理適正化指導員により，指導・助言等を行った。

7　道路交通に関する情報の充実

⑴危険物輸送に関する情報提供の充実等

危険物の輸送中の事故による大規模な災害を未然に防止するため，関係省庁の密接な連携の下に，危険物の運送業者に対して，適正な運行計画の作成等の運行管理の徹底，関係法令の遵守，異常・事故発生時の応急措置を記したイエローカード（緊急連絡カード）の携行及び容器イエローカードの添付等を指導するとともに，危険物輸送に係る事故事例を把握した際は，関係事業者団体等に事故防止の徹底を要請し，危険物輸送上の安全確保の徹底を図っている。

また，危険物運搬車両の交通事故により危険物の流出事故等が発生した場合に，安全かつ迅速に事故の処理等を行うため，危険物災害等情報支援システムを運用し，消防機関に対し，危険物の物性及び応急措置等の情報提供を行っている。

⑵国際海上コンテナの陸上輸送に係る安全対策

国際海上コンテナの陸上運送の安全対策を推進すべく，平成25年６月に関係者間での確実なコンテナ情報の伝達等について記載した「国際海上コンテナの陸上における安全輸送ガイドライン」の改訂及びマニュアルの策定を行い，令和３年４月にはマニュアルを一部改訂し，地方での関係者会議や関係業界による講習会等において本ガイドライン等の浸透を図った。さらに，当該ガイドライン及びマニュアルにつき，リーフレットによる周知や，英訳版の作成に取り組むなど，関係者と連携した安全対策に取り組んでいる。

⑶気象情報等の充実

道路交通に影響を及ぼす台風，大雨，大雪，津波等の自然現象について，的確に実況監視を行い，適時適切な予報・警報等を発表・伝達して，事故の防止及び被害の軽減に努めた。また，台風や線状降水帯による集中豪雨等の予測精度を向上させるため，新しいスーパーコンピュータシステムの運用を令和６年３月から開始した。線状降水帯による大雨の危機感を少しでも早く伝えるため，これまで発表基準を実況で満たしたときに発表していた「顕著な大雨に関する気象情報」について，予測技術を活用し，最大で30分程度前倒しして発表する運用を令和５年度から開始した。

ア　気象監視体制の整備

令和４年12月に観測を開始した静止気象衛星「ひまわり９号」の運用を継続した。「ひまわり８号」は待機運用を継続し，２機体制を維持した。

また，令和５年３月に大気の３次元観測機能等の最新技術を取り入れた次期静止気象衛星「ひまわり10号」の整備に着手した。

イ　道路情報提供装置等の整備

安全な通行を確保するため，道路の積雪状況や路面状況等を収集し，道路利用者に提供する道路情報提供装置等を整備した。

ウ　地震・津波監視体制の整備

24時間体制で全国の地震活動を監視し，迅速かつ的確な地震情報や津波警報等の発表を行うとともに，情報の内容や利活用について周知・広報の取組を推進した。緊急地震速報については，迅速な発表を行うとともに，揺れの過大予測を低減する技術的改善を実施したほか，周知・広報の取組を推進した。加えて，津波の第一波到達予想時刻をビジュアル化して報道発表資料等での提供を開始するなど情報の充実を図った。

また，関係機関や基盤的調査観測網によるデータを収集・処理し，そのデータを防災情報等に活用するとともに，その処理結果を地震調査研究推進本部地震調査委員会による地震活動評価や関係機関の地震調査研究に資するよう提供した。

エ　火山監視体制の整備

全国111の活火山について，火山活動の監視・評価の結果に基づき噴火警報等及び降灰予報の的確な発表を行った。また，そのうち50火山については常時観測火山として，24時間体制で火山活動を監視するとともに，平常時からの火山防災協議会（都道府県，市町村，気象台，砂防部局，自衛隊，警察，消防，火山専門家等で構成）における避難計画の共同検討を通じて，噴火警戒レベル（硫黄島を除く周辺に居住地域がある49火山で運用中）の改善を推進した。さらに，火山噴火後の救助・捜索活動や防災対応を支援するため，「火山噴火応急対策支援サイト」の活用等により，自治体と地元気象台との双方向での情報共有を行った。

オ　気象知識の普及等

気象・地象・水象の知識の普及など気象情報の利用方法等に関する講習会等の開催，広報資料の配布等を行ったほか，防災気象情報の改善に際しては防災機関の担当者や報道機関等を対象に説明を行った。

大型バス事故を受けた対応について

国土交通省では，平成28年1月に発生した軽井沢スキーバス事故等を踏まえ，大型バスの安全に関する85項目の対策を取りまとめ，その対策を着実に実施するとともに，毎年，実施状況のフォローアップをしている。

また，適切な安全投資を確保するための取組やバス事業者への安全対策徹底の指導等，貸切バスの安全・安心の確保に向け，国，バス業界及び旅行業界が取り組む対策を令和3年10月に取りまとめた。また，今後の需要回復期に向けて稼働率が低くなっていた貸切バス事業者が本格的に事業を再開するに当たり，安全を軽視することなく事業を実施してもらうよう，国土交通省による事業者講習会及び街頭監査を全国一斉に実施している。

神奈川運輸支局での講習会の様子

貸切バスに対する街頭監査

このような取組を進めているが，令和4年10月に静岡県の県道において観光バスが横転し，乗客が死傷する痛ましい事故が発生した。

当該事故については，事業用自動車事故調査委員会において事故原因の調査がなされているところだが，国土交通省では，令和4年10月以降の貸切バス事業者に対する集中的な監査において，適正な運賃・料金の収受や運行管理の状況等を重点的に確認することを徹底している。さらに，令和5年1月には「自動車運送事業者が事業用自動車の運転者に対して行う一般的な指導及び監督の実施マニュアル」の改正を行うとともに，同年10月，貸切バスの安全性向上に向けた新たな対策を制度化すべく，関係法令等の改正及び事業者に向けた周知を行っている。

今後，事故調査等を通じて明らかになる事実関係も踏まえつつ，事業者に対する指導や監査により法令遵守を改めて徹底するとともに，引き続き，更なる安全・安心の確保に向けた対策に取り組んでいく。

周知用パンフレット（一部抜粋）

解説動画
（国土交通省 YouTube チャンネルで公開中）

パンフレットや動画を御覧になる場合は，
こちらのQRコードから御確認ください
（国土交通省 Web ページに遷移します）

第４節　車両の安全性の確保

1　自動車保有台数の推移

令和５年12月末現在の自動車保有台数は約8,305万台であり，前年に比べて31万台（約0.4％）増加し，自動車１台当たりの人口は1.5人（令和５年10月末現在）である（第1-42図）。

自動車保有台数を用途別及び車種別にみると，軽四輪乗用自動車が約2,340万台と最も多数を占め，全自動車台数の28.2％を占めている。そのほか普通乗用自動車が約2,093万台で25.2％，小型乗用自動車が約1,800万台で21.7％となっており，この３車種で全体の75.0％以上を占めている（第1-14表）。

2　車両の安全性に関する基準等の改善の推進

⑴道路運送車両の保安基準の拡充・強化等

ア　車両の安全対策の推進

第11次交通安全基本計画を踏まえ，交通政策審議会陸上交通分科会自動車部会において，今後の車両の安全対策の在り方，車両の安全対策による事故削減目標等について審議され，令和３年６月，報告書が取りまとめられた。報告書では「歩行者・自転車等利用者の安全確保」，「自動車乗員の安全確保」，「社会的背景を踏まえて重視すべき重大事故の防止」及び「自動運転関連技術の活用・適正利用促進」を今後の車両安全対策の柱とするとともに，令和12年までに，車両安全対策により，令和２年比で，年間の30日以内交通事故死者数を1,200人削減，重傷者数を11,000人削減するとの目標が掲げられた。

また，高齢運転者の事故防止対策として，「安全運転サポート車」（サポカー）の普及促進等により，先進的な安全技術を搭載した自動車の普及促進に取り組み，その結果，ほぼ全ての新車乗用車に衝突被害軽減ブレーキ等の先進安全技術が搭載されている。

イ　道路運送車両の保安基準の拡充・強化

自動車の安全性の向上を図るため，国連の自動車基準調和世界フォーラム（WP29）において日本が副議長を担うなど議論を主導しているところである。例えば，車両の直前等の近傍の死角に幼

第1-42図　自動車保有台数の推移

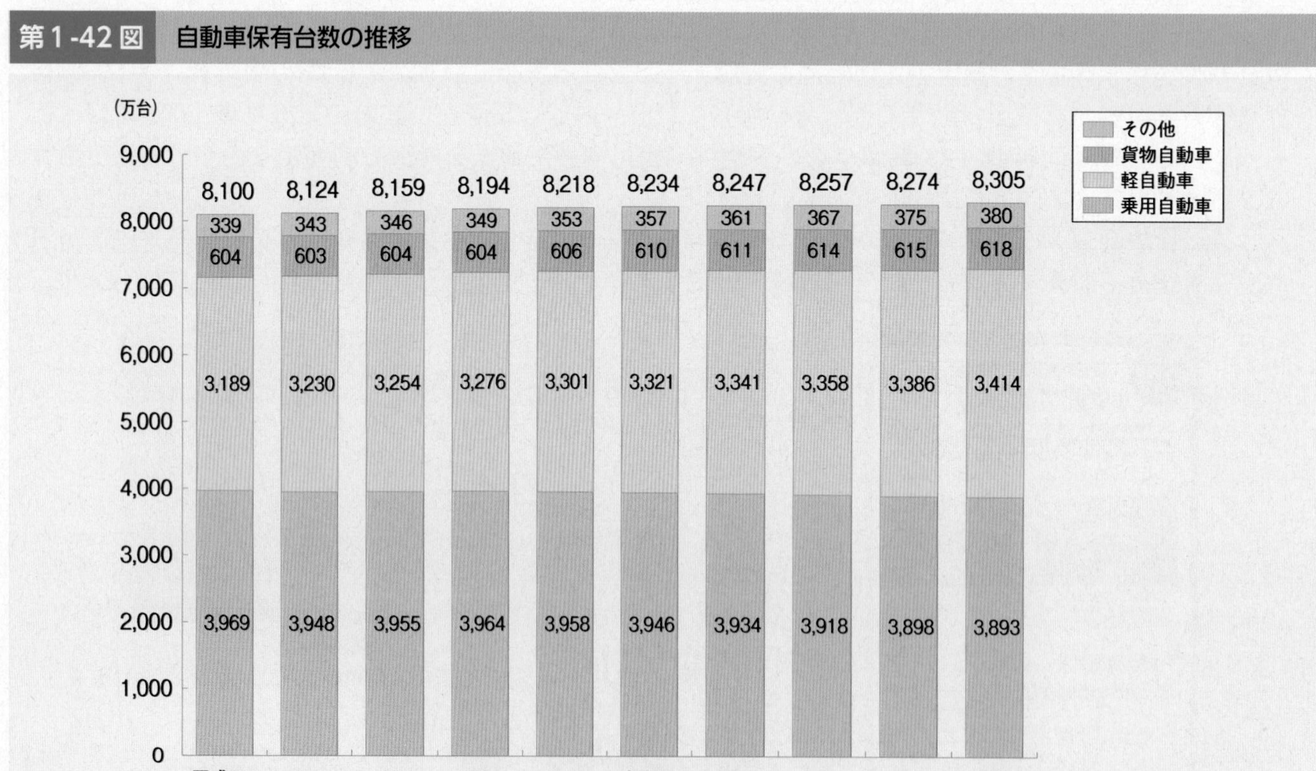

注　1　国土交通省資料により，各年12月末現在の値である。
　　2　第１種及び第２種原動機付自転車並びに小型特殊自動車を除く。
　　3　単位未満は四捨五入しているため，内訳の合計が全体と一致しないことがある。

第1-14表　用途別及び車種別自動車保有台数

(各年12月末現在)

用途別・車種別		令和4年		令和5年		対前年比	
		台数	構成率	台数	構成率	増減数	増減率
		台	%	台	%	台	%
貨物用	普通車	2,456,111	3.0	2,466,553	3.0	10,442	0.4
	小型四輪車	3,501,679	4.2	3,512,998	4.2	11,319	0.3
	小型三輪車	1,013	0.0	1,010	0.0	− 3	− 0.3
	被けん引車	194,255	0.2	197,943	0.2	3,688	1.9
	軽四輪車	8,411,502	10.2	8,447,004	10.2	35,502	0.4
	軽三輪車	1,210	0.0	1,205	0.0	− 5	− 0.4
	貨物用計	14,565,770	17.6	14,626,713	17.6	60,943	0.4
乗合用	普通車	104,265	0.1	103,251	0.1	− 1,014	− 1.0
	小型車	109,127	0.1	107,625	0.1	− 1,502	− 1.4
	乗合用計	213,392	0.3	210,876	0.3	− 2,516	− 1.2
乗用	普通車	20,488,930	24.8	20,925,199	25.2	436,269	2.1
	小型車	18,491,891	22.3	17,999,335	21.7	− 492,556	− 2.7
	軽四輪車	23,177,282	28.0	23,396,129	28.2	218,847	0.9
	乗用計	62,158,103	75.1	62,320,663	75.0	162,560	0.3
特種(殊)用途用	普通車	1,127,952	1.4	1,138,033	1.4	10,081	0.9
	小型車	158,107	0.2	160,047	0.2	1,940	1.2
	大型特殊車	358,720	0.4	361,777	0.4	3,057	0.9
	軽四輪車	160,827	0.2	161,273	0.2	446	0.3
	特種（殊）用途用計	1,805,606	2.2	1,821,130	2.2	15,524	0.9
二輪車	小型二輪車	1,889,282	2.3	1,933,435	2.3	44,153	2.3
	軽二輪車	2,107,466	2.5	2,135,341	2.6	27,875	1.3
	二輪車計	3,996,748	4.8	4,068,776	4.9	72,028	1.8
総計		82,739,619	100.0	83,048,158	100.0	308,539	0.4

注　1　国土交通省資料による。
　　2　特種用途自動車とは，緊急車，冷蔵・冷凍車のように特殊の目的に使用されるものをいい，大型特殊自動車とは，除雪車，ブルドーザー等のように特殊の構造を有するものをいう。

児等がいることに気づかず発進してしまうといった悲惨な事故を防止する「直前直左右確認装置」の国連基準化などを通じ，保安基準の拡充・強化を行った。

⑵先進安全自動車（ASV）の開発・普及の促進

産学官の連携により，先進技術を搭載した自動車の開発と普及を促進し，交通事故削減を目指す「先進安全自動車（ASV）推進プロジェクト」では，令和３年度から令和７年度の５年間にわたる第７期ASV推進検討会において，「自動運転の高度化に向けたASVの更なる推進」を基本テーマに掲げ，事故実態の分析を通じ，①ドライバーの認知ミス又は操作ミスによる明らかに誤った操作に対して，システムの安全操作を優先する安全技術，②車両間の通信により，見通しの悪い交差点での出会い頭の事故等を防止する安全技術，③歩行者等の交通弱者と通信を行い，交通弱者が被害者となる事故を防止する安全技術等がより安全に寄与する事故形態の検討を行った。

また，バス，トラック等の安全対策として，歩行者まで検知可能な衝突被害軽減ブレーキ，ドライバー異常時対応システム，事故自動通報システム等ASV装置に対する補助を継続して実施するとともに，税制特例の対象に歩行者まで検知可能な衝突被害軽減ブレーキを追加する措置を講じた。

⑶高齢運転者による事故が相次いで発生している状況を踏まえた安全対策の推進

ペダルの踏み間違いなど運転操作ミス等に起因する高齢運転者による事故が発生していることや，高齢化の進展により運転者の高齢化が今後も加速していくことを踏まえ，「安全運転サポート車」（サポカー）の普及促進に取り組む等により，先進的な安全技術を搭載した自動車の性能向上と普及促進に取り組んだ。

3　自動運転車の安全対策・活用の推進

⑴自動運転車に係る安全基準の策定

より高度な自動運転車の国際基準の策定に向けて，国連WP29における議論を官民をあげて主導し，自動運転車が有するべき機能要件や自動運転車の認証方法に関する国際ガイドラインの策定等について検討を進めた。

⑵安全な無人自動運転移動サービス車両の実現に向けた取組の促進

高齢者等の事故防止や移動手段の確保などに資することから，令和７年度目途に50か所程度，令和９年度までに100か所以上の地域での無人自動運転移動サービスの実現を政府目標に掲げ，自動運転の社会実装に向けた取組を行う地方公共団体に対して支援を行うなど，自動運転の普及・拡大に向けた取組を進めた。また，自動運転車を活用したサービスの実現を目指す事業者が実証実験を安全に行い，事業化につなげられるよう，適切な安全性を有する自動運転車の設計方法や車両の評価方法等をまとめた「安全設計・評価ガイドブック」の策定を行った。

⑶自動運転車に対する過信・誤解の防止に向けた取組の推進

レベル１，レベル２の自動運転機能を搭載した自動車について，技術に対する過信による事故を防止するため，関係団体等と連携した広報啓発活動により，技術の限界や使用上の注意点等の理解の促進を図った。

⑷自動運転車に係る電子的な検査の導入や審査・許可制度の的確な運用

令和６年10月より開始される「OBD検査※」の導入に向けて，検査の合否判定に必要なシステムの開発など，環境整備を進めた。また，レベル４の自動運転車に対するシミュレーション等を活用した審査手法の構築に向け，調査を行った。さらに，ソフトウェアアップデート後の自動車の保安基準適合性や配信する事業者のサイバーセキュリティについて審査を行う等，自動車の特定改造等の許可制度を的確に運用した。

⑸自動運転車の事故に関する原因究明及び再発防止に向けた取組の推進

自動運転車の事故の原因を究明するための調査分析及び再発防止に向けた提言を行うことを目的として設置している「自動運転車事故調査委員会」において，自動運転の実証実験中に発生した事故についての調査分析を行ったほか，自動運転車の事故調査に資する知見の収集を行った。

4　自動車アセスメント情報の提供等

自動車アセスメントは，市販されている自動車やチャイルドシートの安全性能評価試験を行い，その結果を公表することで，ユーザーが安全な自動車等を選択できる環境をつくり，安全な自動車等の普及を図ることを目的としている。令和５年度（令和６年３月31日時点）は，８車種について「自動車安全性能2023」の結果を公表した。さらに，対歩行者のペダル踏み間違い時加速抑制装置について，評価を開始した。

5　自動車の検査及び点検整備の充実

⑴自動車の検査の充実

ア　自動車検査の実施状況

自動車の安全確保と公害の防止を図るため，独立行政法人自動車技術総合機構と連携して，道路運送車両法（昭26法185）に基づき，自動車（軽自動車及び小型特殊自動車を除く。）の新規検査，継続検査及び構造等変更検査を行っている。令和４年度の検査実施車両は第1-15表のとおりである。また，不正改造車の排除等を目的とした街頭検査を行っており，令和４年度の検査実施車両は，約14万台であった。

イ　自動車検査施設の整備

自動車検査施設については，自動車ユーザーが

※ OBD（On Board Diagnostics）検査
　自動車に搭載された電子装置の故障や不具合の有無に関する検査。

第1-15表　自動車検査実施状況

検査の種類	平成30年度		令和元年度		令和2年度		令和3年度		令和4年度	
	件数	構成率	件数	構成率	件数	構成率	件数	構成率	件数	構成率
	件	%	件	%	件	%	件	%	件	%
新規検査	4,513,942	17.6	4,392,438	17.4	4,185,505	16.3	3,916,400	15.5	3,868,050	14.9
継続検査	21,043,151	82.1	20,795,904	82.4	21,431,112	83.4	21,239,742	84.2	21,945,206	84.8
構造等変更検査	62,001	0.2	61,833	0.2	66,952	0.3	70,525	0.3	74,358	0.3
整備不良車両の整備確認	910	0.0	810	0.0	588	0.0	607	0.0	433	0.0
計	25,620,004	100.0	25,250,985	100.0	25,684,157	100.0	25,227,274	100.0	25,888,047	100.0

注　1　国土交通省資料による。
　　2　整備不良車両の整備確認とは，道路運送車両法第54条及び第54条の2（整備命令等）並びに道路交通法第63条の規定による整備不良車両に必要な整備がなされたことの確認である。
　　3　軽自動車は除く。

受検しやすいよう音声誘導装置付検査機器及び映像式受検案内表示システムを導入している。また，より確実な自動車検査を行うため，車両画像取得装置等の自動車検査の高度化施設を整備し活用している。

ウ　軽自動車の検査の実施状況

軽自動車検査協会において，令和４年度に約1,493万台の軽自動車（二輪の軽自動車を除く。）の検査を実施した。

⑵型式指定制度の充実

自動車の型式指定等に当たっては，保安基準への適合性及び生産過程における品質管理体制等の審査を独立行政法人自動車技術総合機構交通安全環境研究所と連携して実施し，自動車の安全性の増進等を図っている。

また，近年発覚した型式指定申請における不正行為を踏まえ，同種の不正事案を防止するため，型式指定に係る要件の強化等について検討を行うこととしている。

⑶自動車点検整備の充実

ア　自動車点検整備の推進

自動車ユーザーの保守管理意識の高揚と点検整備の適切な実施の推進を図るため，令和５年９月，10月を強化月間として「自動車点検整備推進運動」を全国的に展開した。

また，大型車の車輪脱落事故やバスの車両火災事故，車体腐食による事故等の点検・整備等の不良に起因する事故の防止を図るため，事故の発生状況の取りまとめ，公表や点検・整備等の実施に当たって注意すべき事項の周知徹底を行った。特に，大型車のホイール・ナット脱落等による車輪脱落事故が増加していることを踏まえ，令和４年２月に設置した「大型車の車輪脱落事故防止対策に係る調査・分析検討会」における「中間取りまとめ」を踏まえ，令和５年度においては，「大型車の車輪脱落事故防止キャンペーン」を５年10月から６年２月まで実施し，従前より実施している点検の奨励，適切な整備内容の周知・啓発の対策の深化を図るとともに，更なる対策として，整備管理者権限の明確化や整備管理者に対する指導強化を行うべく，自動車運送事業者や整備管理者に対する行政処分等を導入した。

イ　不正改造車の排除

道路交通に危険を及ぼし，環境悪化の原因となるなど社会的問題となっている，消音器の切断・取り外し，車体からの車輪のはみ出し等の不正改造車等を排除するため，関係機関の支援及び自動車関係団体の協力の下に「不正改造車を排除する運動」を全国的に展開した。特に，令和５年６月（沖縄は10月）を強化月間として，広報活動の一層の推進，関係者への指導徹底等により，自動車ユーザー及び自動車関係事業者等の不正改造防止に係る意識の更なる高揚を図るとともに，街頭検査の重点的実施等により，不正改造車の排除を徹底した。

また，不正改造を行った自動車特定整備事業者に対する立入検査の実施等を厳正に行った。

ウ　自動車特定整備事業の適正化及び生産性向上

整備事業者の適正な事業運営を確保することで自動車ユーザーの安全・安心を担保するため，法令違反行為を行った自動車特定整備事業者及び指定自動車整備事業者に対し，処分基準に基づく行政処分を適切に実施し，各地方運輸局等において公示するとともに，国土交通省ネガティブ情報検索サイトを通じて処分の統一的な公表を実施している。

また，認証を受けずに特定整備を行っている事業者を排除し，道路運送車両の安全確保を図るため，毎年７月を「未認証行為の調査・確認・指導のための強化月間」と定め，情報の収集及び収集した情報に基づく指導等を推進した。

さらに，事業者における中小企業等経営強化法（平11法18）に基づく「経営力向上計画」の認定取得を促進し，税制面や金融面の支援を受けることによる経営管理の改善や生産性の向上等を図った。

エ　自動車の新技術への対応等整備技術の向上

自動車特定整備事業者は，自動車の点検整備を適切に実施するため，自動車への新技術の採用等の車社会の環境の変化に対応することが求められている。このため，整備主任者を対象とした技術研修等の実施により，自動車の新技術及び多様化するユーザーニーズに対応していくための技術の向上や高度化を図っている。また，自動車特定整備事業者の整備技術の高度化等への支援を行った。

また，「自動車整備技術の高度化検討会」を開催し，自動車技術の進化に適切に対応するため，ユーザーに代わって自動車を保守する自動車整備士の資格体系の見直しなどについて検討を行い，取りまとめた。

さらに，令和２年４月１日に施行された道路運送車両法の一部を改正する法律（令元法14）により，高度な整備技術を有するものとして国が認証を与えた整備工場（認証工場）でのみ作業が可能な整備の範囲を拡大することで，自動車の使用者が安心して整備作業を整備工場に委託できる環境作りを進めている。具体的には，これまで「対象装置の取り外しを行う整備（分解整備）」がその対象だったのに対し，対象装置に「自動運行装置」を加えるとともに，取り外しは行わずとも制動装置等の作動に影響を及ぼすおそれがある作業を対象に含め，特定整備と改称した。

加えて，新技術が採用された自動車の整備や自動車ユーザーに対する自動車の正しい使用についての説明等のニーズに対応するため，一級自動車整備士制度を活用している。なお，令和４年度には1,398名が一級小型自動車整備士技能検定に合格した（令和５年３月末までの累計２万1,570名）。

オ　ペーパー車検等の不正事案に対する対処の強化

指定自動車整備事業者は，国の検査を代行し自動車の安全・環境基準への適合性を確保する車検制度の根幹に関わることから，引き続き監査等を厳正に実施し，法令遵守の指導を徹底していく。

6　リコール制度の充実・強化

自動車のリコールの迅速かつ着実な実施のため，自動車製作者等のリコール業務について監査等の際に確認・指導するとともに，安全・環境性に疑義のある自動車については独立行政法人自動車技術総合機構交通安全環境研究所において現車確認等による技術的検証を行った。加えて，リコール制度の的確な運用のため，自動車不具合情報ホットラインを活用し，ユーザーからの情報の収集に努めた。

さらに，国土交通省に寄せられた不具合情報や事故・火災情報等を公表し，ユーザーへの注意喚起が必要な事案や適切な使用及び保守管理，不具合発生時の対応について，YouTubeで動画を配信する等，ユーザーへの情報提供に努めた。

なお，令和５年度のリコール届出件数は349件，対象台数は810万4,217台であった。

7　自転車の安全性の確保

自転車の安全な利用を確保し，自転車事故の防止を図るため，駆動補助機付自転車（人の力を補うため原動機を用いるもの）及び普通自転車に係る型式認定制度を運用しており，令和５年度には，駆動補助機付自転車を125型式，普通自転車を100型式認定した。

この型式認定制度は，型式認定を受けた駆動補助機付自転車等に型式認定番号等を表示させ，また，基準適合品であることを示す標章（TSマーク）を貼付することができることとし，当該駆動補助機付自転車等が道路交通法等に規定されている基準に適合したものであることを外観上明確にして，利用者の利便を図るとともに，基準に適合した駆動補助機付自転車等を普及させることにより，交通の安全の推進を図るものである。

また，自転車利用者が定期的な点検整備や正しい利用方法等の指導を受ける気運を醸成するため，関係団体は全国各地の学校等で自転車の安全点検促進活動や安全利用講習を実施するとともに，近年，歩行者との事故等自転車の利用者が加害者となる事故に関し，高額な賠償額となるケースもあり，こうした賠償責任を負った際の支払原資を担保し，被害者の救済の十全を図るため，損害賠償責任保険等への加入を促進した。

さらに，薄暮の時間帯から夜間における交通事故の防止を図るため，灯火点灯の徹底と反射材用品等の取付けの促進により，自転車の被視認性の向上を図った。

加えて，BAAマークを始めとする各種マーク制度（SBAA PLUSマーク，幼児２人同乗基準適合車マーク，TSマーク，SGマーク，JISマーク）を活用した安全性の高い自転車の供給・普及のため自転車技士※及び自転車安全整備士※に関する制度を後援した。

第5節　道路交通秩序の維持

1　交通指導取締りの状況

⑴交通指導取締りの状況

令和５年中における車両等の道路交通法違反（点数告知に係る違反を除く。）の取締り件数は448万4,894件で，悪質性・危険性の高い違反としては，最高速度違反が88万8,500件，酒酔い・酒気帯び運転が２万1,467件，無免許運転が１万7,599件等である（第1-43図）。

なお，点数告知に係る違反の取締り件数について主なものをみると，座席ベルト装着義務違反が31万4,727件で，ヘルメット装着義務違反が7,303件等である。また，放置違反金納付命令件数が64万6,973件である。

⑵高速道路における交通指導取締りの状況

令和５年中の高速道路における交通違反取締り状況は，第1-16表のとおりである。

⑶交通反則通告制度の適用状況

令和５年中に反則行為として告知した件数は431万5,982件で，車両等運転者の道路交通法違反（点数告知に係る違反を除く。）の取締り件数中に占める比率（反則適用率）は96.2％である。

反則告知件数を成人・少年別にみると，成人は423万6,014件，少年は７万9,968件である。また，行為別にみると，主なものは，最高速度違反が83万1,233件（19.3％），一時停止違反が126万3,500件（29.3％），携帯電話使用等違反が21万3,842件（5.0％）である。

2　交通指導取締りの強化等

平成25年に有識者懇談会において取りまとめられた「交通事故抑止に資する取締り・速度規制等の在り方に関する提言」を踏まえ，交通事故実態の分析結果に基づき，飲酒運転のほか，著しい速度超過等の交通死亡事故に直結する悪質性・危険性の高い違反及び迷惑性が高く地域住民からの取締り要望の多い違反に重点を置いた交通指導取締りを推進した。

近年，スマートフォン等の画面を注視していたことに起因する交通事故が増加傾向にある情勢等を踏まえ，携帯電話使用等に起因する悲惨な交通事故を防止するため，第198回国会において成立した道路交通法の一部を改正する法律（令元法20）により，携帯電話使用等に対する罰則が引き上げられ，令和元年12月から施行された。運転

※自転車技士

（一財）日本車両検査協会が，「自転車組立，検査及び整備技術審査」合格者に付与する称号。自転車技士は，（一社）自転車協会によるBAAマーク等貼付自転車，（一財）製品安全協会によるSGマーク表示自転車及び産業標準化法（昭24法185）によるJISマーク表示自転車の組立，検査及び整備を行う。

※自転車安全整備士

（公財）日本交通管理技術協会が，自転車安全整備技能検定合格者に付与する称号。自転車安全整備士は，自転車の点検整備を行い，道路交通法令の基準に適合する普通自転車に点検整備済TSマークを貼付するとともに，利用者に対して自転車の交通ルールや正しい乗り方について指導する。

第1-43図　交通違反取締り（告知・送致）件数（令和５年）

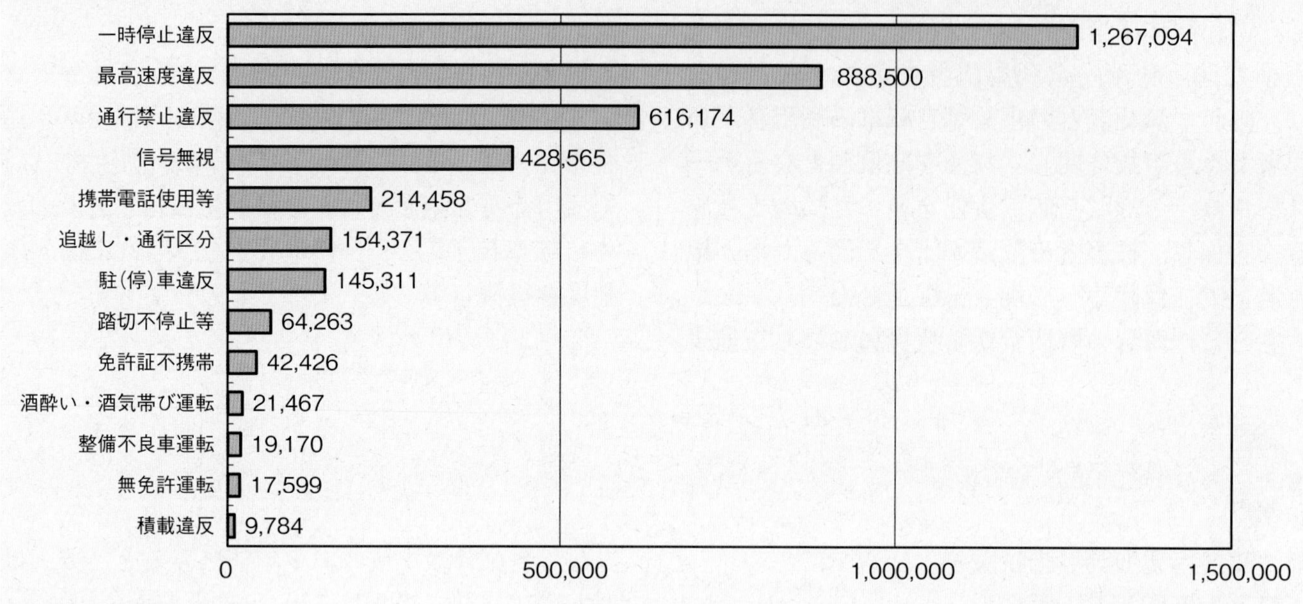

注　1　警察庁資料による。
　　2　高速道路分を含む。

第1-16表　高速道路における交通違反取締り状況

主法令違反別	令和４年		令和５年		対前年比	
	件数	構成率	件数	構成率	増減数	増減率
	件	%	件	%	件	%
総数	388,264	100.0	364,079	100.0	-24,185	-6.2
最高速度違反	272,995	70.3	261,523	71.8	-11,472	-4.2
積載違反	484	0.1	723	0.2	239	49.4
車両通行帯違反	57,011	14.7	47,149	13.0	-9,862	-17.3
車間距離不保持	5,213	1.3	5,527	1.5	314	6.0
酒酔い，酒気帯び運転	205	0.1	239	0.1	34	16.6
駐・停車違反	32	0.0	36	0.0	4	12.5
無免許，無資格運転	608	0.2	625	0.2	17	2.8
その他	51,716	13.3	48,257	13.3	-3,459	-6.7

注　1　警察庁資料による。
　　2　構成率は，単位未満で四捨五入しているため，総数と内訳の計が一致しない場合がある。

中に携帯電話等を使用することは重大な交通事故につながり得る極めて危険な行為であることから，運転者等に対して広報啓発を推進するとともに，携帯電話使用等の交通指導取締りを推進した。

さらに，平成29年６月，神奈川県内の東名高速道路上において，他の自動車を執拗に追跡し，進路をふさぐなどの妨害行為を繰り返した上，当該自動車を停止させて後続の自動車に追突させ，停止させられた自動車に乗車していた一家４人を死傷させる事件が発生したことなどを背景に，いわゆる「あおり運転」が重大な社会問題となり，令和２年６月，第201回国会において成立した道路交通法の一部を改正する法律（令２法42）により，妨害運転に対する罰則が創設された。妨害運転等に対する厳正な指導取締りを徹底するため，他の車両等の通行を妨害する目的で行われる悪質・危険な運転が関係する事案を認知した場合には，客観的な証拠資料の収集等を積極的に行い，創設された妨害運転罪や危険運転致死傷罪（妨害目的運転）等のあらゆる法令を駆使して，厳正な捜査を徹底したほか，妨害運転等の悪質・危険な運転を未然に防止するため，車間距離不保持，進路変更禁止違反，急ブレーキ禁止違反等の道路交通法違反について，積極的な交通指導取締りを推進した。

⑴一般道路における効果的な交通指導取締りの強化等

ア　信号機のない横断歩道における歩行者の優先等を徹底するため，運転者に対し，横断中はもとより横断しようとする歩行者の保護に資する指導を重点的に行うとともに，子供・高齢者が多い箇所においては適切に検挙措置を講じたほか，通学路等において可搬式の速度違反自動取締装置を活用するなど，交通事故実態に的確に対応した効果的な交通指導取締りを推進した。

イ　自転車利用者による危険・迷惑行為及び交通事故を防止するために，自転車指導啓発重点地区・路線を中心に，自転車利用者の信号無視，通行区分違反（右側通行，歩道通行等），一時不停止等，歩行者や他の車両にとって危険性・迷惑性の高い違反に重点を置いた取締りを行った。

ウ　パトカー等による警戒活動や通学時間帯，薄暮時間帯における交通街頭活動を推進し，違法行為の未然防止に努めたほか，交通事故抑止対策について国民の理解を深めるため，ウェブサイトやSNS等を活用した交通指導取締りに関する情報発信に努めるなど，交通事故抑止に資する取組を推進した。

エ　事業活動に関して行われた過労運転，過積載運転，放置駐車，最高速度等の違反及びこれらに起因する事故事件については自動車の使用者等の責任，いわゆる背後責任の追及を図るとともに，自動車の使用制限処分を行うなど，この種の違反の根源的対策を推進したほか，無車検運行，無保険車運行等各種交通関係法令違反についても取締りを推進した。

オ　飲酒運転に対する厳正な取締りを行っており，特に，夜間における取締体制を確保し，飲酒運転に係る取締結果や交通事故発生状況を的確に分析した上，飲酒運転が常態的に見られる時間帯・場所に重点を置いた効果的な飲酒運転の取締りを推進した。

カ　無免許運転又は飲酒運転を検挙した際は，その周辺者に対する的確な捜査を行い，これらの違反を助長する周辺者に対する取締りを推進した。

⑵高速道路における交通指導取締りの強化等

高速道路における安全で円滑な交通流を確保するため，各都道府県の高速道路交通警察隊の体制の充実強化を図るとともに，多角的な交通事故分析により交通危険箇所に重点を置いた機動警ら，駐留監視活動等を強化して交通流の整序に努め，悪質性・危険性・迷惑性の高い著しい速度超過，飲酒運転，車間距離不保持，通行帯違反等を重点とした指導取締りを推進した。

また，関係機関・団体と連携し，全席シートベルト着用の普及啓発活動を推進した。

3　交通事故事件等に係る適正かつ緻密な捜査の一層の推進

⑴交通事故事件捜査の現況

交通事故に係る自動車の運転により人を死傷させる行為等の処罰に関する法律（平25法86）による危険運転致死傷罪及び過失運転致死傷罪等事件の令和５年中における送致件数は，29万1,379件である。

なお，令和５年中のひき逃げ事件（交通事故に係る無申告事件を含む。）の発生件数及び検挙件数は，第1-17表のとおりである。

⑵適正かつ緻密な交通事故事件捜査の推進

交通事故事件捜査においては，初動捜査の段階から危険運転致死傷罪の適用も視野に入れ，組織的かつ重点的な捜査及び正確かつ綿密な鑑識活動を行うなど，適正かつ緻密な交通事故事件捜査を推進した。

また，客観的な証拠に基づいた事故原因の究明を図るため，常時録画式交差点カメラや3Dレーザースキャナ等の装備資機材を活用し，科学的捜査を推進した。

4　暴走族等対策の推進

暴走族は減少傾向にあるものの，都市部を中心に，地域住民や道路利用者に多大な迷惑を及ぼしていることから，共同危険行為等禁止違反，騒音関係違反※，車両の不正改造に関する違反等の取締りを推進するとともに，家庭，学校，保護司等

※騒音関係違反
道路交通法違反のうち，近接排気騒音に係る整備不良，消音器不備及び騒音運転等をいう。

第 1-17 表　ひき逃げ事件の発生・検挙状況

区分		ひき逃げ・無申告事件の発生・検挙状況				
	年別	令和元年	令和２年	令和３年	令和４年	令和５年
死亡	発　生（件）	130	96	92	102	89
	検　挙（件）	131	93	92	101	90
	検挙率（％）	100.8	96.9	100.0	99.0	101.1
重傷	発　生（件）	991	965	872	870	971
	検　挙（件）	672	657	655	621	730
	検挙率（％）	67.8	68.1	75.1	71.4	75.2
軽傷	発　生（件）	12,283	10,769	10,639	10,558	10,847
	検　挙（件）	6,161	6,067	6,290	6,047	6,353
	検挙率（％）	50.2	56.3	59.1	57.3	58.6
合計	発　生（件）	13,404	11,830	11,603	11,530	11,907
	検　挙（件）	6,964	6,817	7,037	6,769	7,173
	検挙率（％）	52.0	57.6	60.6	58.7	60.2

注　1　警察庁資料による。
　　2　ひき逃げ事件とは，人の死傷を伴う道路上の交通事故に係る救護措置義務違反をいう。
　　3　無申告事件とは，人の死傷を伴う道路上の交通事故に係る報告義務違反をいう。

第 1-18 表　暴走族等の勢力

区分	年	令和元年	令和２年	令和３年	令和４年	令和５年
暴走族	グループ数	150	131	124	121	137
	人員	6,073	5,714	5,838	5,770	5,850
旧車會	グループ数	516	510	499	491	425
	人員	5,661	5,583	5,648	5,888	5,351

注　1　警察庁資料による。
　　2　旧車會は，違法行為を敢行する者として把握した数。

と連携し，暴走族から離脱させるための措置をとるなど，総合的な暴走族対策を推進した。

令和５年末現在，警察が把握している全国の暴走族は，第1-18表のとおりである。

また，元暴走族構成員等が中心となって結成された「旧車會」等と呼ばれる集団の中には，暴走族風に改造した旧型の自動二輪車等を連ねて，大規模な集団走行を各地で行うなど，迷惑性が高いものもあることから，都道府県警察間での情報共有を図るとともに，関係機関と連携して騒音関係違反等に対する指導取締りを推進した。

(1)暴走族追放気運の高揚及び家庭，学校等における青少年の指導の充実

暴走族追放の気運を高揚させるため，「暴走族根絶（追放）条例」等の運用に協力するとともに，報道機関に対する資料提供等による広報活動を積極的に行った。

また，家庭，学校，職場，地域等において，青少年に対し，「暴走族加入阻止教室」を開催するなどの指導等を促進するとともに関係団体や暴走族相談員等との連携の下に，暴走族の解体，暴走族への加入阻止，暴走族からの離脱等の支援指導を徹底した。さらに，暴走族問題と青少年の非行等問題行動との関連性に鑑み，地域の関連団体等との連携を図るなど，青少年の健全育成を図る観点から施策を推進した。

学校において，非行防止教室の開催など生徒指導の充実に努めるとともに，文部科学省と独立行政法人教職員支援機構の共催による交通安全を含む安全教育担当教職員等のオンライン研修の実施などを通じて，児童生徒等に対する交通安全教育の充実を図った。

(2)暴走行為阻止のための環境整備

暴走族等（暴走族及び違法行為を敢行する旧車會員（暴走族風に改造した旧型の自動二輪車等を運転する者））及びこれに伴う群衆のい集場所と

第1-19表　暴走族等による道路交通法，道路運送車両法違反の検挙状況

区分＼年	令和元年	令和2年	令和3年	令和4年	令和5年
暴走族の検挙人員	7,053	8,200	6,189	6,375	6,512
旧車會の検挙人員	745	787	798	663	870
合計	7,798	8,987	6,987	7,038	7,382

注　警察庁資料による。

して利用されやすい施設の管理者に協力を求め，暴走族等及び群衆をい集させないための施設の管理改善等の環境づくりを推進するとともに，地域における関係機関・団体が連携を強化し，暴走行為等ができない道路環境づくりを積極的に行った。また，事前情報の入手に努め，集団不法事案に発展するおそれがあるときは，早期に暴走族等と群衆を隔離するなどの措置を講じた。

⑶暴走族等に対する指導取締りの推進

暴走族等に対しては，共同危険行為等の禁止違反や騒音関係違反を始めとする各種法令を活用した取締りを推進した。また，暴走行為に使用された車両等を積極的に押収し，暴走族等と車両の分離を図るとともに，不正改造等暴走行為を助長する行為に対しても背後責任の追及を行った。令和５年中の暴走族等の検挙状況をみると，前年に比べ検挙人員は4.9％増加した（第1-19表）。

⑷暴走族関係事犯者の再犯防止

暴走族関係事犯者の捜査に当たっては，個々の犯罪事実はもとより，組織の実態やそれぞれの被疑者の非行の背景となっている行状，性格，環境等の諸事情を明らかにしつつ，事件の速やかな処理に努めるとともに，グループの解体や暴走族グループから加入者等を離脱させるなど暴走族関係事犯者の再犯防止に努めた。

少年院送致決定を受けたあるいは保護観察に付された暴走族関係事犯少年等の処遇に当たっては，遵法精神のかん養，家庭環境の調整，交友関係の改善指導，暴走族組織からの離脱指導等，再犯・再非行防止に重点を置いた個別処遇に努めた。

なお，令和４年に保護観察に付された者のうち，保護観察開始前に暴走族と関係があった者は361人である。

⑸車両の不正改造の防止

消音器の切断・取り外し，車体からの車輪のはみ出し等の不正改造車等を排除し，自動車の安全運行を確保するため，年間を通じて「不正改造車を排除する運動」を実施した。特に，令和５年６月（沖縄は10月）を強化月間として，自動車検査のより一層確実な実施に加え，広報活動の一層の推進，関係者への指導徹底，街頭検査の重点化等を行った。

また，道路運送車両法の不正改造行為の禁止及び不正改造車両に対する整備命令に係る規定を的確に運用し，不正改造車の排除に努めた。

第6節　救助・救急活動の充実

1　救助活動及び救急業務の実施状況

⑴概要

ア　救助活動の実施状況

令和４年中の全国の救助活動実施状況は，第1-20表のとおりである。

イ　救急業務の実施状況

令和４年中の全国の救急出動件数は，消防防災ヘリコプターによる出動件数を含め，723万2,118件で，前年と比較し，103万6,049件（16.7％）増加した。また，搬送人員は，621万9,299人で，前年と比較し，72万5,641人（13.2％）増加した。

また，救急自動車による救急出動件数は，全国で１日平均１万9,807件であり，約4.4秒に１回の割合で救急隊が出動し，国民の約20人に１人が救急隊によって搬送されたことになる。

⑵交通事故に対する活動状況

令和４年中の救助活動件数及び救助人員のう

第 1-20 表　救助活動件数及び救助人員の推移

区分＼年	救助活動件数				救助人員			
	件数	対前年増減率	うち交通事故による件数	交通事故件数による割合	人員	対前年増減率	うち交通事故による人員	交通事故による人員の割合
	件	%	件	%	人	%	人	%
平成 30 年	61,507	9.2	14,261	23.2	63,836	10.7	18,813	29.5
令和元年	61,340	− 0.3	13,160	21.5	63,670	− 0.3	17,314	27.2
2	59,977	− 2.2	11,790	19.7	57,952	− 9.0	15,003	25.9
3	63,198	5.4	12,374	19.6	59,861	3.3	15,331	25.6
4	68,123	7.8	12,318	18.1	62,679	4.7	15,200	24.3

注　総務省消防庁資料による。

第 1-21 表　救急自動車による救急出動件数及び搬送人員の推移

区分＼年	救急出動件数			搬送人員		
	全出動件数			全搬送人員		
		うち交通事故による件数	全出動件数に対する割合		うち交通事故による人員	全搬送人員に対する割合
	件	件	%	人	人	%
平成 30 年	6,605,213	459,977	7.0	5,960,295	441,582	7.4
令和元年	6,639,767	432,492	6.5	5,978,008	411,528	6.9
2	5,933,277	366,255	6.2	5,293,830	342,250	6.5
3	6,193,581	368,491	5.9	5,491,744	340,573	6.2
4	7,229,572	382,301	5.3	6,217,283	347,372	5.6

注　総務省消防庁資料による。

ち，交通事故に際して救出困難な者が生じた場合に，消防機関が救助活動に当たったものは１万2,318件で，救助人員は１万5,200人となっており，それぞれ全体の18.1%，24.3%を占めた。

また，令和４年中の救急自動車による救急出動件数及び搬送人員は，第1-21表のとおりである。

救急業務全体に占める交通事故に起因するものの割合は減少傾向にあるが，救助活動に占める割合は依然として高い水準にあり，事故の種類・態様の複雑多様化に対処するためにも，引き続き救助・救急体制の一層の拡充が必要である。

２　救助・救急体制の整備

⑴概要

ア　救助隊及び救急隊の設置状況

令和５年４月１日現在，救助隊は全国722消防本部の97.6%に当たる705消防本部に1,418隊設置されており，救助隊員は２万4,413人である。救助隊を設置している消防本部の管轄対象となっている市町村は，全国1,719市町村のうち1,653市町村である。また，救急隊は全国で5,359隊設置されており，救急隊員は６万6,616人で，救急業務実施市町村数は，全国1,719市町村のうち1,690市町村である。

より高度化する救助・救急需要に適切に対処するため，引き続き，高度かつ専門的な教育を受けた救助隊員及び救急隊員の配置を推進している。

イ　救助・救急用資機材等の整備に対する財政措置

救助活動に必要な救助工作車や救助器具，救急救命士による救急救命処置等の実施に必要な高規格救急自動車や高度救命処置用資器材，消防防災ヘリコプター等の整備に対して地方交付税措置等，所要の財政措置を行っている。

⑵救助体制の整備・拡充

交通事故の種類・内容の複雑多様化に対処するため，救助体制の整備・拡充を図り，救助活動が円滑に実施されている。

⑶多数傷者発生時における救助・救急体制の充実

大規模道路交通事故等の多数の負傷者が発生する大事故に対応するため，広域災害・救急医療情報システムなどによる情報の共有や，救護訓練の実施及び消防機関や医療機関等の連携による救助・救急体制の充実が図られている。

⑷自動体外式除細動器（AED）の使用も含めた心肺蘇生法等の応急手当の普及啓発活動の推進

交通事故による負傷者の救命を図り，また，被害を最小限にとどめるためには，救助・救急体制及び救急医療体制の整備・充実に加え，バイスタンダー（事故現場に居合わせた人）による負傷者に対する迅速かつ適切な自動体外式除細動器（AED）の使用も含めた応急手当の実施が重要であり，広く応急手当の普及を図ることが有効である。

このため，運転免許を受けようとする者（指定自動車教習所の卒業証明書を有する者等を除く。）に対して，応急救護処置（交通事故現場においてその負傷者を救護するため必要な応急の処置）に関する講習の受講が義務付けられており，第二種免許を受けようとする者に対して行う応急救護処置に関する講習は，第一種免許に係る講習に比べて高度な内容となっている。また，指定自動車教習所の教習カリキュラムには，応急救護処置に関する内容が盛り込まれている。

消防機関においては，「救急の日」（9月9日）や「救急医療週間」（9月9日を含む一週間）を中心に，「応急手当の普及啓発活動の推進に関する実施要綱」に基づき，一般市民に対する応急手当の普及啓発に努めるとともに，応急手当指導員等の養成や応急手当普及啓発用資器材の整備を推進している。同要綱に基づき令和4年中に行われた応急手当指導員講習（普通救命講習又は上級救命講習の指導に当たる応急手当指導員を養成する講習）の修了者数は7,434名，応急手当普及員講習（事業所又は防災組織等において当該事業所の従業員又は防災組織等の構成員に対して行う普通救命講習の指導に当たる応急手当普及員を養成する講習）の修了者数は8,864名であった。

また，地域住民に対する応急手当普及啓発活動については，普通救命講習受講者数が80万8,519名，上級救命講習受講者数が5万2,888名となっている。

さらに，（公社）日本交通福祉協会は，安全運転管理者，運行管理者等を対象に，実技指導を主体とする交通事故救急救命法教育講習会を全国的に実施した。

⑸救急救命士の養成・配置等の促進

ア　救急救命士制度

重度傷病者が病院若しくは診療所に搬送されるまでの間又は重度傷病者が病院若しくは診療所に到着し当該病院若しくは診療所に入院するまでの間（当該重度傷病者が入院しない場合は，病院又は診療所に到着し当該病院又は診療所に滞在している間）に，重度傷病者の症状の著しい悪化を防止し，又はその生命の危機を回避するために緊急に必要な救急救命処置を行う救急救命士の資格保有者数は，令和5年末現在で，7万2,807人であり，搬送途上の医療の確保が図られている。

また，令和5年4月1日現在，全国の消防機関における救急救命士有資格者数は4万3,788人，うち救急隊員は3万2,767人である。なお，救急救命士の資格を有する救急隊員のうち気管挿管を実施することのできる者は1万6,351人，ビデオ硬性挿管用喉頭鏡を実施することのできる者は8,411人，薬剤投与（アドレナリン）を実施することのできる者は2万9,895人である。また，心肺機能停止前の重度傷病者に対する静脈路確保及び輸液を実施することのできる者は2万8,788人，血糖測定並びにブドウ糖溶液の投与を実施することのできる者は2万8,841人である。

イ　救急救命士資格の取得

救急隊員に救急救命士資格を取得させるための教育訓練は，各都道府県からの出捐金により設立された（一財）救急振興財団の救急救命東京研修所及び救急救命九州研修所や，政令指定都市等が設置している救急救命士養成所において実施されている。また，専門学校や大学においても救急救命士養成課程を設置しているところもある。

⑹救助・救急資機材等の装備の充実

救助工作車，交通救助活動に必要な救助資機材を充実させるとともに，救急救命士等がより高度な救急救命処置を行うことができるよう，高規格救急自動車，高度救命処置用資器材等の整備を推進している。さらに，救急医療機関等へのアクセスを改善するため，高速自動車国道における緊急開口部の整備を推進している。

⑺消防防災ヘリコプターによる救急業務の推進

消防防災ヘリコプターによる救急搬送に関して

は，昭和41年に東京消防庁でヘリコプターが導入されて以来実施されているが，平成10年の消防法施行令（昭36政令37）の一部改正，15年の消防組織法（昭22法226）の改正等により，消防防災ヘリコプターによる救急活動のための救急隊員の配備や装備等の基準に加え，都道府県の航空消防隊による市町村消防の支援について，法的根拠を明確にするなど，消防防災ヘリコプターの機動性をいかした，効果的な救急業務の実施を促進している。

⑻救助隊員及び救急隊員の教育訓練の充実

複雑多様化する救助・救急事象に対応すべく救助隊員，救急隊員及び准救急隊員の知識・技術等の向上を図るため，継続的な教育訓練を推進している。

⑼高速自動車国道等における救急業務実施体制の整備

東日本高速道路株式会社，中日本高速道路株式会社，西日本高速道路株式会社及び本州四国連絡高速道路株式会社（以下「高速道路株式会社」という。）並びに関係市町村等は，通信連絡体制の充実を図るなど連携を強化し，高速自動車国道等における適切かつ効率的な人命救護の実施に努めている。

現在，高速自動車国道等の全ての区間について，市町村の消防機関が救急業務を実施しており，沿線市町村においてはインターチェンジ近くに新たに救急隊を設置するなど，高速自動車国道等における救急業務実施体制の充実を図ってきた。このため，高速道路株式会社により，インターチェンジ所在市町村等に対し財政措置が講じられているほか，高速道路等における救急業務に要する経費について，特別交付税が措置されている。

⑽現場急行支援システムの整備

人命救助その他の緊急業務に用いられる車両を優先的に走行させる信号制御等を行い，現場到着時間の短縮及び緊急走行に伴う交通事故防止を図る現場急行支援システム（FAST）の整備を図った。

⑾緊急通報システム・事故自動通報システムの整備

事故発生時等に車載装置，携帯電話等を通じてその発生場所等の位置情報を通報することなどにより，緊急車両の現場到着時間を短縮し，負傷者の早期救出及び事故処理の迅速化を図る緊急通報システム（HELP※）及び事故自動通報システム（ACN）の普及を図った。また，緊急通報サービスを行う事業者（接続機関）と救援機関の接続環境次第では，交通事故等緊急事態に適切な救助・救急活動が行えなくなる可能性があることから，接続機関が救援機関に自動車からの緊急通報の内容を連絡する際に遵守すべき内容を定めた「接続機関における自動車からの緊急通報の取扱いに関するガイドライン」（平成30年５月策定）の浸透を図り，緊急通報サービスの普及と高度化のための環境を整備した。

3　救急医療体制の整備

⑴救急医療機関等の整備

救急医療機関の整備については，救急隊により搬送される傷病者に関する医療を担当する医療機関としての救急病院及び救急診療所を告示し，医療機関の機能に応じた初期救急，入院救急（二次）及び救命救急（三次）医療機関並びに救急医療情報センターからなる体制の体系的な整備を推進した。

救急病院及び救急診療所は，厚生労働省令に定める基準に基づいて都道府県知事が告示することとなっており，令和４年４月１日現在の救急病院及び救急診療所は，全国で4,077か所である。

ア　救急医療機関の整備

（ア）　初期救急医療機関の整備

初期救急医療体制は，地方公共団体等に設置する休日夜間急患センター及び地域医師会で実施している在宅当番医制からなり，令和４年４月１日現在で，休日夜間急患センターについては，550か所，在宅当番医制については，557地区整備している。

（イ）　入院救急（二次）医療機関の整備

入院治療を必要とする重症救急患者を受け入れる救急医療体制は，二次医療圏（おおむね都道府県を数地区に分割した区域）を単位とする病院群

※ HELP：Help system for Emergency Life saving and Public safety

輪番制及び共同利用型病院方式からなり，令和４年４月１日現在で，それぞれ387地区，18か所整備している。

また，入院を要する小児救急医療体制を構築するため，輪番制方式等により夜間・休日に小児救急患者を受け入れる医療機関について，令和４年４月１日現在で，168事業（小児救急医療支援事業），小児救急医療支援事業の実施が困難な複数の二次医療圏から小児重症救急患者を受け入れる小児救急医療拠点病院について，令和４年４月１日現在で，30か所整備している。

（ウ）　救命救急（三次）医療機関の整備

重症及び複数の診療科領域にわたる全ての重篤救急患者の救命医療を担当する24時間診療体制の救命救急センターについては，令和５年12月現在で，304か所整備している。

また，救命救急センターのうち広範囲熱傷，指肢切断，急性中毒等の特殊疾病患者に対応する高度救命救急センターについては，令和５年12月現在で，47か所整備している。

イ　救急医療情報システムの整備

救急医療機関の応需体制を常時，的確に把握し，医療機関，消防本部等へ必要な情報の提供を行う救急医療情報センターについては，令和４年４月１日現在で，40か所整備している。

⑵救急医療担当医師・看護師等の養成等

救急医療を担当する人材を確保するため，救急医療を担当する医師・看護師等を対象に，救急医療に関する講習及び実習を関係団体に委託して実施した。

また，医師の卒前教育・臨床研修において救急医療に関する内容の充実に努めるとともに，看護師養成課程においても，救急医療に関する教育を行っている。

⑶ドクターヘリ事業の推進

救急現場や搬送途上における医療の充実を図るため，ドクターヘリについては，平成19年６月27日に施行された「救急医療用ヘリコプターを用いた救急医療の確保に関する特別措置法（平19法103）」に基づき，普及推進を図っているところであり，令和６年２月末現在で，46都道府県，57機のドクターヘリが運航されている。

４　救急関係機関の協力関係の確保等

⑴傷病者の搬送及び傷病者の受入れの実施に関する基準

傷病者の搬送及び受入れの円滑な実施を図るため，消防法（昭23法186）では，都道府県における「傷病者の搬送及び傷病者の受入れの実施に関する基準」（以下「実施基準」という。）の策定，実施基準に関する協議会（以下「法定協議会」という。）の設置が義務付けられている。各都道府県は，法定協議会において実施基準に基づく傷病者の搬送及び受入れの実施状況を調査・検証した上で，その結果を実施基準の改善等に結び付けていくことが望まれる。

⑵メディカルコントロール体制の強化

救急業務におけるメディカルコントロール体制とは，医学的観点から救急救命士を含む救急隊員が行う応急処置等の質を保障する仕組みをいう。具体的には，消防機関と医療機関との連携によって，①医学的根拠に基づく，地域の特性に応じた各種プロトコルを作成し，②救急隊が救急現場等から常時，迅速に医師に指示，指導・助言を要請することができ，③実施した救急活動について，医師により医学的・客観的な事後検証が行われるとともに，④その結果がフィードバックされること等を通じて，救急救命士を含む救急隊員の再教育等が行われる体制をいう。

消防機関と医療機関等との協議の場であるメディカルコントロール協議会は，各都道府県単位及び各地域単位で設置されており，令和５年８月１日現在において，各地域単位のメディカルコントロール協議会数は250となっている。救急業務におけるメディカルコントロール体制の役割は，当該体制の基本であり土台である「救急救命士等の観察・処置を医学的観点から保障する役割」から，「傷病者の搬送及び受入れの実施に関する基準の策定を通じて地域の救急搬送・救急医療リソースの適切な運用を図る役割」へと拡大し，さらに「地域包括ケアにおける医療・介護の連携において，消防救急・救急医療として協働する役割」も視野に入れるなど，各地域の実情に即した多様なものへと発展しており，今後もメディカルコントロール体制の一層の充実強化が必要である。

第７節　被害者支援の充実と推進

1　自動車損害賠償保障制度の充実等

自動車損害賠償保障制度は，強制保険である自動車損害賠償責任保険及び自動車損害賠償責任共済（以下「自賠責保険」という。），ひき逃げ又は無保険車による事故の被害者に対して損害の塡補を行う政府の自動車損害賠償保障事業（以下「保障事業」という。）により，自動車事故による損害賠償の基本保障を担保し被害者救済を図るための制度である。

また，自動車損害賠償保障法（昭30法97）による被害者保護増進等計画に基づき，被害者救済対策事業及び自動車事故発生防止対策事業を実施しており，保険金の支払いと相まって被害者保護の増進及び自動車事故発生の防止に大きな役割を担っている。

平成30年度から令和４年度の自賠責保険の支払件数及び総支払額は，それぞれ26.8％，26.1％減少している（第1-22表）。

⑴自動車損害賠償責任保険（共済）の適正化の推進

自賠責保険では，被害者保護の充実が図られるよう，国による死亡等重要事案に関する支払審査のほか，保険会社等による被害者等に対する情報提供措置の義務付け，公正中立な紛争処理機関による紛争処理の仕組みの整備など，被害者を保護する措置がとられている。

これにより，保険金の適正な支払いの確保や，保険金支払いをめぐる紛争の迅速かつ適正な解決による被害者保護の増進を図っているところである。なお，自動車損害賠償保障法に基づく指定紛争処理機関である（一財）自賠責保険・共済紛争処理機構による令和４年度の紛争処理件数は669件となっている。

なお，自賠責保険の保険金限度額は，死亡の場合は3,000万円，介護を要する重度後遺障害者について，常時介護を要する者は4,000万円，随時介護を要する者は3,000万円となっている。

⑵政府の自動車損害賠償保障事業の適正な運用

自賠責保険による救済を受けられないひき逃げや無保険車による事故の被害者に対しては，政府の保障事業が被害者に損害の塡補を行い，その救済を図っている。

この保障事業は，自賠責保険料に組み込まれた賦課金等を財源としており，損害塡補の限度額は自賠責保険と同一である。令和５年度の保障事業による保障金の支払額は，ひき逃げ235件及び無保険98件（計333件）に対し，約４億8,200万円（死亡８人，傷害328人に対してそれぞれ約１億3,600万円及び約３億4,600万円）である。

なお，政府は，この損害の塡補をしたときは，その支払金額を限度として，被害者が加害運転者等に対して有する損害賠償請求権を被害者から代位取得し，政府が被害者に代わって，本来の損害賠償責任者に対する求償を行っている。

⑶無保険（無共済）車両対策の徹底

自賠責保険は自動車の保有者が加入を義務付け

第1-22表　自賠責保険の保険金・共済金支払件数及び支払額の推移

年度	死亡		傷害		後遺障害		合計	
	支払件数	平均支払額	支払件数	平均支払額	支払件数	平均支払額	支払件数	総支払額
	件	千円	件	千円	件	千円	件	百万円
平成30年度	3,542	23,946	1,097,004	433	49,566	4,130	1,150,112	764,350
令和元年度	3,434	24,008	1,018,274	434	48,158	4,094	1,069,866	721,898
2	3,188	23,895	850,124	448	45,095	4,158	898,407	644,388
3	2,916	25,141	795,637	444	38,837	4,303	837,390	594,023
4	2,687	24,094	805,415	441	33,933	4,283	842,035	565,006

注　1　全国共済農業協同組合連合会を含む損害保険料率算出機構資料による。
　　2　死亡欄の平均支払額は，死亡に至るまでの傷害を含む金額である。
　　3　後遺障害欄の平均支払額は，後遺障害に至るまでの傷害を含む金額である。
　　4　支払件数欄における件数は，１名につき１件として集計したものである。

られている強制保険であり，車検の際に自賠責保険の加入を確認しているが，車検制度がない原動機付自転車及び軽二輪自動車のみならず，車検対象車両の期限切れによる無保険車事故が発生している。

このため，自賠責制度のPR活動を行い，自賠責制度の必要性・重要性等の認識向上を図るとともに，業界団体等と協力した無保険車両に対する啓発活動や無保険車指導員による街頭での指導，自賠責保険契約期限経過後の更新契約の締結が確認できない原動機付自転車等の保有者に対する契約を促す警告ハガキの発出等による注意喚起を推進し，無保険車両の運行防止を図っている。

(4)任意の自動車保険（自動車共済）の充実等

ア　任意の自動車保険

平成10年7月の保険料率の自由化後，人身傷害補償保険を始め多様な保険商品の開発・導入が進み，補償内容・損害時の対応・保険料水準等について，契約者が自身のニーズにあった保険商品を選択することが可能となっている。

対人賠償保険については，令和4年度に契約された契約金額別構成比が，2,000万円までのもの0.2%，2,000万円を超え5,000万円までのもの0.0%，5,000万円を超え1億円までのもの0.1%，1億円を超えるもの99.7%（うち無制限のもの99.6%）となっている。

なお，令和4年度に自動車保険（任意）の保険金が支払われた死亡事故の賠償額の推移は，第1-23表のとおりである。

イ　任意の自動車共済

任意の自動車保険のほか，消費生活協同組合法（昭23法200）に基づく消費生活協同組合などで任意の自動車共済を実施している。

第1-23表　自動車保険（任意）保険金支払死亡事故賠償額の推移

年　度	死　者　数	平均賠償額
	人	万円
平成30年度	1,895	3,643
令和元年度	1,871	3,670
2	1,781	3,688
3	1,742	3,787
4	1,501	3,886

注　1　損害保険料率算出機構資料による。
　　2　任意保険の保険金支払に関係のあったもののみである。したがって，自賠責保険の支払のみで終わったものは含まれていない。

2　損害賠償の請求についての援助等

(1)交通事故相談活動の推進

地方公共団体に設置されている交通事故相談所等の活動を推進するため，研修や実務必携の発刊を通じて相談員の対応能力の向上を図るとともに，関係者間での連絡調整・情報共有のための会議やホームページで相談活動の周知を行うなど，地域における相談活動を支援した。これにより，交通事故被害者等の福祉の向上に寄与した。

なお，都道府県・政令指定都市の交通事故相談所等における相談件数の推移は，第1-24表のとおりである。

(2)損害賠償請求の援助活動等の強化

ア　警察による積極的な交通相談

交通事故の被害者及びその家族又は遺族に対する適正かつ迅速な救済の一助とするため，救済制度の教示や交通相談活動の積極的な推進を図った。

イ　法務省における人権相談

法務省は，全国の法務局において人権相談を受け付けている。また，市（区）役所，町村役場，デパート，公民館，公会堂等で特設相談所を臨時に開設している。人権相談においては，交通事故に関するものも含め，広く相談を受け付け，助言や日本司法支援センター（法テラス）への紹介等を行っている（第1-25表）。

ウ　日本司法支援センター（法テラス）による各種業務の推進

日本司法支援センター（法テラス）では，交通事故を含めた法的トラブル全般について，法テラス・サポートダイヤル（コールセンター：0570-078374）を始め全国各地の法テラス地方事務所の窓口で問合せを受け付け，解決に役立つ法制度やトラブルの内容に応じた適切な相談窓口等の情報を広く提供しているほか，調停手続や民事裁判等において弁護士・司法書士の費用を支払う経済的余裕がない人々に，無料法律相談や，その費用を立て替える民事法律扶助による援助を行っている。

また，過失運転致死傷などの事件の被害者や遺族などが刑事裁判に直接参加できる「被害者参加

第1-24表　都道府県・政令指定都市の交通事故相談所の相談件数の推移

項　目	平成30年度	令和元年度	令和２年度	令和３年度	令和４年度
都道府県	33,637	29,039	22,442	20,529	17,895
政令指定都市	5,200	4,507	3,032	2,789	2,580
計	38,837	33,546	25,474	23,318	20,475

注　国土交通省資料による。

第1-25表　交通事故関係人権相談件数の推移

項　目	令和元年	令和２年	令和３年	令和４年	令和５年
交通事故関係人権相談件数	231	133	116	105	152

注　法務省資料による。

制度」について，法テラスでは，経済的に余裕のない被害者参加人であっても弁護士による援助を受けられるよう，国がその費用を負担する「被害者参加人のための国選弁護制度」を運用している。さらに，刑事裁判に出席した被害者参加人に国がその旅費，日当及び宿泊料を支給する「被害者参加旅費等支給制度」も運用している。

令和４年度に，法テラス・サポートダイヤルに寄せられた交通事故に関する問合せ件数は，第1-26表，民事法律扶助業務における交通事故関係の援助開始（扶助）決定事件数は，第1-27表のとおりである。

エ　（公財）日弁連交通事故相談センターによる交通事故相談活動の強化

（公財）日弁連交通事故相談センターは，弁護士による自動車事故に関する法律相談，示談あっ旋などを無料で行っている。

令和５年度の交通事故相談活動は，第1-28表のとおりである（全国156か所の相談所で活動。うち42か所で示談あっ旋を実施。）。

オ　（公財）交通事故紛争処理センターによる交通事故相談活動の強化

交通事故に関する紛争の適正な処理を図るため，嘱託弁護士による法律相談，和解あっ旋及び審査会による審査・裁定業務を無料で行った。

令和４年度の交通事故相談活動は，第1-29表のとおりである（東京本部のほか，札幌，仙台，名古屋，大阪，広島，高松及び福岡の各支部並びにさいたま，金沢及び静岡の各相談室で活動。）。

3　交通事故被害者等支援の充実強化

⑴自動車事故被害者等に対する援助措置の充実

ア　国土交通省

国土交通省では，被害者の救済を図るため，次に掲げる業務等を行った。

（ア）　障害の態様に応じたリハビリテーションの機会等の確保

自動車事故によって生じる後遺障害には遷延性意識障害，脊髄損傷，高次脳機能障害等，様々な態様が存在することを踏まえ，その態様に応じたリハビリテーション等の機会を確保するために必要な支援の充実を図った。

①遷延性意識障害者の医療的ケアの対応力向上

遷延性意識障害者の支援として，国土交通省が短期入所協力施設として指定している障害者支援施設の中から，夜間の医療的ケアに対応可能な協力施設を重点支援施設として指定した。

②高次脳機能障害者の社会復帰の促進

高次脳機能障害者の支援として，自立訓練（機能訓練・生活訓練）を提供する事業者のうち，高次脳機能障害を有する者が病院・事業者から地域への生活を円滑に移行するためのサポートの取組に対して補助を行った。

（イ）　介護者なき後を見据えた受入環境整備の促進

自動車事故被害者の介護者なき後の受け皿を整備するため，グループホーム等の新設を支援するとともに，介護人材確保や設備導入等に係る経費の補助を行った（グループホーム等51施設に対し，約１億5,000万円補助した。）。

イ　独立行政法人自動車事故対策機構

独立行政法人自動車事故対策機構（ナスバ）は，被害者の救済を図るため，次に掲げる業務等を行った。

第1-26表　法テラス・サポートダイヤル問合せ件数（交通事故関係）推移

年　度	全問合せ件数（A）	交通事故に関する問合せ件数（B）	比　率（B）/（A）
	件	件	%
平成30年度	362,709	13,450	3.7
令和元年度	395,100	12,765	3.2
2	349,533	11,144	3.2
3	377,753	12,190	3.2
4	399,812	12,880	3.2

注　日本司法支援センター資料による。

第1-27表　民事法律扶助（交通事故関係）事件数の推移

年　度	援助開始（扶助）決定全事件数（A）	援助開始（扶助）決定交通事故関係事件数（B）	比　率（B）/（A）
	件	件	%
平成30年度	119,352	1,370	1.1
令和元年度	115,546	1,109	1.0
2	109,106	993	0.9
3	106,871	848	0.8
4	104,852	744	0.7

注　日本司法支援センター資料による。

第1-28表　（公財）日弁連交通事故相談センターの活動状況の推移

項　目	令和元年度	令和2年度	令和3年度	令和4年度	令和5年度
相談所開設延べ日数（日）	12,249	11,006	12,240	10,967	10,630
相　談　件　数（件）	36,941	31,407	32,538	36,758	38,538
従事弁護士延べ人員（人）	8,860	7,967	8,960	8,239	7,938

注　国土交通省資料による。

第1-29表　（公財）交通事故紛争処理センターの活動状況の推移

（件）

項　目	平成30年度	令和元年度	令和2年度	令和3年度	令和4年度
相　談　件　数	18,247	17,742	16,145	16,685	15,394
和　解　成　立　件　数	5,837	5,663	4,856	4,964	4,558
うち審査手続分	568	509	462	511	471

注　1　（公財）交通事故紛争処理センター資料による。
　　2　相談件数は，新規・再来の合計。

（ア）　介護料の支給

自動車事故により重度の後遺障害を負い，常時又は随時介護を要する被害者に介護料の支給を行った（令和4年度は，後遺障害の程度，介護の状況に応じて4,780人に対し，約38億4,300万円の介護料を支給した。）。また，在宅介護者に対し，短期入院（入所）費用の一部助成等を行った。

（イ）　重度後遺障害者療護施設の運営等

自動車事故による脳損傷の重度後遺障害者に対し，適切な治療及び看護を行う専門病院である療護センター（宮城，千葉，岐阜，岡山），療護施設機能一部委託病床（北海道，神奈川，茨城，石川，愛知（一貫症例研究型委託病床），大阪，愛媛，福岡）の運営等により，重度後遺障害者の専門的治療，看護の機会の拡充を図っている。

昭和59年設置の千葉療護センターを始め，療護センターの経年劣化が進行しており，順次，老朽化対策を講じていくことが必要である。まずは最初に設置され，設置後35年以上が経過している千葉療護センターの老朽化対策の実施に向け，調査・研究を行った。

（ウ）　自動車事故被害者への情報提供体制の整備

ナスバより介護料の支給を受けている在宅の重度後遺障害者やその家族が安心して在宅介護生活を送るために，受給者等の自宅を訪問し介護に関する相談対応や各種情報の提供等を行う訪問支援を実施した（令和4年度は4,120件）。その他，被害者やその家族との交流会，各種被害者団体との意見交換会への参加等を通じて，被害者やその家族の実情，要望等の把握に努めている。

また，全国の自動車事故による被害者及びその家族等への支援の充実・強化を図るため，各種相談機関の窓口を総合的に案内する相談窓口「ナスバ交通事故被害者ホットライン」において，自動車事故被害者の相談に応じ，情報提供の充実を図っている（令和４年度の相談件数は1,166件。）。

（エ）　貸付業務の実施

自動車事故により死亡した者の遺族又は重度後遺障害が残った者の子弟である中学校卒業までの児童に対する生活資金の無利子貸付業務等を行った。

ウ　（公財）交通遺児等育成基金

（公財）交通遺児等育成基金は，自動車事故によって一家の働き手を失った交通遺児に対し，交通遺児家庭の生活基盤を安定させ，交通遺児の健やかな育成に資するため，交通遺児に支払われた損害賠償金等から拠出された資金を運用し，これに国及び民間からの援助金を加えたものを育成給付金として，交通遺児が満19歳に達するまで，年金方式で支給する交通遺児育成基金事業を実施した。

なお，令和５年度末における加入遺児総数は424人となっている。

エ　交通安全活動推進センター

都道府県交通安全活動推進センターでは，職員のほか，弁護士等を相談員として配置し，交通事故の保険請求，損害賠償請求，示談等の経済的被害の回復に関してだけでなく，交通事故による精神的被害の回復に関しても，交通事故被害者，遺族からの相談に応じ，適切な助言を行った。

⑵交通事故被害者等の心情に配慮した対策の推進

ア　交通事故被害者等に対する情報提供の実施

警察においては，ひき逃げ事件，死亡又は全治３か月以上の重傷の被害が生じた交通事故事件，危険運転致死傷罪の適用が見込まれる事件等を中心として，交通死亡事故等の被害者及びその家族又は遺族に対して，捜査への支障を勘案しつつ，可能な限り，事案の概要，捜査経過，被疑者の検挙や運転免許の停止・取消処分等に関する情報を提供するよう努めるとともに，交通事故事件に係る「被害者の手引」，現場配布用リーフレット等の配布や各種相談活動によって，被害者等にとって必要な情報の提供に努めた。

なお，法務省においては，被害者等通知制度により，検察庁，刑事施設，少年院，地方更生保護委員会，保護観察所等が連携し，交通事犯を含めた事件の被害者等からの希望に応じて，事件の処理結果，公判期日，裁判結果，加害者の刑の執行終了予定時期，釈放された年月日，刑事裁判確定後及び保護処分を受けた加害者の処遇状況に関する事項，仮釈放等審理に関する事項等の通知を実施している。

さらに，全国の地方検察庁に被害者支援員を配置し，被害者等からの様々な相談への対応，法廷への案内・付添い，事件記録の閲覧，証拠品の返還などの各種手続の手助けをするほか，被害者等の状況に応じて，精神面，生活面，経済面等の支援を行っている関係機関や団体等を紹介するなどの支援活動を行うとともに，犯罪被害者等の保護・支援のための制度について分かりやすく説明したパンフレットを検察庁に備え付けるなどの支援業務を行った。また，全国の保護観察所に被害者担当官及び被害者担当保護司を配置し，被害者等からの相談に応じて，仮釈放等審理における被害者等の意見等聴取制度や保護観察中における被害者等の心情等聴取・伝達制度など更生保護における被害者等のための制度の利用の手助けをするほか，必要な関係機関等を紹介するなどの相談・支援を実施している。なお，令和４年６月に成立した刑法等の一部を改正する法律（令４法67）により，刑事施設及び少年院においても，刑の執行段階等における被害者等の心情等の聴取・伝達制度が導入され，令和５年12月１日から運用を開始している。

このほか，被害者等に対する不起訴事件記録の開示について，被害者等が民事訴訟等において被害回復のための損害賠償請求権その他の権利を行使する目的である場合のほか，被害者参加制度の対象となる事件の被害者等については，「事件の内容を知ること」などを目的とした場合でも，一定の範囲内で閲覧することができるよう，弾力的な運用を行うこととしている。

また，国土交通省においては，関係者からの助言を得ながら，外部の関係機関とのネットワークの構築，公共交通事業者による被害者等支援計画作成の促進等，公共交通事故の被害者等への支援の取組を着実に進めた。

イ　交通事故被害者等の声を反映した講習等の推進

運転免許に関する各種講習において，被害者の手記等を盛り込んだ視聴覚教材を活用するほか，被害者等の講話を取り入れるなどにより，講習において被害者等の声を反映させ，交通事故の悲惨さを受講者に効果的に理解させる施策の推進を図っている。また，被害者等の手記を取りまとめた資料等については，交通安全講習会等で配布し，交通事故の悲惨さの紹介に努め，交通事故の惨状等に関する国民の理解増進を図っている。

ウ　交通事故被害者サポート事業の実施

交通事故被害者等の支援の充実を図ることを目的として「交通事故被害者サポート事業」を行い，令和５年11月には「交通事故で家族を亡くしたこどもの支援に関するシンポジウム」を兵庫県内において，ライブ配信及びオンデマンド配信を併用して開催し，交通事故できょうだいを亡くしたこどもに焦点を当て，専門家による対応事例の紹介や講演，交通事故できょうだいを亡くした遺族による体験談の発表等を実施した。

また，被害者等の回復のための自助グループ活動を促進する自助グループ運営・連絡会議，自治体担当者や警察，教育委員会等の関係団体間の連携強化を図るための意見交換会についても実施した。

⑶公共交通事故被害者等への支援

公共交通事故による被害者等への支援の確保を図るため，国土交通省に設置した公共交通事故被害者支援室では，被害者等に対し事業者への要望の取次ぎ，相談内容に応じた適切な機関の紹介などを行うこととしている。

令和５年度は，公共交通事故発生時には，被害者等へ相談窓口を周知するとともに被害者等からの相談に対応した。また，平時には，支援に当たる職員に対する教育訓練の実施，外部の関係機関とのネットワークの構築，公共交通事故被害者等支援フォーラムの開催，公共交通事業者による被害者等支援計画の策定の働き掛け等を行った。なお，平成28年１月に発生した軽井沢スキーバス事故について，継続的に遺族会との意見交換会を開催するなどの対応を実施した。

「交通事故で家族を亡くしたこどもの支援に関するシンポジウム」の開催について

シンポジウムのチラシ

警察庁では，交通事故被害者等が，つらい体験や深い悲しみから立ち直り，回復に向けて再び歩み出すことができるような環境を醸成し，交通事故被害者等の権利・利益の保護を図ることを目的とした「交通事故被害者サポート事業」を実施している（平成28年４月１日，内閣府から警察庁に業務移管）。

本事業では，交通事故で家族を亡くしたこどもの支援について広く情報発信するため，一般の方も聴講が可能な「交通事故で家族を亡くしたこどもの支援に関するシンポジウム」を開催しており，令和５年度は「交通事故できょうだいを亡くしたこどもの支援」をテーマとし，専門家による講演や対応事例の紹介，交通事故できょうだいを亡くした遺族による体験談の発表等を兵庫県で実施した。同時に，ライブ配信及びオンデマンド配信も実施した。

・追手門学院大学准教授／横浜思春期問題研究所　櫻井鼓氏による講演
・栞の会代表　赤田ちづる氏による対応事例の紹介

シンポジウムの開催状況

櫻井氏は，「交通事故できょうだいを亡くしたこどもの心と支援」と題して講演を行った。最初に，交通事故遺族及び被害者を対象とした心理的苦痛や精神健康上の問題等についての調査結果から，「支援につなげる」ことが課題であることを示した。次に，きょうだいを亡くしたこどもの経験に影響を与える要因と，それによるこどもの反応や気持ちについて説明し，きょうだいを亡くしたこどもの支援における課題を示した。そして，架空事例を踏まえ，特にこどもの生活の場である学校現場に焦点をあて，さまざまな視点から解説を行った。きょうだいを亡くしたこどもの支援においては，生活の場や地域でこどもを支える視点が必要であり，こどもを支える体制を整えることが家族やきょうだいへのケアにつながるのであり，こどものことを考え続け，その時々に応じた選択をすることが大切であり，物理的にも心理的にも支援し続けることが必要であることを示した。

赤田氏は，自身も交通事故で弟を亡くした交通事故遺族である立場から，「成長過程において遺されたきょうだいが経験する困難事例と求められる長期的な支援」と題して対応事例の紹介を行った。最初に，きょうだいを亡くしたきょうだいの会「栞の会」の活動について紹介した。続いて，遺されたきょうだいのグリーフの特徴をあげ，死別は過去のものであってもグリーフは「今，ここ」にあるのだと説明した。また，きょうだいはどの時期に死別するかによって死別後の環境に適応できる範囲が違うことを，対応事例をあげて説明し，栞の会で心掛けていることは，話を聞き，苦しみや悲しみとどう付き合っていくかのヒントをできるだけたくさん持たせることだと説明した。最後に，親がこどもに向き合うことができるよう支援することが，結果的に遺されたきょうだいの支援につながるのだと示した。

・交通事故できょうだいを亡くした遺族２名による体験談の発表
・質疑応答
コーディネーター：令和５年度交通事故被害者サポート事業検討会委員，
飲酒・ひき逃げ事犯に厳罰を求める遺族・関係者全国連絡協議会幹事　井上郁美氏
専門家　：令和５年度交通事故被害者サポート事業検討会座長，元同志社大学教授，
現同大学研究開発推進機構嘱託研究員　川本哲郎氏

交通事故できょうだいを亡くした遺族２名が当時の体験談や必要な支援等について発表を行った。その後，井上氏がコーディネーターを務め，意見交換を行った。

西朋子氏 ― 昭和 62 年（当時 16 歳），兄を交通事故で失う

兄が亡くなったのは，私の16歳の誕生日でした。その年から，私の誕生日は兄の命日となり，30年以上経った今でも誕生日を祝うことが嬉しくありません。脳死の兄の命を誰かの役に立てたいと，県で初めて未成年の臓器移植をしました。母は周りから臓器移植をしたことを罵られ，うつ気味になり，亡くなった兄の部屋で自殺未遂をしました。「紐が切れちゃった」と泣く母の姿は，今でも忘れられません。私は母に，「苦しいだろうけど，私や一番上の兄のために生きてほしい」と伝えました。ただそれ以来，「死んだのが私だったらよかったのに」という思いを20年以上引きずりました。

今，私は，病気のあるこどもとその家族の支援をしています。その中で「きょうだい支援」に出会い，「自分のすべきことはこういうことなのではないか，兄が教えてくれたことはこれなんだ」と自分の中でストンと落ちてきたことを覚えています。

同じようなきょうだいに伝えたいことは，私たちは私たちの人生があるということです。亡くなったきょうだいと自分とは別の人間で，「あなたの命はあなたのもの」と感じてほしいと思います。でも，亡くなったきょうだいのことは忘れずに一緒に生きていけたらいいと思います。こどもたちの周りにいる人には，「亡くなったきょうだいの分までは，頑張れません」ということを伝えたいです。話したい時に聞いてくれる，ただ抱きしめてくれる，それだけでいいのではないかと思います。

大槻奏仁氏 ― 平成 27 年（当時 16 歳），兄を交通事故で失う

当時兄は17歳，これから大学受験を迎える時期でした。急性硬膜下血種と脳挫傷，びまん性軸索損傷と診断され，３か月の闘病生活の末，亡くなりました。たった数十分，たった一瞬の出来事で，兄は一方的に命を奪われ，これまで幸せに暮らしていた私たち家族の生活の何もかもが壊されてしまいました。兄が闘病中，私には学校行事への参加に対しても「自分だけこんなところにいていいのか」という申し訳ない思いが常にありました。兄が亡くなった後は，兄なしでの生活に対する不安と，強烈な違和感がありました。全てにおいて，心のどこかに穴が開いたような気持ちでした。

事故への向き合い方や裁判への向き合い方について，父親と母親との間に意見の相違がありました。そういう時にこどもはどうすればよいのか，アドバイスがあればよかったと思います。とにかく話を聞いてくれたり，裁判での戦い方を教えてくれるような機会があればいいと思います。できる限り，その子がいつでも支援の手を取れるような環境を作ってほしいと思います。

もし加害者になった時は，誠実な対応をお願いしたいと思います。被害者が回復しやすい環境作りもお願いしたいと思います。僕は，被害者参加制度を使って刑事裁判に参加しました。そこでは加害者から，「ただの『事故』なのに，加害者，被告人と言われる自分の方がよっぽど被害者だ」という発言がありました。署名活動をしていた時には，「お金が欲しいのか」と言われたことがありました。そういった心ない言葉を浴びせるような社会であってほしくないと強く思います。

第８節　研究開発及び調査研究の充実

１　道路交通の安全に関する研究開発及び調査研究の推進

⑴内閣府本府関係の調査研究

次期交通安全基本計画を検討するために必要となる現行の第11次交通安全基本計画の評価をより適切に行うため，交通安全基本計画の総合的な効果分析手法に関する調査研究を実施した。

⑵警察庁関係の研究

ア　交通規制データベースを活用した効果的な交通安全対策に関する研究

横断歩道，信号機，一時停止規制，規制速度等による，交通事故抑止効果の時間的推移及び空間的な波及範囲を把握するために，交通事故と交通規制の情報を地理情報システムにより関連づけて分析可能なシステムを構築し，交通規制による交通事故抑止効果を分析した。

イ　高齢者における運転の相互評価による自律的学習法に関する研究

認知機能の低下が健常加齢の範囲である高齢運転者を対象に，日常場面で他者の運転に同乗する機会を活用して自律的に運転ぶりの評価学習が継続できる指導法を開発した。指導法実施後の長期的な効果について検証を行った。

ウ　新たなモビリティの関わる交通事故の研究

普及が進む電動キックボードなどの新たなモビリティは搭乗姿勢や走行性能が従来の乗り物とは異なり，交通事故発生時の乗員の挙動や受傷過程が不明である。これらモビリティの事故再現実験によって，交通事故事件捜査の鑑識活動に必要な知見を蓄積し，併せて乗員の外傷について検証した。

⑶総務省関係の研究

電波を用いた自動運転・安全運転支援等を目的とするV2X用通信システムについて，国際的に検討が進められている周波数帯（5.9GHz帯）を用いた新たなV2X用通信システムに係る通信プロトコルを始めとする通信要件などに関する技術的検討を行った。

⑷文部科学省関係の研究

国立研究開発法人防災科学技術研究所は，各種気象レーダーを活用したゲリラ豪雨・強風の新しい検知･予測技術，集中豪雪を監視するシステム，路面雪氷状態の分布を把握する技術，大雪･吹雪･雪崩・着雪等の雪氷災害を予測するシステムの開発や降雨時の各種センサーの実験を行った。

⑸国土交通省関係の調査研究

ア　国土交通省本省の調査研究

（ア）　道路空間の安全性向上に資する検討

交通事故が集中している箇所や原因の特性を明確化し，効果的・効率的な交通安全対策を検討するため，過去の事故データ等を経年的に整理し，事故が発生した道路の特徴と交通事故との関係などについて分析等を実施した。

（イ）　安全運転の支援

令和３年度から開始した第７期先進安全自動車（ASV）推進計画において，近年の事故実態や技術の動向を踏まえ，産学官連携の下，「自動運転の高度化に向けたASVの更なる推進」を基本テーマに掲げ，①ドライバーの認知ミス又は操作ミスによる明らかに誤った操作に対して，システムの安全操作を優先する安全技術，②車両間の通信により，見通しの悪い交差点での出会い頭の事故等を防止する安全技術，③歩行者等の交通弱者と通信を行い，交通弱者が被害者となる事故を防止する安全技術等がより安全に寄与する事故形態の検討を行った。

イ　国土技術政策総合研究所の研究

（ア）　高度道路交通システムに関する研究開発

最先端の情報通信技術（ICT）を活用して人・道路・車両を一体のシステムとして構築するITSに係る研究開発を行うとともに，これまで開発・普及してきた各種ITSシステムの共通的な基盤の構築，国内ITS技術の国際標準化の推進等を積極的に行った。

①　道路交通情報提供・収集の高度化

高精度な道路交通情報の提供・収集のため，プローブ情報の収集及びプローブ情報の活用による道路交通情報提供の高度化を図る研究開発を行った。また，ETCのほか，渋滞回避支援や安全運転支援に関する情報提供を行うETC2.0サービスを推進するなど，着実な取組を実施した。

②　安全運転の支援

全国の高速道路上に設置された約1,800か所の路側機を活用し，画像や音声を用いた前方障害物情報提供などの様々な安全運転支援を行うETC2.0サービスを推進するなど，着実な取組を実施した。

③　国際標準化の推進等

効率的なアプリケーション開発，国際貢献，国内の関連産業の発展等を図るため，ISO等の国際標準化機関において，国内のITS技術の国際標準化を推進するとともに，既存の国際標準との整合を図った。さらに，国際会議で情報交換を行うなど，国際協調活動を推進した。

（イ）　道路空間の安全性向上に資する研究

交通安全対策のより効果的，効率的な実施に資するために，PDCAサイクルに基づく交通事故対策マネジメントの効率化に関する研究，交通事故対策の事故削減効果分析に基づく効果的な事故対策の推進に関する研究，安全・安心な自転車通行空間の設計・整備に関する研究，科学的分析に基づく生活道路の交通安全対策に関する研究を実施した。

ウ　気象庁気象研究所等の研究

道路交通の安全に寄与する気象情報等の精度向上を図るため，気象庁気象研究所を中心に，気象・地象・水象に関する基礎的及び応用的研究を行っている。主な研究は，以下のとおりである。

（ア）　台風・集中豪雨等対策の強化に関する研究

気象災害を防止・軽減するために，予報・警報等の防災気象情報を避難等防災活動の早期準備や迅速・的確な実施に対して一層活用可能なものにしていくことを目的として，台風・集中豪雨等の災害をもたらす現象に対する観測・解析技術及び予測技術の高度化に関する研究を行った。

（イ）　地震・津波・火山対策の強化に関する研究

地震，津波及び火山に関する防災情報をより的確なものとし，それらによる災害を，防止・軽減するために，地震活動及び火山活動をより的確に観測・解析する技術を開発するとともに，地震動，津波及び火山噴火の予測技術の高精度化を進めた。

エ　独立行政法人自動車技術総合機構の研究

（ア）　自動運転車両に求められる機能要件に関する研究

ドライバーの運転する車両と混在して円滑かつ安全・安心に走行するため，ドライビングシミュレーターを活用し，自動運転車両に求められる機能要件を検討した。

（イ）　自動運転車両における電子制御装置の安全性・信頼性評価の研究

自動運転車両のセンシング機能について分析し，その正確性並びに誤認知が生じる場面及び条件を体系的に整理するなど，自動運転システムの安全性・信頼性評価に関する研究を実施した。

オ　国立研究開発法人土木研究所の研究

（ア）　積雪寒冷地における道路・舗装構造等に関する研究

冬期路面対策として，機械学習等を用いて気象，交通，道路条件等と冬期走行環境，走行速度や時間信頼性の関係性を分析し，冬期走行環境，走行速度や時間信頼性の推定精度向上の検討及び凍結防止剤散布支援技術の設計を行った。

（イ）　積雪寒冷地における重大事故防止に関する研究

冬期交通事故について，画像認識等の技術によるビッグデータ解析を活用し，冬期事故のリスク要因の評価方法の開発を行った。また，吹雪時にドライバーの判断を支援する視程障害予測技術の精度向上や吹雪対策施設の性能向上に関する検討を行った。

⑹厚生労働省関係の研究

交通事故被害者も含めた，PTSD等持続的な精神的後遺症を持つ者に対する治療法の研究を実施するとともに，PTSD等に適切に対応できる医療従事者等の人材を育成する研修を実施した。

2　道路交通事故原因の総合的な調査研究の充実強化

道路交通法の交通事故調査分析センターの指定を受けている（公財）交通事故総合分析センターは，官民それぞれが実施する交通安全対策をより一層効果的なものとし，安全で快適な交通社会の実現に寄与するため，交通事故と人・道・車に関する各種の分析・調査研究を行った。

同センターでは，交通事故，運転者，道路，車両等に関する各種データを統合したデータベースを構築し，幹線道路において事故が多発している地点を抽出するなど，交通安全対策に直結する多角的な統計分析を行った。

交通事故の原因をより総合的かつ科学的に検討するために，実際の交通事故現場への臨場や医療機関との連携による事故例調査を全国で実施しており，マクロ，ミクロ両面からの総合的な交通事故分析・調査研究を進めた。

第2部 鉄道交通

第1章 鉄道交通事故の動向

1 近年の運転事故の状況

鉄道交通における運転事故※は，平成15年に862件であったものが，25年には805件，令和5年には682件となっており，長期的に減少傾向にあるものの，令和3年以降増加傾向にある（第1-44図）。

事故種類別の運転事故発生状況は，第1-30表のとおりであり，人身障害が半数を超えている。

運転事故による死者数は，第1-44図のとおりであり，乗客の死者数はゼロであった。平成17年に発生したJR東日本羽越線列車脱線事故以降，運転事故による乗客の死者は発生していない。

第1-44図 運転事故の件数と死傷者数の推移

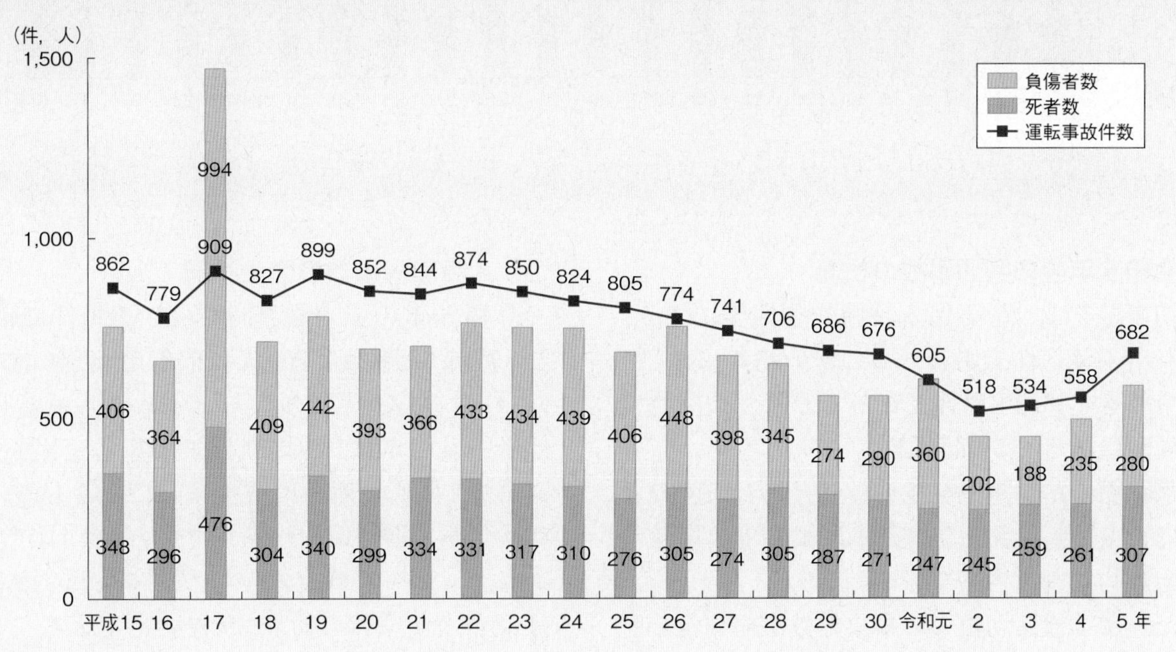

注 1 国土交通省資料による。
2 死者数は24時間死者。

第1-30表 事故種類別の運転事故の発生状況

（令和5年）

区分		列車事故				その他の事故					合計
		列車衝突	列車脱線	列車火災	小計	踏切障害	道路障害	人身障害	物損	小計	
件数（件）		2	6	0	8	243	31	396	4	674	682
		0.3%	0.9%	0.0%	1.2%	35.6%	4.5%	58.1%	0.6%	98.8%	100.0%
死傷者（人）		1	0	0	1	160	25	401		586	587
		(0)	(0)	(0)	(0)	(106)	(1)	(200)		(307)	(307)

注 1 （ ）内は，死亡者で死傷者の内数である。
2 踏切障害とは，踏切道において列車又は車両が道路を通行する人又は車両等と衝突し，又は接触した事故のうち列車事故に至らなかったもの。
3 道路障害とは，踏切道以外の道路において，列車又は車両が道路を通行する人又は車両等と衝突し，又は接触した事故のうち列車事故に至らなかったもの。
4 人身障害とは，列車又は車両の運転により人の死傷を生じた事故をいう（列車事故，踏切障害及び道路障害を除く。）。
5 物損とは，列車又は車両の運転により500万円以上の物損を生じた事故をいう（列車事故，踏切障害，道路障害及び人身障害を除く。）。

※運転事故
列車衝突事故，列車脱線事故，列車火災事故，踏切障害事故，道路障害事故，鉄道人身障害事故及び鉄道物損事故をいう。なお，軌道の運転事故は，鉄道運転事故と同様に定義する。

第1-45図　踏切事故の件数と死傷者数の推移

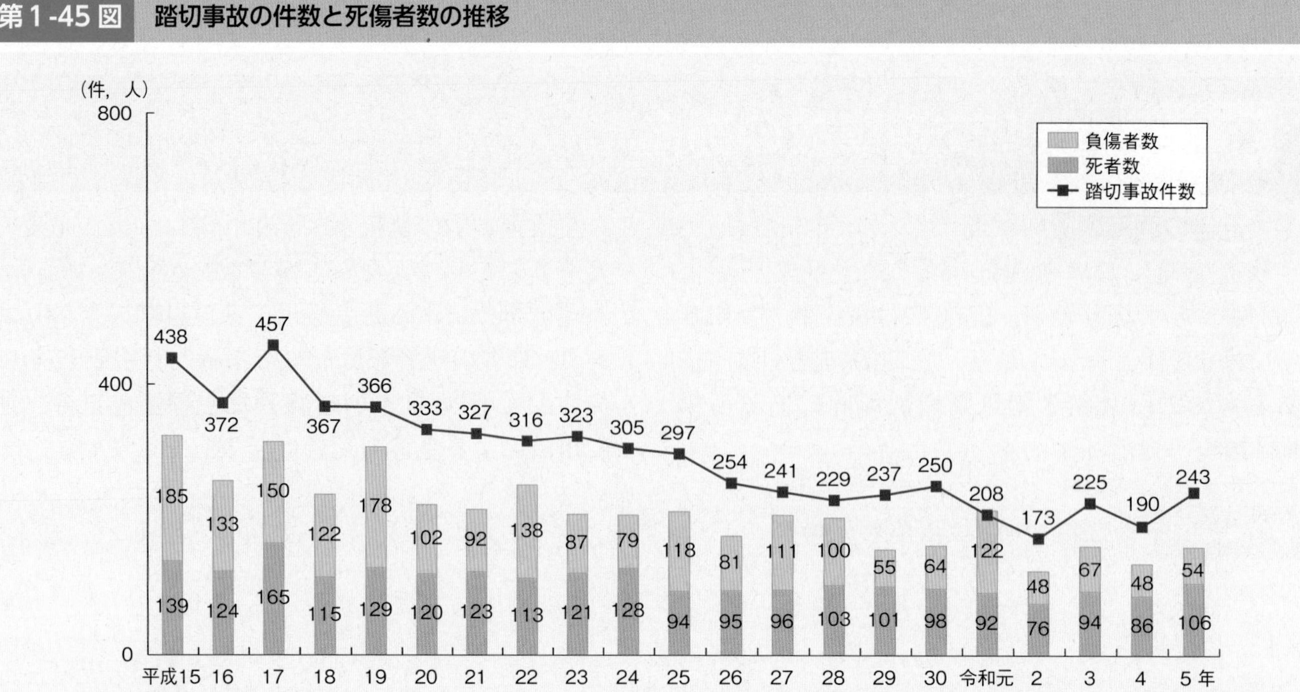

注　1　国土交通省資料による。
　　2　死者数は24時間死者。

2　令和5年中の踏切事故の状況

踏切事故※は，踏切保安設備の整備等により，平成15年に438件であったものが，25年には297件，令和5年には243件となっており，長期的に減少傾向にある（第1-45図）。

衝撃物別の踏切事故発生件数は，第1-46図のとおりであり，歩行者及び自動車による事故件数がそれぞれ約4割を占めている。

また，第1種踏切道での事故件数が約9割を占めているが，踏切道100か所当たりでは第1種踏切道が第4種踏切道の件数より少なくなっている（第1-31表）。

3　人身障害事故の発生状況

令和5年の人身障害事故は，396件で前年比23.8％増，死者数は200人で前年比14.3％増であった（第1-30表）。このうちホームから転落して又はホーム上で列車と接触して死傷する事故（ホーム事故）は，長期的に減少傾向にあるものの，令和4年から増加傾向に転じている（第1-47図）。

なお，ホーム事故のうち，酔客による事故件数は68件で，全体の約45.3％を占めている。

4　令和5年中の鉄道交通における重大事故の発生状況

令和5年に死傷者が10名以上又は脱線車両が10両以上生じた重大事故はなかった。

※踏切事故
列車事故のうち，踏切道において，列車又は車両が道路を通行する人又は車両等と衝突し，又は接触した事故及び踏切障害事故をいう。

第1-46図　衝撃物別踏切事故発生件数（令和５年）

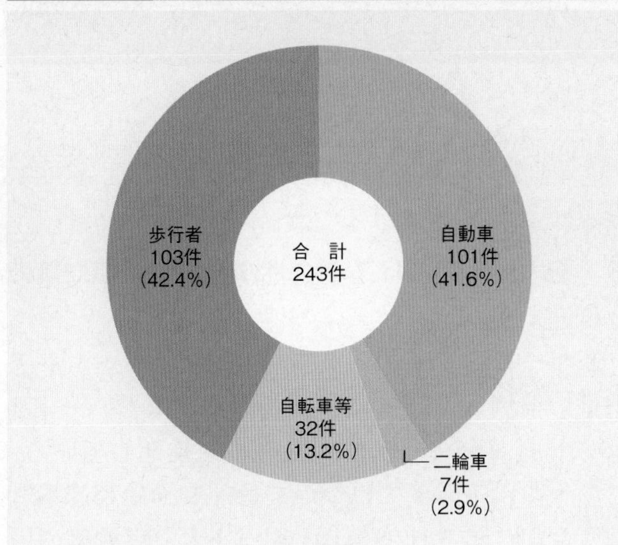

注　国土交通省資料による。

第1-31表　踏切道種別の踏切事故発生件数

（令和５年）

踏切道	踏切道数	構成率（踏切道）	事故件数	100か所当たりの事故件数
	か所	%	件	件
第１種	29,442	90.8	221	0.75
第２種	—	—	—	—
第３種	592	1.8	2	0.34
第４種	2,408	7.4	20	0.83
計	32,442	100.0	243	0.75
（参考）第３，４種　計	3,000	9.2	22	0.73

注　1　国土交通省資料による。
　　2　踏切道種別は，次による。
　　　第１種　自動遮断機が設置されている踏切道又は踏切保安係が遮断機を操作している踏切道
　　　第３種　遮断機はないが警報機が設置されている踏切道
　　　第４種　踏切保安係もおらず，遮断機も警報機も設置されていない踏切道
　　　第２種については，現在設置されているものはない。
　　3　踏切道数は，令和４年度末の数字である。
　　4　100か所当たり件数とは，踏切道100か所当たりの踏切事故件数である。

第1-47図　ホーム事故の件数と死傷者数の推移

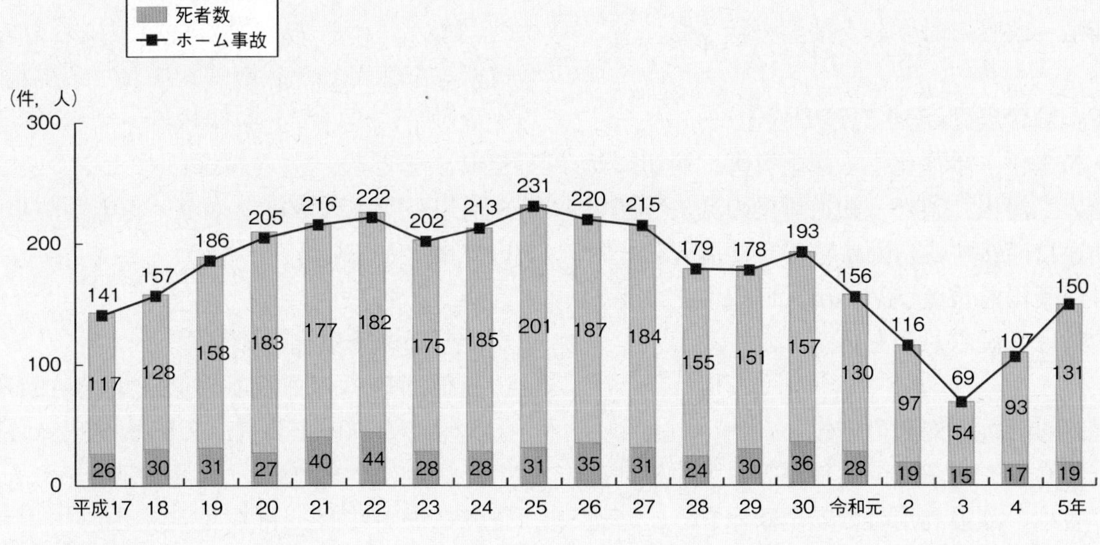

注　1　国土交通省資料による。
　　2　死者数は24時間死者。

第２章　鉄道交通安全施策の現況

第１節　鉄道交通環境の整備

1　鉄道施設等の安全性の向上

鉄道交通の安全を確保するためには，基盤である線路施設について常に高い信頼性を確保する必要があり，土砂崩壊，落石，雪崩等による施設の被害を防止するため，防災設備の整備を促進するとともに，鉄道事業者に対し，適切な保守及び整備を実施するよう指導した。

2　鉄道施設の老朽化対策の推進

鉄道事業者に対して，予防保全の観点から構造物の定期検査の実施，それに基づく健全度の評価を行い，適切な維持管理を行うよう指示するとともに，人口減少が進み経営状況が厳しさを増す地方の鉄道事業者に対して，鉄道施設の長寿命化に資する補強・改良に対する支援等を行った。

3　鉄道施設の豪雨・浸水対策の強化

近年，頻発化・激甚化する豪雨災害に適切に対応するため，河川に架かる鉄道橋梁の流失等防止対策や鉄道に隣接する斜面からの土砂流入防止対策といった豪雨対策及び駅の出入口やトンネルの坑口等における浸水対策を推進した。

4　鉄道施設の地震対策の強化

首都直下地震や南海トラフ地震等の大規模地震に備え，多くの鉄道利用者の安全確保や，一時避難場所としての機能の確保等を図るため，主要駅や高架橋等の耐震対策を推進した。この結果，首都直下地震又は南海トラフ地震で震度６強以上が想定される地域等に存在する主要鉄道路線の耐震化率について，おおむね100%を達成した。

5　駅ホームにおける安全性向上のための対策の推進

駅ホームの安全性向上については，ホームドア整備の前倒しや駅員による誘導案内などハード・ソフト両面からの転落防止対策を推進している。このうちホームドアについては，交通政策基本計画（令和３年５月28日閣議決定）及び移動等の円滑化の促進に関する基本方針（令和２年国家公安委員会・総務省・文部科学省・国土交通省告示第１号）に基づき，７年度までに，優先度が高い3,000番線，うち平均利用者数が10万人／日以上の駅で800番線を整備することとしている。４年度末時点において，駅全体で2,484番線，うち平均利用者数が10万人／日以上の駅で493番線が整備された。また，ホームドアのない駅においても，「新技術等を活用した駅ホームにおける視覚障害者の安全対策について～中間報告～」（３年７月公表）を取りまとめ，引き続きITやセンシング技術等を活用した視覚障害者のホーム転落防止対策について検討している。

6　運転保安設備等の整備

曲線部等への速度制限機能付きATS等，運転士異常時列車停止装置，運転状況記録装置等について法令により整備の期限が定められたもの※の整備については，平成28年６月までに完了したが，整備の期限が定められていないものの整備については引き続き推進した。

※１時間あたりの最高運行本数が往復10本以上の線区の施設又はその線区を走行する車両若しくは運転速度が100キロメートル毎時を超える車両又はその車両が走行する線区の施設について10年以内に整備するよう義務付けられたもの。

第2節　鉄道交通の安全に関する知識の普及

踏切事故防止について，ポスターの掲示等によるキャンペーンを実施し，学校，沿線住民，道路運送事業者等に対し，踏切道の安全通行や鉄道事故防止に関する知識の普及及び意識の向上を図った。

また，首都圏の鉄道事業者が一体となって，酔客に対する事故防止のための注意喚起を行うプラットホーム事故0（ゼロ）運動等において広報活動を積極的に行い，鉄道の安全に関する正しい知識の浸透を図った。

第3節　鉄道の安全な運行の確保

1　保安監査等の実施

鉄道の安全運行を確保するため，鉄道事業法（昭61法92）等に基づき，鉄道事業者等に対し保安監査を実施した。令和4年度は49事業者に対して計61回実施し，輸送の安全確保の取組，施設及び車両の保守管理，運転取扱い，乗務員等に対する教育訓練等について26事業者に対して文書による行政指導を計27件行い，改善を求めた。また，年末年始の輸送等安全総点検を実施し，鉄道事業者等の安全意識の向上を図った。

2　運転士の資質の保持

動力車操縦者の資質の確保を図るため，動力車操縦者運転免許試験を適正に実施した。また，乗務員の資質が保持されるよう，運転管理者が教育等について適切に措置を講ずるよう指導した。

3　安全上のトラブル情報の共有・活用

主要な鉄道事業者の安全担当者等による鉄道保安連絡会議を開催し，事故等及びその再発防止対策に関する情報共有等を行うとともに，安全上のトラブル情報を関係者間に共有できるよう，情報を収集し，速やかに鉄道事業者へ周知している。さらに，国への報告対象となっていない安全上のトラブル情報について，鉄道事業者による情報共有化を図っている。

4　気象情報等の充実

鉄道交通に影響を及ぼす自然現象について，的確な実況監視を行い，適時・適切に予報・警報等を発表・伝達して，事故の防止及び被害の軽減に努めるとともに，これらの情報の内容の充実と効果的利用を図るため，第1編第1部第2章第3節7(3)（気象情報等の充実）で記載した施策を講じた。また，地震発生時に走行中の列車を減速・緊急停止等させることにより列車転覆等の被害の防止に活用されるよう，鉄道事業者等に対し，緊急地震速報の提供を行っている。

5　大規模な事故等が発生した場合の適切な対応

国及び鉄道事業者における，夜間・休日の緊急連絡体制を点検・確認し，大規模な事故又は災害が発生した際に，迅速かつ的確な情報の収集・連絡を行った。

また，大都市圏，幹線交通における輸送障害等の社会的影響を軽減するため，鉄道事業者に対し，外国人を含む利用者への適切な情報提供を行うとともに，迅速な復旧に必要な体制を整備するよう指導した。

鉄道の津波対策については，南海トラフ地震等による最大クラスの津波からの避難の基本的な考え方（素早い避難が最も有効かつ重要な対策であること等）を踏まえた津波発生時における鉄道旅客の安全確保への対応方針と具体例等を取りまとめており，鉄道事業者における取組を推進している。

6　運輸安全マネジメント評価の実施

平成18年10月より導入した「運輸安全マネジメント制度」により，事業者が社内一丸となった安全管理体制を構築・改善し，国がその実施状況を確認し評価する取組を，令和5年度は44者に対して実施した。

また，令和2年7月に策定，公表した「運輸防災マネジメント指針」を活用し，運輸安全マネジメント評価の中で防災マネジメントに関する評価を実施した。

7　計画運休への取組

大型の台風が接近・上陸する場合など，気象状況により列車の運転に支障が生ずるおそれが予測されるときには，その都度，鉄道事業者に対し，計画運休の実施を含む対応により安全の確保に努めるよう指導した。また，これらの対応に関する情報提供を行うに当たっては，内容・タイミング・方法について留意させるとともに，外国人利用者にも対応するため，多言語案内体制の強化も指導した。

また，鉄道事業者における防災・気象情報の適切な利用を支援するため，国土交通省鉄道局と気象庁の共催による鉄道事業者向けワークショップを開催した。

第４節　鉄道車両の安全性の確保

近年，鉄道における車両の構造・装置は大きく変化し，各分野における科学技術の発達を反映するとともに，高齢者，障害者等に配慮した設計となっている。

最近導入されている車両は，機械的可動部分を削減した装置を採用することにより電子化・無接点化が進み，信頼性と保安度の向上が図られている。

車両の連結部には，プラットホーム上の旅客の転落を防止する安全対策を施した車両の導入を推進している。

また，鉄道車両の品質の改善，生産の合理化等を図ることにより，安全性の向上に寄与することを目的として日本産業規格を整備した。令和４年度末における鉄道部門の日本産業規格数は158件である。

鉄道の車両の検査については，鉄道事業者に対し，新技術を取り入れた検査機器を導入することによる検査精度の向上，鉄道車両への新技術の導入に対応した検修担当者に対する教育訓練の充実及び鉄道車両の故障データ等の科学的分析結果の保守管理への反映が図られるよう指導した。

第５節　踏切道における交通の安全についての対策

1　踏切事故防止対策の現状

踏切道の改良については，踏切道改良促進法（昭36法195）及び第11次交通安全基本計画に基づき，踏切道の立体交差化，構造の改良，歩行者等立体横断施設の整備及び踏切保安設備の整備を推進した。また，平成27年の「高齢者等による踏切事故防止対策検討会」取りまとめを踏まえ，全方位型警報装置，非常押ボタンの整備，障害物検知装置の高規格化等を推進した。これらの諸施策を総合的かつ積極的に推進した結果，令和５年の踏切事故件数は243件で，長期的に減少傾向にあるものの，令和４年と比較して増加した。令和５年度は，踏切道改良促進法に基づき，改良すべき踏切道として，新たに408か所を指定した。指定した踏切道を始め，課題のある踏切道については，地方踏切道改良協議会等を適宜開催し，道路管理者と鉄道事業者が，地域の実情に応じた踏切対策の一層の推進を図った。

令和４年度に改良が図られた踏切道数（これまでに指定した踏切道と道路管理者，鉄道事業者等が自主的に行ったものを含む。）は，第1-32表のとおりである。また，踏切道の統廃合についても，

第 1-32 表　平成30～令和４年度における踏切道整備実績

（単位：箇所）

年度＼種別	立体交差化	構造の改良	踏切保安設備の整備
平成30	11	238	39
令和元	17	316	32
令和２	31	269	31
令和３	22	245	31
令和４	25	243	17

注　国土交通省資料による。

立体交差化等の事業と併せて実施した。

2　踏切道の立体交差化，構造の改良及び歩行者等立体横断施設等の整備の促進

立体交差化までに時間のかかる「開かずの踏切」等の対策について，早期に安全安心を確保するために構造の改良及び歩行者等立体横断施設の設置等，カラー舗装や駅周辺の駐輪場整備等の一体対策について緊急的に取り組んだ。

また，歩道が狭隘な踏切等における歩行者安全対策についても，踏切道内において歩行者と自動車等が錯綜することがないよう歩行者滞留を考慮した踏切拡幅など事故防止効果が高い構造の改良等を推進した。

さらに，「開かずの踏切」等の遮断時間が特に長い踏切等で，かつ道路交通量の多い踏切道が連担している地区等や主要な道路との交差に関わるもの等については，抜本的な交通安全対策である連続立体交差化等により，踏切道の除却を促進するとともに，道路の新設・改築及び鉄道の新線建設に当たっても，極力立体交差化を図った。

以上のような立体交差化等の従前の踏切対策に加え，踏切周辺道路の整備等，踏切横断交通量の削減のための踏切周辺対策等の総合的な対策を推進した。

このほか，視覚障害者の踏切道内での事故を受け，令和6年1月に「道路の移動等円滑化に関するガイドライン」を改定し，踏切道手前部の視覚障害者誘導用ブロックと踏切道内誘導表示の設置方法や構造について規定を行うとともに，踏切道におけるバリアフリー対策を推進した。

3　踏切保安設備の整備及び交通規制の実施

踏切道の利用状況，踏切道の幅員，交通規制の実施状況等を勘案して踏切遮断機（踏切遮断機を設置することが技術的に著しく困難である場合は，踏切警報機）を整備しており，その結果，踏切遮断機又は踏切警報機が設置されている踏切道は，令和4年度末には3万34か所（専用鉄道を除く。）に及んでおり，全体の92.6％である。

自動車交通量の多い踏切道については，道路交通の状況，事故の発生状況等を勘案して必要に応じ，障害物検知装置等，より事故防止効果の高い踏切保安設備の整備を進めた。

第1-33表　踏切道における交通規制の実施状況

（令和4年度末現在）

規制種別	踏切種別			計
	1種	3種	4種	
大型車等通行止め	4,893	122	191	5,206
二輪の自動車以外の自動車通行止め	1,937	345	909	3,191
車両通行止め	962	136	391	1,489
その他の通行止め	1,449	198	340	1,987
一方通行	364	2	17	383
合計	9,605	803	1,848	12,256

注　警察庁資料による。

また，高齢者等の歩行者対策としても効果が期待できる，全方位型警報装置，非常押ボタンの整備，障害物検知装置の高規格化を推進した。

さらに，道路の交通量，踏切道の幅員，踏切保安設備の整備状況，迂回路の状況等を勘案し，必要に応じ，大型車等通行止め，一方通行等の交通規制を実施するとともに，併せて道路標識等の高輝度化による視認性の向上を図った（第1-33表）。

4　踏切道の統廃合の促進

踏切道の立体交差化，構造の改良等の事業の実施に併せて，近接踏切道のうち，その利用状況，迂回路の状況等を勘案して，地域住民の通行に特に支障を及ぼさないと認められるものについて，統廃合を進め，その結果，踏切道の総数は前年度から98か所減少し，令和4年度末で3万2,442か所（専用鉄道を除く。）となった。ただし，構造の改良のうち踏切道に歩道がないか，歩道が狭小な場合の歩道整備については，その緊急性を考慮して，近接踏切道の統廃合を行わずに実施できることとしている。

5　その他踏切道の交通の安全及び円滑化等を図るための措置

踏切道における交通の安全と円滑化を図るため，必要に応じ，踏切道予告標，情報通信技術（ICT）の導入による踏切関連交通安全施設の高度化を図るための研究開発等を進めるとともに，車両等の踏切通行時の違反行為に対する指導取締りを推進した。

また，平常時の交通安全及び円滑化等の対策に加え，災害時においても，踏切道の長時間遮断による救急・救命活動や緊急物資輸送の支障の発生

等の課題に対応するため，改正踏切道改良促進法の災害時の管理方法の指定制度に基づき，災害時の管理の方法を定めるべき踏切道として令和５年度は新たに97か所を指定した。指定した踏切道については，道路管理者と鉄道事業者が，災害時に長時間遮断が生じないよう，連絡体制や優先開放の手順等の管理方法の策定に向けた協議を行い，取組を推進した。

第６節　救助・救急活動の充実

鉄道の重大事故等に備え，避難誘導，救助・救急活動を迅速かつ的確に行うため，訓練の充実や鉄道事業者と消防機関，医療機関その他の関係機関との連携・協力体制の強化を図った。

また，鉄道職員に対する，自動体外式除細動器（AED）の使用も含めた心肺蘇生法等の応急手当の普及啓発活動を推進している。

第７節　被害者支援の推進

公共交通事故による被害者等への支援の確保を図るため，国土交通省に設置した公共交通事故被害者支援室では，被害者等に対し事業者への要望の取次ぎ，相談内容に応じた適切な機関の紹介などを行うこととしている。

令和５年度は，公共交通事故発生時には，被害者等へ相談窓口を周知するとともに被害者等からの相談に対応できるよう体制を維持した。また，平時の取組として，支援に当たる職員に対する教育訓練の実施，外部の関係機関とのネットワークの構築，公共交通事故被害者等支援フォーラムの開催，公共交通事業者による被害者等支援計画の策定の働き掛け等を行った。

第８節　鉄道事故等の原因究明と事故等防止

１　運輸安全委員会の事故調査状況

運輸安全委員会は，独立性の高い専門の調査機関として，鉄道の事故及び重大インシデント（以下「事故等」という。）の調査により原因を究明し，国土交通大臣等に再発防止及び被害の軽減に向けた施策等の実施を求めているところ，令和５年度中，調査対象となる事故等は，15件発生した。また，同年度中，16件の報告書を公表した。

２　令和５年度に公表した主な事故等

令和４年３月，福島県沖を震源とする地震により東北新幹線が脱線し，一部の輪軸が逸脱した事案について，地震動による列車の脱線や逸脱のメカニズム等の分析を行い，車体のローリングの発生やそれに伴う空気ばねの空気抜け等の影響を明らかにした。また，それらの脱線・逸脱の原因を踏まえた再発防止策として，列車の先頭軸を含む輪軸の逸脱防止機能の更なる高機能化を実施していくことが必要であること等を提言した（６年３月公表）。

第９節　研究開発及び調査研究の充実

１　気象庁気象研究所等の研究

鉄道交通の安全に寄与する気象情報等の精度向上を図るため，気象庁気象研究所を中心に，第１編第１部第２章第８節１⑸ウ（気象庁気象研究所等の研究）で述べた研究等，気象・地象・水象に関する基礎的及び応用的研究を行った。

２　独立行政法人自動車技術総合機構交通安全環境研究所及び（公財）鉄道総合技術研究所の研究

より安全度の高い鉄道システムを実現するための，施設，車両，運転等に関する新技術の評価とその効果予測に関する研究や，事故及び防災・減災に関する試験研究等を行った。

上信電鉄踏切事故について

事故概要

令和６年４月６日，上信線馬庭駅～西山名駅間の天水踏切道（第４種）において，踏切道内に進入した児童が列車と衝突し，当該児童の死亡が確認された。

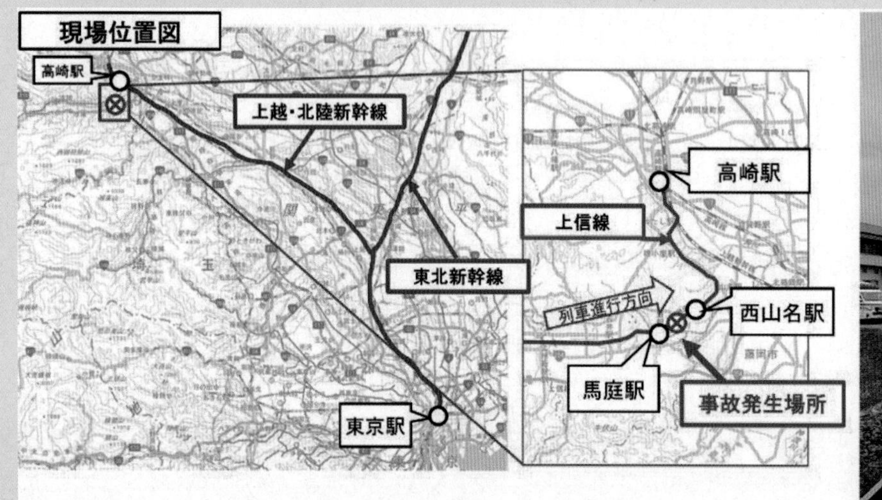

事故発生後の国土交通省の対応

事故発生翌日の４月７日に運輸安全委員会の調査官等を派遣し，事故の現地調査を実施した。また４月17日に，群馬県などの関係自治体，鉄道事業者，関東運輸局，関東地方整備局等からなる協議会を開催し，事故の概要を共有するとともに，群馬県内の第４種踏切の統廃合及び第１種踏切化を促進するための検討を実施した。

引き続き，第４種踏切の統廃合及び第１種踏切化の促進も含め，踏切の安全対策について着実に進める予定。

プラットホーム事故0（ゼロ）運動について

プラットホーム事故の現況

令和４年度におけるホームからの転落件数は2,238件で，このうち約50%が酔客となっている。

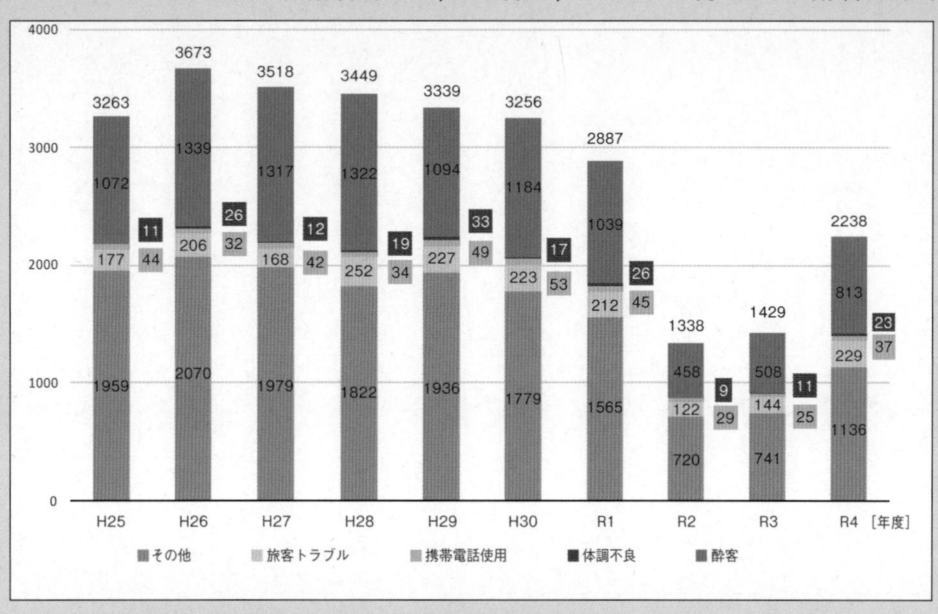

ホームからの転落の要因別件数の推移（鉄軌道輸送の安全に関わる情報（令和４年度）より）

プラットホームにおける安全対策の推進

国土交通省では，プラットホームにおける安全対策として，非常押ボタン，転落検知マット，プラットホームからの転落を防ぐためのホームドア等の整備を促進している。また，鉄道利用者に対して，プラットホーム上での列車との接触などを注意喚起するほか，危険を感じたときには非常押ボタンを押してもらうことを目的に，首都圏の鉄道事業者が一体となって，共通ポスターの掲出や駅・車内での注意喚起放送などを行う「プラットホーム事故０（ゼロ）運動」を実施している。

<プラットホーム事故０（ゼロ）運動>

【実施事業者】

小田急電鉄，京王電鉄，京浜急行電鉄，京成電鉄，東日本旅客鉄道，新京成電鉄，西武鉄道，相模鉄道，東急電鉄，東京地下鉄，東武鉄道，東京都交通局，横浜市交通局，伊豆箱根鉄道，江ノ島電鉄，関東鉄道，埼玉高速鉄道，芝山鉄道，多摩都市モノレール，首都圏新都市鉄道，東京モノレール，東葉高速鉄道，埼玉新都市交通，箱根登山鉄道，北総鉄道，横浜高速鉄道，流鉄，東京臨海高速鉄道

【協賛】

関東鉄道協会

プラットホーム事故０（ゼロ）運動ポスター（令和５年度）

第２編
海上交通

第2編　海上交通

第1章　海難等の動向

1　近年の海難等の状況

我が国の周辺海域において，交通安全基本計画の対象となる船舶事故隻数の推移をみると，第9次交通安全基本計画期間（平成23年度～27年度）の年平均では2,256隻であったものが，令和5年では1,790隻となっており，約2割減少した（第2-1図）。船舶種類別では，プレジャーボート，漁船，貨物船の順で事故隻数が多く，小型船舶（プレジャーボート，漁船及び遊漁船※）の事故隻数は，全体の約8割を占めている（第2-2図）。

このような船舶事故の状況において，船舶自動識別装置（AIS）※を活用した次世代型航行支援システムの運用を始め，海難防止思想の普及，民間団体の海難防止活動の展開，気象・海象情報の提供の充実等の各種安全対策を計画的に推進しており，一定の成果が認められるが近年の国民の余暇志向の高まりに伴い，マリンレジャーが急速かつ広範に国民に普及し，運航のための初歩的な知識・技能の不足した操船者が増加しており，引き続き安全対策を推進する必要がある。

船舶事故による死者・行方不明者の数は，第9次交通安全基本計画期間の年平均で91人であったものが，令和5年では57人となっており，約4割の減少となった（第2-1図）。

第2-1図　船舶事故隻数及びそれに伴う死者・行方不明者数の推移

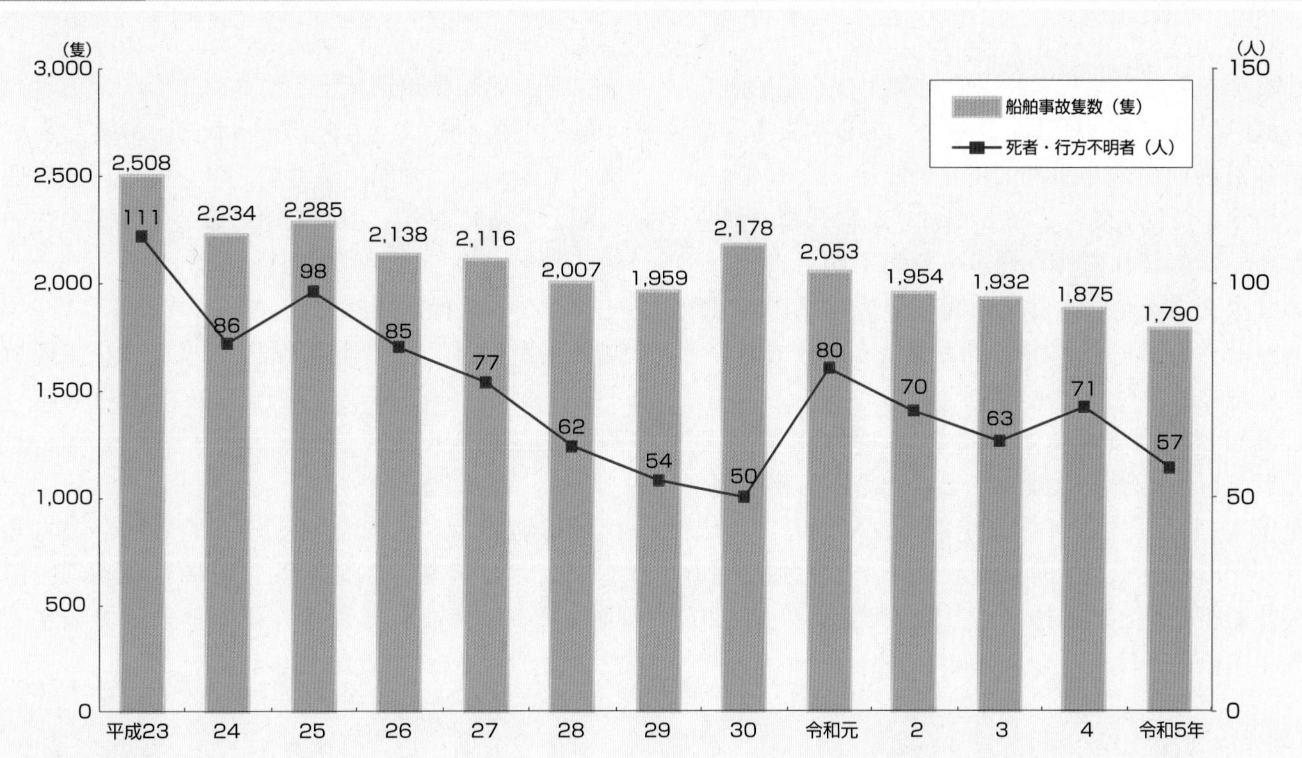

注　1　海上保安庁資料による。
　　2　死者・行方不明者には，病気等によって操船が不可能になったことにより，船舶が漂流するなどの海難が発生した場合の死亡した操船者を含む。

※遊漁船
　「遊漁船業の適正化に関する法律」（昭63法99）第2条第2項に規定する「遊漁船」をいう。

※船舶自動識別装置（AIS：Automatic Identification System）
　AISは，船名，大きさ，針路，速力などの航海に関する情報を自動的に送受信する装置で，総トン数300トン未満の旅客船及び総トン数300トン以上の船舶であって国際航海に従事するもの並びに総トン数500トン以上の船舶であって国際航海に従事しないものへの搭載が義務付けられている。

第 2-2 図　船舶種類別の船舶事故隻数の推移

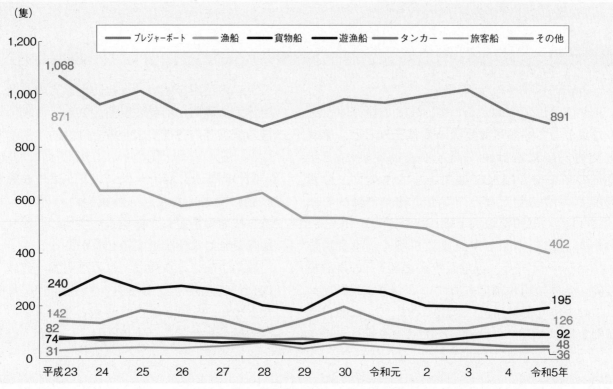

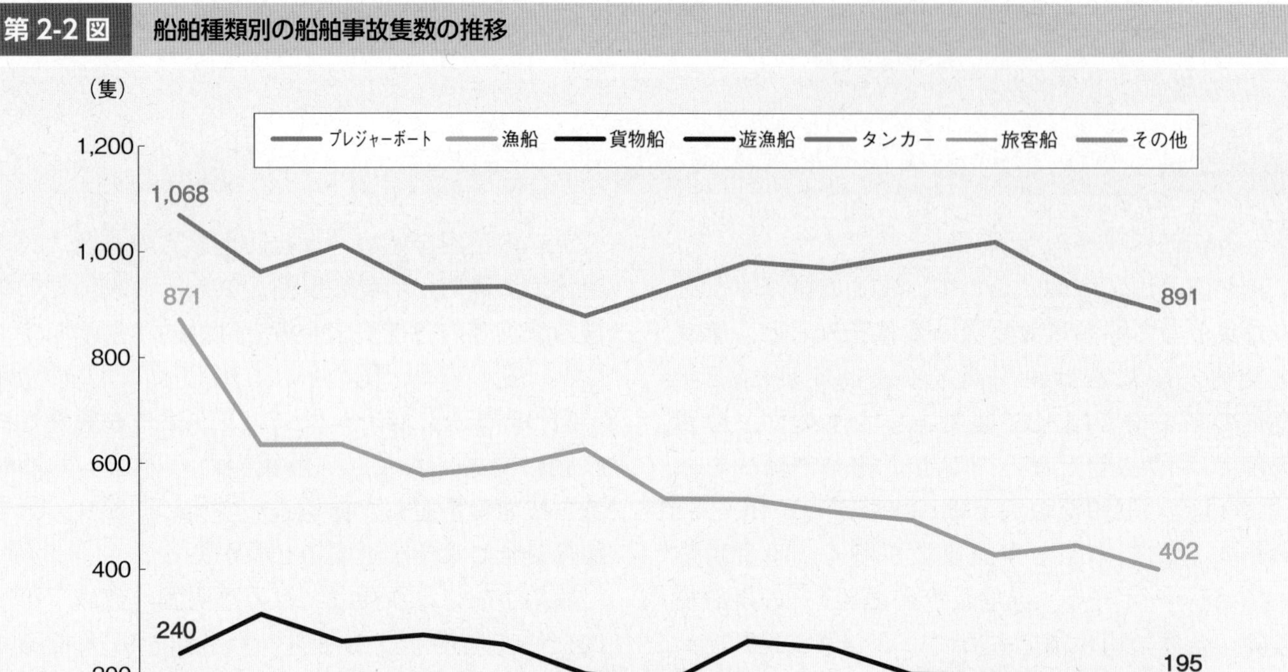

注　海上保安庁資料による。

また，交通安全基本計画の対象となる船舶からの海中転落者数の推移をみると，第９次交通安全基本計画期間の年平均で174人であったものが，令和５年では123人となっており，約３割の減少となった。これに伴う死者・行方不明者の数は，第９次交通安全基本計画期間の年平均で106人であったものが，令和５年では62人となっており，約４割の減少となった（第2-3図）。

第11次交通安全基本計画では，海難における死者・行方不明者を減少させるために，救助率※を95％以上とする目標が定められており，海上保安庁において，救助・救急体制の充実強化，民間救助組織等との連携・協力に努めた結果，令和５年の救助率は96.6％であった。

2　令和５年中の海難等及び海難救助の状況

⑴海難等の状況

ア　船舶事故等の状況

令和５年の船舶事故は，1,790隻，約153万総トンであり，次のような特徴が見られる。

（ア）　船舶種類別状況

船舶種類別では，プレジャーボートが最も多く，次いで漁船，貨物船，遊漁船，タンカー，旅客船の順となっており，小型船舶の事故隻数が全体の約８割を占めている（第2-2図）。

（イ）　事故種類別状況

事故種類別では，衝突が最も多く，次いで運航不能（機関故障），運航不能その他の順となっている（第2-4図）。

（ウ）　距岸別状況

距岸別では，港内を除く３海里未満が最も多く，次いで港内，３海里以上12海里未満，12海里以上の順となっており，12海里未満で発生した事故が大半を占めた（第2-4図）。

（エ）　事故原因別状況

事故原因別では，見張り不十分，操船不適切，船体機器整備不良等運航の過誤によるものが全体の約６割を占め，これに機関取扱不良等を加えた人為的要因に起因するものが全体の約７割を占めている（第2-4図）。

※救助率
要救助海難の乗船者数及び海中転落者数（自力救助を除く。）のうち，救助された乗船者数及び海中転落者数の割合。

第 2-3 図　船舶からの海中転落者数及び死者・行方不明者数の推移

(人)
250
200
150
100
50
0
海中転落者数
死者・行方不明者数
175
173
177
194
150
156
157
138
139
149
142
124
123
114
112
100
118
87
99
84
73
76
77
80
74
62
平成23
24
25
26
27
28
29
30
令和元
2
3
4
令和5年

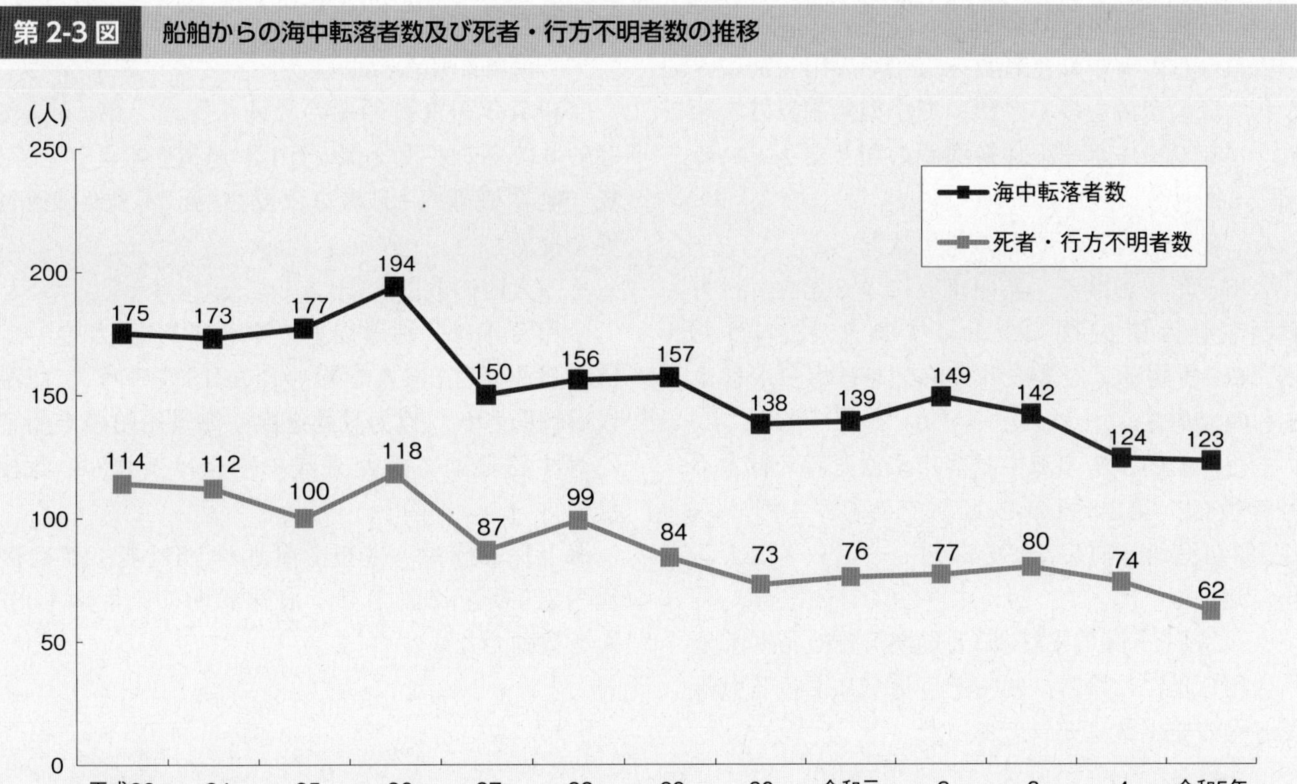

注　海上保安庁資料による。

第 2-4 図　船舶事故等の状況　内訳

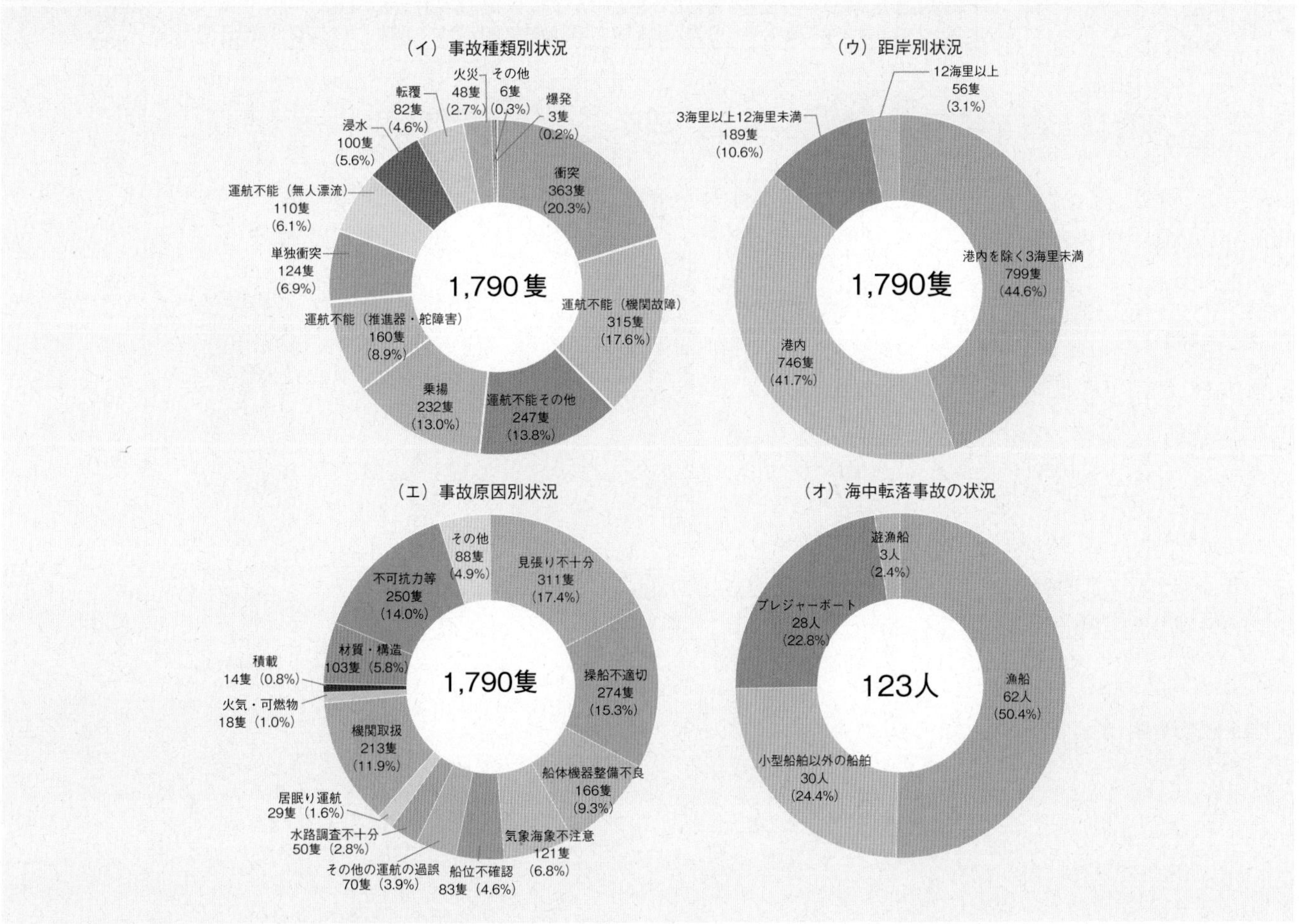

（イ）事故種類別状況
火災 48隻 (2.7%)
その他 6隻 (0.3%)
爆発 3隻 (0.2%)
転覆 82隻 (4.6%)
浸水 100隻 (5.6%)
運航不能（無人漂流） 110隻 (6.1%)
単独衝突 124隻 (6.9%)
運航不能（推進器・舵障害） 160隻 (8.9%)
乗揚 232隻 (13.0%)
運航不能その他 247隻 (13.8%)
運航不能（機関故障） 315隻 (17.6%)
衝突 363隻 (20.3%)
1,790隻
（ウ）距岸別状況
12海里以上 56隻 (3.1%)
3海里以上12海里未満 189隻 (10.6%)
港内を除く3海里未満 799隻 (44.6%)
港内 746隻 (41.7%)
1,790隻
（エ）事故原因別状況
その他 88隻 (4.9%)
見張り不十分 311隻 (17.4%)
不可抗力等 250隻 (14.0%)
材質・構造 103隻 (5.8%)
積載 14隻 (0.8%)
火気・可燃物 18隻 (1.0%)
機関取扱 213隻 (11.9%)
居眠り運航 29隻 (1.6%)
水路調査不十分 50隻 (2.8%)
その他の運航の過誤 70隻 (3.9%)
船位不確認 83隻 (4.6%)
気象海象不注意 121隻 (6.8%)
船体機器整備不良 166隻 (9.3%)
操船不適切 274隻 (15.3%)
1,790隻
（オ）海中転落事故の状況
遊漁船 3人 (2.4%)
プレジャーボート 28人 (22.8%)
漁船 62人 (50.4%)
小型船舶以外の船舶 30人 (24.4%)
123人

注　海上保安庁資料による。

（オ） 海中転落事故の状況

船舶からの海中転落者数を，船舶の用途別にみると，漁船が最も多く，次いで小型船舶以外の船舶，プレジャーボート，遊漁船の順となっている（第2-4図）。

イ 死者・行方不明者の発生状況

令和５年における，船舶事故による死者・行方不明者数は第2-1図のとおりであり，このうち46.7％が貨物船，22.2％がプレジャーボートによるものである。

また，船舶からの海中転落による死者・行方不明者数は，第2-3図のとおりであり，このうち61.3％が漁船，14.5％がプレジャーボートによるものである。

ウ ふくそう海域における大規模海難の発生状況

令和５年における，ふくそう海域における大規模海難の発生数はゼロであった。

⑵海難救助の状況

ア 海難船舶の救助状況

令和５年の海難船舶の救助状況は，第2-5図のとおりである。海上保安庁は，巡視船艇延べ1,076隻，航空機延べ124機を出動させ，海難船舶454隻を救助した。

イ 人命の救助状況

令和５年は，海難船舶の乗船者7,472人の中で自力救助の4,156人を除いた3,316人のうち3,271人が救助され，自力救助を除く海難船舶の乗船者に対する救助された人数の割合は98.6％であった。

海上保安庁は，巡視船艇延べ1,511隻，航空機延べ225機を出動させ，海難船舶の乗船者1,037人を救助した。

第2-5図 海難船舶の救助状況の推移

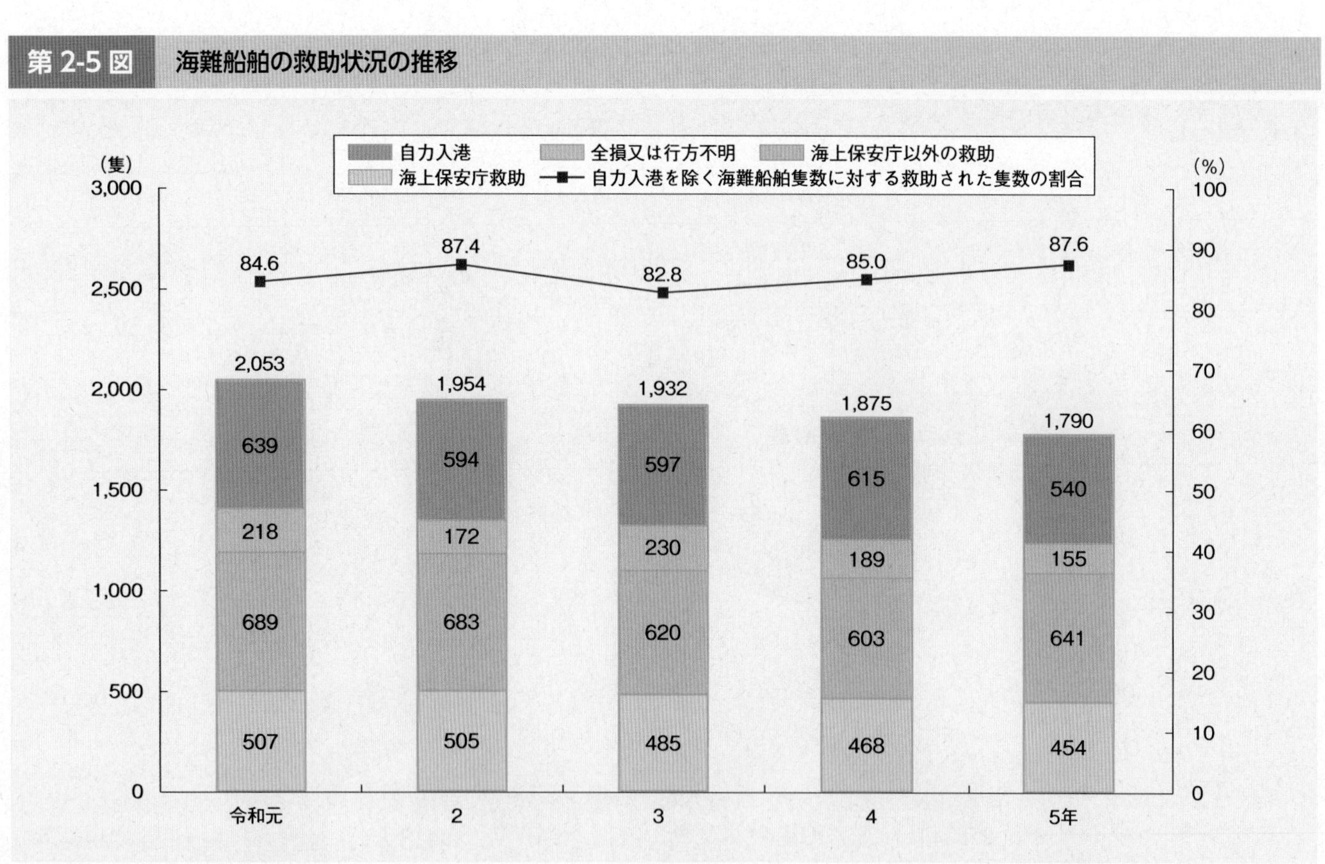

注 海上保安庁資料による。

3　令和5年中の小型船舶の事故等及び海難救助の状況

⑴海難等の状況

令和5年の小型船舶の事故隻数は1,385隻であり，前年より90隻減少した。これに伴う死者・行方不明者数は22人であり，前年より8人減少した。

この1,385隻についてみると，次のような特徴がみられる。

ア　船型別状況

船型別では，プレジャーボートが最も多く，次いで漁船，遊漁船の順となっている。このうち，プレジャーボートの事故隻数の内訳は，モーターボートが最も多く，次いで水上オートバイ，ヨット，手漕ぎボートの順となっており，モーターボートのうち，ミニボートの事故が約2割を占めている（第2-6図，第2-7図）。

第2-6図　小型船舶の船型別事故隻数の状況及びプレジャーボートの事故隻数内訳（令和5年）

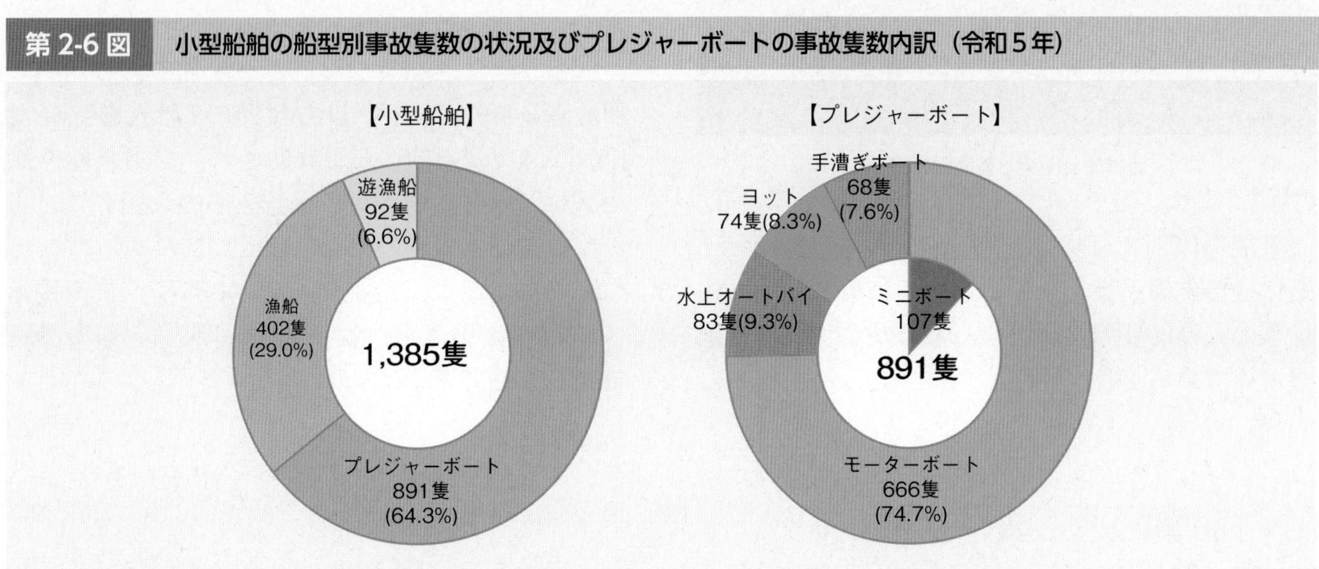

注　海上保安庁資料による。

第2-7図　プレジャーボートの船型別船舶事故隻数の推移

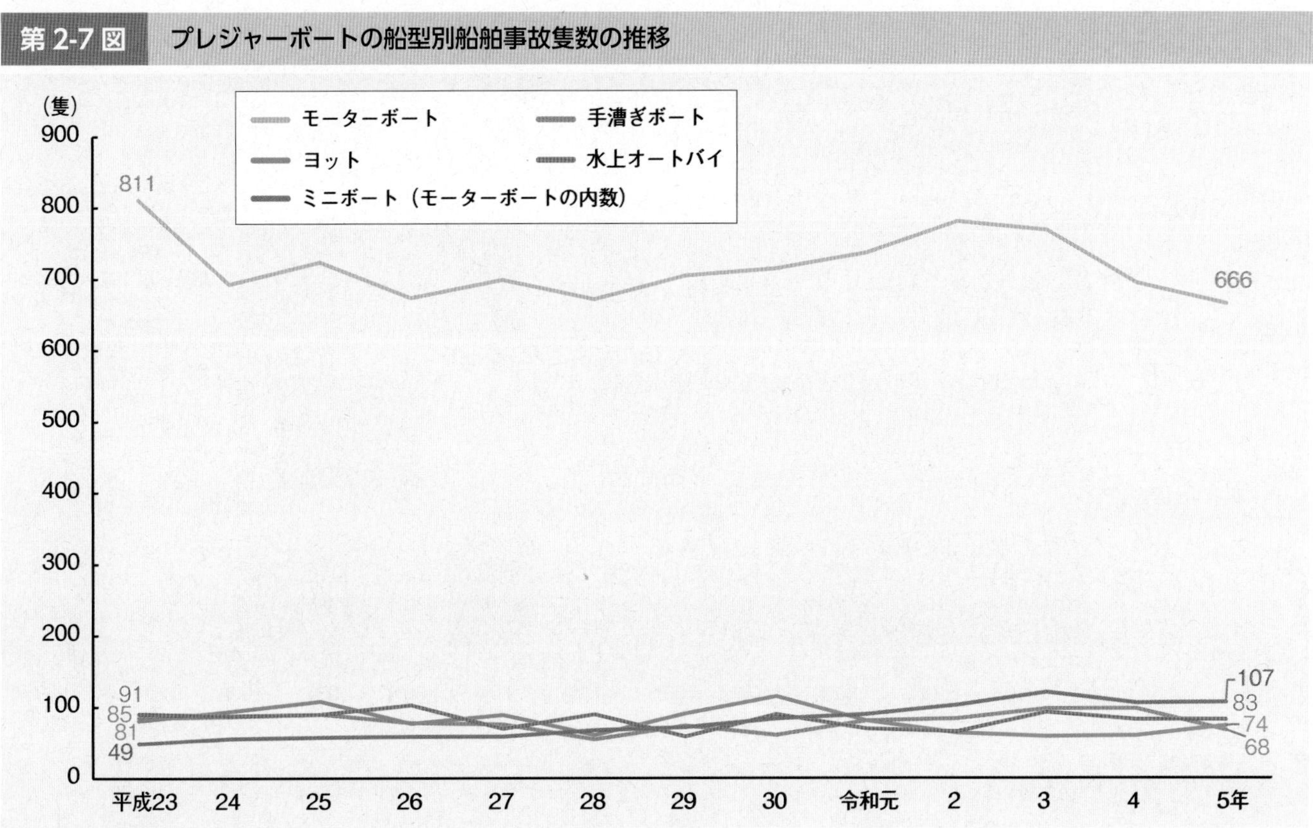

注　海上保安庁資料による。

イ　事故種類別状況

事故種類別の事故発生状況は，第2-8図のとおりである。

貨物船と衝突し転覆した漁船

事故原因別では見張り不十分，機関取扱不良，船体機器整備不良，操船不適切，気象・海象不注意等の人為的要因に起因するものが全体の約８割を占めている（第2-9図）。

⑵海難救助の状況

ア　海難船舶の救助状況

令和５年は，プレジャーボート等の海難船舶983隻の中で自力入港した190隻を除いた793隻のうち716隻が救助され，自力入港を除くプレジャーボート等の海難船舶隻数に対する救助された隻数の割合は90.3％であった。海上保安庁は，巡視船艇延べ863隻，航空機延べ86機を出動させ，プレジャーボート等海難船舶375隻を救助した。

イ　人命の救助状況

令和５年は，プレジャーボート等の海難船舶の乗船者2,449人の中で自力救助の773人を除いた1,676人のうち1,663人が救助され，自力救助を除くプレジャーボート等の海難船舶の乗船者に対する救助された人数の割合は99.2%であった。

海上保安庁は，巡視船艇延べ863隻，航空機延べ86機を出動させ，プレジャーボート等の海難船舶の乗船者776人を救助した。

第2-8図　小型船舶の船型別・船舶事故種類別発生状況（令和５年）

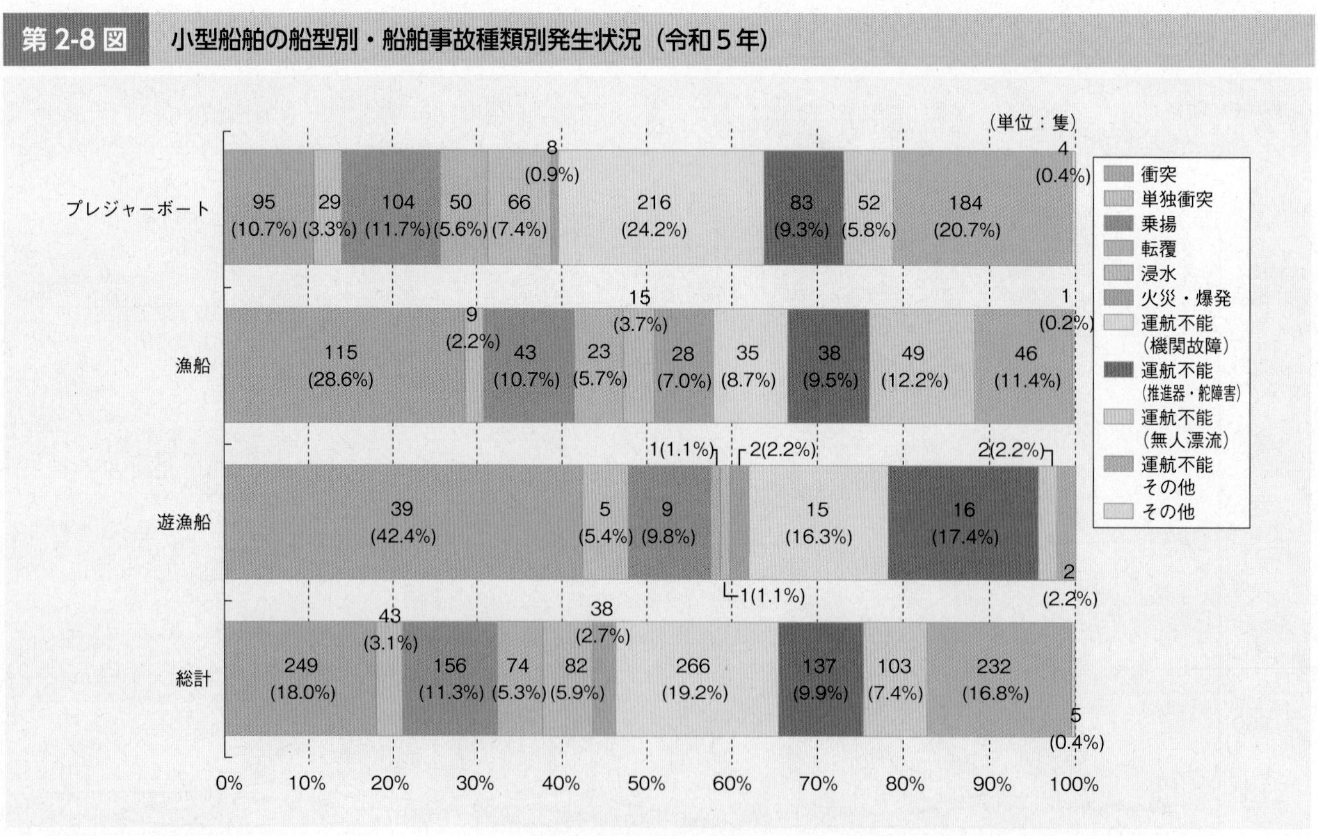

注　1　海上保安庁資料による。
　　2　数字は船舶事故種類別の隻数。
　　3　（　）内は構成率である。

第2-9図　小型船舶の船型別・事故原因別船舶事故発生状況（令和5年）

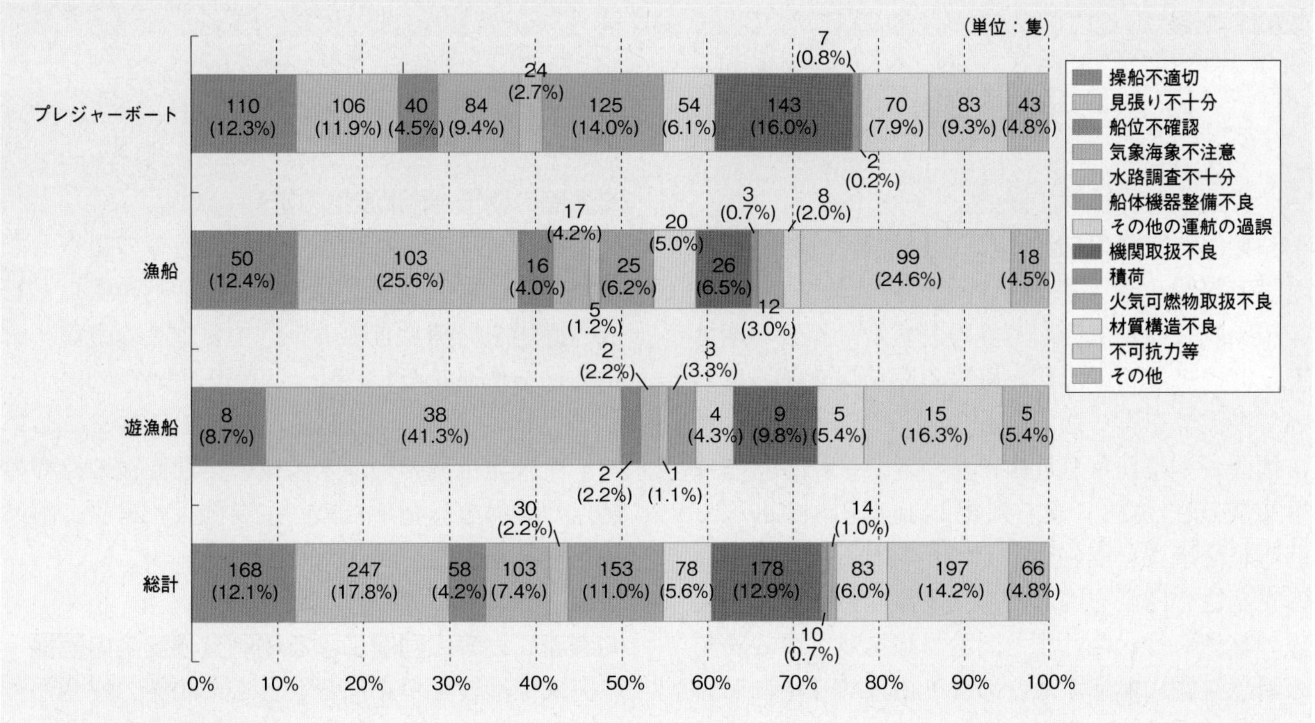

注　1　海上保安庁資料による。
　　2　数字は事故原因別の隻数。
　　3　（　）内は構成率である。

第2章 海上交通安全施策の現況

第１節 海上交通環境の整備

１ 交通安全施設等の整備

⑴開発保全航路の整備，港湾の整備等交通安全施設の整備

船舶航行の安全性向上等のため，令和５年度は東京湾中央航路や関門航路等の開発保全航路において浚渫等を行った。

社会資本整備重点計画に基づき，令和５年度は事業費2,795億円（うち国費2,444億円）をもって港湾整備事業を実施し，その一環として海上交通の安全性の向上を図るため，防波堤，航路，泊地等の整備を行った。また，沿岸域を航行する船舶の緊急避難に対応するため，下田港等５港において避難港の整備を行った。

⑵漁港の整備

漁港漁場整備長期計画に基づき，水産基盤整備事業等を実施し，外郭施設等の整備を通じて漁船の航行・係留の安全の確保を図った。

⑶航路標識等の整備

国土強靱化基本計画等に基づき，地震や台風といった自然災害に伴う航路標識の倒壊や消灯等を未然に防止し，災害時でも被災地の海上交通安全を確保するために，航路標識の耐災害性強化対策を推進した。

⑷港湾における大規模災害対策の推進

災害時に陸上輸送が遮断された場合でも緊急物資の海上輸送機能を確保するとともに，発災直後から企業活動の維持を図るため，耐震強化岸壁等の整備を推進した。

また，非常災害が発生した場合でも港湾機能を維持するため，関係機関と連携し，防災訓練の実施や港湾BCPの改善を図るなど，災害対応力の強化に取り組んだ。

港湾の技術開発についても，耐震対策等の充実強化に向けた調査研究を推進した。

⑸漁港の耐震・耐津波化の推進

災害発生時に救援活動，物資輸送等の拠点となる漁港が，災害発生直後から当該活動の拠点としての機能を発揮できるよう，主要施設の耐震・耐津波化を推進した。

また，水産物の流通拠点となる漁港等において，災害発生後の地域水産業の早期回復のための拠点の確保を目指すため，主要施設の耐震・耐津波化を推進した。

⑹漂流ごみ等の回収による船舶交通安全の確保

海域環境の保全を図るとともに船舶の安全かつ円滑な航行を確保するため，東京湾，伊勢湾，瀬戸内海，有明海，八代海等の閉鎖性海域（港湾区域，漁港区域を除く。）に配備している海洋環境整備船により，海面に漂流する流木等のごみや船舶等から流出した油の回収を実施した。

⑺港湾施設の老朽化対策の推進

「防災・減災，国土強靱化のための５か年加速化対策」に基づき，老朽化対策の加速化を推進している。また，「国土交通省インフラ長寿命化計画（行動計画）」（令和３年度～令和７年度）に基づき，持続可能なインフラメンテナンスの実現に向け，「予防保全」への本格転換，新技術等の普及促進などを推進している。

２ ふくそう海域等の安全性の確保

⑴ふくそう海域における安全性の確保

船舶交通がふくそうする東京湾，伊勢湾及び瀬戸内海並びに港内では，海上交通センター等において，船舶の安全に必要な情報の提供や大型船舶の航路入航間隔の調整，不適切な航行をする船舶に対する勧告，巡視船艇と連携した指導等のほか，非常災害時における東京湾内の海上交通機能を維持するための訓練を行った。

また，海上交通センターの機能向上のため，新たなレーダー及び監視カメラの整備を推進した。

⑵その他の船舶交通量の多い海域における安全性の確保

東京湾から四国沖に至る海域は，船舶交通量が多く，安全性を向上させる必要がある。このため，整流方法について検討を進めたところ，和歌山県潮岬沖において，伊豆大島西方海域と同様に推薦航路を設定することで，航行船舶の整流効果が得られるとの結論に至り，国際海事機関（IMO）に対して潮岬沖推薦航路を提案し，採択され，令和5年6月1日から運用を開始した。

⑶荒天時の走錨等に起因する事故防止対策

令和5年8月の台風接近時には，大型船等の一定の船舶に対し，湾外等の安全な海域への避難等を勧告する制度を運用し船舶交通の安全確保に努めた。

また，昨今の自然災害の激甚化，頻発化への対応として，荒天時における船舶の走錨等に起因する事故を防止するため，臨海部に立地する施設の周辺海域において，錨泊制限等の対策を実施するとともに，大阪湾海上交通センターにおける大阪湾北部海域の船舶の動静監視及び情報提供体制を強化した。

加えて，走錨の予兆を検知するシステムの開発により，更なる海域監視体制の強化を図っている。

さらに，走錨対策の一環として，船員が錨泊予定地における自船の走錨リスクを判定し，リスクに応じた走錨対策（錨泊地や錨泊方法の変更等）の実施を促すスマートフォン等向けのアプリである「走錨リスク判定システム」を開発し，令和3年7月に無料公開するとともに，業界団体等とも協力の上，普及促進を図った。

3　海上交通に関する情報提供の充実

⑴航行支援システムを用いた情報提供の実施

船舶自動識別装置（AIS）等を活用して，気象海象等の船舶交通の安全のために必要な情報の提供のほか，乗揚げや走錨のおそれのあるAIS搭載船に対する注意喚起等を実施した。

⑵気象情報等の充実

海上交通に影響を及ぼす自然現象について，的確な実況監視を行い，適時・適切に予報・警報等を発表・伝達して，事故の防止及び被害の軽減に努めるとともに，これらの情報の内容の充実と効果的利用を図るため，第1編第1部第2章第3節7⑶（気象情報等の充実）で記載した施策を講じた。また，波浪や高潮の予測モデルの運用及び改善を行うとともに，海上における遭難及び安全に関する世界的な制度（GMDSS※）において最大限有効に利用できるよう海上予報・警報の精度向上及び内容の改善に努めたほか，主に次のことを行った。

ア　船舶に対する気象・海象・火山現象に関する情報の提供

気象庁船舶気象無線通報，気象庁気象無線模写通報，海上保安庁の海岸局によるナブテックス放送，NHKによるラジオの漁業気象通報等によって，海上の気象実況及び予報・警報，火山現象及び津波に関する海上警報・予報，沿岸及び外洋波浪，海面水温，海流，海氷等の実況及び予想に関する情報を提供した。

イ　船舶気象通報

沿岸海域を航行する船舶等の安全を図るため，全国の主要な岬の灯台等132か所において局地的な風向，風速等の観測を行い，その現況を海の安全情報※で提供した。

⑶異常気象時における安全対策の強化

台風等異常気象時における海難を防止するため，関係省庁と連携の上，海事関係者等に対し，海難防止講習会や訪船指導等あらゆる機会を通じて，気象・海象の早期把握，荒天時における早期避難等の安全指導や注意喚起を実施するとともに，ユーザー視点に立った情報発信として，X（旧ツイッター）等のSNSを積極活用した。また，発達した低気圧等の影響による海難を防止するため，海の安全情報で係留を強化する等の注意喚起を早期に実施した。

※GMDSS：Global Maritime Distress and Safety System

※海の安全情報

海域を利用する国民に対して，インターネット等により提供している気象・海象の情報，海上工事の状況等海の安全に必要な情報の総称。

⑷航海安全情報の充実及び利便性の向上

ア　海図・水路誌等の整備

水路測量，海象観測等を実施し，航海の安全のために不可欠な航海用海図（紙海図及び航海用電子海図）及び航海参考用としての日本近海演習区域一覧図等の特殊図を刊行している。特に航海用電子海図については，画面上に自船の位置，速力，針路等の情報を表示し，警報機能を有する電子海図情報表示装置で利用されることにより，乗揚げ事故等の防止に寄与している。

また，航海用海図に表現できない航海の安全のために必要な港湾・航路，気象・海象，航路標識等の状況について詳細に記載した水路誌を刊行している。さらに，外国人が運航する船舶の海難防止対策の一環として，英語にも対応した紙海図及び水路誌を刊行しているほか，ふくそう海域における航法の理解を促進するため，関係法令やそれに対応する地理的位置関係を体系的に表示したマリナーズルーティングガイドを東京湾，伊勢湾，瀬戸内海の３海域について刊行している。

令和５年度は，関門港響新港区の港域変更，大阪湾北部海域における監視体制強化，潮岬沖IMO推薦航路の設定等の情報を海図に反映するなど，情報の整備を実施した。

イ　水路通報，航行警報等の充実

船舶が安全な航海を行うために必要な情報や航海用海図・水路誌等の内容を最新に維持するために必要な情報を水路通報としてインターネットにより提供しており，令和５年には約１万7,800件の情報を提供したほか，航海用電子海図の更新情報を電子水路通報としてインターネット等により提供した。

また，航海中の船舶に対して緊急に周知する必要がある情報を航行警報として，通信衛星，無線，インターネット等により提供しており，令和５年には約１万4,500件の情報を提供した。

水路通報及び航行警報の内容は利用者が視覚的に容易にその海域を把握することができるよう，ビジュアル情報としてもインターネットでも提供している（スマートフォンでの利用可）。

また，北朝鮮のミサイル発射情報については，航行警報及び海の安全情報等により我が国周辺の船舶に対し迅速な情報提供を行っている。

さらに，我が国周辺海域における海流・海氷等の海況を取りまとめた海洋速報等や黒潮等の海流の状況を短期的に予測した海流推測図等をインターネット等により提供しているほか，潮流シミュレーションにより来島海峡の潮流情報を提供しており，令和５年には約626万件のアクセスがあった。

加えて，上記取組等の国や政府関係機関等が保有する様々な海洋情報を一元的に集約し，地図上に重ね合わせて表示できるウェブサービス「海洋状況表示システム（海しる）」を運用している。

海しるを通じた広域性・リアルタイム性の高い情報の共有及び提供により，事故・災害等への迅速な対処が可能となるほか，海上安全に資する効果的・効率的な海洋政策の推進が期待される。

4　高齢者，障害者等に対応した旅客船ターミナルの整備

高齢者，障害者等も含めた全ての利用者が旅客船ターミナル，係留施設等を安全かつ身体的負担の少ない方法で利用・移動できるよう，段差の解消，オストメイト対応トイレの整備等を推進した。

第２節　海上交通の安全に関する知識の普及

1　海難防止思想の普及

海難を防止するためには，国民一人一人の海難防止に関する意識を高めることが重要である。

このため，関係機関と連携の上，海難防止講習会や訪船指導等あらゆる機会を通じて，海事関係者に限らず広く国民全般に対して法令遵守やライフジャケットの常時着用等の自己救命策確保の徹底を呼び掛けるなど，海難防止思想の普及及び高揚並びに海難防止に関する知識の習得及び向上を図った。

特に令和５年７月16日から31日までの間，「小型船舶の海難防止」，「見張りの徹底及び船舶間コミュニケーションの促進」，「ライフジャケットの常時着用など自己救命策の確保」，「ふくそう海域

などの安全性の確保」を重点事項に掲げて官民一体となった「海の事故ゼロキャンペーン」を全国一斉に実施した。

2　外国船舶に対する情報提供等

外国船舶の海難を防止するため，我が国周辺の地理や気象・海象の特性等に不案内な外国船舶に対し，訪船やホームページを活用するなどして，ふくそう海域における航法や航路標識の設置状況等の航行安全上必要な情報等について周知するとともに航行安全指導を実施した。

第3節　船舶の安全な運航の確保

1　旅客船の総合的な安全・安心対策

令和4年4月に発生した知床遊覧船事故を受け，「知床遊覧船事故対策検討委員会」において取りまとめられた「旅客船の総合的な安全・安心対策」について，実施可能なものから速やかに実行するとともに，その進捗についてフォローアップを実施した。また，事業者の安全管理体制の強化や船員の資質の向上などを内容とする「海上運送法等の一部を改正する法律」（令5法24）により，関係法律の改正を行うとともに，同法の施行に向けた政省令等の整備を実施した。

2　ヒューマンエラーによる船舶事故の防止

船舶事故の多くは，見張り不十分，操船不適切といったヒューマンエラーであることから，関係機関と連携の上，各種キャンペーン，海難防止講習会，訪船指導等あらゆる機会を通じて，事業者，操縦者等の安全意識の向上を図った。

また，事故防止に有用なAISの普及を促進するため，関係省庁と連携して，その有用性に係るリーフレットを配布し，普及に取り組んだ。

さらに，AISや海の安全情報等により，船舶交通の安全に必要な情報を提供し，操縦者等に対してこれらの情報の積極的な活用を呼び掛けた。

3　船舶の運航管理等の充実

⑴旅客船事業者等に対する指導監督の充実強化

旅客船事業者等に対する抜き打ち・リモートによる監査の積極的な実施により，事業者の運航実態の的確かつ継続的な把握に努め，事業者に対する監視を強化するとともに，「旅客船の安全に関する通報窓口」を設置し，法令違反や事故のリスクの高い事業者に対する監査を機動的・重点的に実施した。また，船員の過労防止措置の確認を重点的に行い，安全かつ適切な労働環境の実現に努めた。

さらに，大量の輸送需要が発生する年末年始における交通機関の安全性向上を図るため，令和5年12月10日から6年1月10日までの間，「年末年始の輸送等に関する安全総点検」として，海運事業者による自主点検や地方運輸局等による現地確認を行った。この安全総点検では，海運事業者に対し気象海象条件を踏まえた運航の可否判断に係る状況や通信設備等を重点的に点検するよう働き掛けるとともに，事業者による自主点検の実施率向上を図るため，業界団体を通じた周知等を行った。

⑵事故の再発防止策の徹底

船舶事故等が発生した場合には，運航労務監理官による監査等を通じて，事業者に対して事故の原因を踏まえた適切な再発防止策の策定を促すとともに，特に，行政処分等を行った事業者に対しては，改善が確認されるまで継続的・徹底的にフォローアップを行うことにより，再発防止の徹底を図った。

また，事業者の「輸送の安全」に対する意識を高め，海上輸送の安全の確保を図ることを目的として，海上運送法（昭24法187）及び内航海運業法（昭27法151）に基づき，運航労務監理官による立入検査の実施状況及び行政処分並びにその他の輸送の安全に関わる情報を引き続き公表した。

⑶運輸安全マネジメント評価の推進

平成18年10月より導入した「運輸安全マネジメント制度」により，事業者が社内一丸となった安全管理体制を構築・改善し，国がその実施状況を確認し評価する取組を，令和5年度は150者に対して実施した。特に令和５年３月の運輸審議会の答申を踏まえ，今後おおむね５年間を目途に，全ての小型旅客船事業者に対する運輸安全マネジメント評価を行うこととし，令和５年度は40者に対して実施した。

また，令和２年７月に策定，公表した，「運輸防災マネジメント指針」を活用し，運輸安全マネジメント評価の中で防災マネジメントに関する評価を実施した。

⑷安全統括管理者及び運航管理者等に対する研修水準の向上

安全統括管理者及び運航管理者に対して，関係省庁等と連携し受講者の運航管理に関する知識，安全意識の向上に資する研修を行っている。令和５年度は，地方運輸局において可能な限り会場開催とウェブ形式の併用を行い，海上運送法等の制度改正，事故の発生状況，管内における主な事故及び再発防止対策等に関する研修を実施した。

⑸安全情報公開の推進

旅客船利用者が適切に事業者の選択を行うことをより一層可能とするため，令和４年８月末より国土交通省ネガティブ情報等検索サイトにおいて，行政処分に加え，行政指導を公表対象に追加するとともに，公表期間を２年間から５年間に変更したところであり，引き続き安全情報の公開を促進した。

4　船員の資質の確保

深刻な海難を機に締結された「1978年の船員の訓練及び資格証明並びに当直の基準に関する国際条約」（STCW条約）においては，船舶の航行の安全性を担保するための船員の知識・技能に関する国際基準が定められている。同条約に対応し，船舶職員及び小型船舶操縦者法（昭26法149）に基づく海技士国家試験の際，一定の乗船履歴を求めつつ，最新の航海機器等に対応した知識・技能の確認を行うとともに，５年ごとの海技免状の更新の際，一定の乗船履歴又は講習の受講等を要求することにより，船舶職員の知識・技能の最新化を図っている。また，新人船員の教育訓練において実践的な訓練を実施するために，練習船における教育・訓練設備を充実させるとともに，学校と練習船の連携による効率的･効果的な教育に努めた。

さらに，航海の安全の確保を図るため，船員法（昭22法100）に基づき，発航前検査，操練の実施，航海当直体制の確保，船内巡視制度の確立，救命設備及び消火設備の使用方法に関する教育・訓練等について指導を行うとともに，これらについての的確な実施を図るため，運航労務監理官による監査を通じて，関係法令の遵守状況等の確認を行い，関係法令に違反していることが判明した事業者等に対しては，行政処分等により再発防止を図った。

5　船員災害防止対策の推進

第12次船員災害防止基本計画（令和５年度から令和９年度までの５か年計画）に基づき，令和５年度船員災害防止実施計画を作成し，安全衛生管理体制の整備とその活動の推進，死傷災害の防止を図るとともに，令和５年９月１日から30日までを船員労働安全衛生月間として，船員を始め関係者の安全衛生意識の高揚，安全衛生に関する訪船指導などの災害防止対策の推進等を目指した取組を集中的に実施した。また，船舶所有者等が自主的に船員災害に係るリスクアセスメントとPDCAサイクルという一連の過程を定めて継続的な改善を行うことにより安全衛生水準の継続的かつ段階的な向上を図る「船内労働安全衛生マネジメントシステム」の普及促進を図った。

6　水先制度による安全の確保

船舶がふくそうする水域等交通の難所とされる水域（全国34か所）においては，これら水域を航行する船舶に免許を受けた水先人が乗り込んで船舶を導くことにより船舶交通の安全が図られている。当該水先人の業務の的確な実施を確保するため，水先人の免許更新時の講習等を通じた知識・技能の最新化や養成教育の充実等を行うことにより，更なる安全レベルの維持･向上を図っている。

7　外国船舶の監督の推進

船員に求められる訓練，資格証明及び当直基準については，STCW条約等の国際条約で定められているが，これを遵守しない船舶（サブスタンダード船）が人命の安全や海洋環境等に多大な影響を及ぼす重大事故を引き起こす可能性がある。このようなサブスタンダード船を排除するため，関係条約に基づき外国船舶の監督（PSC※）を推進した。さらに，東京MOU※の枠組みに基づき，アジア太平洋域内の加盟国と協力して効果的なPSCを実施した。

8　旅客及び船舶の津波避難態勢の改善

平成23年に発生した東日本大震災では，多くの船舶が被災した。また，今後南海トラフ地震等の発生による大規模津波の発生が見込まれており，船舶運航事業者において津波防災対策を行うことが重要である。これを踏まえ，国土交通省では，大規模津波発生時における船舶の適切な避難行動を促進するため，船舶運航事業者による「船舶津波避難マニュアル」等の作成を推進している。具体的にはこれまで，マニュアル作成のための手引き等の公表，関係事業者に対する説明会の開催，津波防災対策の定着のための津波避難訓練実施の呼び掛け等を行った。引き続き津波避難に必要な主要ポイントを選定したマニュアル様式「津波対応シート」及び「津波対応シート」の外国語版を国土交通省ホームページに掲載し，活用を促した。

9　新技術の導入促進

内航を始めとする船舶への新技術の導入促進による労働環境改善・生産性向上，ひいてはそれによる安全性向上を図っている。具体的には，令和３年５月に船舶安全法（昭８法11）を改正し，遠隔監視技術を活用した船舶検査の簡素化制度を創設し，同年11月より運用を開始した。

第４節　船舶の安全性の確保

1　船舶の安全基準等の整備

船舶の安全性確保のため，国際海事機関（IMO）において「1974年の海上における人命の安全のための国際条約」（SOLAS条約）等に基づいて国際的な安全基準が定められるとともに，我が国では船舶安全法及びその関係省令において関連の構造・設備等の基準を規定している。

SOLAS条約等については船舶のより一層の安全性向上のため，IMOにおいて随時見直しが行われているが，我が国は，世界有数の造船・海運国としてIMOにおける審議に積極的に参画しており，技術革新等に対応した合理的な国際基準の策定に向け，主導的な役割を果たしている。

ヒューマンエラーの防止による海上安全の向上等が期待される自動運航船について，その実用化を進めるべく，船舶の運航に必要となる認知・判断等の要素技術やシステムの検証・評価技術の開発を支援し，また，その実用化に向けた環境整備を進めるべく，国内での実証事業の成果等の我が国が有する知見を活かし，IMOでの国際ルールの策定の検討作業を主導した。

さらに，我が国では改正SOLAS条約に基づき，国際海上輸出コンテナ総重量の確定を義務付ける国内制度の理解促進と着実な履行を行っている。

2　船舶の検査体制の充実

海難事故が発生した場合には，人命及び船舶の損失，海洋への汚染等多大な影響を社会に及ぼすこととなる。このため国土交通省海事局では関係法令に基づき，海事技術専門官が人命及び船舶の安全確保，海洋環境の保全を目的とした検査を実施している。

近年の技術革新，海上輸送の多様化に応じた従来の設計とは異なる船型を有する船舶の増加や，

※PSC：Port State Control
※東京 MOU：Memorandum of Understanding on Port State Control in the Asia-Pacific Region
アジア太平洋地域における PSC の協力体制に関する覚書。

国際的な規制強化に伴い，高度で複雑かつ広範囲にわたる検査が必要となっている。こうした状況に適切に対応していくため，ISO9001に準じた品質管理システムにのっとり，船舶検査体制の品質の維持向上を図っている。

また，危険物の海上輸送については，IMOで定められる国際的な安全基準に基づき，容器，表示等の運送要件及び船舶の構造，設備等の技術基準について国内規則の整備を図るとともに，危険物運搬船に対して運送前の各種検査や立入検査を実施することにより，安全審査体制の充実を図り，海上輸送における事故防止に万全を期している。

さらに，海上における人命の安全及び海洋環境保護の観点から，船舶及びそれを管理する会社の総合的な安全管理体制を確立するための国際安全管理規則（ISMコード）は，ヒューマンエラーの防止等に極めて有効であるため，同コード上強制化されていない内航船舶に対しても，事業者等が構築した安全管理システムを認証するスキームを運用しており，ヒューマンエラーに起因する海難事故の防止を図っている。

また，小型旅客船等の安全性の向上を図るために，日本小型船舶検査機構の検査方法の見直しや国による監督の強化を実施した。

3　外国船舶の監督の推進

船舶の構造・設備等については，SOLAS条約等の国際条約に定められているが，これを遵守しない船舶（サブスタンダード船）が人命の安全や海洋環境等に多大な影響を及ぼす重大事故を引き起こす可能性がある。このようなサブスタンダード船を排除するため，関係条約に基づき外国船舶の監督（PSC）を推進した。さらに，東京MOUの枠組みに基づき，アジア太平洋域内の加盟国と協力して効果的なPSCを実施した。

第５節　小型船舶の安全対策の充実

1　小型船舶の安全対策の推進

⑴ヒューマンエラーによる船舶事故の防止

プレジャーボート，漁船等の小型船舶による船舶事故が全体の約８割を占め，その原因の多くは見張り不十分や機関取扱不良等のヒューマンエラーである。したがって，小型船舶操縦者による自主的な安全対策を推進するため，関係機関や民間団体と連携の上，小型船舶操縦者に対し，見張りの徹底のほか，発航前検査チェックリストやエンジントラブル時等の対処法をまとめたリーフレットの配布，訪船指導を実施した。

また，事故防止に有用なAISの普及を促進するため，関係省庁と連携して，その有用性に係るリーフレット等を配布するなどの取組を行った。

さらに，海の安全情報により，気象・海象の情報等，船舶交通の安全に必要な情報をインターネット等で提供するとともに，地図機能を活用したスマートフォン用サイトによる現地周辺の情報等の提供を継続して実施し，事前に登録されたメールアドレスにも緊急情報等を電子メールで配信することにより海難を防止するための情報提供を行った。

⑵小型船舶操縦者の遵守事項等の周知・啓発

小型船舶の航行の安全の確保のために，船舶職員及び小型船舶操縦者法において，小型船舶に乗船させるべき者の資格及び遵守事項等が定められており，試験及び講習等を通じて，小型船舶操縦者として必要な知識及び能力を有していることを確認した上で，操縦免許の付与及び操縦免許証の更新を行い，小型船舶操縦者の資質の確保に努めた。

また，関係機関等と連携し，パトロール活動や免許更新時の講習等において安全運航に必要な事項の周知・啓発を行うとともに，遵守事項違反の調査・取締りを行い，小型船舶操縦者の安全意識の向上を図った。

⑶ライフジャケット着用率の向上

小型船舶からの海中転落による死者・行方不明者を減少させるため，原則として全ての小型船舶乗船者にライフジャケットの着用を義務付けている。この周知を目的とし，リーフレット・ポスターを用いた周知活動やイベントにおける安全啓

第2-10図　漁業者の出漁時におけるライフジャケットの着用率の推移

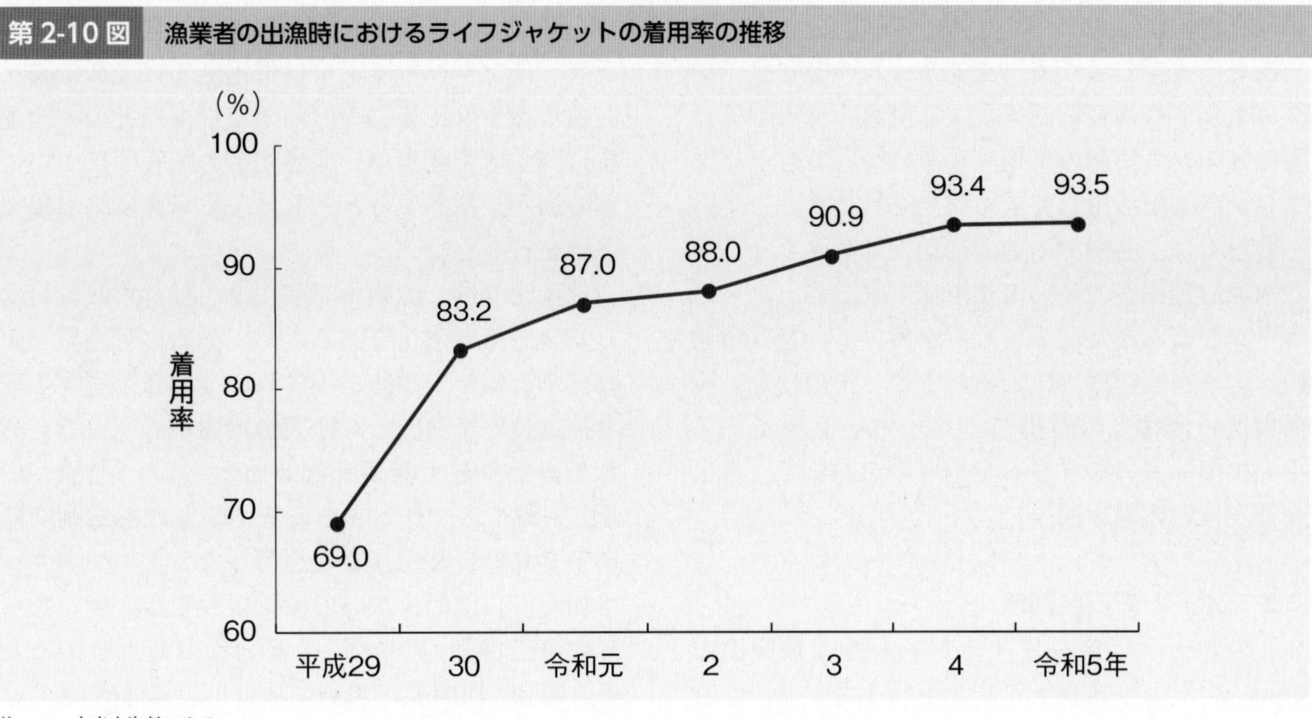

注　1　水産庁資料による。
　　2　沿海39都道府県庁及び滋賀県庁を通じ，各漁業協同組合の組合員を対象として，出漁時におけるライフジャケットの着用者の割合について調査を実施したもの。

発活動を行った。

特に，令和５年の船舶からの海中転落による死者・行方不明者の約６割を漁船が占めていることから，ライフジャケット着用徹底に向け，漁船の労働環境の改善や海難の未然防止等について知識を有する安全推進員等を養成するとともに，漁業者に対し着やすいライフジャケットを提案するための「作業環境に適した着やすいライフジャケットの例」やライフジャケットの常時着用を啓発するための「漁業者のためのライフジャケットの着用手引」等をホームページに掲載するなど，着用徹底のための周知・啓発を行った。漁業者の出漁時におけるライフジャケットの着用率は義務化される前の平成29年では69.0％であったが，令和５年では93.5％まで上昇した（第2-10図）。

また，海中転落した乗船者の安全を確保するためには，速やかな救助要請が必要不可欠であることから，①ライフジャケットの常時着用，②防水パック入り携帯電話等の連絡手段の確保，③海上保安庁への緊急通報用電話番号「118番」や「NET118」の有効活用といった「自己救命策３つの基本」のほか「家族や友人・関係者への目的地等の連絡」について講習会や巡回時，メディア等の手段を通して，周知・啓発を行った。

⑷河川等における事故防止対策の推進

河川・湖における落水，運航ルール不遵守といった事故原因を踏まえ，レジャー愛好者，漁業者並びに川下り船事業者に対しライフジャケットの着用及び河川・湖ごとに定められている運航ルール等の遵守について，関係者が連携して安全周知活動を行った。特に，令和５年度は，全国の川下り船事業者を訪問し，「川下り船の安全対策ガイドライン」に基づく措置について，安全確認を実施した。

2　プレジャーボート等の安全対策の推進

⑴プレジャーボートの安全対策

プレジャーボートの船舶事故隻数は，全船舶事故隻数に占める割合が最も多く，令和５年は約５割を占めている。国土交通省では，海難防止講習会や訪船指導等あらゆる機会を通じて，リーフレットを活用した整備事業者等による定期的な点検整備の実施を呼び掛けたほか，小型船舶の検査を実施している日本小型船舶検査機構と連携して，適切な間隔で船舶検査を受検するよう，関係者に周知を図った。

また，遵守事項に係るパトロール活動及び周知・啓発活動において，関係機関と連携を図りながら，遵守事項違反の取締り，リーフレットの配布等を実施した。

海上保安庁では，海上交通ルールの遵守，インターネットや携帯電話等による気象・海象や航行警報等の安全情報の早期入手等についても，パンフレット等を活用して広く啓発を行った。

警察では，港内その他の船舶交通のふくそうする水域，遊泳客の多い海水浴場，水上レジャースポーツが盛んな水域等に重点を置いて，警察用船舶，警察用航空機等によるパトロールのほか，関係機関・団体との連携により，水上レジャースポーツ関係者に対する安全指導等を通じて，水上交通安全の確保を図った。

⑵ミニボートの安全対策

ミニボート（長さ３メートル未満，機関出力1.5kw未満で，検査・免許が不要なボート）の安全安心な利用を推進するため，ユーザーに対し，ユーザー向け安全マニュアル等を使用し，海上・水上のルールやマナー等の周知・啓発を図った。

⑶多様化・活発化するマリンレジャーの安全対策

近年，カヌー，SUP，ミニボート等のマリンレジャーが盛んになっており，海上活動が多様化・活発化している状況を踏まえ，関係機関と連携し，ユーザーに対する現場指導を実施しているほか，販売店等とも連携協力し安全対策に係る周知・啓発活動を実施した。また，各アクティビティを安全に，かつ安心して楽しむために必要な知識及び技術等を掲載している総合安全情報サイト「ウォーターセーフティガイド」の充実・強化を図った。

３　漁船等の安全対策の推進

漁船の船舶事故隻数は，全船舶事故隻数に占める割合が高く，令和５年は全体の２割以上を占めており，また，船舶事故による死者・行方不明者数のうち２割を漁船の乗組員が占めている。これら漁船の事故原因をみると，見張り不十分や操船不適切といった人為的要因によるものが全体の約７割を占めている。

海上保安庁では，漁船の海難を防止するため，関係省庁と連携して，パトロール活動，免許更新講習等の各種講習会，訪船指導等あらゆる機会を通じて，適切な見張りの徹底，発航前検査の実施，インターネットや携帯電話等による気象・海象情報や航行警報等の的確な把握などの安全運航に関する留意事項，関係法令の遵守等についてきめ細かく指導するとともに，安全意識の高揚・啓発を行った。

水産庁では，漁船の海難や海中転落事故に対する安全対策の強化を図るため，漁船の労働環境の改善や海難の未然防止等について知識を有する安全推進員等を養成し，漁業労働環境の向上等を通じて海難事故の減少を図るとともに，漁船へのAIS搭載やスマートフォンを活用した船舶衝突防止アプリの普及促進などを行った。

加えて，漁船に次いで船舶事故隻数が多くなっている遊漁船について，安全性の向上を図るため，第211回国会において成立した遊漁船業の適正化に関する法律の一部を改正する法律（令５法39）により，遊漁船業者の登録・更新要件の厳格化や安全管理体制の強化等がなされた。

４　放置艇削減による安全対策の推進

⑴放置艇対策の推進

令和６年３月に策定された「三水域（港湾・河川・漁港）におけるプレジャーボートの適正な管理を推進するための今後の放置艇対策の方向性」に基づき，放置艇対策を適切に推進している。

⑵ボートパーク等の整備

放置艇問題を解消し，港湾の秩序ある利用を図るために，必要最低限の施設を備えた簡易な係留・保管施設であるボートパーク等に，プレジャーボート等の収容が図られるよう取り組んだ。

⑶フィッシャリーナ等の整備

漁港においては，防波堤や航路泊地等の整備を通じ，漁船等の安全の確保を図るとともに，漁船とプレジャーボート等の秩序ある漁港の利用を図るため，周辺水域の管理者との連携により，プレジャーボート等の収容が図られるよう取り組んだ。

⑷係留・保管能力の向上と放置艇に対する規制措置

放置艇問題の解消に向け，ボートパーク等の整備による係留・保管能力の向上と併せて，港湾法

(昭25法218)，漁港漁場整備法（昭25法137）及び河川法（昭39法167）に基づく船舶の放置等を禁止する区域の指定等，公共水域の性格や地域の実情などに応じた適切な規制措置の実施を推進した。

第6節　海上交通に関する法秩序の維持

海上保安庁は，海上における犯罪の予防及び法令の励行を図るため，令和５年は２万9,494隻の船舶に立入検査を実施した。また，取締りの実施により，関係法令違反について2,557件を送致したほか，違反の内容が軽微で是正が容易なもの，あるいは，検挙こそできないが危険かつ有責な行為について986件の警告措置を講じた。

また，海事関係者等を対象とした海難防止講習会の開催，訪船指導の実施等により航法や関係法令の遵守等安全指導を行った。さらに，他の船舶の動静を無視したプレジャーボートの無謀な操船を行う者に対しては，訪船・現場指導や取締りを実施するなど，海難の未然防止及び海上交通秩序の維持に努めた。

港内，主要狭水道等船舶交通がふくそうする海域においては，巡視船艇による船舶交通の整理・指導及び航法違反等の取締りを実施しており，特に，海上交通安全法（昭47法115）に定める11の航路については，巡視船艇を常時配備するとともに，航空機によるしょう戒を実施し，重点的な指導・取締りを行った。

このほか，年末年始などに多客期となる旅客船，カーフェリー，遊漁船，海上タクシー等では，窃盗等の犯罪が発生するおそれがあるほか，テロの対象となる危険性や船内における事故発生の可能性も高くなることから，「年末年始特別警戒及び安全指導」などを実施し，必要に応じ旅客ターミナル等における警戒を実施するとともに，不審事象を認めた場合や犯罪・事故等が発生した場合には，直ちに海上保安庁に通報するよう指導を徹底した。

警察では，船舶交通のふくそうする港内や事故の起きやすい海浜，河川，湖沼やこれらの沿岸における警察用船舶，警ら用無線自動車及び警察用航空機が連携したパトロールや事故に直結しやすい無免許操縦，無検査船舶の航行等違反行為の取締りを実施するとともに，訪船連絡等を通じた安全指導や関係行政機関・団体と連携した広報啓発活動等により，水上交通の安全と秩序の維持に努めた。

そのほか，近年における多様な水上レジャースポーツに伴う事故を防止するため，関係機関・団体との連携を図り，水上レジャースポーツ関係者に対する安全指導を行ったほか，水上レジャースポーツを行う者同士の事故やこれらの者と遊泳者，漁業関係者等との事故を防止するため，水上交通安全に関する都道府県条例等に基づいて，危険行為者に対する指導を行った。

なお，水上交通安全に関する都道府県条例については，北海道，岩手県，福島県，東京都，茨城県，神奈川県，山梨県，栃木県，静岡県，福井県，三重県，滋賀県，京都府，兵庫県，和歌山県，山口県，長崎県，宮崎県及び沖縄県の19都道府県において施行されている。

第7節　救助・救急活動の充実

1　海難情報の早期入手体制の強化

海上保安庁では，海難情報を早期に入手し，迅速かつ的確な救助活動を行うため，全国12か所の陸上通信所や行動中の巡視船艇により，海上における遭難及び安全に関する世界的な制度（GMDSS）に対応した遭難周波数を24時間聴守するとともに，コスパス・サーサットシステムにより衛星経由で遭難信号を入手するなど，遭難情報への即応体制を整えている。

また，広く一般国民や船舶等から海上における事件・事故に関する情報を入手するため，緊急通報用電話番号「118番」や「NET118」の有効活用及びGPS機能を「ON」にした携帯電話から緊急通報することで緊急通報位置情報システムにより遭難位置を早期に把握することができ，迅速な救助につながることを周知し，啓発を行った。

海難発生から海上保安庁が２時間以内に情報を入手する割合（関知率）を85％以上とすることを目指し，上記活動を推進した結果，令和５年の関知率は約84.1％となり，徐々に向上している。

防衛省は，海上保安庁との電気通信の協力に関する協定に基づき，相互の連絡体制の強化を図っている。また，艦艇・航空機では状況の許す限り，遭難周波数を聴守した。

２　迅速的確な救助勢力の体制充実・強化

⑴救助勢力の早期投入

海難等の発生に備え即応体制を確保するとともに，大型台風の接近等により大規模な海難の発生が予想される場合には，非常配備を発令し，海難等が発生した際の救助勢力の早期投入を図った。

実際に海難等が発生した場合には，巡視船艇，航空機を現場に急行させるとともに，精度の高い漂流予測を実施し，関連する情報を速やかに収集・分析して捜索区域，救助方法等を決定するなど，迅速かつ的確な救助活動の実施を図った。

事案即応体制及び業務執行体制の一層の強化のため，巡視船艇・航空機の代替整備等を行い，速力，夜間捜索能力等の向上に努め，現場海域への到達時間や捜索に要する時間を短縮するなど救助勢力の充実・強化を図った。

防衛省・自衛隊は，災害派遣による救助等を迅速に行うため，FAST-Force（初動対処部隊）として，航空機及び艦艇を常時即応できる態勢を整えている。

⑵海難救助体制の充実強化

船舶交通のふくそう状況，気象・海象の状況等を勘案し，海難の発生のおそれがある海域において，巡視船艇・航空機を効率的に運用した。

また，転覆船や火災船からの人命救助等，専門的な救助技術・知識が要求される海難に適切に対応するため，救助・救急資器材の充実に努めるとともに，特殊救難隊を始め機動救難士や潜水士の訓練・研修を行うなど，救助・救急体制の充実強化を図った。

このほか，全国各地で実施されている民間救助組織の救助訓練への指導・協力を行うなど，民間救助組織との連携体制の強化を図った。

⑶救急救命体制の充実強化

海上保安庁では，救急救命士について，実施できる救急救命処置範囲の拡大・高度化が進められている中，救急救命士の知識・技能を向上させ，かつ，実施する救急救命処置の質を医学的・管理的観点から保障するため，海上保安庁メディカルコントロール協議会において事後検証や救急処置基準の見直し等を行い，救急救命処置の更なる質的向上を推進した。

また，所定の講習等を修了した特殊救難隊及び機動救難士等を応急処置が実施可能な「救急員」として指名するなど，「救急員制度」を適切に運用し，洋上における救急救命体制の充実強化を図った。

⑷洋上救急体制の充実

洋上の船舶上で傷病者が発生し，医師による緊急の加療が必要な場合に，海上保安庁の巡視船艇・航空機等で医師等を輸送し，傷病者を引き取り，陸上の病院に搬送する洋上救急制度により，令和５年は21件の要請を受け，巡視船艇12隻，航空機17機，特殊救難隊等26人を派遣した。

また，医師等が騒音・振動のある巡視船艇・航空機内でも適切に医療活動ができるよう，洋上救急制度の事業主体である（公社）日本水難救済会，協力医療機関と連携し，全国13か所の拠点で慣熟訓練を実施した。

⑸海難救助体制の連携

「1979年の海上における捜索及び救助に関する国際条約」（SAR条約）に基づき，北西太平洋の広大な海域における捜索救助活動を迅速かつ的確に行うため，国際会議や合同訓練等への参加を通じて捜索救助機関との連携・協力を深めた。さらに，東南アジア諸国等を対象に研修を実施するなど，海上における捜索救助体制整備のための知見の共有を図るとともに，相互理解の促進を図った。

また，SAR条約に基づいた任意の相互救助システムである「日本の船位通報制度（JASREP）」

を運用し，令和５年には，2,675隻の船舶が参加した。

沿岸部での小型船舶等に対する海難救助については，水難救済会等と連携協力し，海難救助活動を行った。

第８節　被害者支援の推進

船舶による旅客の運送に伴い発生し得る損害賠償に備えるため，事業許可を行う際に保険契約の締結を条件とするとともに，旅客定員12人以下の船舶による届出事業についても運航を開始するまでに保険を締結するよう指導することにより，事業者の損害賠償の能力を確保している。また，船舶油濁等損害賠償保障法（昭50法95）に基づき，一定の総トン数以上の船舶に対し，船舶の海難に伴って発生する油濁等の損害を塡補する保険の締結及び当該保険内容を記載した保障契約証明書等の船内備置きを義務付けるとともに，我が国に入港する外航船舶に対し，地方運輸局等宛てに保障契約情報の通報を義務付けている。加えて，NACCS（輸出入・港湾関連情報処理システム）等で受け取った通報内容の確認等を通じて，無保険船舶の排除を行い，船舶の海難等から被害者保護を図っている。

さらに，公共交通事故による被害者等への支援の確保を図るため，国土交通省に設置した公共交通事故被害者支援室では，被害者等に対し事業者への要望の取次ぎ，相談内容に応じた適切な機関の紹介等を行うこととしている。

令和５年度は，令和４年４月に発生した知床遊覧船事故について，被害者御家族への捜索結果や再発防止策等の継続的な情報提供を行うとともに，他の事故被害者との話し合いの場を設ける等の対応を実施している。また，支援に当たる職員に対する教育訓練の実施，外部の関係機関とのネットワークの構築，公共交通事故被害者等支援フォーラムの開催，公共交通事業者による被害者等支援計画の策定の働き掛け等を行った。

第９節　船舶事故等の原因究明と事故等防止

１　事故等の原因究明と事故等防止

⑴運輸安全委員会の事故調査状況

運輸安全委員会は，独立性の高い専門の調査機関として，船舶の事故及びインシデント（以下「事故等」という。）の調査により原因を究明し，国土交通大臣等に再発防止及び被害の軽減に向けた施策等の実施を求めているところ，令和５年度中，調査対象となる事故等は，753件発生した。また，同年度中，923件の報告書を公表した。

⑵令和５年度に公表した主な事故等

令和４年４月，北海道知床沖で旅客船が沈没した事案について，船体動揺でハッチ蓋が開き，海水が流入して上甲板下の区画に浸水が拡大したことのほか，発航や運航継続の判断，安全管理規程の遵守，運航会社への監査や船舶検査の実効性等の複合的な要因により発生したことを明らかにした（５年９月公表）。

⑶事故等防止の啓発活動

運輸安全委員会のホームページ上に掲載している，プレジャーボート事故防止に関する情報を取りまとめたコンテンツ「プレジャーボートの安全運航のために」において，引き続き発航前や日頃の点検，航行中におけるレーダーや船舶自動識別装置（AIS）を活用した事故防止策などを，事故調査事例とともに紹介している。

⑷国際基準改正案への参画

国際海事機関（IMO）の下部組織のIMO規則実施小委員会（III）は，船舶事故等調査の国際基準の改正などを議論する場であるところ，令和５年度には，第９回IMO規則実施小委員会（III9）が開催され，議論に参画した。

2　海難事故の解析等の推進

国立研究開発法人海上・港湾・航空技術研究所海上技術安全研究所に設置されている「海難事故解析センター」において，国土交通省海事局等における再発防止対策の立案等への支援を行うため，事故解析に関して高度な専門的分析を行うとともに，重大海難事故発生時の迅速な情報分析・情報発信を行っている。

3　海難審判による懲戒処分等の状況

令和5年中に行われた海難審判の裁決は計264件であり，海技士若しくは小型船舶操縦士又は水先人の職務上の故意又は過失により海難が発生したとして，業務停止202人，戒告155人の計357人を懲戒処分とした。

懲戒を受けた者を免許種類別にみると，一級小型船舶操縦士免許受有者が最も多く，次いで二級小型船舶操縦士免許受有者，三級海技士（航海）免許受有者，四級海技士（航海）免許受有者，五級海技士（航海）免許受有者の順で多くなっている（第2-1表）。

第2-1表　免許種類別処分の状況

（単位：人）（令和5年）

免許種類＼処分		免許取消し	業務停止	戒告	懲戒処分計	不懲戒	懲戒免除	合計
海技士（航海）	一級	0	1	4	5	0	0	5
	二級	0	1	1	2	0	0	2
	三級	0	14	19	33	2	0	35
	四級	0	20	10	30	1	0	31
	五級	0	13	3	16	0	0	16
	六級	0	8	1	9	0	0	9
海技士（機関）	一級	0	0	0	0	0	0	0
	二級	0	0	0	0	0	0	0
	三級	0	0	0	0	0	0	0
	四級	0	1	2	3	0	0	3
	五級	0	0	0	0	1	0	1
	六級	0	0	0	0	0	0	0
小型船舶操縦士	一級	0	110	78	188	3	0	191
	二級	0	28	32	60	1	0	61
	特殊	0	6	3	9	0	0	9
水先人	一級	0	0	2	2	0	0	2
	二級	0	0	0	0	0	0	0
	三級	0	0	0	0	0	0	0
締約国資格受有者		0	0	0	0	0	0	0
計		0	202	155	357	8	0	365

注　1　国土交通省海難審判所資料による。
　　2　「懲戒免除」とは，懲戒すべきところを本人の経歴等を考慮して免除したものである。
　　3　「締約国資格受有者」とは，外国の海事当局が発給した海技資格に基づき日本籍船に乗船できる資格を与えられた者である。

第10節　海上交通の安全対策に係る調査研究等の充実

1　国土技術政策総合研究所の研究

⑴船舶諸元の現状・将来動向に関する研究

航路の幅員，水深，係留施設等の整備諸元の決定要素となる船舶諸元について，最近の動向を分析した。

⑵水域施設の計画手法に関する研究

航路や泊地といった船舶航行の安全に関わる水域施設の計画手法についてAISデータによる実態分析も踏まえつつ検討を行った。

2　海上保安庁海洋情報部の研究

海洋情報の充実を図るため海の流れの予測手法の検討を行った。

3　気象庁気象研究所等の研究

気象情報等の精度向上を図り，海上交通の安全に寄与するため，気象庁気象研究所を中心に，気象・地象・水象に関する基礎的及び応用的研究を行った。特に，台風・集中豪雨等対策の強化に関する研究として，気象災害を防止・軽減するために，予報・警報等の防災気象情報を避難等防災活動の早期準備や迅速・的確な実施に対して一層活用可能なものにしていくことを目的として，台風・集中豪雨等の災害をもたらす現象に対する観測・解析技術及び予測技術の高度化に関する研究を行った。

4　国立研究開発法人海上・港湾・航空技術研究所の研究

⑴海上技術安全研究所の研究

安全性と環境性のバランスに配慮した合理的な構造強度の評価手法，先進的な船舶の安全性評価手法，海難事故等の再現技術，適切な再発防止策の立案に関する研究開発等に取り組んだ。

⑵港湾空港技術研究所の研究

ア　船舶安全航行のための航路整備等に関する研究

（ア）　全国港湾海洋波浪情報網（ナウファス）

海上交通の安全や海上工事の計画・設計・施工の各段階で必要不可欠である沿岸波浪の出現特性を把握するため，全国の港湾事務所等で観測された波浪観測データを基に随時速報処理を行うとともに，過年度１年分の速報処理済のデータを確定処理した後，統計解析し波浪観測年報を取りまとめた。

（イ）　漂砂に関する研究

気候変動に対する海浜地形変化予測の高度化に向けて，長期の海浜地形モニタリングデータに基づく海面上昇応答に関する検討を行った。また，長期の海浜地形モニタリングの継続やリモートセンシングによる水深推定技術の開発を行うと同時に，海岸構造物周辺の海浜地形変化モデルや航路埋没予測モデルの開発を行った。

イ　港湾における安全確保に関する研究

地球温暖化の影響が巨大台風の来襲や海面上昇等の形で顕在化しつつあり，沿岸部では高潮・高波災害のリスクが格段に高まるとともに激甚災害に至るおそれもある。そこで，最大級の高潮・高波に対する被害の軽減と迅速な復旧・復興を可能にするため，波浪や高潮のデータ解析や計算モデルの開発，構造物に作用する波圧・越波の実験等を通じて，高潮・高波の予測精度の向上と被害想定及び被害軽減技術に関する検討を行った。

津波については，次世代の津波防災技術の開発を目指し，三次元漂流物モデルと，津波予測技術についての検討を行った。

知床遊覧船事故を受けた対策について

遊覧船事故の発生

令和４年４月23日，北海道知床において，小型旅客船が沈没し，乗員・乗客全員が死者・行方不明者となる，近年類をみない重大事故が発生した。

同日午後１時13分頃，北海道知床半島沖合で，遊覧船「KAZUⅠ」（ウトロ港～知床岬の往復予定）について，「船首部分より浸水し，沈みかかっている」旨，海上保安庁第一管区海上保安本部に連絡があり，４月29日午前11時７分頃，カシュニの滝約１km沖合の海底で「KAZUⅠ」を確認，その後，船体が引き上げられた。

KAZUⅠ写真
（事業者ウェブサイトより）

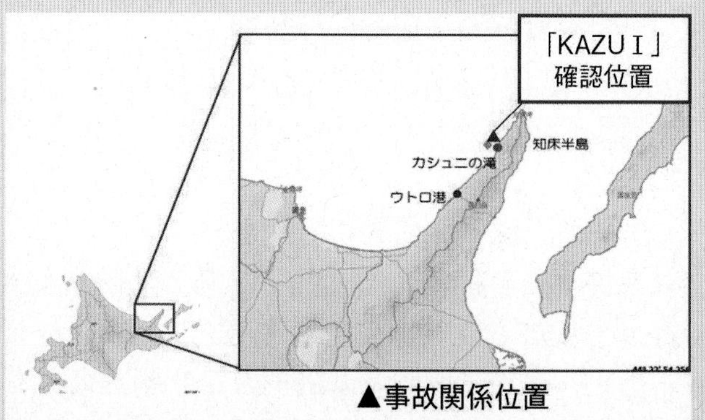

▲事故関係位置

「旅客船の総合的な安全・安心対策」の実施

国土交通省では，二度とこのような事故を起こさないよう，小型船舶を使用する旅客輸送における安全対策を総合的に検討するため，「知床遊覧船事故対策検討委員会」を令和４年４月28日に設置した。

知床遊覧船事故対策検討委員会では，国による規制や監督の在り方なども含め，ハード・ソフトの両面から議論が重ねられ，12月には，事業者の安全管理体制の強化，船員の資質向上，船舶の安全基準や監査・処分の強化などを含む「旅客船の総合的な安全・安心対策」が取りまとめられた。本対策については，実施可能なものから速やかに実行に移しており，監査や船舶検査の強化等を進めている。

また，事業者の安全管理体制の強化や，船員の資質の向上等を盛り込んだ「海上運送法等の一部を改正する法律案」を国会に提出，令和５年４月28日に成立，５月12日に公布され，その主要部分である，小型船舶のみを使用する旅客不定期航路事業に係る許可更新制度の導入，船員の資質向上に係る制度の導入，行政処分制度の見直し等については，令和６年４月１日から施行された。

さらに，令和５年10月には，「知床遊覧船事故対策検討委員会」を改称し「知床遊覧船事故対策フォローアップ委員会」として開催し，「旅客船の総合的な安全・安心対策」の実施状況についてフォローアップを実施したところであり，引き続き，旅客船の総合的な安全・安心対策の確実な実施に万全を期していく。

知床遊覧船事故対策検討委員会「旅客船の総合的な安全・安心対策」（令和4年12月22日）（概要）

①事業者の安全管理体制の強化

・安全統括管理者・運航管理者への試験制度の創設
・事業許可更新制度の創設
・届出事業者の登録制への移行
・運航の可否判断の客観性確保
・避難港の活用の徹底
・地域の関係者による協議会を活用した安全レベル向上

等

②船員の資質の向上

・船長要件の強化
（事業用操縦免許の厳格化（修了試験の創設等）、初任教育訓練、乗船履歴）
・発航前検査の確実な実施（ハッチカバーの閉鎖の確認を含む）

等

③船舶の安全基準の強化

・業務用無線設備等の導入促進
・改良型救命いかだ等の積付けの義務化・早期搭載促進
・法定無線設備から携帯電話を除外
・船首部の水密性の確保
（既存船の緊急点検、隔壁の水密化等の検討）

等

④監査・処分の強化

・海事監査部門の改革
（安全確保に向けた徹底した意識改革、通報窓口の設置、抜き打ち・リモートによる監視の強化、裏取り・フォローアップの徹底、自動車監査等のノウハウ吸収、監査体制の強化 等）
・行政処分制度の抜本的見直し
（船舶使用停止処分の導入等）
・罰則の強化（拘禁刑、法人重科等）
・許可の欠格期間の延長（2年→5年）

等

⑤船舶検査の実効性の向上

・国によるJCI（日本小型船舶検査機構）の検査方法の総点検・是正と監督の強化
（ハッチカバー等を含む）

等

⑥安全情報の提供の拡充

・安全法令違反の行政指導を公表対象に追加
・行政処分等の公表期間の延長（2年→5年）
・安全性の評価・認定制度（マーク等）の創設

等

⑦利用者保護の強化

・旅客傷害賠償責任保険の限度額引上げ
・旅客名簿の備置き義務の見直し

等

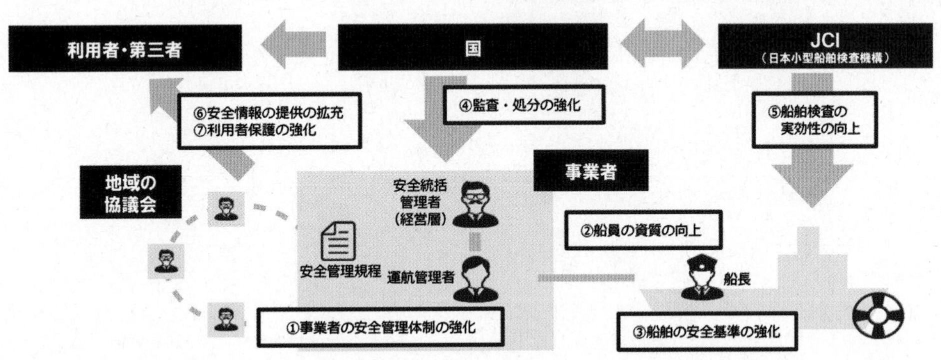

過去の検討委員会の開催状況，会議資料等，及び，海上運送法等の改正に関する説明については，海事局ホームページに掲載しております。詳細はこちらを御覧ください。

知床遊覧船事故対策検討委員会

旅客船の総合的な安全・安心対策

プレジャーボートの安全対策について

プレジャーボートの事故をめぐる課題

近年，マリンレジャーの活発化を背景に，プレジャーボートの事故が船舶事故全体の約半数を占める状態が続いている。プレジャーボートの事故原因としては，「機関故障」による事案が最も多い。

機関故障は，人命喪失と直結するわけではないが，風浪や潮流に圧流され，乗揚や他船との衝突といった二次海難の蓋然性がある点で自動車のエンジントラブルとは大きく異なる危険性がある。また，海上で孤立し，電波圏外となると救助要請もできないことから，結果として人命喪失につながるおそれも孕んでいる。このため，プレジャーボートの安全対策を行うことは重要である。

プレジャーボートの事故対策

海上保安庁では，「機関故障」の事故を起こしたプレジャーボートに対し，故障箇所や機関の整備状況などについて詳細な調査を実施した結果，発航前検査では防ぐことができない点火プラグや海水ポンプインペラといった故障が多く発生していたことが判明した。

そのため，「整備事業者等による定期的な点検整備の実施」の重要性に鑑み，海難防止講習会，訪船指導等の機会に関係省庁，民間団体等と協力して作成したリーフレット（第1-1図）を配布し，周知・啓発を行ってきた。

令和５年は，これらの取組に加え，総合安全情報サイト「ウォーターセーフティガイド」において新たにモーターボート編の新設を行った（第1-2図）。

引き続き，プレジャーボート愛好者が安心してマリンレジャー活動を楽しめるように，事故を防止する上で重要な情報などを発信していく。

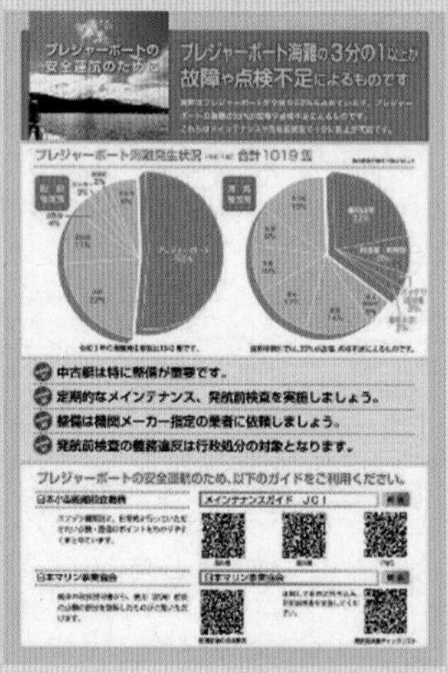

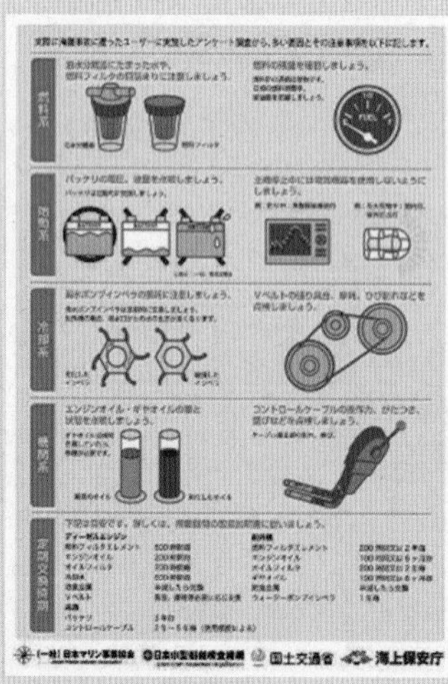

（第 1-1 図）【機関故障防止用リーフレット】

https://www6.kaiho.mlit.go.jp/watersafety/motorboat/index.html

（第 1-2 図）【モーターボート編】

第５次交通ビジョンについて

「第５次交通ビジョン」の策定

令和４年５月に国土交通大臣から交通政策審議会長へ「新たな時代における船舶交通をはじめとする海上の安全のための取組」について諮問し，５年３月28日，交通政策審議会から「第５次交通ビジョン」が答申された。

交通ビジョンは，海上保安庁に交通部が発足した平成15年度から５年ごとに，海上保安庁が行う海上安全行政の基本的な方向性や具体的な施策の在り方について，安全対策の評価や航行環境の変化等を踏まえ策定しているものである。

近年の我が国の海上の安全を取り巻く環境は，台風等の自然災害の激甚化，頻発化や，次世代エネルギー船舶燃料や洋上風力発電の進展，自動運航船の実用化の動き，マリンレジャーの活発化，多様化等，大きな変化を遂げてきている。さらに，デジタル技術等の活用による海上安全行政の更なる高度化，効率化も期待されている。

海上保安庁では，このような環境の変化や新たな時代の要請に的確に応えるべく策定された「第５次交通ビジョン」に基づく施策を着実に推進し，海上交通の安全の確保に取り組んでいく。

各分野における重点的に取り組むべき施策

＜船舶交通安全に関する諸対策＞

1　大阪湾海上交通センターの監視，情報提供体制の強化の継続
- 大阪湾海上交通センターの監視海域及び情報聴取義務海域※の拡大(図１)
- 明石海峡航路の航路管制と阪神港の港内交通管制の統合

2　海上交通センター等における諸対策
- 海上交通センターの機器更新，運用管制官の業務支援となる機能の実用化
- 運用管制官の育成・技能の維持向上のための訓練装置の更新，研修の充実強化

3　次世代エネルギー燃料船への燃料供給に対する安全対策（図２）
- LNGを始めとする次世代燃料の燃料供給について，燃料特性や航行環境などの地域特性を踏まえた安全性の確保

4　洋上風力発電設備の設置海域における安全対策（図３）
- 再エネ海域利用法に基づく地域協議会への参画・連携
- 洋上風力発電設備の建設や運用・維持管理等における付近航行船舶の安全確保

5　自動運航船の実用化等に対する安全対策
- 船舶衝突予防のための国際条約改正等に関する議論への対応
- 条約に準拠した国内法の改正等に関する検討

6　その他継続的に取り組む安全対策
- 潮岬沖に新たに設定する推薦航路※の効果検証と更なる対策の必要性の検討（図４）
- 船舶自動識別装置（AIS）※の搭載義務のない小型船への普及促進
- 事故実態を踏まえた安全対策の推進

※情報聴取義務海域：海上保安庁が提供する交通方法に関する情報等を聴取しなければならない海域。
※推薦航路：国際海事機関（IMO）において指定される航路の一つで，通航する船舶はその中心線の右側を航行することが推奨される限定されない幅の航路。
※船舶自動識別装置（AIS）：船舶の位置，針路，速力等の安全に関する情報を自動的に送受信するシステム（AIS：Automatic Identification System）。

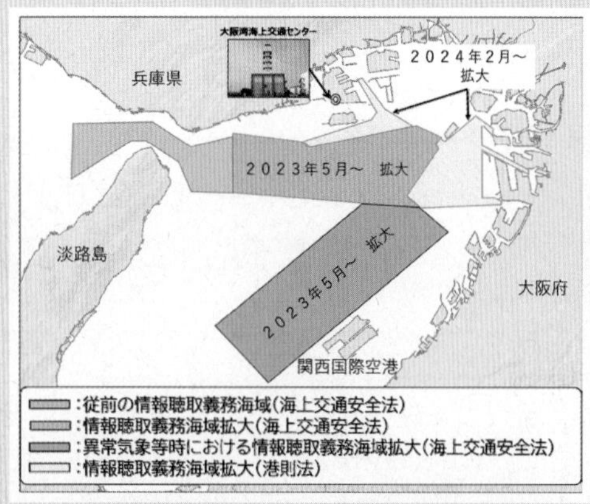

図１．大阪湾北部海域における情報聴取義務海域の拡大

図２．バンカー船による LNG 燃料供給の様子

図３．洋上風力発電設備の様子

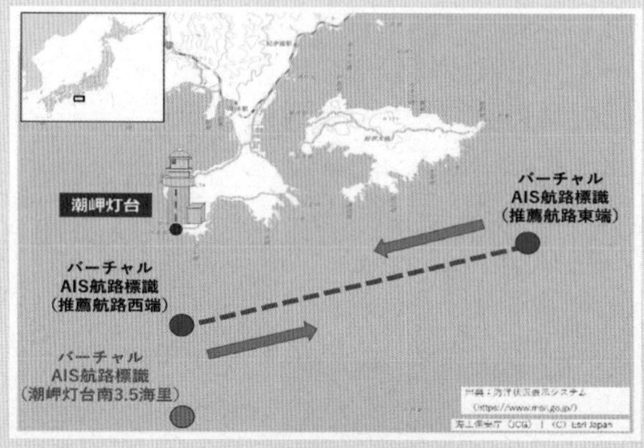

図４．潮岬沖の推薦航路

<マリンレジャーに関する安全対策>

1　プレジャーボートの機関故障対策

・事故隻数の多いプレジャーボートの機関故障対策として，情報拡散効果の高いSNS等（図５）を利用して整備事業者等による定期的な点検整備の有用性を効果的に周知

2　プレジャーボートの操船経験の浅い者に向けた取組

・近年増加傾向にある操船経験の浅い者の事故防止のため，小型船舶教習所等と連携した免許証の取得，更新時の安全啓発

・販売店やショッピングサイトと連携した，船舶購入時等の機会を捉えた安全啓発

3　安全啓発に取り組む個人，団体等との協議

・インフルエンサーと連携した情報発信

・通信販売業者等と連携したマリンレジャー用品発送時の安全啓発（図６）

・マリンレジャー愛好者団体の連携促進による安全意識向上

4　現場指導体制の強化

・パトロールや海難防止講習会などで効果的な安全指導ができるよう，活発化，多様化するマリンレジャーについての特性や事故防止に関する知識を付与する研修体制を構築

図５．安全啓発動画の配信

図６．アマゾンジャパンと連携した
ウォーターセーフティガイドの周知

＜海上交通基盤の充実強化＞

1　灯台等の耐災害性の強化の推進

・近年の自然災害の激甚化，頻発化に対応するため，海水浸入防止対策工事等の改修（図７），設備の更新を実施

2　海上デジタル通信システム（VDES）※による新たな情報提供の検討（図８）

・AISに比べ高速大容量の新たな海上デジタル通信システムの実用化に向けた具体的な活用方法の検討

3　XR技術※の活用による業務の効率化

・XR技術の活用による灯台等の保守点検の効率化

・XR技術の研修等への活用に向けた検討

4　WEBによる通報の導入

・電話や電子メールで行われている航路入航前の通報についてWEBで通報することのできるシステムの整備を推進

5　航路標識協力団体制度の活用による維持管理の充実化，効率化

・公募，指定の継続による協力団体の裾野拡大

・制度の効果的運用の検討により灯台等の活用，維持管理の充実

図７．海水浸入防止対策工事の様子

図８．VDESを用いた情報提供イメージ図

※海上デジタル通信システム（VDES）：AISによる情報交換を高度化・高速化した双方向デジタル通信システム（VDES：VHF Data Exchange System）。
※XR技術：AR（拡張現実），MR（複合現実），VR（仮想現実）などの技術の総称。

第３編

航空交通

第3編 航空交通

第1章 航空交通事故の動向

1 近年の航空事故の状況

我が国における航空事故の発生件数は，第3-1表のとおりである。近年は，大型飛行機による航空事故は，乱気流等気象に起因するものを中心に年数件程度にとどまり，小型飛行機等が事故の大半を占めている。

2 令和5年中の航空交通の安全上のトラブルの状況

(1)航空運送事業者における安全上のトラブル

我が国の航空運送事業者に対して報告を義務付けている事故，重大インシデント※に関する情報は，令和5年に6件報告された。

なお，我が国の特定本邦航空運送事業者（客席数が100又は最大離陸重量が5万キログラムを超える航空機を使用して航空運送事業を経営する本邦航空運送事業者）の乗客が死亡した事故は，昭和60年の日本航空123便の御巣鷹山墜落事故以降発生していない。

(2)管制関係の安全上のトラブル

我が国の航空管制等に起因するおそれのある重大インシデントは，令和5年に1件報告された。

第3-1表 航空事故発生件数及び死傷者数の推移

区分／年	発生件数								死傷者数	
	大型飛行機	小型飛行機	超軽量動力機	ヘリコプター	ジャイロプレーン	滑空機	飛行船	計	死亡者	負傷者
	件	件	件	件	件	件	件	件	人	人
令和元	5	1	2	2	0	3	0	13	1	12
2	4	1	4	3	1	0	0	13	2	16
3	1	2	2	3	0	3	0	11	3	10
4	7	4	4	3	0	2	0	20	9	13
5	4	5	0	5	0	2	0	16	1	4

注 1 国土交通省資料による。
2 各年12月末現在の値である。
3 日本の国外で発生した我が国の航空機に係る事故を含む。
4 日本の国内で発生した外国の航空機に係る事故を含む。
5 事故発生件数及び死傷者数には，機内における自然死，自己又は他人の加害行為に起因する死亡等に係るものは含まない。
6 死亡者数は，30日以内死亡者数であり，行方不明者等が含まれる。
7 大型飛行機は最大離陸重量5.7トンを超える飛行機，小型飛行機は最大離陸重量5.7トン以下の飛行機である。

※重大インシデント
結果的には事故に至らなかったものの，事故が発生するおそれがあったと認められる事態のうち重大なもの。

第 3-2 表　航空交通の安全についての実績値と目標値

【死亡事故発生率及び全損事故ゼロ】

	令和５年度 実績値	令和５年度 目標値	令和７年度 目標値
① 定期便を運航する本邦航空運送事業者の死亡事故発生率（回数あたり） ※ ICAO加盟の各国定期航空運送事業者との比較が可能な指標	0.00	0.00	0.00
② 定期便を運航する本邦航空運送事業者の全損事故発生率（回数あたり） ※ IATA（国際航空運送協会）加盟の各国定期航空運送事業者との比較が可能な指標	0.00	0.00	0.00

【22 の指標　５年間で約 17％削減】

業務提供者の区分		安全指標	令和５年度 実績値	令和５年度 目標値	令和７年度 目標値
航空運送分野	（1）定期便を運航する本邦航空運送事業者	① 航空事故発生率（時間あたり）	1.48	0.55	0.50
		② 〃 （回数あたり）	3.07	1.09	1.00
		③ 〃 （回数あたり）（定期便に限る） ※ ICAO加盟の各国定期航空運送事業者との比較が可能な指標	3.08	0.94	0.86
		④ 重大インシデント発生率（時間あたり）	0.49	1.65	1.51
		⑤ 〃 （回数あたり）	1.02	3.28	2.99
	（2）（1）以外の航空運送事業者及び航空機使用事業者	⑥ 航空事故発生率（時間あたり）	35.89	13.31	12.15
		⑦ 〃 （回数あたり）	25.51	9.58	8.75
		⑧ 重大インシデント発生率（時間あたり）	62.80	29.85	27.26
		⑨ 〃 （回数あたり）	44.64	20.74	18.94
航空運送分野	国，地方公共団体	⑩ 航空事故発生率（時間あたり）	24.53	13.51	12.34
		⑪ 〃 （回数あたり）	28.70	16.21	14.80
		⑫ 重大インシデント発生率（時間あたり）	0.00	3.86	3.53
		⑬ 〃 （回数あたり）	0.00	4.63	4.23
	個人	⑭ 航空事故発生率（時間あたり）	103.91	124.89	114.03
		⑮ 〃 （回数あたり）	92.73	120.25	109.79
		⑯ 重大インシデント発生率（時間あたり）	103.91	55.50	50.68
		⑰ 〃 （回数あたり）	92.73	53.44	48.80
交通管制分野	航空保安業務等提供者	⑱ 交通管制分野に関連する又は関連するおそれのある航空事故発生率（管制取扱機数あたり）	0.00	0.00	0.00
		⑲ 交通管制分野に関連する又は関連するおそれのある重大インシデント発生率（管制取扱機数あたり）	0.52	0.70	0.64
空港分野	空港管理業務等提供者	⑳ 空港分野に関連する又は関連するおそれのある航空事故発生率（着陸回数あたり）	0.00	0.00	0.00
		㉑ 空港分野に関連する又は関連するおそれのある重大インシデント発生率（着陸回数あたり）	0.00	0.00	0.00
		㉒ 制限区域内において，地上での作業又は地上の施設若しくは物件に起因する人の死傷，又は航空機が損傷した事態の発生率（着陸回数あたり）	32.37	19.25	17.58

注　1　国土交通省資料による。
　　2　実績値および各目標値は各年１月１日から12月31日の期間で集計した値を示す。
　　3　「時間あたり」は，100万飛行時間あたりを示す。「回数あたり」は，100万飛行回数あたりを示す。
　　4　「管制取扱機数あたり」は，管制取扱機数100万機あたりを示す。「着陸回数あたり」は，100万着陸回数あたりを示す。
　　5　平成30年度の目標値を起点として，15年間で50％減とする安全目標を設定していることから，この５年間では約17％減としている。

第2章　航空交通安全施策の現況

第1節　航空安全プログラム等の更なる推進

1　航空安全プログラム（SSP）に基づく安全の推進

国際民間航空条約第19附属書に従い，民間航空の安全に関する目標とその達成のために講ずべき対策等を航空安全プログラム（SSP）として定め，平成26年から実施している。

令和5年5月には国際民間航空機関（ICAO※）におけるSSPに関する動向を踏まえ，安全目標に対する進捗度合いの評価のために統計的手法を導入するなど，我が国SSPの有効性を向上させるための改正を行った。

⑴業務提供者における安全管理システム（SMS）の強化

本邦航空運送事業者等の業務提供者に対して安全の向上の取組に直結した安全指標及び安全目標値の設定を促進し，安全に係るリスク管理の仕組みであるSMSの質の向上を図るように指導した。特に，新たに航空運送事業者となった者等，SMSの取組の実績が浅い業務提供者に対しては，安全指標及び安全目標値の設定などが的確に実施されるよう，連携を密にして指導，監督，助言等を行った。

⑵安全に関する航空法規等の策定・見直し等

把握した安全情報，国際標準の動向，技術開発の状況等を踏まえて，民間航空の安全性の向上を目指し，必要となる民間航空の安全に係る基準等の反映について適時適切に対応した。また，我が国における取組により得た知見を踏まえ，国際標準の改正やガイドラインの充実のための議論に参画するとともに，各国の取組に関する情報を積極的に入手した。

⑶業務提供者に対する監査等の強化

業務提供者に対し，定期的に実施する監査・検査等のほか，航空事故，重大インシデント，安全上の支障を及ぼす事態の発生又はそのおそれがある場合，不適切・不安全な事象が発生した場合等，航空安全当局が必要と判断した場合は，随時監査・検査等を実施した。また，年末年始の輸送等に関する安全総点検により，事業者の安全意識の向上を図った。

⑷安全情報の収集・分析等

ア　安全情報の収集

航空事故その他の航空機の正常な運航に安全上の支障を及ぼす事態に関する情報を適切に分析し，また関係者と共有することにより，再発防止及び予防的安全対策の実施に役立てるため，業務提供者から義務報告制度による確実な報告を求めた。

航空安全情報自発報告制度（VOICES）については，安全情報を幅広く収集するため，当該制度の周知・広報活動を行い，安全に係る情報共有の重要性の再認識を図るなど，報告文化の更なる醸成に重点を置いて，関係者への働き掛けを行った。

イ　安全情報の分析等

航空運送，交通管制及び空港の各分野において，業務提供者から報告を受けた安全情報，再発防止策及び安全指標等の把握・分析，分析結果の各業務提供者との共有等を行った。また，有識者・学識経験者を含む安全情報分析委員会を開催し安全情報の評価・分析を行い，分析後，輸送の安全に関わる情報を整理し公表した。

安全に係るリスクに応じた安全対策を可能とするために，統計的評価・分析手法にてリスク把握を行った。

※ICAO：International Civil Aviation Organization

⑸安全文化の醸成及び安全監督の強化

ア　安全文化の醸成

航空活動関係者に対して，安全監査，講習会，セミナー等を通じた知識の普及や安全情報の共有，意見の交換等の活動を行うとともに，特定操縦技能審査制度等を通じて，小型航空機等運航者に対する監督・指導を強化し安全文化の醸成促進をした。

イ　安全監督の強化

業務提供者等に対する監査・検査等を実施する要員に対し，航空安全当局が設定する資格要件に係る内部規程に基づき，必要な知識・技量の習得及び維持を目的とした教育・訓練を実施した。

2　国家航空安全計画（NASP）（仮称）の策定

ICAOでは2030年以降に民間航空機の死亡事故をゼロにするというビジョンを実現するため，航空の安全上の課題を特定し，これに対処するための具体的取組等をとりまとめた，世界航空安全計画（GASP）を定めており，我が国においてもこのビジョンの実現に貢献するべく，国家航空安全計画（NASP）（仮称）の策定を行うこととしている。

第２節　航空機の安全な運航の確保

1　安全な運航の確保等に係る乗員資格基準や運航基準等の整備

近年の目まぐるしく変化する航空業界の運航環境に適切に対応するため，国際標準の改正や諸外国の状況を踏まえ，安全の確保を前提として我が国の航空機の運航基準の改正を実施している。令和５年度中には，脱炭素化に資する広域航法の実施に係る航空機乗組員に対する訓練要件を改正したほか，令和４年に発生した知床遊覧船事故を踏まえて主に小型航空機により運送事業を行う航空運送事業者に運航管理担当者の定期訓練・復帰訓練の義務化等を実施した。

2　危険物輸送安全対策の推進

技術の発展に伴う危険物の航空輸送量の増加・多様化に対応するため，ICAO及び国際原子力機関（IAEA）における国際的な危険物輸送に関する安全基準の整備に基づき，これらを遅滞なく国内基準に反映した。

また，危険物の安全輸送に関する講習会及び関係荷主団体等への説明会を開催することにより，危険物輸送基準の理解を図った。

さらに，旅客の手荷物に含まれる危険物に関する最新ルールの遵守を徹底させるため，政府広報及び航空局のホームページでの公表並びに全国の空港へのポスター掲示により，国民への周知・啓蒙活動を実施した。

3　小型航空機等に係る安全対策の推進

小型航空機の安全対策として，メールマガジンやSNSによる安全情報の発出，安全啓発動画の配信等による「安全情報の発信強化」を実施したほか，操縦技能審査員に対して特定操縦技能審査口述ガイダンスを改正したことにより「操縦士に対する指導・監督の強化」を図った。また，「新技術の活用」として小型航空機用に開発・販売されている簡易型飛行記録装置（FDM機器）に係る実証実験から得られた活用策の検討結果を踏まえて「小型航空機用FDM導入ガイドライン」を策定し，同ガイドラインによりFDMの普及促進に向け取り組んでいる。

4　運輸安全マネジメント評価の実施

平成18年10月より導入した「運輸安全マネジメント制度」により，事業者が社内一丸となった安全管理体制を構築・改善し，国がその実施状況を確認し評価する取組を，令和５年度は10者に対して実施した。

また，令和２年７月に策定，公表した，「運輸防災マネジメント指針」を活用し，運輸安全マネジメント評価の中で防災マネジメントに関する評価を実施した。

5　乗員政策の推進

安全を確保しつつ航空ネットワークの充実等を図るためには，操縦士の安定的な供給を確保することが必要である。

現在，操縦士等が航空会社において第一線で活躍するまでには長い時間を要することから，今後の航空需要の回復・増加の局面に対応するため，中長期的な視点で計画的に操縦士の養成を継続する必要がある。このため，航空大学校における操縦士の養成を着実に進めているほか，自衛隊操縦士の民間活躍等にも取り組んでいる。

また，航空会社における健康管理体制の強化を図るため，操縦士の身体検査を行う医師（指定医）及び医療機関等に対し，その能力水準の維持・平準化が図られるよう，講習会，立入検査を着実に実施する。

さらに，航空会社が操縦士の日常の健康状態の把握及び操縦士に対する健康管理に関する定期的な教育などの措置を適切に講じるよう，健康管理部門への監査等を通じて指導・監督を実施した。

6　飲酒に関する対策の強化

平成30年10月末以降，航空従事者の飲酒に係る不適切事案が相次いで発生したことを踏まえ，平成31年１月から令和元年７月にかけて厳格な飲酒基準を策定した。令和５年度においては，前年度に引き続き基準が適切に遵守されるよう，監査等を通じて指導・監督を実施するとともに，操縦士の日常の健康管理（アルコール摂取に関する適切な教育を含む。）の充実や身体検査の適正な運用に資する知識（航空業務に影響を及ぼす疾患や医薬品に関する知識を含む。）の普及啓発が図られるよう，航空会社の健康管理担当者に対する講習会等を通じて指導を実施した。また，令和３年度から２か年度にわたり，客室乗務員による飲酒検査での不正，アルコール検知，飲酒事実の虚偽報告事案が発生したことを踏まえ，飲酒検査体制の強化，アルコール教育の適切な実施（効果測定含む。）及び組織的な飲酒傾向の把握等が図られるよう，引き続き指導・監督を実施している。

7　落下物防止対策の強化

平成29年９月に航空機からの落下物事案が続けて発生したことを踏まえ，30年３月に「落下物対策総合パッケージ」を策定した。同パッケージに基づき，同年９月に「落下物防止対策基準」を策定し，本邦航空会社のみならず，日本に乗り入れる外国航空会社にも対策の実施を義務付けており，本邦航空会社は31年１月から，外国航空会社は同年３月から適用している。また，29年11月より，国際線が多く就航する空港を離着陸する航空機に部品欠落が発生した場合，外国航空会社を含む全ての航空会社等から報告を求めている。報告された部品欠落情報については，原因究明の結果等を踏まえて国として航空会社への情報共有や指示，必要に応じて落下物防止対策基準への対策追加等を実施しており，再発防止に活用している。

8　外国航空機の安全性の確保

我が国に乗り入れている外国航空機に対する立入検査（ランプ・インスペクション）の充実・強化を図るとともに，外国航空機による我が国内での事故や重大インシデント等が発生した際には，必要に応じて，関係国の航空安全当局に対して原因の究明と再発防止を要請している。また，諸外国の航空安全当局との連携を図るために航空安全に係る情報交換に努めている。なお，令和５年度については，新型コロナウイルス感染症に対する水際対策の緩和等により外国航空機の我が国への乗り入れも徐々に増加していることも踏まえ，ランプ・インスペクションの実施回数を増やし，40か国の99社に対し316回実施した。

9　航空交通に関する気象情報等の充実

悪天による航空交通への影響を軽減し，航空交通の安全に寄与するとともに，航空機の運航・航空交通流管理を支援するため，航空気象情報を提供している。航空気象情報の高度化を図るため，令和５年度は，航空機の離着陸に多大な影響を及ぼす低層ウィンドシアー（大気下層の風の急激な変化）を検知する空港気象ドップラーレーダーを鹿児島空港において，空港気象ドップラーライダーを東京国際空港において，それぞれ更新整備を行った。また，航空気象情報の作成に資する数値予報モデルの更なる高度化のため，新しいスーパーコンピュータシステムの運用を開始した。加えて，火山灰に対する航空交通の安全の確保及び効率的な航空機運航に資するよう，火山上空の風の状況を報じる推定噴煙流向報の提供を令和５年３月から開始した。

第3節 航空機の安全性の確保

1　航空機・装備品等の安全性を確保するための技術基準等の整備

航空機，装備品等の安全性の一層の向上等を図るため，最新技術の開発状況や国際的な基準策定の動向等を踏まえ，航空機，装備品の安全性に関する技術基準等の整備を行っている。

2　航空機の検査の的確な実施

国産及び輸入航空機について，米国・欧州の航空当局等との密接な連携により，安全・環境基準への適合性の審査を適切かつ円滑に実施している。

また，航空機の検査や製造・整備事業者等に対する指導・監督を適切に行うため，航空機検査・設計審査職員の質的向上を図るための研修を実施している。

3　航空機の運航・整備体制に係る的確な審査の実施

本邦航空運送事業者の運航・整備体制の審査として，新規路線就航等に伴う事業計画の変更認可，運航管理施設等の検査，運航・整備規程の認可に係る安全審査を行っているほか，定例連絡会議等の開催や機材不具合に対する是正措置の報告徴収等を随時行っており，これらを通じて的確に指導・監督を行っている。また，上記業務に携わる者の質的維持を図るため，研修内容を見直し，最新機材に対応した整備方式や関連制度等に係る研修を実施している。

第4節 航空交通環境の整備

1　増大する航空需要への対応及びサービスの充実

(1)国内空域の抜本的再編

安全かつ効率的な運航を維持しつつ増大する航空需要に対応するため，国内空域の抜本的な再編を行うべく，①管制空域の上下分離，②複数の空港周辺の空域（ターミナル空域）の統合のために必要となる航空保安システムの整備，飛行経路・空域の再編等を進める。

(2)統合管制情報処理システム等の機能向上

管制処理能力の向上によって増大する航空需要に対応するため，統合管制情報処理システムについてハードウェアとソフトウェア両面での機能向上の整備を進めている中で，安全性を確保しつつ，今後，航空情報や運航情報など航空機の運航に必要な情報の共有を実現するシステムの運用を開始するとともに，運用サービスの拡充を順次計画している。

(3)小型航空機運航環境の整備

低高度空域における小型航空機の安定的な運航の実現を図るため，計器飛行方式による，既存航空路の最低経路高度の引下げ，最低経路高度の低い新たな航空路の設定及びヘリポートへの進入・出発方式の設定について検討を進めている。

(4)航空保安職員教育の充実

今後の更なる航空交通需要の増大に伴う空域の容量拡大や航空保安システムの高度化に的確に対応するため，航空保安職員に対し高度な知識及び技量を確実に修得させることを目的として，航空保安大学校等における基礎研修及び専門研修について，研修効果及び効率を上げるための研修カリキュラムの見直し，訓練機材の更新及び国際的に標準化された教育手法への移行を進めている。

(5)新技術や新方式の導入

GPSを利用した航法精度の高い進入方式（RNP AR）について導入を進めており，今後も継続的に設定を行うとともに，世界的に進められている更なる航法精度の高い進入方式の開発の動向を注視，導入を図ることで，航空機の運航効率の向上や悪天候時における就航率の向上等を図っていく。

⑹飛行検査体制の充実

世界的な技術革新と航空交通量の増大に対応して高度化している航空保安システム及び飛行方式に対して，的確に対応できるよう飛行検査体制の高度化を図っており，既存の飛行検査機材の高度化のみならず，新しいドローン技術を用いた飛行検査機材の導入等を進めている。また，SDGsに則してSAFの積極的な利用を推進し，環境に配慮した飛行検査の実施を図っている。

⑺電子地形・障害物データ提供の拡充

航空機運航者の利便性や情報品質の向上を図るため，航空機の運航に必要となる空港周辺の地形や障害物等の基礎的情報をデジタルデータとして提供するとともに，対象となる空港の拡大を進めている。

⑻将来の航空交通システムの構築に向けた取組

国際的な相互運用性を確保しつつ，長期的な航空需要の増加や地球環境問題等に対応するとともに，更なる安全性の向上を図るため，ICAOや諸外国とも協調して，将来の航空交通システムに関する長期ビジョン（CARATS）の推進を実施している。

⑼大都市圏における拠点空港等の整備

訪日外国人旅行者の受入拡大，我が国の国際競争力の強化等の観点から，首都圏空港（東京国際空港（羽田空港），成田国際空港（成田空港））の機能強化は必要不可欠であり，両空港で年間約100万回の発着容量とするための取組を進めているところである。

具体的には，羽田空港において，令和２年３月から新飛行経路の運用を開始し，国際線の発着容量を年間約４万回拡大しているところであり，引き続き，騒音対策・落下物対策や，地域への丁寧な情報提供を行うなど，新飛行経路の着実な運用に向けた取組を進めている。成田空港においては，地域との共生・共栄の考え方のもと，C滑走路新設等の年間発着容量を50万回に拡大する取組を進めていくこととしている。そのほか，福岡空港においては，滑走路処理能力の向上を図るため，滑走路増設事業を実施しており，北九州空港においては，北米・欧州の主要都市へ貨物専用機の直行便運航に対応するため，滑走路延長事業を実施している。また，那覇空港においては，空港の利便性向上を図るため，国際線ターミナル地域再編事業を，新千歳空港においては，航空機や除雪車両の混雑緩和等を図るため，誘導路複線化等を実施している。

その他の空港においては，航空機の増便や新規就航等に対応するため，エプロン拡張やターミナル地域の整備等を実施している。

また，航空機の安全運航を確保するため，老朽化が進んでいる施設について予防保全型の維持管理を踏まえた空港の老朽化対策を実施するとともに，地震災害時における空港機能の確保を図るため，滑走路等の耐震対策を着実に推進している。加えて，航空旅客ターミナル施設においては，旅客の安全確保のため，高齢者，障害者等の安全利用に配慮した段差の解消等のバリアフリー化を引続き実施し，総合的・一般的な環境整備を実現するなどの観点からユニバーサルデザイン化を進めている。

２　航空交通の安全確保等のための施設整備の推進

⑴データリンク通信の利用拡大

音声通信により発生する管制官及びパイロットの「言い間違い」や「聞き間違い」によるヒューマンエラーの防止等を図るため，現在洋上空域や地上（出発前）で活用されているデータリンク通信の航空路空域での活用の拡大について検討を進めている。

⑵航空路監視機能の高度化

航空路空域における更なる安全の確保を図るため，航空機が保有する速度，方位，機上設定高度等の多様な動態情報を活用した管制業務の高度化を進めている。

３　空港の安全対策等の推進

⑴滑走路誤進入対策の推進

令和６年１月２日に羽田空港で発生した航空機衝突事故を受けて，同年１月９日に公表した「航空の安全・安心確保に向けた緊急対策」を実施するとともに，同年１月19日に設置した「羽田空港航空機衝突事故対策検討委員会」での議論を踏まえ，令和６年度夏頃を目途に中間とりまとめを行い，滑走路誤進入に係る安全・安心対策を実施する。さらに，最終的には，運輸安全委員会の事故調査報告も踏まえ，抜本的な安全・安心対策を講じる。

⑵空港の維持管理の着実な実施

滑走路等の諸施設が常に良好な状態で機能するよう，定期的な点検等により劣化・損傷の程度や原因を把握し，老朽化の進んでいる施設について効率的かつ効果的な更新・改良を実施している。

⑶空港における災害対策の強化

ア　災害への対応力の強化

災害時に航空輸送上重要な空港等の機能を維持するためには，空港内施設のみならずライフライン施設や道路・鉄道等の交通施設の機能維持が必要となることから，各施設の関係者と協議して，平成26年度の「南海トラフ地震等広域的災害を想定した空港施設の災害対策のあり方　とりまとめ」を踏まえた，地震・津波に対応する避難計画・早期復旧計画を策定し，計画に基づき避難訓練等の取組や関係機関との協力体制構築等の取組を推進している。

加えて，平成30年９月の台風第21号や令和元年９月の令和元年房総半島台風等の影響により，空港機能や空港アクセスに支障が生じたことから，未経験レベルの大規模な自然災害やそれに伴うアクセス機能の喪失等外部からのリスクが発生した場合においても，我が国の航空ネットワークを維持し続けることができるよう，全国の空港で策定された空港BCP（A２(Advanced/Airport)-BCP）に基づき，空港関係者やアクセス事業者と連携し，災害時の対応を行うとともに，訓練の実施等による空港BCPの実効性の強化に努めている。

イ　空港インフラの強靱化の推進

航空ネットワークの拠点となる空港等について，地震被災時における緊急物資輸送拠点としての機能確保，航空ネットワークの維持や背後圏経済活動の継続性確保と首都機能維持を図るため，必要となる滑走路等の耐震対策を進めている。

第５節　無人航空機等の安全対策

１　無人航空機の安全対策

無人航空機については，航空法（昭27法231）において，飛行禁止空域や飛行の方法に加え，飛行禁止空域における飛行や規定の飛行の方法によらない飛行の場合の許可・承認などの基本的なルールが定められている。また，無人航空機の所有者等の把握や安全上問題のある機体の排除を通じた無人航空機の飛行の更なる安全性向上を図るため，令和４年６月から無人航空機の機体登録が義務化された。さらに，第三者上空での補助者なし目視外飛行（レベル４飛行）の実現のため，令和４年12月から機体認証制度や操縦ライセンス制度等が開始された。これらの取組に加え，ドローンによる配送サービスの事業化のため，令和５年12月からレベル3.5飛行の制度が開始された。

２　「空飛ぶクルマ」の安全対策

いわゆる「空飛ぶクルマ」については世界各国で機体開発の取組がなされているが，我が国においても，都市部での送迎サービスや離島や山間部での移動手段，災害時の救急搬送などの活用を期待し，次世代モビリティシステムの新たな取組として，世界に先駆けた実現を目指している。令和７年の大阪・関西万博における飛行の開始に向けて，「空の移動革命に向けた官民協議会」において機体や運航の安全基準，操縦者の技能証明や離着陸場に関する基準等を策定するとともに交通管理についても検討を行った。

第６節　救助・救急活動の充実

１　捜索救難体制の整備

航空機の捜索・救難に関しては，遭難航空機の迅速な特定を行うため，国土交通省東京空港事務所に設置されている救難調整本部と捜索・救難に係る関係機関との実務担当者会議及び合同訓練を実施し，並びに救難調整本部において航空機用救命無線機（ELT）に登録された航空機，運航者等に関する情報の管理等を行うとともに，海上及び陸上における遭難航空機の位置特定の精度向上に係る取組を行った。さらに，隣接国の捜索救難機関との間で，海上での発生を想定した捜索救難合同訓練を実施した。引き続き，合同訓練実施国の拡大に向けて必要な調整を行い，アジア太平洋地域における航空機の捜索・救難活動の連携強化を図っている。

２　消防体制及び救急医療体制の強化

空港における消防・救急医療体制を維持するため，化学消防車等の更新，治療用テントの更新配備を行うとともに，現行の消火救難体制を評価し必要な改善を図ることとしている。また，国管理空港には順次，高所や火元に近い箇所での消火活動が可能なHRET※の化学消防車両の導入を進めている。

なお，各空港においては，空港救急医療に必要な資器材の計画的な配備更新等を進めるとともに，空港救急医療活動が的確かつ円滑に実施できるよう関係機関等との連携強化を図るため，定期的な合同訓練を実施している。

空港保安防災教育訓練センターでは，過去の航空機事故の教訓を踏まえ，全国の空港消防職員に対し航空機事故現場における乗客，乗員等の救命率を上げることを目的に，航空機事故に関する専門的かつ総合的な消火訓練を実施し，知識・技能の向上を図っている。さらに，空港職員に対する，自動体外式除細動器（AED）の使用も含めた心肺蘇生法等の応急手当の普及啓発活動を推進している。

第７節　被害者支援の推進

公共交通事故による被害者等への支援の確保を図るため，国土交通省に設置した公共交通事故被害者支援室では，被害者等に対し事業者への要望の取次ぎ，相談内容に応じた適切な機関の紹介などを行うこととしている。

令和５年度は，公共交通事故発生時には，被害者等へ相談窓口を周知するとともに被害者等からの相談に対応できるよう体制を維持した。また，平時の取組として，支援に当たる職員に対する教育訓練の実施，外部の関係機関とのネットワークの構築，公共交通事故被害者等支援フォーラムの開催，公共交通事業者による被害者等支援計画の策定の働き掛け等を行った。

第８節　航空事故等の原因究明と事故等防止

１　運輸安全委員会の事故調査状況

運輸安全委員会は，独立性の高い専門の調査機関として，航空の事故及び重大インシデント（事故等）の調査により原因を究明し，国土交通大臣等に再発防止及び被害の軽減に向けた施策等の実施を求めているところ，令和５年度中，調査対象となる事故等は，30件発生した。また，同年度中，31件の調査報告書を公表した。

※ HRET：High reach extendable turret

2　令和５年度に公表した主な事故等

令和３年２月，貨物機が復行中に機体後部下面が滑走路に接触し損傷した事案について，機体の姿勢が不安定となり復行操作を行った際，機体の速度が不十分なままピッチ角が過大となったことにより発生したことを明らかにした（５年８月公表）。

3　国際基準改正案への参画

国際民間航空機関（ICAO）下部組織の事故調査パネル（AIGP）は，主に「航空機事故及びインシデント調査」の国際基準改正案について議論される場となっているところ，令和５年度には，第８回事故調査パネル会議（AIGP/8）が開催され，「世界的懸念事項についての安全勧告」，「航空機事故等の被害者とその家族への支援」などの議論に参画した。

第９節　航空交通の安全に関する研究開発の推進

1　文部科学省関係の研究

国立研究開発法人宇宙航空研究開発機構では，航空交通の安全確保や円滑化を目指した研究として，「乱気流による機体揺動を低減する技術の研究開発」，「雪氷や雷等の外的影響に対する防御技術の研究開発」，「革新低抵抗・軽量化機体技術の研究開発」等を推進した。

さらに，国土交通省からの依頼に基づき，航空機騒音予測モデルの改良，運輸安全委員会による航空事故等の事故原因の究明に協力した。

2　国土交通省関係の研究

⑴国土技術政策総合研究所の研究

航空機の離着陸時の安全性向上等を目的として，滑走路等の設計・施工・補修及び点検方法の高度化に係る研究，並びに既存ストックのライフサイクルコストを考慮した空港舗装設計手法高度化に関する研究を実施した。

⑵国立研究開発法人海上・港湾・航空技術研究所電子航法研究所の研究

「軌道ベース運用による航空交通管理の高度化」，「空港運用の高度化」，「機上情報の活用による航空交通の最適化」及び「関係者間の情報共有及び通信の高度化」等，航空交通の安全性向上を図りつつ，航空交通容量の拡大，航空交通の利便性向上，航空機運航の効率性向上及び航空機による環境影響の軽減に寄与する研究開発を実施した。

⑶国立研究開発法人海上・港湾・航空技術研究所港湾空港技術研究所の研究

航空機の離着陸時の安全性向上等を目的として，地震動による地盤の変形予測に関する研究を実施した。

第10節　防衛省における航空交通安全施策

防衛省は，航空交通の安全を確保するため，航空法の規定の一部が適用を除外されている自衛隊が使用する航空機，自衛隊の航空機の運航に従事する者，自衛隊が設置する飛行場等について基準を定めるなど必要な措置を講じている。

また，自衛隊において航空事故が発生した場合には，専門的な事故調査委員会等において徹底的な原因究明を行った後，調査結果を踏まえ所要の再発防止対策を実施している。

なお，事故防止策の強化の観点から，飛行隊長等に対する補職前の安全教育の充実に取り組んでいる。

1　航空機の運航・整備

自衛隊が使用する航空機の運航に関しては，異常接近防止，燃料の携行量，航空機の灯火等に関する事項を訓令等によって規定して，航空従事者にこれを遵守，励行させているほか，安全意識の高揚と飛行安全に関する知識の向上に資するため，飛行安全に関する教育の実施及び資料の配布，安全監察の実施等を通じて航空交通の安全の確保に努めている。特に，異常接近を防止するため，訓練／試験空域において訓練飛行等を実施するに当たっては，航空警戒管制部隊が監視及び助言を行っている。

また，限られた空域を安全かつ有効に利用するため，国土交通省航空交通管理センターに自衛官を派遣し，自衛隊が訓練／試験空域を使用していない場合に民間航空機の通過を可能とする運用を実施するほか，時間差を利用して訓練／試験空域と航空路等の空域の分離を図る，いわゆる時間分離方式等による運用を実施しているが，それらの運用に当たっては，レーダー及び自動化された航空情報処理システムの活用，空域調整官の配置等により，航空交通の安全の確保に万全を期している。

防衛省における航空機の整備は，技能証明を有する整備士が所定の整備基準を厳格に遵守して行っており，また，随時，安全監察及び品質管理調査を実施して万全を期している。

2　航空従事者

自衛隊が使用する航空機は，自衛隊の航空機の運航に従事することができる航空従事者技能証明（以下「技能証明」という。）及び計器飛行証明を受けている者に運航させている。

技能証明は14種類に区分されており，技能に応じて乗り組むことができる航空機の種類，等級及び型式を限定している。また，計器飛行証明も技能に応じて2種類に分けている。

これらの技能証明及び計器飛行証明を取得するためには，学校等における所定の教育を修了していることを要件としており，また，技能証明及び計器飛行証明を付与した後においても，常時，教育訓練を実施し，航空従事者としての知識及び技能の向上を図っているほか，航空関係の規定に違反する行為があった場合，身体的適性に疑いが生じた場合等には，技能証明及び計器飛行証明の取消しや効力の停止等の措置を講じ，技能水準の保持及び航空事故の防止に努めている。

また，自衛隊の使用する航空機の運航に従事する者の教育訓練の充実を図るため，フライトシミュレーターの整備等を進めている。

3　飛行場及び航空保安施設等

自衛隊が設置する飛行場及び航空保安施設等については，航空法に準拠して，設置及び管理に関する基準を訓令で定めている。

航空交通管制施設の整備としては，馬毛島基地（仮称）のラプコン装置，鹿屋飛行場のGCA※装置及び小月飛行場のAPID※の整備を実施している。

また，航空保安無線施設の整備としては，父島地区及び馬毛島基地（仮称）のタカン装置の整備，鹿屋飛行場，徳島飛行場及び馬毛島基地（仮称）のILS装置の整備，小月飛行場，下総飛行場，館山飛行場及び八戸飛行場の灯火の整備等安全上の措置を進めている。

4　飛行点検の実施

飛行の安全を維持し，効率的な航空交通管制を行うためには，航空保安無線施設等※が航空交通の実情に適合し，かつ，常に正しく機能していることが必要である。このため，自衛隊が設置及び管理している航空保安無線施設等については，飛行点検機を使用し実際の飛行状態に即した機能状態の点検を行い，その結果を評価及び判定している。

5　救助救難体制

航空機の捜索救難のために，主要飛行場に救難捜索機（U-125A），救難ヘリコプター（UH-60J）及び救難飛行艇（US-2）等を配備している。

※GCA
　Ground Controlled Approach（着陸誘導管制）
※APID
　Aircraft Position Information Display（航空機位置情報表示装置）
※航空保安無線施設等
　電波又は灯火により航空機の航行を援助するための施設。

羽田空港航空機衝突事故について

事故概要

令和６年１月２日，日本航空JAL516便（新千歳発羽田行き）が海上保安庁所属JA722A（被災地への支援物資輸送準備中）と羽田空港のＣ滑走路で衝突し，日本航空機側乗員・乗客379名のうち16名が負傷等，海上保安庁機側乗員６名のうち５名が亡くなるという痛ましい事故が発生した。

事故発生後の国土交通省の対応（令和６年４月１日現在）

事故発生直後	対策本部を設置
令和６年１月３日	航空会社及び管制機関に対し，基本動作の徹底及び管制指示を受けた場合の確実な復唱を含む安全運航のための手順の徹底を指示
１月６日	羽田空港において滑走路への誤進入を常時レーダーで監視する人員を配置
１月９日	「航空の安全・安心確保に向けた緊急対策」を公表
１月19日	第１回羽田空港航空機衝突事故対策検討委員会※を開催
２月15日	第２回羽田空港航空機衝突事故対策検討委員会を開催
２月28日	第３回羽田空港航空機衝突事故対策検討委員会を開催
３月27日	第４回羽田空港航空機衝突事故対策検討委員会を開催

※　以降，毎月1～2回，「羽田空港航空機衝突事故対策検討委員会」を開催し，令和6年夏頃を目途に中間とりまとめを行う予定

最終的には，運輸安全委員会の事故調査報告も踏まえ，抜本的な安全・安心対策を講ずる予定

無人航空機による物資配送の事業化に向けた「レベル 3.5 飛行」制度の新設について

令和５年10月に開催された，「第１回デジタル行財政改革会議」でのドローンによる物資配送の事業化加速に係る内閣総理大臣指示を受け，国土交通省において集中的な検討を行い，同年12月にレベル3.5飛行の制度を新設した。

これは，ドローンの操縦ライセンスを保有する者が機上のカメラにより歩行者等の有無を確認することにより，補助者や看板の設置，地上を車両などが走行している際のドローンの上空での一時停止といった従来の立入管理措置が不要となる飛行の形態であり，効率的なドローンの飛行を可能とするものである。

また，飛行許可・承認手続のDX化を図ることにより，ドローンを飛行させる際の許可・承認手続に要する期間を大幅に短縮することなどを検討している。

こうした取組を早急に進め，ドローンの飛行の安全を確保しつつ，ドローン配送の事業化を強力に推進していく。

デジタル技術（機上カメラの活用）により補助者・看板の配置といった**従来の立入管理措置を撤廃**するとともに、操縦ライセンスの保有と保険への加入により、**道路や鉄道等の横断を容易化**。

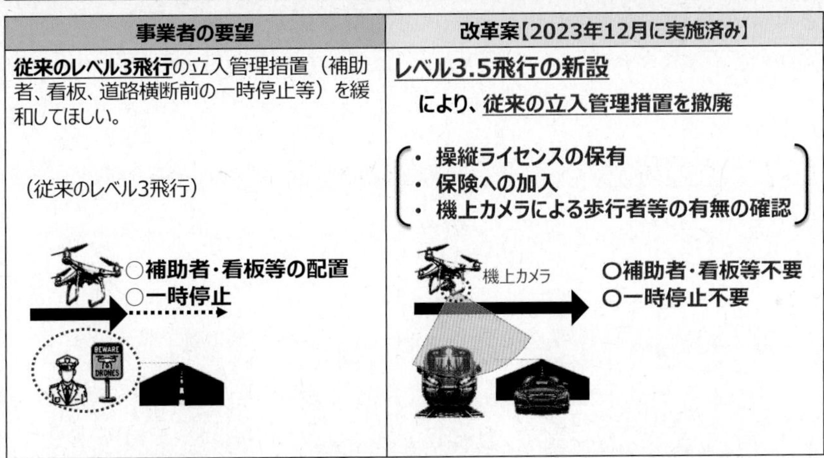

事業者の要望
改革案【2023年12月に実施済み】
従来のレベル3飛行の立入管理措置（補助者、看板、道路横断前の一時停止等）を緩和してほしい。
（従来のレベル3飛行）
○補助者・看板等の配置
○一時停止
レベル3.5飛行の新設
により、従来の立入管理措置を撤廃
・操縦ライセンスの保有
・保険への加入
・機上カメラによる歩行者等の有無の確認
機上カメラ
○補助者・看板等不要
○一時停止不要

図１．無人航空機目視外飛行（レベル３飛行）の事業化に向けた改革（その１）

レベル3.5飛行の許可・承認手続期間について2024年度内に**１日を目指すとともに、型式認証取得機増加により許可・承認手続を不要化する（0日化）**。

事業者の要望	現状の措置状況	改革案
許可・承認申請手続を簡素化・スピード化してほしい。（現在10日前申請）	○最大１年間の包括許可・承認導入済	①レベル3.5飛行について2024年度内にDX化（システム改修）等を実施し１日での許可・承認を目指す
	○機体認証・操縦ライセンスがあれば、許可・承認手続不要（制度導入済）	②型式認証取得機増加に向け、社内試験データの活用等による効率的な認証取得の実現

図２．無人航空機目視外飛行（レベル３飛行）の事業化に向けた改革（その２）

「空飛ぶクルマ」の実現に向けた環境整備について

「空飛ぶクルマ」とは，電動化，自動化といった航空技術や垂直離着陸などの運航形態によって実現される，利用しやすく持続可能な次世代の空の移動手段であり，都市部での送迎サービス，離島や山間部での移動手段，災害時の救急搬送などへの活用が期待されている。

空飛ぶクルマの実現に向けて，平成30年８月に国土交通省と経済産業省の共同で「空の移動革命に向けた官民協議会」（以下「官民協議会」という。）を設置して取り組むべき技術開発，制度整備等について議論を開始し，同年12月には「空の移動革命に向けたロードマップ」を策定，令和４年３月にその改訂を行うなど官民が連携して取組を進めている。

具体的には令和５年３月に官民協議会で「空飛ぶクルマの運用概念」をとりまとめるとともに，官民協議会の下に設置したワーキンググループにおいて機体や運航の安全基準，操縦者の技能証明や離着陸場に関する基準，交通管理等についても検討を行っている。こうした検討結果を踏まえて，直近では７年の大阪・関西万博における空飛ぶクルマの運航開始に向けて，空飛ぶクルマの特徴を踏まえた安全基準，運航基準，騒音基準等を定める制度改正を実施した。また，空飛ぶクルマ専用の離着陸場（バーティポート）の整備のための暫定的なガイダンスとして「バーティポート整備指針」を策定した。

加えて，令和３年に株式会社SkyDrive（日本）から我が国初となる空飛ぶクルマの型式証明の申請がなされ，４年にJoby Aviation（米国），５年にVolocopter（独国）及びVertical Aerospace（英国）からも申請がなされており，それぞれ国土交通省航空局において審査を進めている。

©SkyDrive

令和６年度

交通安全施策に関する計画

第1部 陸上交通の安全についての施策

第1章 道路交通の安全についての施策

第1節 道路交通環境の整備

道路交通環境の整備については，これまでも警察庁や国土交通省等の関係機関が連携し，幹線道路と生活道路の両面で対策を推進してきたところであり，いずれの道路においても一定の事故抑止効果が確認されている。

しかし，我が国の歩行中・自転車乗用中の死者数の割合は諸外国と比べて高いことから，歩行者や自転車が多く通行する生活道路における安全対策をより一層推進する必要がある。このため，今後の道路交通環境の整備に当たっては，自動車交通を担う幹線道路等と歩行者中心の生活道路の機能分化を進め，身近な生活道路において，警察と道路管理者が緊密に連携し，最高速度30キロメートル毎時の区域規制と物理的デバイスとの適切な組合せにより交通安全の向上を図ろうとする区域を「ゾーン30プラス」として設定し，人優先の安全・安心な通行空間の整備の更なる推進を図る。なお，対策の検討や効果検証にあたり，ETC2.0プローブ情報等のデータの活用を図る。

また，少子高齢化が一層進展する中で，子供を事故から守り，高齢者や障害者が安全にかつ安心して外出できる交通社会の形成を図る観点から，安全・安心な歩行空間が確保された人優先の道路交通環境整備の強化を図っていくものとする。

そのほか，道路交通の円滑化を図ることによる交通安全の推進に資するため，道路利用の仕方に工夫を求め，輸送効率の向上や交通量の時間的・空間的平準化を図る交通需要マネジメント（TDM）施策を総合的に推進するとともに，最先端の情報通信技術（ICT）等を用いて，人と道路と車とを一体のシステムとして構築することで，安全性，輸送効率及び快適性の向上や，渋滞の軽減等の交通の円滑化を通じて環境保全に寄与することを目的とした高度道路交通システム（ITS）の開発・普及等を推進する。

1　生活道路等における人優先の安全・安心な歩行空間の整備
2　高速道路の更なる活用促進による生活道路との機能分化
3　幹線道路における交通安全対策の推進
4　交通安全施設等の整備事業の推進
5　高齢者等の移動手段の確保・充実
6　歩行空間のユニバーサルデザイン化
7　無電柱化の推進
8　効果的な交通規制の推進
9　自転車利用環境の総合的整備
10　ITSの活用
11　交通需要マネジメントの推進
12　災害に備えた道路交通環境の整備
13　総合的な駐車対策の推進
14　道路交通情報の充実
15　交通安全に寄与する道路交通環境の整備

第2節 交通安全思想の普及徹底

交通安全教育は，自他の生命尊重という理念の下に，交通社会の一員としての責任を自覚し，交通安全のルールを守る意識と交通マナーの向上に努め，相手の立場を尊重し，他の人々や地域の安全にも貢献できる良き社会人を育成する上で，重要な意義を有している。交通安全意識を向上させ交通マナーを身に付けるためには，人間の成長過程に合わせ，生涯にわたる学習を促進して国民一人一人が交通安全の確保を自らの課題として捉えるよう意識の改革を促すことが重要である。また，人優先の交通安全思想の下，子供，高齢者，障害者等に関する知識や思いやりの心を育むとともに，交通事故被害者等の痛みを思いやり，交通事故の被害者にも加害者にもならない意識を育てることが重要である。

このため，交通安全教育指針（平10国家公安委員会告示15）等を活用し，幼児から成人に至るまで，心身の発達段階やライフステージに応じた段階的かつ体系的な交通安全教育を行う。特に，少子高齢化が進展する中で，高齢者自身の交通安全意識の向上を図るとともに，他の世代に対しても高齢者の特性を知り，その上で高齢者を保護し，子供や高齢者に配慮する意識を高めるための啓発指導を強化する。また，地域の見守り活動等を通じ，地域が一体となって高齢者の安全確保に取り組む。さらに，自転車を使用することが多い小学生，中学生及び高校生に対しては，交通社会の一員であることを考慮し，自転車利用に関する道路交通の基礎知識，交通安全意識及び交通マナーに係る教育を充実させる。

学校においては，情報通信技術（ICT）を活用した効果的な学習活動を取り入れながら，学習指導要領等に基づき，体育科・保健体育科，特別活動及び自立活動はもとより，各教科等の特質に応じ，教育活動全体を通じて計画的かつ組織的に実施するよう努めるとともに，学校保健安全法（昭33法56）に基づき策定することとなっている学校安全計画により，児童生徒等に対し，通学を含めた学校生活及びその他の日常生活における交通安全に関して，自転車の利用に係るものを含めた指導を実施する。障害のある児童生徒等については，特別支援学校等において，その障害の特性を踏まえ，交通安全に関する指導を行うよう配慮する。

交通安全教育・普及啓発活動を行うに当たっては，参加・体験・実践型の教育方法を積極的に取り入れるとともに，教材の充実を図りホームページに掲載するなどにより，インターネットを通じて地域や学校等において行われる交通安全教育の場における活用を促進し，国民が自ら納得して安全な交通行動を実践することができるよう，必要な情報を分かりやすく提供することに努める。

特に若年層に対しては，交通安全に関する効果的な情報提供により交通安全意識の向上を図るとともに，自らも主体的に交通安全の啓発活動等に取り組むことができる環境の整備に努める。

交通安全教育・普及啓発活動については，国，地方公共団体，警察，学校，関係民間団体，地域社会，企業及び家庭がそれぞれの特性をいかし，互いに連携を取りながら地域が一体となった活動が推進されるよう促す。特に交通安全教育・普及啓発活動に当たる地方公共団体職員や教職員の指導力の向上を図るとともに，地域における民間の指導者を育成することなどにより，地域の実情に即した自主的な活動を促進する。

また，地域が一体となった交通安全教育・普及啓発活動を効果的に推進するため，地域や家庭において，子供，父母，祖父母等の各世代が交通安全について話し合い，注意を呼び掛けるなど世代間交流の促進に努める。

さらに，交通安全教育・普及啓発活動の実施後には，効果を検証・評価し，より一層効果的な実施に努めるとともに，交通安全教育・普及啓発活動の意義，重要性等について関係者の意識が深まるよう努める。

あわせて，在留外国人や訪日外国人に対しては，多様な文化的背景への寛容さを基本としつつ，世界一安全な交通社会を目指す我が国の交通ルールを的確に伝えるよう努める。

1　段階的かつ体系的な交通安全教育の推進
2　効果的な交通安全教育の推進
3　交通安全に関する普及啓発活動の推進
4　交通の安全に関する民間団体等の主体的活動の推進
5　地域における交通安全活動への参加・協働の推進

第３節　安全運転の確保

安全運転を確保するためには，運転者の能力や資質の向上を図ることが必要であるため，運転者のみならず，これから運転免許を取得しようとする者までを含めた運転者教育等の充実に努める。特に，今後大幅に増加することが予想される高齢運転者に対する教育等の充実を図る。

また，運転者に対して，運転者教育，安全運転管理者による指導，その他広報啓発等により，横断歩道においては歩行者が優先であることを含め，高齢者や障害者，子供を始めとする歩行者や自転車に対する保護意識の向上を図る。

さらに，訪日外国人に対しては，関係団体と連携し，偽造国際運転免許証の利用を防止するとともに，安全運転のための我が国の交通ルールとマナーの周知に努める。

今後の自動車運送事業の変化を見据え，企業・事業所等が交通安全に果たすべき役割と責任を重視し，企業・事業所等の自主的な安全運転管理対策の推進及び安全対策の充実を図るとともに，関係機関とも連携の上，交通労働災害防止のためのガイドラインの普及等を図るための取組を進める。加えて，全国交通安全運動や年末年始の輸送等安全総点検なども活用し，安全対策を推進する。

軽井沢スキーバス事故を踏まえて取りまとめた85項目に及ぶ「安全・安心な貸切バスの運行を実現するための総合的な対策」を着実に実施する。また，令和４年に静岡県の県道において発生したバスの横転事故を踏まえ，令和５年１月に「自動車運送事業者が事業用自動車の運転者に対して行う一般的な指導及び監督の実施マニュアル」の改正を行うとともに，同年10月には貸切バスの安全性向上に関する関係法令等の改正を行ったところ，引き続き，「事業用自動車総合安全プラン2025」に基づく安全対策の推進等により，事業用自動車の輸送の安全の確保を図る。

また，事業者が社内一丸となって安全管理体制を構築・改善し，国がその実施状況を確認する運輸安全マネジメント評価については，運輸防災マネジメント指針を活用し，自然災害への対応を運輸安全マネジメント評価において重点的に確認するなど，事業者の取組の深化を促進する。

さらに，天候の変化等，道路交通の安全に影響を及ぼす情報の適時・適切な提供を実現するため，情報通信技術（ICT）の活用等による道路交通に関連する総合的な情報提供の充実を図る。

道路交通に影響を及ぼす自然現象について，次の施策を実施する。

気象庁では，近年相次ぐ大雨による被害を受けて取りまとめられた「防災気象情報の伝え方の改善策と推進すべき取組」（平成31年，令和２年，令和３年報告書）を踏まえ，線状降水帯の予測精度向上を始めとする防災気象情報の高度化や，洪水や土砂災害等の危険度の高まりを地図上に示す「キキクル（危険度分布）」の更なる周知など，防災気象情報がより一層，避難を始めとする防災対策に役立てられるよう，取組を順次進めてきた。また，線状降水帯による大雨の危機感を少しでも早く伝えるため，これまで発表基準を実況で満たしたときに発表していた「顕著な大雨に関する気象情報」について，予測技術を活用し，最大で30分程度前倒しして発表する運用を令和５年度から開始した。令和６年からは，線状降水帯による大雨の半日程度前からの呼びかけについて，これまで全国11の地方単位であったところを，都道府県単位を基本に絞り込みを行うこととしている。

津波警報等については，運用を確実に行い，迅速かつ的確な津波警報等の発表に努めるとともに，周知・広報を図る。また，緊急地震速報について，周知・広報の取組を推進するとともに，迅速化及び精度向上を図る。火山については，全国111の活火山において，火山活動の監視・評価の結果に基づき噴火警報等及び降灰予報の的確な発表に努める。噴火警報等に関しては，平常時からの火山防災協議会における避難計画の共同検討を通じて，噴火時等の「警戒が必要な範囲」と「とるべき防災対応」を５段階で示した噴火警戒レベルの改善を推進するとともに，令和６年４月に施行された「活動火山対策特別措置法の一部を改正する法律」（令５法60）により，８月26日が「火山防災の日」に制定されることに伴い，火山防災に関する周知・広報の取組を強化する。

1　運転者教育等の充実
2　運転免許制度の改善
3　安全運転管理の推進
4　事業用自動車の安全プラン等に基づく安全対策の推進
5　交通労働災害の防止等
6　道路交通に関連する情報の充実

第４節 車両の安全性の確保

近年，交通事故死者数は減少傾向にあるものの，令和５年中には2,678人が亡くなるなど，依然として多くの命が交通事故で失われている。第11次交通安全基本計画においては，令和７年までに交通事故死者数を2,000人以下とする目標が設定されている。この交通事故削減目標の達成に向けて，「安全基準等の拡充・強化」，「先進安全自動車（ASV）推進計画」，「自動車アセスメント」の３つの施策を有機的に連携させ，車両安全対策の推進に取り組む。

先進安全自動車（ASV）について，事故分析を基に車両の開発・普及の促進を一層進めるとともに，先進技術に関する理解醸成の取組を推進する。また，高齢運転者による事故を踏まえ，サポカーポータルサイトでサポカーの機能の情報発信を行うほか，EV・PHEV等の購入補助による新車への買い換え促進や広報動画等の活用を通じて，後付け装置も含めたサポカーの普及啓発に引き続き取り組むとともに，車両安全対策を推進する。

さらに，交通安全の飛躍的向上に資する自動運転の実用化に向けて，より高度な自動運転機能に係る基準策定，遠隔監視のみの自動運転移動サービスの実現とサービスの全国展開に向けた技術開発・実証実験等の取組を推進する。

加えて，自動車が使用される段階においては，自動車にはブレーキ・パッド，タイヤ等走行に伴い摩耗・劣化する部品や，ブレーキ・オイル，ベルト等のゴム部品等走行しなくても時間の経過とともに劣化する部品等が多く使用されており，適切な保守管理を行わなければ，不具合に起因する事故等の可能性が大きくなることから，自動車の適切な保守管理を推進する必要がある。このため自動車使用者による点検整備を引き続き推進する。

自動車の保守管理は，一義的には，自動車使用者の責任の下になされるべきであるが，自動車は，交通事故等により運転者自身の生命，身体のみでなく，第三者の生命，身体にも影響を与える危険性を内包しているため，自動車検査により，各車両の安全性の確保を図る。

また，令和６年10月より開始される「OBD検査」の導入に向け，引き続き環境整備を進める。

自動運転等の，新技術を含む自動車の安全・環境性能を確保するため，型式指定制度を着実に運用するとともに，ソフトウェアアップデートに係る許可制度の的確な運用等に努める。

また，近年発覚した型式指定申請における不正行為を踏まえ，同種の不正事案を防止するため，型式指定に係る要件の強化等について検討を行う。

さらに，自動車製作者の垣根を越えた装置の共通化・モジュール化が進む中，複数の自動車製作者による大規模なリコールが行われていることから，自動車製作者等からの情報収集を推進する等，リコール制度の的確な運用に努める。

自転車の安全性を確保するため，関係団体が実施している自転車の安全性向上を目的とする各種マーク制度（BAAマーク，幼児２人同乗基準適合車マーク，SBAA PLUSマーク，TSマーク，SGマーク，JISマーク）の普及に努めるとともに，安全性の高い自転車の供給・普及のため，自転車技士及び自転車安全整備士に関する制度を支援する。また，近年，歩行者との事故等自転車の利用者が加害者となる事故に関し，高額な賠償額となるケースもあり，こうした賠償責任を負った際の支払原資を担保し，被害者の救済の十全を図るため，損害賠償責任保険等への加入を促進する。

1　車両の安全性に関する基準等の改善の推進
2　自動運転車の安全対策・活用の推進
3　自動車アセスメント情報の提供等
4　自動車の検査及び点検整備の充実
5　リコール制度の充実・強化
6　自転車の安全性の確保

第5節　道路交通秩序の維持

交通ルール無視による交通事故を防止するためには，交通指導取締り，交通事故事件捜査，暴走族等対策を通じ，道路交通秩序の維持を図る必要がある。

このため，交通事故実態の分析結果等に基づき，飲酒運転のほか，著しい速度超過等の死亡事故等重大事故に直結する悪質性・危険性の高い違反及び地域住民からの取締り要望の多い迷惑性の高い違反に重点を置き，これらの違反を行う運転者への注意喚起に結びつくような広報と一体となった交通指導取締りを推進する。

また，パトカー等による警戒活動や通学時間帯，薄暮時間帯における街頭活動を推進するほか，交通事故抑止対策について国民の理解を深めるため，取締りの方針や効果の情報発信に努めるなど，交通事故抑止に資する取組を推進する。

さらに，生活道路や通学路等の取締りスペースの確保が困難な場所や警察官の配置が困難な深夜等の時間帯において速度取締りが行えるよう，可搬式の速度違反自動取締装置について，全国的な整備拡充を図る。

また，妨害運転等の悪質・危険な運転に対しては，新設された罰則等を活用し，引き続き，厳正な取締りを推進する。

さらに，信号機のない横断歩道における歩行者の優先等を徹底するため，運転者に対し，横断中はもとより横断しようとする歩行者の保護に資する指導を重点的に行うとともに，子供・高齢者の横断が多い箇所においては適切に検挙措置を講じる。

加えて，事故原因の徹底究明を求める国民の意識の高まり等を踏まえ，適正かつ緻密な交通事故事件捜査を推進するため，捜査体制及び装備資機材等の充実強化を図る。また，交通事故事件等の捜査においては，初動捜査の段階から自動車の運転により人を死傷させる行為等の処罰に関する法律（平25法86）第2条若しくは第3条（危険運転致死傷罪）又は第4条（過失運転致死傷アルコール等影響発覚免脱罪）の立件も視野に入れた捜査の徹底を図る。

このほか，暴走族等対策を強力に推進するため，関係機関・団体が連携し，地域が一体となって暴走族追放気運の高揚に努め，暴走行為をさせない環境づくりを推進するとともに，取締り体制及び装備資機材の充実強化を図る。

1　交通指導取締りの強化等
2　交通事故事件等に係る適正かつ緻密な捜査の一層の推進
3　暴走族等対策の推進

第6節　救助・救急活動の充実

交通事故による負傷者の救命を図り，また，被害を最小限にとどめるため，高速自動車国道を含めた道路上の交通事故に即応できるよう，救急医療機関，消防機関等の救急関係機関相互の緊密な連携・協力関係を確保しつつ，救助・救急体制及び救急医療体制の整備を図る。

特に，負傷者の救命率・救命効果の一層の向上を図る観点から，救急現場又は搬送途上において，医師，看護師，救急救命士，救急隊員等による一刻も早い救急医療，応急処置等を実施するための体制整備を推進する。

1　救助・救急体制の整備
2　救急医療体制の整備
3　救急関係機関の協力関係の確保等

第7節 被害者支援の充実と推進

交通事故被害者等は，交通事故により多大な肉体的，精神的及び経済的打撃を受けたり，又はかけがえのない生命を絶たれたりするなど，深い悲しみやつらい体験をされており，このような交通事故被害者等を支援することは極めて重要であることから，犯罪被害者等基本法（平16法161）等の下，交通事故被害者等のための施策を総合的かつ計画的に推進する。

自動車損害賠償保障法（昭30法97）は，被害者の保護を図る目的で，自動車の保有者側に常に賠償能力を確保させるために，原則として全ての自動車について自動車損害賠償責任保険（共済）の契約の締結を義務付けるとともに，保険会社（組合）の支払う保険（共済）金の適正化を図り，また，政府において，ひき逃げや無保険（無共済）車両による事故の被害者を救済するための自動車損害賠償保障事業及び重度後遺障害者への介護料の支給や療護施設の設置等の被害者救済対策事業等を行うことにより，自動車事故による被害者の保護，救済を図っており，今後も更なる被害者の保護の充実を図るよう措置する。

今後も「被害者保護増進等事業に関する検討会」を通じた施策の効果検証等を踏まえ，被害者支援等の更なる充実に取り組むとともに，自動車事故被害者への情報提供の充実，自賠制度に係る自動車ユーザーの理解促進にも取り組み，安全・安心なクルマ社会を実現していく。

また，交通事故被害者等は，精神的にも大きな打撃を受けている上，交通事故に係る知識，情報が乏しいことが少なくないことから，交通事故に関する相談を受けられる機会を充実させるとともに，交通事故の概要，捜査経過等の情報を提供し，被害者支援を積極的に推進する。この点国土交通省保障制度参事官室では，自動車事故被害者御本人やその御家族などが，事故の概要等の記録を残すこと，警察，独立行政法人自動車事故対策機構（ナスバ）や自治体，民間被害者支援団体などで行われている支援制度を知ることなどを目的とした「交通事故被害者ノート」を作成しており，このノートが必要とする事故被害者の方々のお手元に届き，不安の解消やサポートにつながるよう，引き続き周知に取り組む。

国土交通省公共交通事故被害者支援室においては，関係者からの助言を得ながら，外部の関係機関とのネットワークの構築，公共交通事業者による被害者等支援計画作成の促進等，公共交通事故の被害者等への支援の取組を着実に進めていく。

1　自動車損害賠償保障制度の充実等
2　損害賠償の請求についての援助等
3　交通事故被害者等支援の充実強化

第8節 研究開発及び調査研究の充実

交通事故の要因は近年ますます複雑化，多様化してきており，直接的な要因に基づく対症療法的対策のみでの解決は難しくなりつつある中，有効かつ適切な交通対策を推進するため，その基礎として必要な研究開発の推進を図ることが必要である。この際，交通事故は人・道・車の三要素が複雑に絡んで発生するものといわれていることから，三要素それぞれの関連分野における研究開発を一層推進するとともに，各分野の協力の下，総合的な調査研究を充実することが必要である。

また，交通安全対策についてはデータを用いた事前評価，事後評価等の客観的分析に基づいて実施するとともに，事後評価で得られた結果を他の対策に役立てるなど結果をフィードバックする必要がある。

このため，道路交通の安全に関する研究開発の推進を図るとともに，死亡事故のみならず重傷事故等も含め交通事故の分析を充実させるなど，道路交通事故要因の総合的な調査研究の推進を図ることとする。

研究開発及び調査研究の推進に当たっては，交通の安全に関する研究開発を分担する国及び国立研究開発法人の試験研究機関について，研究費の充実，研究設備の整備等を図るとともに，研究開発に関する総合調整の充実，試験研究機関相互の連絡協調の強化等を図る。さらに，交通の安全に関する研究開発を行っている大学，民間試験研究機関との緊密な連携を図る。

加えて，交通の安全に関する研究開発の成果を交通安全施策に取り入れるとともに，地方公共団体に対する技術支援や，民間に対する技術指導，資料の提供等によりその成果の普及を図る。また，交通の安全に関する調査研究についての国際協力を積極的に推進する。

1　道路交通の安全に関する研究開発及び調査研究の推進
2　道路交通事故原因の総合的な調査研究の充実強化

第２章　鉄道交通の安全についての施策

第１節　鉄道交通環境の整備

鉄道交通の安全を確保するためには，鉄道線路，運転保安設備等の鉄道施設について常に高い信頼性を保持し，システム全体としての安全性の基礎を構築する必要がある。このため，鉄道施設の維持管理等の徹底を図るとともに，運転保安設備の整備，鉄道施設の耐震性の強化，豪雨・浸水対策の強化等を促進し，安全対策の推進を図る。

また，駅施設等について，高齢者・視覚障害者を始めとする全ての旅客のプラットホームからの転落・接触等を防止するため，ホームドアの整備を加速化するとともに，ホームドアのない駅での視覚障害者の転落事故を防止するため，新技術等を活用した転落防止策を推進する。

1　鉄道施設等の安全性の向上
2　鉄道施設の老朽化対策の推進
3　鉄道施設の豪雨・浸水対策の強化
4　鉄道施設の地震対策の強化
5　駅ホームにおける安全性向上のための対策の推進
6　運転保安設備等の整備

第２節　鉄道交通の安全に関する知識の普及

運転事故の約９割を占める人身障害事故と踏切障害事故の多くは，利用者や踏切通行者，鉄道沿線住民等が関係するものであることから，これらの事故の防止には，鉄道事業者による安全対策に加えて，利用者等の理解と協力が必要である。このため，学校，沿線住民，道路運送事業者等を幅広く対象として，関係機関等の協力の下，全国交通安全運動や踏切事故防止キャンペーンの実施，首都圏の鉄道事業者が一体となって，酔客に対する事故防止のための注意喚起を行うプラットホーム事故０（ゼロ）運動等において広報活動を積極的に行い，鉄道の安全に関する正しい知識を浸透させる。また，これらの機会を捉え，駅ホーム及び踏切道における非常押ボタン等の安全設備について分かりやすい表示の整備や非常押ボタンの操作等の緊急措置の周知徹底を図る。

第３節　鉄道の安全な運行の確保

重大な列車事故を未然に防止するため，鉄道事業者への保安監査等について，計画的な保安監査のほか，同種トラブルの発生等の際にも臨時に保安監査等を行う。保安監査の実施に当たっては，メリハリの効いたより効果的な保安監査を実施することにより，鉄道輸送の安全を確保するとともに，万一大規模な事故等が発生した場合には，迅速かつ的確に対応する。また，年末年始の輸送等安全総点検により，事業者の安全意識を向上させる。

運転士の資質の保持を図るため，運転管理者が教育等について適切に措置を講ずるよう指導する。

事故情報及び安全上のトラブル情報を関係者間に共有できるよう，情報を収集し，速やかに鉄道事業者へ周知する。

さらに，鉄道交通に影響を及ぼす自然現象について計画的な休止の判断や安全な運行を支援するため，線状降水帯による大雨に関する情報提供の高度化などを通して，気象情報等の充実を図る。

また，事業者が社内一丸となって安全管理体制を構築・改善し，国がその実施状況を確認する運輸安全マネジメント評価については，運輸防災マネジメント指針を活用し，自然災害への対応を運輸安全マネジメント評価において重点的に確認するなど，事業者の取組の深化を促進する。

鉄道事業者に対し，大型の台風が接近・上陸する場合など，気象状況により列車の運転に支障が生ずるおそれが予測されるときは，一層気象状況に注意するとともに，安全確保の観点から，路線の特性に応じて，前広に情報提供した上で計画的に列車の運転を休止するなど，安全の確保に努めるよう指導する。

また，事故・災害発生時や計画運休の実施時等において，鉄道事業者に対し，外国人を含む利用者に対する適切な情報提供を行うよう指導する。

国立研究開発法人防災科学技術研究所において，海域で地震が発生した場合に，いち早く地震動を検知することにより新幹線の緊急制御へ活用できるよう，日本海溝沿いや南海トラフ沿いに設置された海底地震計の観測データを鉄道事業者にリアルタイムに配信し，新幹線の安全運行を支援する。

1　保安監査の実施
2　運転士の資質の保持
3　安全上のトラブル情報の共有・活用
4　気象情報等の充実
5　大規模な事故等が発生した場合の適切な対応
6　運輸安全マネジメント評価の実施
7　計画運休への取組

第4節　鉄道車両の安全性の確保

鉄道車両に係る新技術，車両故障等の原因分析結果及び車両の安全性に関する研究の成果を速やかに技術基準等に反映させる。また，検査の方法・内容についても充実させ，鉄道車両の安全性の維持向上を図る。

1　鉄道車両の構造・装置に関する保安上の技術基準の改善
2　鉄道車両の検査の充実

第5節　踏切道における交通の安全についての対策

踏切事故は，減少傾向にあるが約２日に１件，約４日に１人死亡するペースで発生していることや，ピーク時の遮断時間が40分以上となる「開かずの踏切」が全国に500か所以上あるなど，対策の必要な踏切が多数存在しており，引き続き強力に踏切道の改良を促進する必要がある。踏切対策については，立体交差化，構造の改良，歩行者等立体横断施設の整備，踏切保安設備の整備，交通規制，統廃合等の対策を実施すべき踏切道がなお残されている現状にあること，これらの対策が，同時に渋滞の軽減による交通の円滑化や環境保全にも寄与することを考慮し，開かずの踏切への対策や高齢者等の歩行者対策等，それぞれの踏切の状況等を勘案しつつ，より効果的な対策を総合的かつ積極的に推進することとする。また，改正踏切道改良促進法（令３法９）に基づき，前述の踏切対策に加え踏切周辺道路の整備，踏切前後の滞留スペースの確保，駅の出入口の新設，バリアフリー化のための平滑化や，令和６年１月に改定した「道路の移動等円滑化に関するガイドライン」を踏まえた特定道路等を優先とした踏切道における踏切道内誘導表示等の整備等，総合的な対策を推進する。さらに，災害時の管理方法の指定制度に基づき，災害時の管理の方法を定めるべき踏切道として，法指定を進めるとともに，指定された踏切道における管理方法の策定を目指し，災害時の的確な管理の促進を図る。一方，道路管理者，鉄道事業者が連携し，踏切の諸元や対策状況，事故発生状況等の客観的データに基づき作成・公表した「踏切安全通行カルテ」により，踏切道の効果検証を含めたプロセスの「見える化」を進めつつ，今後の対策方針等を取りまとめ，踏切対策を推進する。

1　踏切道の立体交差化，構造の改良及び歩行者等立体横断施設の整備の促進
2　踏切保安設備の整備及び交通規制の実施（高齢者等の歩行者対策の推進）
3　踏切道の統廃合の促進
4　その他踏切道の交通の安全及び円滑化等を図るための措置

第6節　救助・救急活動の充実

鉄道の重大事故等に備え，避難誘導，救助・救急活動を迅速かつ的確に行うため，訓練の充実や鉄道事業者と消防機関，医療機関その他の関係機関との連携・協力体制の強化を図る。

また，鉄道職員に対する，自動体外式除細動器（AED）の使用も含めた心肺蘇生法等の応急手当の普及啓発活動を推進する。

第7節　被害者支援の推進

国土交通省公共交通事故被害者支援室においては，関係者からの助言を得ながら，外部の関係機関とのネットワークの構築，公共交通事業者による被害者等支援計画作成の促進等，公共交通事故の被害者等への支援の取組を着実に進めていく。

第8節　鉄道事故等の原因究明と事故等防止

引き続き，運輸安全委員会は，独立性の高い専門の調査機関として，鉄道の事故及び重大インシデント（事故等）の調査により原因を究明し，国土交通大臣等に再発防止及び被害の軽減に向けた施策等の実施を求めていく。

調査においては，３DスキャンＮ装置やCTスキャン装置を活用し，デジタルデータを視覚的な数値，グラフ，画像又は映像に変換し，事故原因の鍵となる情報を探り出すなど，科学的かつ客観的な解析を進めていく。

第9節　研究開発及び調査研究の充実

鉄道の安全性向上に関する研究開発を推進する。

第2部　海上交通の安全についての施策

第1節　海上交通環境の整備

船舶の大型化，海域利用の多様化，海上交通の複雑化や頻発化･激甚化する自然災害等を踏まえ，船舶の安全かつ円滑な航行，港湾・漁港における安全性を確保するため，航路，港湾，漁港，航路標識等の整備等を推進するとともに，海図，水路誌，海潮流データ等の安全に関する情報の充実及び情報通信技術（ICT）を活用した情報提供体制の整備を図る。

海上交通に影響を及ぼす自然現象について，的確な実況監視を行い，適時・適切に予報・警報等を発表・伝達して，事故の防止及び被害の軽減に努めるとともに，これらの情報の内容の充実と効果的利用を図るため，第１部第１章第３節で記載した自然現象に関する施策を講じる。また，波浪や高潮の予測モデルの運用及び改善を行うとともに，海上における遭難及び安全に関する世界的な制度（GMDSS）において最大限有効に利用できるよう海上予報・警報の精度向上及び内容の改善を図る。

高齢者，障害者等全ての利用者が安全かつ身体的負担の少ない方法で利用・移動できるよう配慮した旅客船ターミナルの施設の整備を推進する。

国際航海船舶及び国際港湾施設の保安の確保等に関する法律（平16法31）に基づく国際港湾施設の保安措置が的確に行われるように実施状況の確認や人材育成等の施策を行うとともに，港湾施設の出入管理の高度化等を進め，港湾における保安対策を強化する。

1　交通安全施設等の整備
2　ふくそう海域等の安全性の確保
3　海上交通に関する情報提供の充実
4　高齢者，障害者等に対応した旅客船ターミナルの整備

第2節　海上交通の安全に関する知識の普及

海上交通の安全を図るためには，海事関係者のみならず，海を利用する国民一人一人の海難防止に関する意識を高める必要がある。そのため，事故の分析と傾向に基づき，船舶の種類や地域の特性に応じた海難防止講習会，訪船指導，「海の事故ゼロキャンペーン」等を通じて，海難防止思想の普及に努める。

1　海難防止思想の普及
2　外国船舶に対する情報提供等

第3節　船舶の安全な運航の確保

船舶の安全な運航を確保するため，以下の取組を推進する。

令和４年４月に発生した知床遊覧船事故を受け，「知床遊覧船事故対策検討委員会」において取りまとめられた「旅客船の総合的な安全・安心対策」を着実に進め，その進捗に応じフォローアップも行っていく。また，「海上運送法等の一部を改正する法律」や関係政省令の施行を踏まえ，事業者の安全管理体制の強化や船員の資質の向上等に取り組み，旅客船の安全・安心対策に万全を期していく。

船舶運航上のヒューマンエラーを防止するため，AISの搭載促進，船舶への訪船指導やインターネットを活用した情報提供に取り組む。

運航労務監理官による監査等の積極的な実施を通じて，安全管理体制や船員の過労の防止に係る措置状況の確認を徹底し，事業者に対する監視を強化するとともに，事故発生時の再発防止策の徹底及び年末年始の輸送の安全総点検での指導等に取り組む。

事業者が社内一丸となって安全管理体制を構築・改善し，国がその実施状況を確認する運輸安全マネジメント評価については，運輸防災マネジメント指針を活用し，自然災害への対応を運輸安全マネジメント評価において重点的に確認するなど，事業者の取組の深化を促進する。

船員，水先人への免許付与・更新，船員教育機関における教育を適切に実施する。

令和５年度より同年度から令和９年度までを計画期間とする第12次船員災害防止基本計画が開始したところ，同計画を実施するための2024年度船員災害防止実施計画も踏まえ，高年齢船員や漁船の死傷災害対策など，船員災害の減少に向けた取組を推進する。

我が国に寄港する外国船舶の乗組員の資格要件等に関する監督を推進する。

船舶運航事業者における津波避難マニュアルの活用等により，大規模津波発生時における船舶の津波防災対策の推進を図る。

内航を始めとする船舶への新技術の導入促進による労働環境改善・生産性向上，ひいてはそれによる安全性向上を図る。

1　旅客船の総合的な安全・安心対策
2　ヒューマンエラーの防止
3　船舶の運航管理等の充実
4　船員の資質の確保
5　船員災害防止対策の推進
6　水先制度による安全の確保
7　外国船舶の監督の推進
8　旅客及び船舶の津波避難態勢の改善
9　新技術の導入促進

第４節　船舶の安全性の確保

船舶の安全性を確保するため，国際的な協力体制の下，船舶の構造，設備，危険物の海上輸送及び安全管理システム等に関する基準の整備並びに検査体制の充実を図る。

国内海外において旅客フェリーで火災事故が多発しているため，国際海事機関における国際的な安全対策の議論に参加するなど，旅客フェリーの火災安全対策に取り組む。

国際海上輸出コンテナに係る事故を防止するため，荷送人等による総重量の確定や船社等への情報の伝達の確実な履行のための対策を推進する。

我が国に入港する外国船舶に対し，1974年の海上における人命の安全のための国際条約（SOLAS条約）等に基づく船舶の航行の安全等に関する監督を推進する。

バリアフリー法に基づく旅客船のバリアフリー化について，旅客船事業者が円滑に対応できるよう，ユニバーサルデザインの観点を考慮したガイドラインを周知する。

自動運航船の導入により船舶の安全性を向上させるため，船舶の自動運航技術の進展に対応した国際ルールの策定を主導して，2026年までに国際合意を形成することにより，自動運航船の本格的な商用運航を2030年頃までに実現することを目指す。

海上輸送のカーボンニュートラルに向けて水素・アンモニアを代替燃料とする船舶の開発が進んでいるところ，これらの実用化に向けた国際的な安全基準等の策定を主導し，我が国の技術的な知見の蓄積がこれらの検討に活用されるよう努める。

1　船舶の安全基準等の整備
2　船舶の検査体制の充実
3　外国船舶の監督の推進

第5節　小型船舶の安全対策の充実

漁船，プレジャーボートなどの小型船舶による海難が全体の約８割を占めるとともに，その原因の多くがヒューマンエラーであることから，小型船舶操縦者，漁業関係者が自ら安全意識を高めるための取組等を関係機関，民間団体等が連携して推進する。

特に，ヒューマンエラーを防止するため，海難防止講習会，訪船指導等を通じて小型船舶操縦者の安全意識向上を図る。また，小型船舶操縦者の遵守事項等（発航前検査，見張りの実施等）の周知・啓発を推進し，違反者への是正指導を強化する。

令和６年４月に施行された遊漁船業の適正化に関する法律の一部を改正する法律（令５法39）について，都道府県，遊漁船業者，関係団体等への周知・啓発に努め，遊漁船業における安全性の向上を図る。

また，平成30年２月１日から原則として全ての小型船舶乗船者にライフジャケットの着用が義務化されたことについて，リーフレットの配布，インターネットの活用など様々な方法で周知を図るとともにプレジャーボートユーザーに対する定期的な点検整備の推奨，適切なタイミングでの機関整備の啓発を実施する。

なお，全国の川下り船事業者に対し，救命胴衣の着用徹底等を始め，「川下り船の安全対策ガイドライン」に基づく措置について，安全確認を実施する。

その他，ボートパーク整備による係留・保管能力の向上等の対策により，放置艇削減を推進することで，安全対策を行う。

1　ヒューマンエラーによる船舶事故の防止
2　小型船舶操縦者の遵守事項等の周知・啓発
3　ライフジャケット着用率の向上
4　河川等における事故防止対策の推進
5　プレジャーボートの安全対策の推進
6　漁船等の安全対策の推進
7　放置艇削減による安全対策の推進

第6節　海上交通に関する法秩序の維持

海上交通の法秩序を維持するため，港内や主要狭水道等船舶交通がふくそうする海域の監視体制の強化及び無資格運航や区域外航行のような海難の発生に結び付くおそれのある事案の指導・取締りを実施する。

また，海上保安庁において，年末年始など海上輸送やマリンレジャースポーツが活発化する時期には，窃盗等の犯罪が発生するおそれがあるほか，テロの対象となる危険性や船内における事故発生の可能性が高くなることから，犯罪・テロ防止の観点から，必要に応じ旅客ターミナル等における警戒を実施するとともに，不審事象を認めた場合や犯罪・事故等が発生した場合には，直ちに海上保安庁に通報するよう指導を徹底する。

第7節　救助・救急活動の充実

海難による死者・行方不明者を減少させるためには，海難情報の早期入手，精度の高い漂流予測，救助勢力の早期投入，捜索救助・救急救命能力の強化等が肝要である。このため，機動性の高い捜索救助能力や救急救命士等による高度な救急救命能力等救助・救急活動の充実・強化を図るとともに，関係省庁及び民間救助組織と連携した救助・救急活動を実施する。

1　海難情報の早期入手体制の強化・関係省庁等への適時の情報共有
2　迅速的確な救助勢力の体制充実・強化

第８節 被害者支援の推進

船舶の事故により，第三者等に与えた損害に関する船主等の賠償責任に関し，保険契約締結等，被害者保護のための賠償責任保険制度の充実に引き続き取り組む。

また，国土交通省公共交通事故被害者支援室においては，関係者からの助言を得ながら，外部の関係機関とのネットワークの構築，公共交通事業者による被害者等支援計画作成の促進等，公共交通事故の被害者等への支援の取組を着実に進めていく。

第９節 船舶事故等の原因究明と事故等防止

引き続き，運輸安全委員会は，独立性の高い専門の調査機関として，船舶の事故及びインシデント（事故等）の調査により原因を究明し，国土交通大臣等に再発防止及び被害の軽減に向けた施策等の実施を求めていく。

調査においては，３Dスキャン装置やCTスキャン装置を活用し，デジタルデータを視覚的な数値，グラフ，画像又は映像に変換し，事故原因の鍵となる情報を探り出すなど，科学的かつ客観的な解析を進めていく。

第10節 海上交通の安全対策に係る調査研究等の充実

海上交通の安全に関する研究開発及び海難事故原因解明のための総合的な調査研究を推進し，その成果を速やかに安全対策に反映させることにより，海上交通の安全の確保を図る。

国立研究開発法人海上・港湾・航空技術研究所海上技術安全研究所では，安全性と環境性のバランスに配慮した合理的な構造強度の評価手法，先進的な船舶の安全性評価手法，海難事故等の再現技術，適切な再発防止策の立案に関する研究開発等に取り組む。

第3部 航空交通の安全についての施策

第1節 航空安全プログラム等の更なる推進

我が国民間航空の安全性を向上するため，国が安全指標及び安全目標値を設定してリスクを管理するとともに，義務報告制度・自発報告制度等による安全情報の収集・分析・共有等を行うことで，航空安全対策を更に推進する。

また，航空の安全上の課題を特定し，これに対処するための具体的取組等をとりまとめた，世界航空安全計画（GASP）を踏まえ，国家航空安全計画（NASP）（仮称）の策定を行う。

1　航空安全プログラム（SSP）に基づく安全の推進
2　業務提供者における安全管理システム（SMS）の強化
3　安全に関する航空法規等の策定・見直し等
4　業務提供者に対する監査等の強化
5　安全情報の収集・分析等
6　安全文化の醸成及び安全監督の強化
7　国家航空安全計画（NASP）（仮称）の策定

第2節 航空機の安全な運航の確保

安全を確保しつつ，航空輸送の発展等を図るためには，十分な技能を有する操縦士等の安定的な供給を確保することが必要である。このため，独立行政法人航空大学校における着実な操縦士養成の実施や航空会社等と連携した航空整備士養成のための専門学校等の学生に対する無利子貸与型奨学金の創設・開始等，操縦士・整備士の養成・確保に向けた各種取組を推進する。

航空機の運航に係る新たな技術や手法（測位衛星を用いた運航方式等）に加え，航空機運航分野におけるCO_2排出削減に向けた取組（航空機の携行燃料に係る規制状況の調査等）について，国際民間航空機関（ICAO）や諸外国の動向を継続的に把握し，国内の運航基準への適切な反映を行う。

平成30年から令和元年にかけて，操縦士の飲酒に係る不適切事案が相次いで発生したこと等を踏まえ，操縦士のアルコール摂取に関する適切な教育を含む日常の健康管理の充実や身体検査の適正な運用に資する知識の普及啓発を図るとともに，航空会社に対する定期的な監査・指導を実施する。さらに，操縦士の身体検査を行う医師（指定医）等に対する講習会，指定医が所属する航空身体検査指定機関等に対する立入検査を着実に実施することにより，能力水準の維持・平準化を図る。

危険物輸送に関する国際的な安全基準の検討に積極的に参画し，我が国としての技術的な提案を行う。また，これらの動向を踏まえ国内基準の整備を図るとともに，危険物教育訓練の徹底・指導や，危険物に関するルールの周知・啓蒙を図ることで制度の実効性を高める。

小型航空機の事故を防止するため，引き続き関係団体等と連携して安全情報の発信を強化していくほか，操縦者の技量維持・向上及び操縦技能審査員に対する講習の充実等により，更なる特定操縦技能審査制度の実効性向上に取り組む。さらに，小型航空機の事故等の発生時の原因究明や操縦士の技量向上等のため，引き続き「小型航空機用FDM導入ガイドライン」を活用してFDMの普及促進を図る。

事業者が社内一丸となって安全管理体制を構築・改善し，国がその実施状況を確認する運輸安全マネジメント評価については，運輸防災マネジメント指針を活用し，自然災害への対応を運輸安全マネジメント評価において重点的に確認するなど，事業者の取組の深化を促進する。

平成29年９月に航空機からの落下物事案が続けて発生したことを踏まえ，30年３月に「落下物対策総合パッケージ」を策定した。同パッケージに基づき，同年９月に「落下物防止対策基準」を策定し，本邦航空会社のみならず，日本に乗り入れる外国航空会社にも対策の実施を義務付けており，本邦航空会社は31年1月から，外国航空会社は同年3月から適用している。また，29年11月より，国際線が多く就航する空港を離着陸する航空機に部品欠落が発生した場合，外国航空会社を含む全ての航空会社等から報告を求めている。報告された部品欠落情報については，原因究明の結果等を踏まえて国として航空会社への情報共有や指示，必要に応じて落下物防止対策基準への対策追加等を実施しており，再発防止に活用している。引き続き，「落下物対策総合パッケージ」に盛り込まれた対策を関係者とともに着実かつ強力に実施していく。

我が国に乗り入れている外国航空会社の運航する機体に対する立入検査（ランプ・インスペクション）の充実・強化を図るとともに，外国航空機による我が国内での事故及び重大インシデント等の不具合が発生した際には，必要に応じ，関係国の航空安全当局及び日本に乗り入れている外国航空会社に対して原因の究明と再発防止を要請する。また，諸外国の航空当局と航空安全に係る情報交換を進めるなど連携の強化に努める。

悪天による航空交通への影響を軽減し，航空交通の安全に寄与するとともに，航空機の運航・航空交通流管理を支援するため，航空気象情報を提供している。航空気象情報の更なる精度向上と適時・適切な発表及び関係機関への迅速な提供を実施するため，航空機の運航に必要な空港の気象状況を観測する装置の整備や高度化を進める。特に，令和6年度は，成田国際空港において，航空機の離着陸に多大な影響を及ぼす低層ウィンドシアー（大気下層の風の急激な変化）を検知する空港気象ドップラーライダーの更新整備を行う。また，火山灰に対する航空交通の安全の確保及び効率的な航空機運航に資するよう，航空路火山灰情報や令和5年3月から提供を開始した推定噴煙流向報を適時・適切に発表する。

1　安全な運航の確保等に係る乗員資格基準や運航基準等の整備
2　危険物輸送安全対策の推進
3　小型航空機等に係る安全対策の推進
4　運輸安全マネジメント評価の実施
5　落下物防止対策の強化
6　外国航空機の安全性の確保
7　航空交通に関する気象情報等の充実

第3節　航空機の安全性の確保

最新技術の開発状況や国際的な基準策定の動向等を踏まえ，航空機及び装備品の安全性に関する技術基準等を整備するとともに，航空機の検査及び運航・整備審査を的確に実施することにより，航空機の安全性を確保する。

さらには，国産及び輸入航空機について，その安全性を確保するため，米国・欧州の航空当局等との密接な連携を実施していく。

1　航空機，装備品等の安全性を確保するための技術基準等の整備
2　航空機の検査の的確な実施
3　航空機の運航・整備体制に係る的確な審査の実施

第4節　航空交通環境の整備

航空交通の安全を確保しつつ，航空輸送の増大に対応するため，予防的な安全管理体制により安全対策を進めるとともに，老朽化が進んでいる基本施設（滑走路，誘導路等），航空保安施設（無線施設，航空灯火等）等の更新・改良等を実施するほか，災害時における緊急物資等輸送拠点としての機能確保や，航空ネットワークの維持及び背後圏経済活動の継続性確保と首都機能維持に必要となる滑走路等の耐震対策及び浸水対策のハード対策に加え，ソフト対策として「統括的災害マネジメント」の考え方を踏まえ各空港で策定された空港BCP（A2（Advanced/Airport）-BCP）に基づき，

災害対応を行うとともに，訓練の実施等による実効性強化を推進する。

また，令和６年１月２日に羽田空港で発生した航空機衝突事故を受けて，同年１月９日に公表した「航空の安全・安心確保に向けた緊急対策」を実施するとともに，同年１月19日より開催している「羽田空港航空機衝突事故対策検討委員会」での議論を踏まえ，令和６年度夏頃をめどに中間とりまとめを行い，さらなる安全・安心対策を実施する。さらに，最終的には，運輸安全委員会の事故調査報告も踏まえ，抜本的な安全・安心対策を講じる。

1　増大する航空需要への対応及びサービスの充実
2　航空交通の安全確保等のための施設整備の推進
3　空港の安全対策等の推進

第５節　無人航空機等の安全対策

無人航空機については，登録制度や飛行の許可・承認制度のほか，令和４年12月より運用を開始した機体認証制度や操縦ライセンス制度等を定めた航空法（昭27法231）やガイドライン等により，引き続き安全を確保していく。また，有人地帯での補助者なし目視外飛行（レベル４飛行）の実現等に伴い，無人航空機の運航頻度が上がることが予想されるところ，「空の産業革命に向けたロードマップ2022」に沿って，無人航空機のより安全で効率的な運航の実現のため，運航管理システム（UTMS）の段階的な導入に係る検討を進める。

「空飛ぶクルマ」については，「空の移動革命に向けた官民協議会」を通じて令和５年度に策定した基準等に基づき，７年の大阪・関西万博における飛行の開始を目指し，安全性の審査を実施するとともに，交通管理に必要な情報提供・モニタリング等を行うための施設整備を進める。

1　無人航空機の安全対策
2　「空飛ぶクルマ」の安全対策

第６節　救助・救急活動の充実

航空機の遭難，行方不明等に迅速かつ的確に対応するため，関係機関相互の連携を強化するなど救助・救急体制の充実・強化を図る。特に航空機の捜索・救難に関しては，遭難航空機の迅速な特定を行うため，国土交通省東京空港事務所に設置されている救難調整本部と捜索・救難に係る関係機関との実務担当者会議及び合同訓練を実施し，並びに救難調整本部において航空機用救命無線機（ELT）に登録された航空機，運航者等に関する情報の管理等を引き続き行う。

さらに，アジア太平洋地域における航空機の捜索・救難活動の連携強化のため，隣接国の捜索救難機関との間で，海上での発生を想定した捜索救難合同訓練を実施している。引き続き，合同訓練に向けて必要な調整を行うなど，ICAOによる「アジア太平洋捜索救難計画」を着実に進める。

また，高所や火元に近い箇所での消火活動が可能なHRET（High reach extendable turret）の化学消防車両の導入とそれに備えた訓練を実施することにより，消防体制のより一層の強化を図っていくこととする。

空港職員に対する，自動体外式除細動器（AED）の使用も含めた心肺蘇生法等の応急手当の普及啓発活動を推進する。

1　捜索救難体制の整備
2　消防体制及び救急医療体制の強化

第７節　被害者支援の推進

空港を離陸した自家用航空機が住宅地に墜落し，住民に死傷者を出す被害が発生するなどの事故の発生を受け，国が管理する空港等において自家用航空機を使用する際には，被害者保護のための航空保険（第三者賠償責任保険）に加入していることを確認することにより，無保険の状態で飛行することがないよう引き続き対策を講じる。なお，国が管理する空港等以外の空港等においても同様の対策を要請していく。

また，国土交通省公共交通事故被害者支援室においては，関係者からの助言を得ながら，外部の関係機関とのネットワークの構築，公共交通事業者による被害者等支援計画作成の促進等，公共交通事故の被害者等への支援の取組を着実に進めていく。

第８節　航空事故等の原因究明と事故等防止

引き続き，運輸安全委員会は，独立性の高い専門の調査機関として，航空の事故及び重大インシデント（事故等）の調査により原因を究明し，国土交通大臣等に再発防止及び被害の軽減に向けた施策等の実施を求めていく。

調査においては，３Dスキャン装置やCTスキャン装置を活用し，デジタルデータを視覚的な数値，グラフ，画像又は映像に変換し，事故原因の鍵となる情報を探り出すなど，科学的かつ客観的な解析を進めていく。

第９節　航空交通の安全に関する研究開発の推進

航空交通の安全の確保とその円滑化を図るため，特殊気象下を含めた航空機運航の安全性及び効率性の向上，空港及び航空路における航空交通量の拡大，航空機運航による環境負荷（CO_2，騒音）の低減等に関する研究開発を実施し，航空交通システムの高度化に寄与する。

また，航空機の離着陸時の安全性向上等を目的として，滑走路等の設計・施工・補修及び点検方法の高度化に関する研究を行う。

参　考

参考-1　主要交通安全施策年表

年月日	主　要　施　策
昭和30. 5.20	内閣に交通事故防止対策本部を設置
35.12.16	内閣の交通事故防止対策本部を解消
	総理府に交通対策本部を設置
36. 8. 9	「都道府県交通対策協議会等の設置について」を交通対策本部決定
40. 5.19	総理府に陸上交通安全調査室を設置
40.10.14	「時差通勤通学対策について」を交通対策本部決定
42. 2.13	「学童園児の交通事故防止の徹底に関する当面の具体的対策について」を交通対策本部決定
42. 4. 6	「踏切事故防止対策強化について」を交通対策本部決定
42. 4.17	「トンネル等における自動車の火災事故防止に関する具体的対策について」を交通対策本部決定
44. 5. 8	「ドライブイン等における酒類提供の抑制について」を交通対策本部決定
44. 6.19	「高速自動車国道における交通安全対策の強化について」を交通対策本部決定
45. 4.16	「こどもの遊び場確保のための当面の措置についての申し合わせ」を交通対策本部申合せ
45. 6. 1	「飲酒運転の追放について」を交通対策本部決定
45. 8.14	「こどもの遊び場確保のための車両の通行禁止規制についての申し合わせ」を関係省庁申合せ
45. 9.14	「東京都の都心部等における交通規制の強化と輸送体系の整備等について」を交通対策本部決定
46. 3.30	「第１次交通安全基本計画」を中央交通安全対策会議決定
47. 4. 5	「幼児の交通安全対策について」を中央交通安全対策会議決定
47. 9.28	「行楽・観光地に通ずる山間地の道路における交通事故防止対策について」を関係省庁申合せ
47.11.10	「大型貨物自動車に係る交通事故の防止対策について」を関係省庁申合せ
48. 5. 5	「『幼児交通安全教本』について」を中央交通安全対策会議決定
48. 7.25	「自転車の安全な利用のための道路交通環境の整備等について」を関係省庁申合せ
49. 3. 6	「名古屋地域における時差通勤通学対策について」を交通対策本部決定
50. 1.21	「レジャー施設への送迎用バスに係る交通事故の防止対策について」を関係省庁申合せ
51. 3. 3	「福岡地域における時差通勤通学対策について」を交通対策本部決定
51. 3.30	「第２次交通安全基本計画」を中央交通安全対策会議決定
52. 7.30	「道路又は鉄道への落石等による交通事故の防止対策について」を関係省庁申合せ
53. 1.23	「自転車駐車対策の推進について」を交通対策本部決定
53. 7. 4	「自転車駐車対策推進計画の策定について」を総理府通達
54. 7.25	「トンネルにおける自動車の火災事故防止等に関する当面の措置について」を関係省庁申合せ
54.12.20	「トンネル等における自動車の火災事故防止対策について」を交通対策本部決定
55. 9.24	「暴走族に対する総合対策の推進について」を暴走族緊急対策関係省庁会議申合せ
56. 3.31	「第３次交通安全基本計画」を中央交通安全対策会議決定
56. 8.29	「過積載による違法運行の防止に関する当面の対策について」を関係省庁申合せ
58. 5.20	「仙台地域における時差通勤通学対策について」を交通対策本部決定
59. 2.13	「過積載防止対策連絡会議の設置等について」を総理府通達
60. 1.31	「レジャー客輸送バスに係る交通事故の防止対策について」を関係省庁申合せ
60. 7. 1	「シートベルト着用の徹底を図るための対策について」を交通対策本部決定
60. 7.25	「シートベルト着用徹底のための諸活動の推進について」をシートベルト着用推進会議決定
61. 3.19	「ダンプカーのさし枠装着車等の一掃に関する対策について」を関係省庁申合せ
61. 3.28	「第４次交通安全基本計画」を中央交通安全対策会議決定
63. 7.28	「大都市における道路交通円滑化対策について」を交通対策本部決定
63. 9. 9	「高齢者の交通安全総合対策について」を交通対策本部決定
63. 9.27	「高齢者交通安全対策推進会議の設置について」を交通対策本部長決定
平成元. 7.11	「二輪車の事故防止に関する総合対策について」を交通対策本部決定（「バイクの日（8月19日）」）を制定
元. 8.15	「二輪車交通安全対策推進会議の設置について」を交通対策本部長決定
2. 2.13	「高齢者交通安全教育指導指針」を高齢者交通安全対策推進会議決定
2. 5.28	「大都市における駐車対策の推進について」を交通対策本部申合せ
3. 3.12	「第５次交通安全基本計画」を中央交通安全対策会議決定
4. 9.10	「今後の高齢者の交通安全対策の推進について」を高齢者交通安全対策推進会議決定
6. 4. 8	「過積載による違法運行の防止対策について」を関係省庁申合せ
7. 3.23	「広島地域における時差通勤通学対策について」を交通対策本部幹事申合せ
8. 3.12	「第６次交通安全基本計画」を中央交通安全対策会議決定
11.10.21	「チャイルドシート着用の徹底を図るための対策について」を交通対策本部決定
	「シートベルト・チャイルドシート着用推進会議の設置について」を交通対策本部長決定
12.12.26	「中央交通安全対策会議の対策推進機能の強化について」を中央交通安全対策会議決定
13. 2. 5	「暴走族対策の強化について」を暴走族対策関係省庁担当課長等会議申合せ
13. 3.16	「時差通勤通学推進計画」を交通対策本部長決定
	「第７次交通安全基本計画」を中央交通安全対策会議決定
13. 4.19	「踏切事故防止総合対策について」を交通対策本部決定
15. 3.27	「本格的な高齢社会への移行に向けた総合的な高齢者交通安全対策について」を交通対策本部決定
18. 3.14	「第８次交通安全基本計画」を中央交通安全対策会議決定
18. 9.15	「飲酒運転の根絶について」を交通対策本部決定
19. 7.10	「飲酒運転の根絶に向けた取組の強化について」を交通対策本部決定
	「自転車の安全利用の促進について」を交通対策本部決定
	「後部座席シートベルトの着用の徹底を図るための対策について」を交通対策本部決定
20. 1.11	「『交通事故死ゼロを目指す日』の実施について」を交通対策本部決定
23. 3.31	「第９次交通安全基本計画」を中央交通安全対策会議決定
28. 3.11	「第 10 次交通安全基本計画」を中央交通安全対策会議決定
28.11.24	「高齢運転者の交通事故防止対策の推進について」を交通対策本部決定
	「高齢運転者交通事故防止対策ワーキングチームの設置について」を交通対策本部長決定
29. 7. 7	「高齢運転者による交通事故防止対策について」を交通対策本部決定
令和元. 6.18	「未就学児等及び高齢運転者の交通安全緊急対策」を昨今の事故情勢を踏まえた関係閣僚会議決定
3. 3.29	「第 11 次交通安全基本計画」を中央交通安全対策会議決定
3. 8. 4	「通学路等における交通安全の確保及び飲酒運転の根絶に係る緊急対策」を交通安全対策に関する関係閣僚会議決定
4.11. 1	「自転車の安全利用の促進について」を交通対策本部決定

参考-2 海外の交通事故発生状況

1 概況（第１図，第２図）

国際道路交通事故データベース（IRTAD）がデータを有する35か国について，人口10万人当たりの交通事故死者数（第１図）を比較すると，我が国は2.6人であり，第４位に位置している。

交通事故死者数上位国及び主な欧米諸国（スウェーデン，フランス，イギリス，ドイツ及びアメリカをいう。以下同じ。）の人口10万人当たりの交通事故死者数（第２図）の推移を比較する。長期的な推移を比較すると，2013年から2022年にかけて，アメリカは増加傾向にあるが，アメリカを除いた各国は減少傾向にある。短期的な推移を比較すると，2020年頃から2022年にかけて，我が国を除いた各国は減少傾向から転じて増加傾向にあるが，我が国は引き続き減少傾向にある。

2 状態別交通事故死者数の状況（第３図）

我が国と主な欧米諸国の状態別交通事故死者数の構成率（第３図）をみると，歩行中の死者数の構成率については，我が国は他国より10ポイント以上高い。自転車乗用中の死者数の構成率については，ドイツが最も高く，次に我が国となっている。また，乗用車乗車中の死者数の構成率については，我が国は他国より９ポイント以上低い。

第１図　人口10万人当たりの交通事故死者数（2022年）

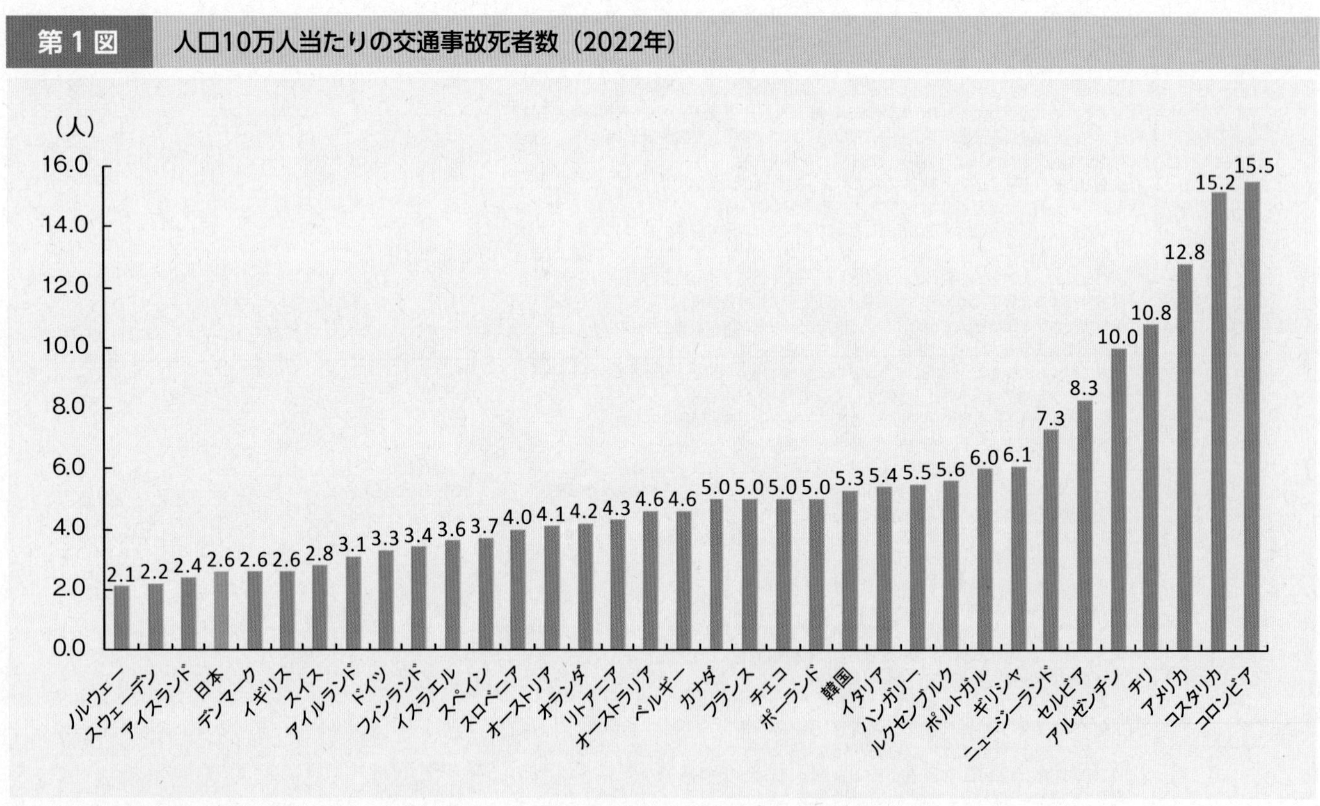

注　1　IRTAD資料による。
　　2　死者数の定義は事故発生後30日以内の死者である。以下，第６図まで同じ。
　　3　IRTADがデータを有する35か国の人口10万人当たりの交通事故死者数を左から小さい順に記載。
　　4　オランダは，実際のデータ（警察から報告された交通事故死者数ではなく実際の交通事故死者数）を掲載。

第2図　交通事故死者数上位国及び主な欧米諸国の人口10万人当たりの交通事故死者数の推移（2013年～2022年）

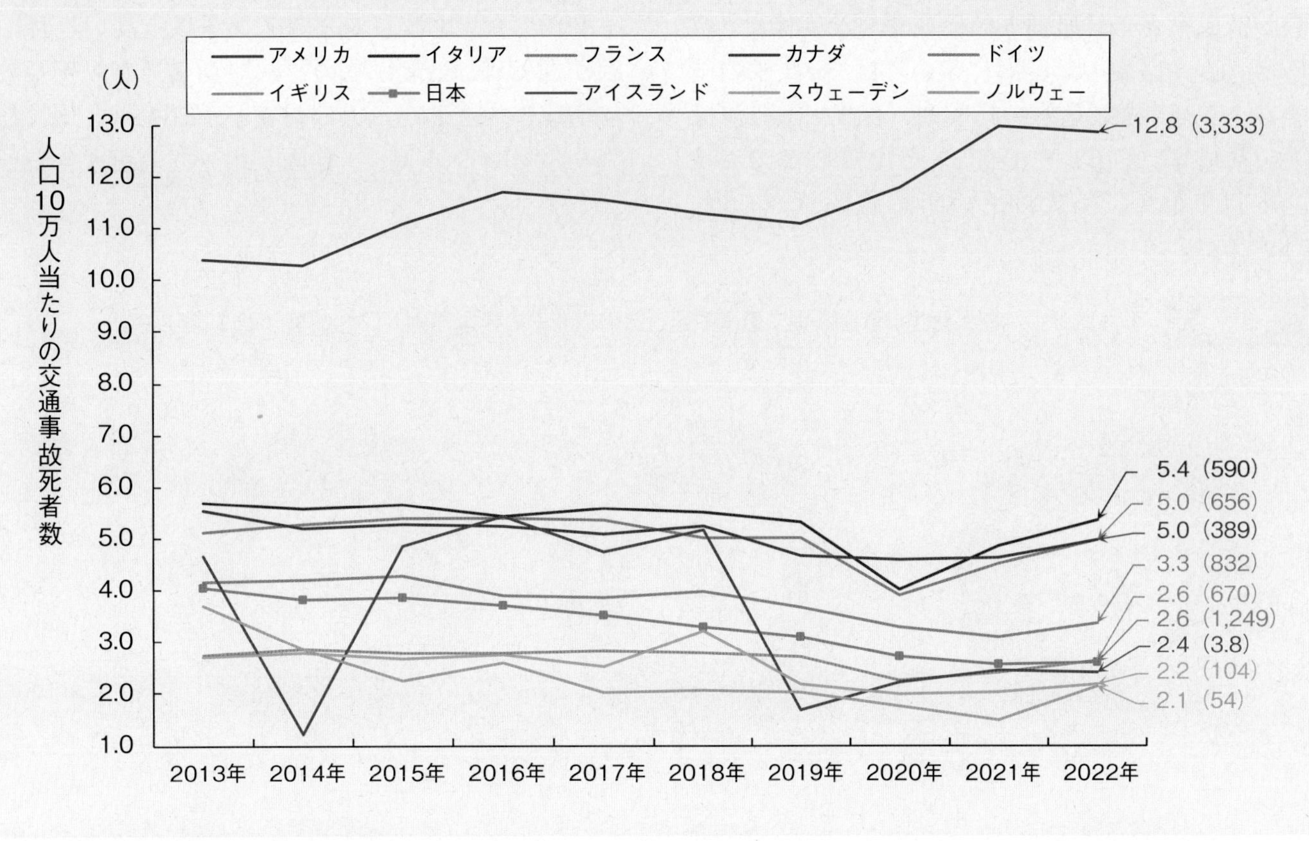

注　1　IRTAD資料による。
　　2　（　）内は人口であり，単位は10万人である。ただし，日本の人口は総務省統計資料（各年10月1日現在（補間補正を行っていないもの。ただし，国勢調査実施年は国勢調査人口による。））による。

第3図　我が国と主な欧米諸国の状態別交通事故死者数の構成率（2022年）

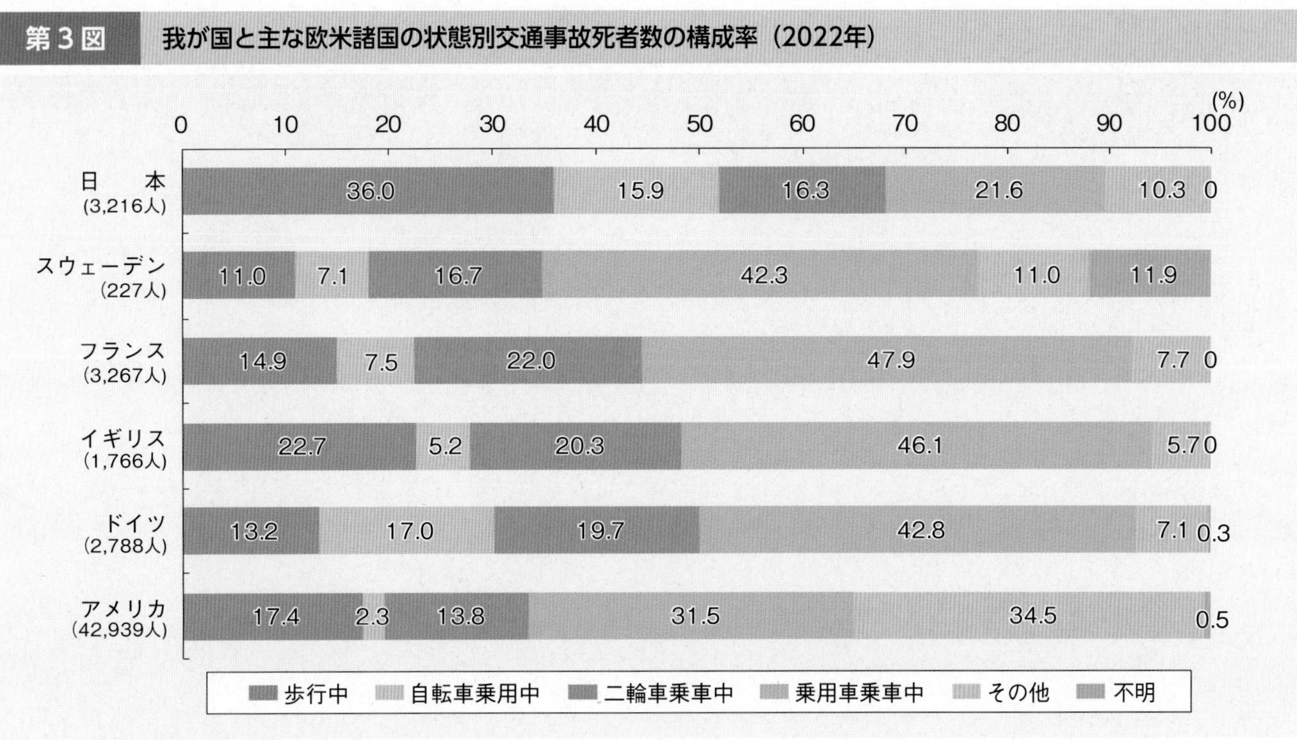

注　1　IRTAD資料による。
　　2　アメリカの交通事故死者数は2021年のもの。
　　3　（　）内は交通事故死者数である。

3　年齢層別交通事故死者数の状況（第４図）

我が国と主な欧米諸国の年齢層別交通事故死者数の構成率と年齢層別人口構成率（第４図）をみると，０～14歳の年齢層については，いずれの国でも，交通事故死者数の構成率（1.1%～2.8%）は人口構成率（11.6％～18.3％）と比較して10ポイント以上低い。65歳以上の年齢層については，アメリカ以外のいずれの国でも，交通事故死者数の構成率（27.0%～59.5%）は人口構成率（18.7％～29.0％）と比較して８ポイント以上高い。特に我が国では，65歳以上の年齢層別交通事故死者数の構成率（59.5%）は人口構成率（29.0%）と比較して約30ポイント高く，他国と比べて差が大きい。

第４図　我が国と主な欧米諸国の年齢層別交通事故死者数の構成率と年齢層別人口構成率（2022年）

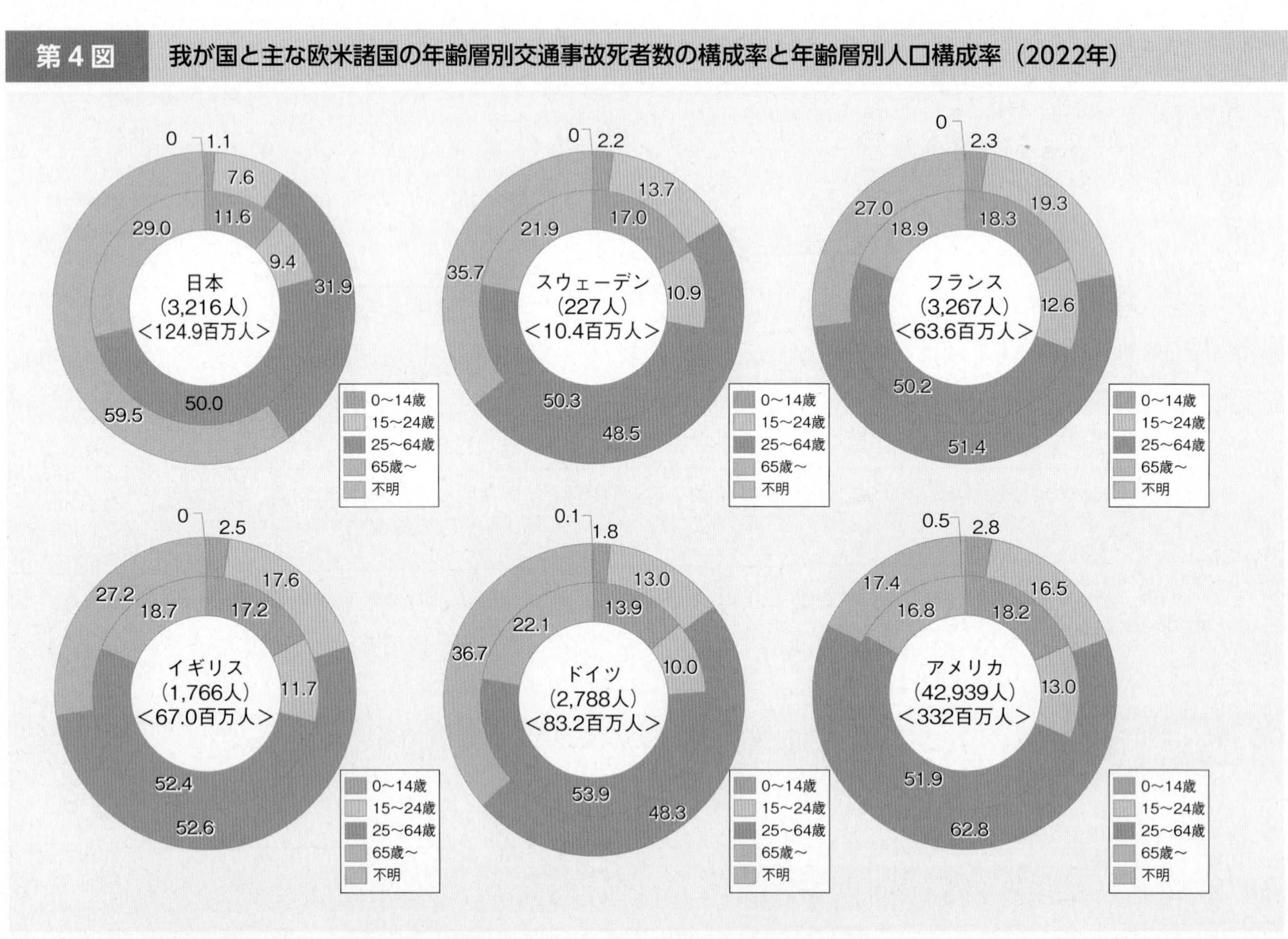

注　1　IRTAD資料による。ただし，日本の人口は総務省統計資料「人口推計」（令和４年10月１日現在）による。
　　2　外円は交通事故死者数，内円は人口の構成率（%）。
　　3　アメリカの交通事故死者数と人口は2021年のものであり，イギリスの人口は2021年のものである。
　　4　（　）内は交通事故死者数であり，<　>内は人口である。

4　年齢層別・状態別交通事故死者数の状況（第5図）

我が国と主な欧米諸国の年齢層別・状態別交通事故死者数の構成率（第５図）をみると，０～14歳の年齢層については，我が国は歩行中の死者数の構成率が約４割であり，スウェーデン，ドイツも同様である。15～24歳の年齢層については，スウェーデンを除いた各国は他の年齢層と比較して歩行中の死者数の構成率が最も低い。25～64歳の年齢層については，我が国の乗用車乗車中の死者数の構成率は他国と比較すると低い。65歳以上の年齢層については，我が国の歩行中と自転車乗用中を合わせた死者数の構成率は６割を超えており，他国と比較して高い。

第５図　我が国と主な欧米諸国の年齢層別・状態別交通事故死者数の構成率（2022年）

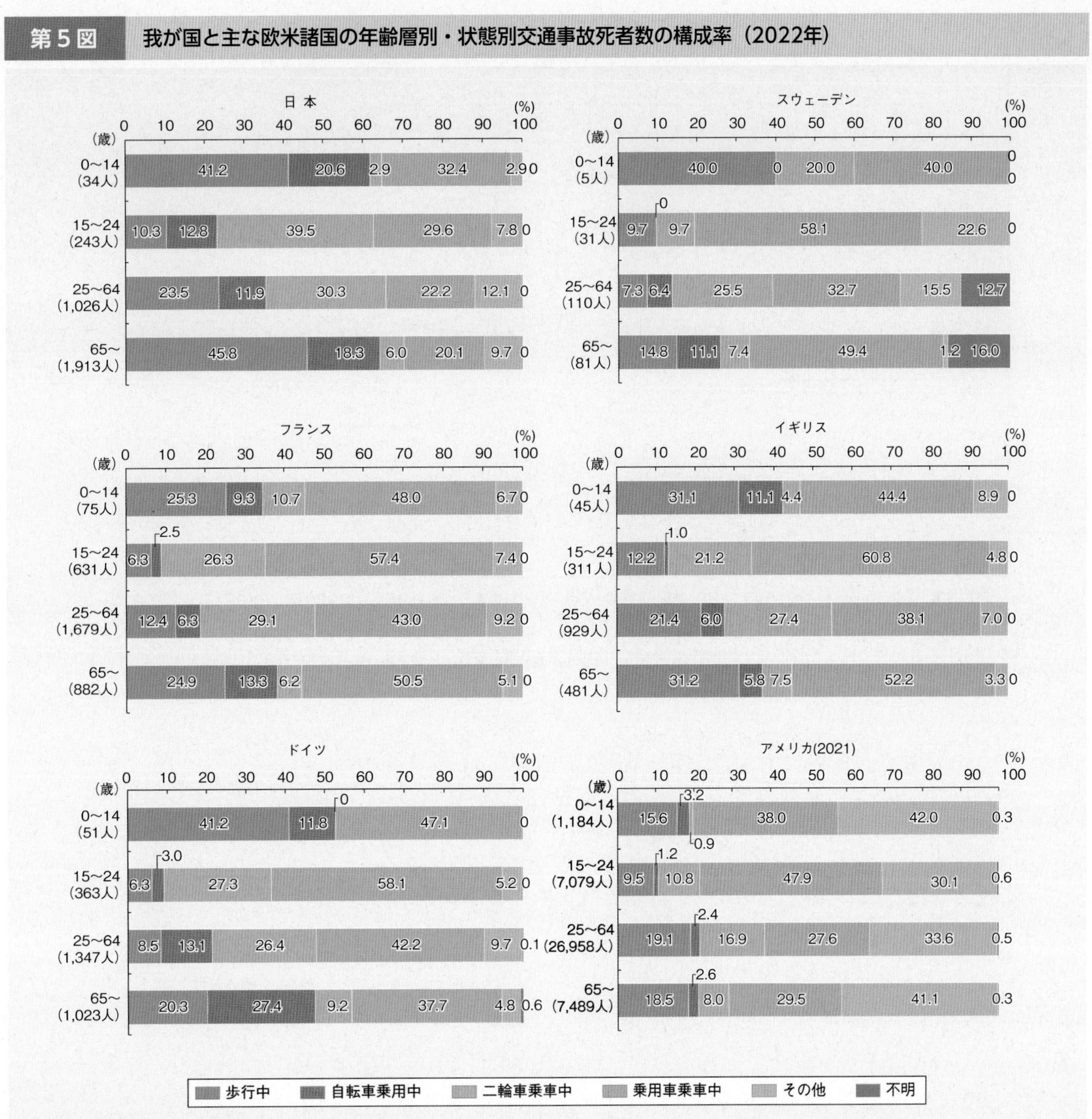

国	年齢層	歩行中	自転車乗用中	二輪車乗車中	乗用車乗車中	その他	不明
日本	0~14(34人)	41.2	20.6	2.9	32.4	2.9	0
日本	15~24(243人)	10.3	12.8	39.5	29.6	7.8	0
日本	25~64(1,026人)	23.5	11.9	30.3	22.2	12.1	0
日本	65~(1,913人)	45.8	18.3	6.0	20.1	9.7	0
スウェーデン	0~14(5人)	40.0	0	20.0	40.0	0	0
スウェーデン	15~24(31人)	9.7	0	9.7	58.1	22.6	0
スウェーデン	25~64(110人)	7.3	6.4	25.5	32.7	15.5	12.7
スウェーデン	65~(81人)	14.8	11.1	7.4	49.4	1.2	16.0
フランス	0~14(75人)	25.3	9.3	10.7	48.0	6.7	0
フランス	15~24(631人)	6.3	2.5	26.3	57.4	7.4	0
フランス	25~64(1,679人)	12.4	6.3	29.1	43.0	9.2	0
フランス	65~(882人)	24.9	13.3	6.2	50.5	5.1	0
イギリス	0~14(45人)	31.1	11.1	4.4	44.4	8.9	0
イギリス	15~24(311人)	12.2	1.0	21.2	60.8	4.8	0
イギリス	25~64(929人)	21.4	6.0	27.4	38.1	7.0	0
イギリス	65~(481人)	31.2	5.8	7.5	52.2	3.3	0
ドイツ	0~14(51人)	41.2	11.8	0	47.1	0	
ドイツ	15~24(363人)	6.3	3.0	27.3	58.1	5.2	0
ドイツ	25~64(1,347人)	8.5	13.1	26.4	42.2	9.7	0.1
ドイツ	65~(1,023人)	20.3	27.4	9.2	37.7	4.8	0.6
アメリカ(2021)	0~14(1,184人)	15.6	3.2	0.9	38.0	42.0	0.3
アメリカ(2021)	15~24(7,079人)	9.5	1.2	10.8	47.9	30.1	0.6
アメリカ(2021)	25~64(26,958人)	19.1	2.4	16.9	27.6	33.6	0.5
アメリカ(2021)	65~(7,489人)	18.5	2.6	8.0	29.5	41.1	0.3

注　1　IRTAD資料による。
　　2　（　）内は交通事故死者数である。

5　自動車走行10億キロメートル当たり交通事故死者数の状況（第6図）

我が国と主な欧米諸国の自動車走行10億キロメートル当たり交通事故死者数の推移（第6図）のうち，2021年の死者数をみると，小さい順にスウェーデン，イギリス，ドイツ，日本，フランス，アメリカの順となっている。また，推移をみると，2013年と2021年を比較して，我が国の減少幅が最も大きい。

第6図　我が国と主な欧米諸国の自動車走行10億キロメートル当たり交通事故死者数の推移（2013年～2022年）

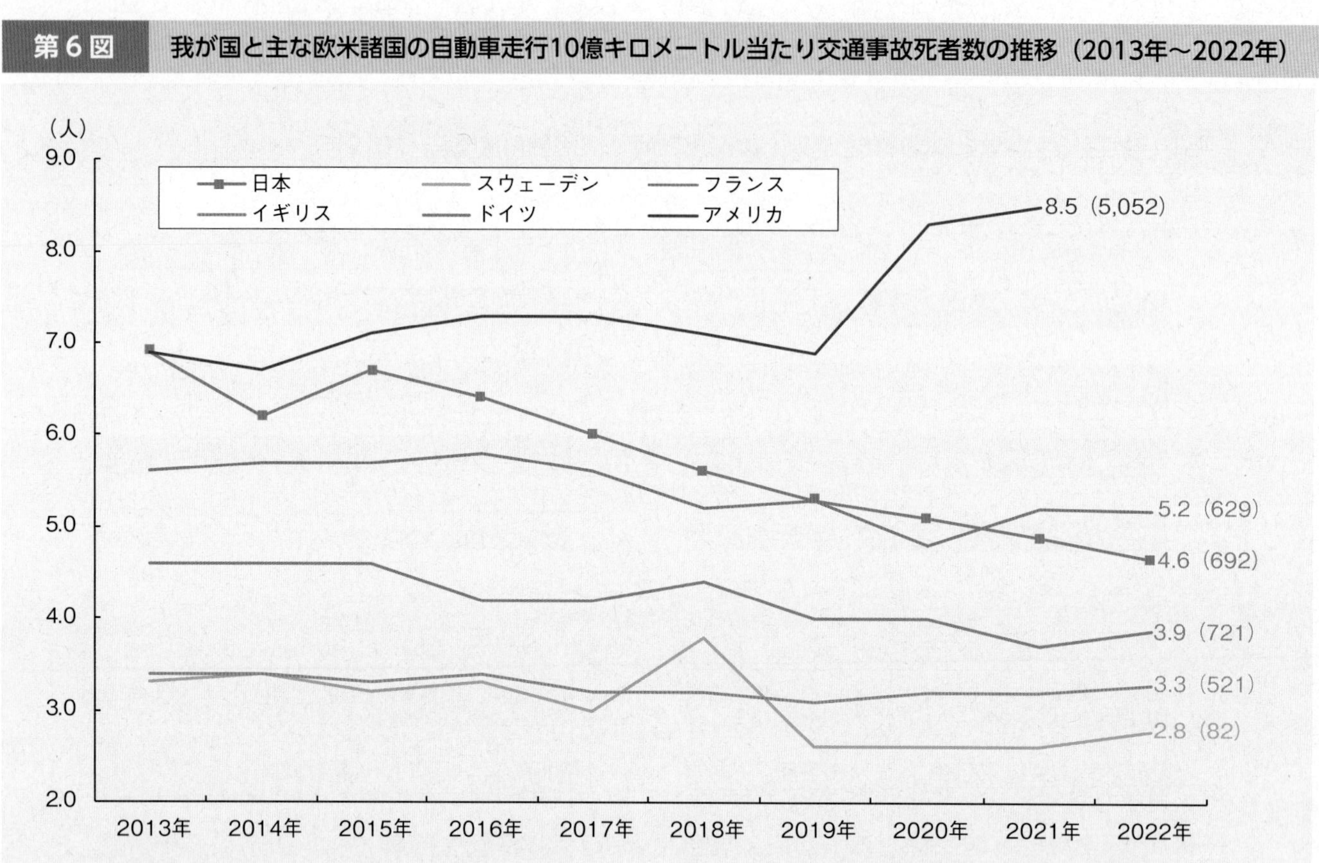

注　1　IRTAD資料による。ただし，2022年の日本の自動車走行キロは国土交通省統計資料「自動車燃料消費量統計年報（令和4年度分）」による。
　　2　イギリスはグレートブリテンのみ。
　　3　（　）内は自動車走行キロであり，単位は10億kmである。

参考-3 道路交通事故交通統計24時間死者，30日以内死者及び30日死者の状況の比較

警察庁では，交通事故死者数について交通事故発生後24時間以内に死亡した者（24時間死者）の数を集計しているが，国際的な比較を行うため，交通事故発生から30日以内に死亡する者（30日以内死者）の統計が必要となったことから，平成5年からは，24時間死者に交通事故発生から24時間経過後30日以内に死亡した者（30日死者）を加えた「30日以内死者」の集計を行っている。

1　24時間死者数と30日以内死者数の比較

令和5年中の30日以内死者数は，昨年より増加した。30日以内死者数に占める24時間死者数の割合をみると，近年は，横ばいで推移している（第1表）。

令和5年中の30日以内死者数を交通事故発生から死亡までの経過日数別（発生日を初日とし計算）にみると，交通事故発生から24時間以内に死亡した者が全体の82.1％（2,678人）を占めている。その後は，5日以内で全体の約9割を占め（2,933人，累積構成率89.9％），10日以内で累積構成率は94.7％（3,089人）に達している（第1図）。

2　30日死者数の特徴（単年）

⑴年齢層別の状況と特徴

令和5年中の30日死者の年齢層別構成率についてみると，65歳以上の占める割合が24時間死者に比べより高い割合を示している（第2図）。

また，平成25年から令和4年までの推移をみると，令和5年と同様の傾向を示している（第3図）

第1表　24時間死者と30日以内死者の推移

	平成25年	26年	27年	28年	29年	30年	令和元年	2年	3年	4年	5年
24時間死者(A)	4,388	4,113	4,117	3,904	3,694	3,532	3,215	2,839	2,636	2,610	2,678
30日以内死者(B)	5,165	4,837	4,885	4,698	4,431	4,166	3,920	3,416	3,205	3,216	3,263
差　数	777	724	768	794	737	634	705	577	569	606	585
(A)/(B)	85.0%	85.0%	84.3%	83.1%	83.4%	84.8%	82.0%	83.1%	82.2%	81.2%	82.1%

注　警察庁資料による。

第1図　事故発生後の経過日数別30日以内死者累積構成率（令和5年）

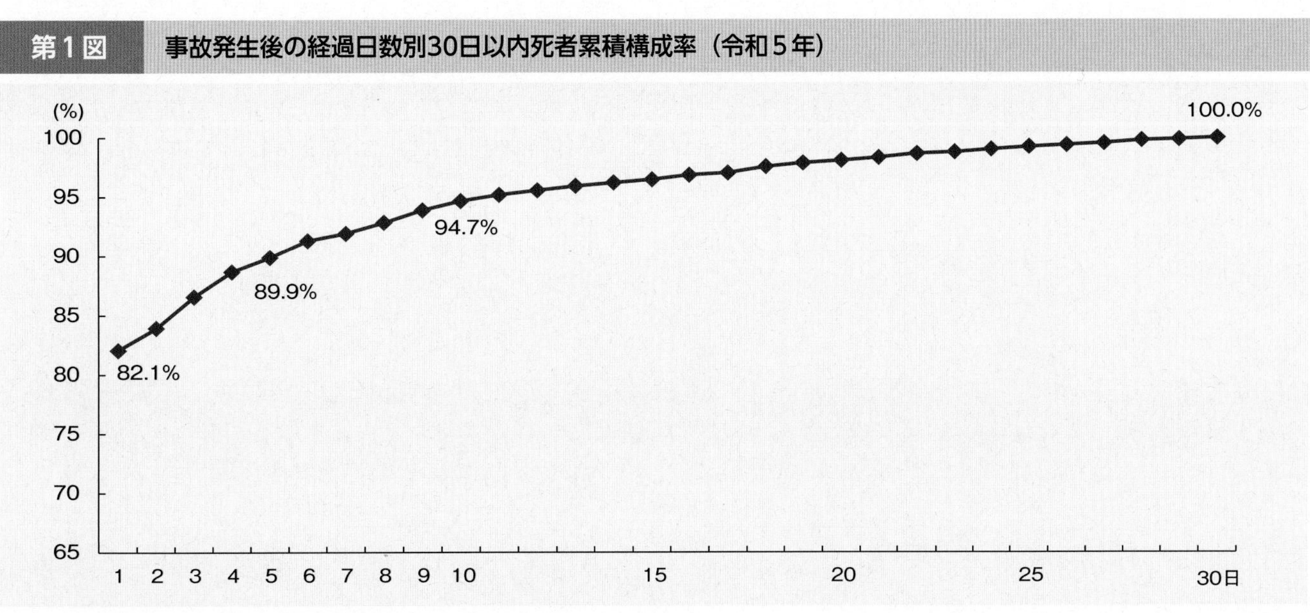

注　警察庁資料による。

第２図　年齢層別死者数の構成率（令和５年）

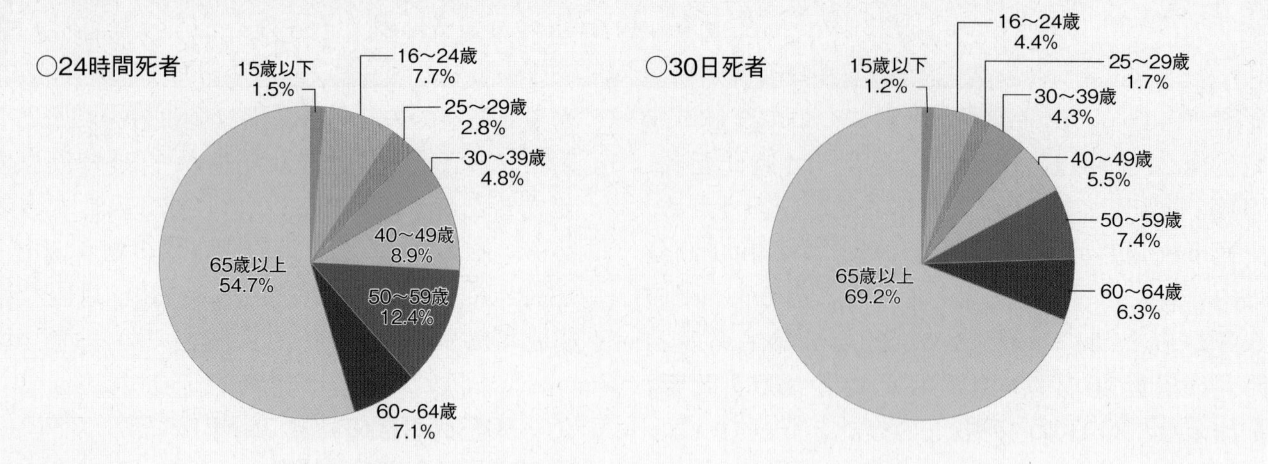

注　警察庁資料による。

第３図　死者数（65歳以上）の構成率の推移（平成25年～令和５年）

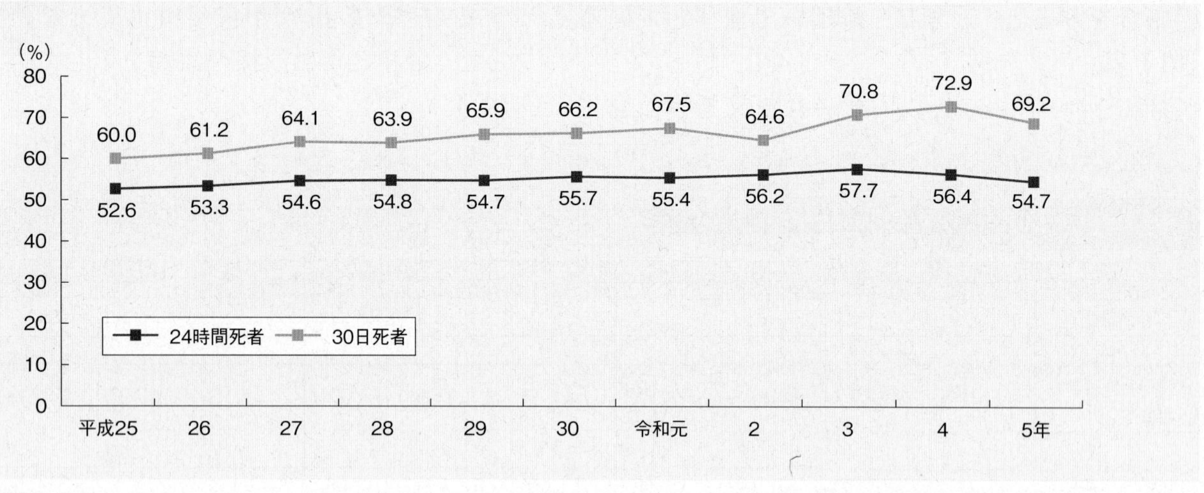

注　警察庁資料による。

(2)状態別の状況と特徴

令和5年中の30日死者の状態別構成率についてみると，自転車乗用中の占める割合が24時間死者に比べ高い割合を示している。一方，自動車乗車中の占める割合は24時間死者に比べ低い割合を示している（第4図，第2表）。

また，平成25年から令和4年までの推移をみると，令和5年と同様の傾向を示している（第5図）。

第4図　状態別死者数の構成率（令和5年）

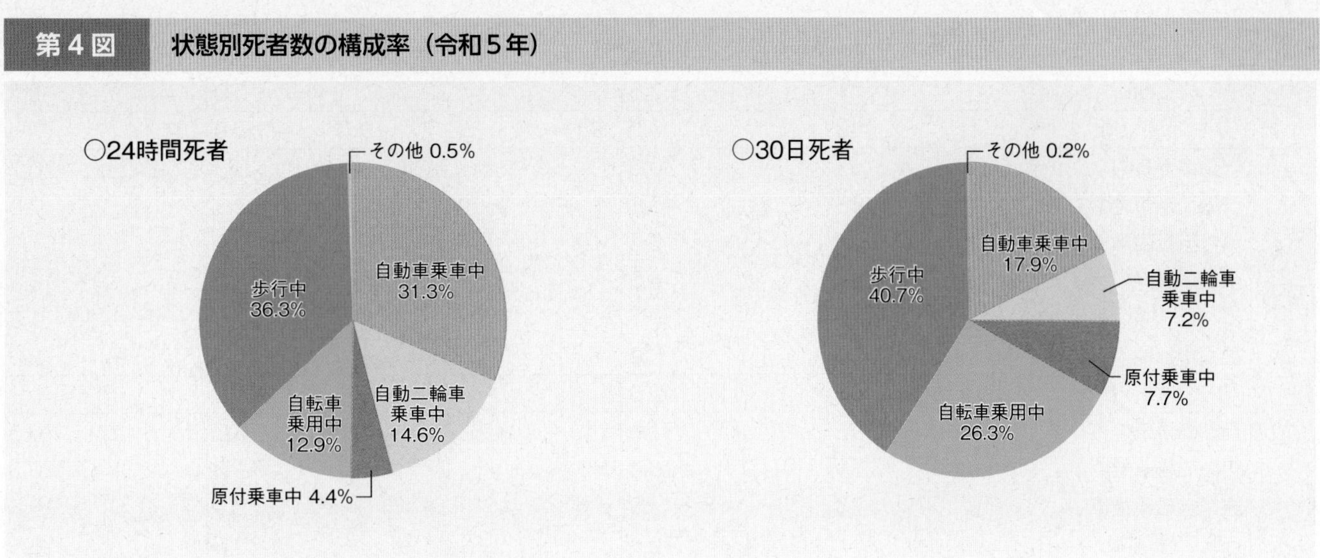

注　1　警察庁資料による。
　　2　「原付」は，一般原動機付自転車及び特定小型原動機付自転車をいう。

第5図　状態別（自動車乗車中及び自転車乗用中）死者数の構成率の推移（平成25年～令和5年）

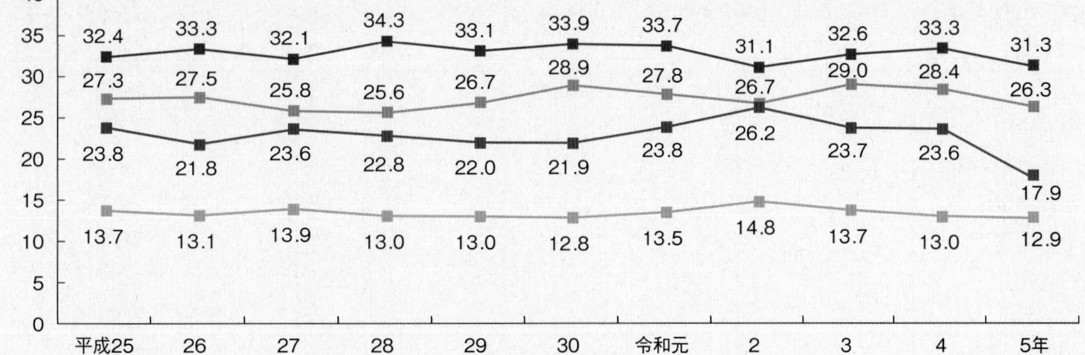

注　警察庁資料による。

第2表　年齢層別・状態別にみた24時間死者数と30日死者数の比較（令和5年）

状態＼死亡時間・日		24時間死者		30日死者		構成率の差 (a) − (b)
		人	(a) 構成率（%）	人	(b) 構成率（%）	
15歳以下	自動車乗車中	18	45.0	1	14.3	30.7
	自動二輪車乗車中	0	0.0	0	0.0	0.0
	原付自転車乗車中	0	0.0	0	0.0	0.0
	自転車乗用中	8	20.0	1	14.3	5.7
	歩行中	13	32.5	5	71.4	−38.9
	その他	1	2.5	0	0.0	2.5
	小計	40	100.0	7	100.0	−
16～24歳	自動車乗車中	63	30.6	1	3.8	26.7
	自動二輪車乗車中	93	45.1	11	42.3	2.8
	原付自転車乗車中	17	8.3	5	19.2	−11.0
	自転車乗用中	13	6.3	6	23.1	−16.8
	歩行中	20	9.7	3	11.5	−1.8
	その他	0	0.0	0	0.0	0.0
	小計	206	100.0	26	100.0	−
25～64歳	自動車乗車中	305	31.6	22	15.0	16.6
	自動二輪車乗車中	251	26.0	23	15.6	10.3
	原付自転車乗車中	38	3.9	14	9.5	−5.6
	自転車乗用中	117	12.1	45	30.6	−18.5
	歩行中	253	26.2	42	28.6	−2.4
	その他	2	0.2	1	0.7	−0.5
	小計	966	100.0	147	100.0	−
65歳以上	自動車乗車中	451	30.8	81	20.0	10.8
	自動二輪車乗車中	47	3.2	8	2.0	1.2
	原付自転車乗車中	62	4.2	26	6.4	−2.2
	自転車乗用中	208	14.2	102	25.2	−11.0
	歩行中	687	46.9	188	46.4	0.4
	その他	11	0.8	0	0.0	0.8
	小計	1,466	100.0	405	100.0	−
合計	自動車乗車中	837	31.3	105	17.9	13.3
	自動二輪車乗車中	391	14.6	42	7.2	7.4
	原付自転車乗車中	117	4.4	45	7.7	−3.3
	自転車乗用中	346	12.9	154	26.3	−13.4
	歩行中	973	36.3	238	40.7	−4.4
	その他	14	0.5	1	0.2	0.4
	小計	2,678	100.0	585	100.0	−

注　1　警察庁資料による。
　　2　「原付自転車」は，一般原動機付自転車及び特定小型原動機付自転車をいう。

⑶損傷主部位別の状況と特徴

令和５年中の30日死者の損傷主部位別構成率についてみると，頭部の占める割合が24時間死者に比べより高い割合を示している。一方，胸部の占める割合は24時間死者に比べ低い割合を示している（第６図）。

また，平成25年から令和４年の推移をみると，令和５年と同様の傾向を示している（第７図）。

第６図　損傷主部位別死者数の構成率（令和５年）

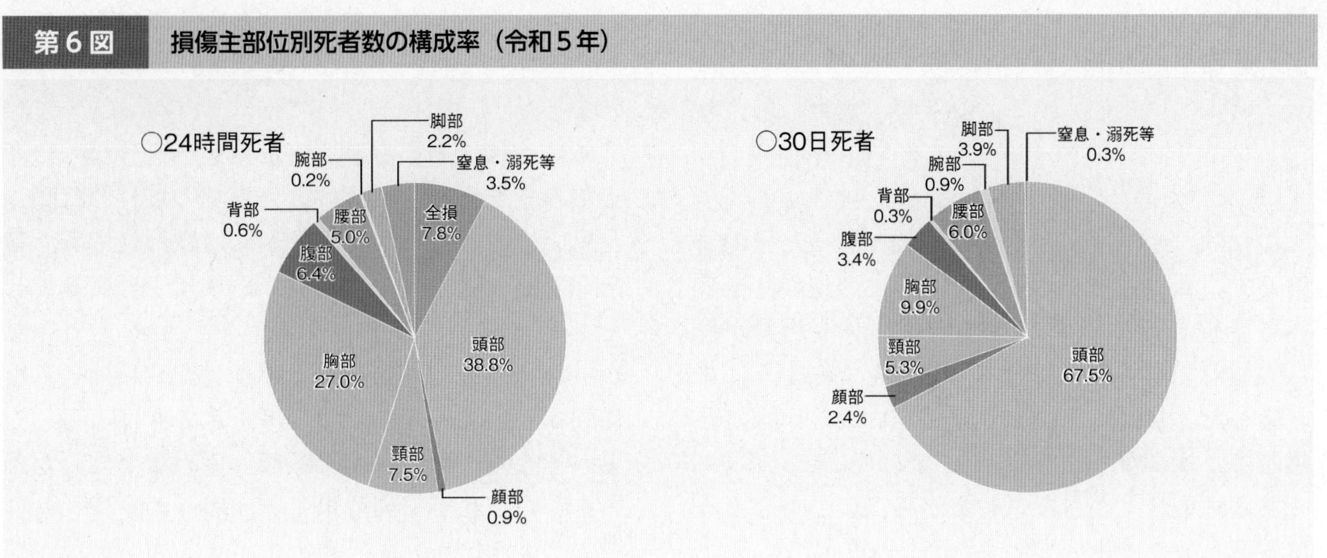

注　警察庁資料による。

第７図　損傷主部位別（頭部及び胸部）死者数の構成率の推移（平成25年～令和５年）

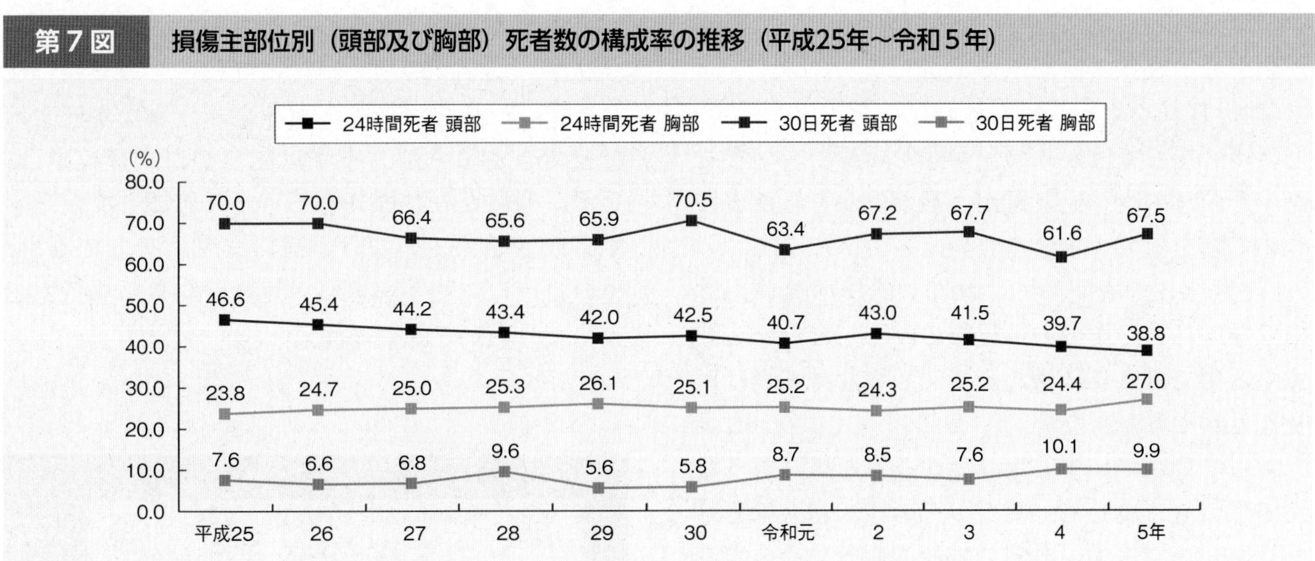

注　警察庁資料による。

参考-4　令和５年度交通安全ファミリー作文コンクールの最優秀作

○小学生の部　最優秀作〈内閣総理大臣賞〉

「班長の言葉」

栃木県那須塩原市立埼玉小学校
4年　前野　ちえり

「危ないから，一列で歩いて。」

これは，今年度，登校班の班長になった兄の言葉です。私は毎日，片道二キロ以上の道のりを歩いて登校しています。今まで優しかった兄が急に，並んで歩く事に対して，注意をするようになりました。私は，そのような兄をいつしか嫌だと感じるようになりました。

ある雨の日，かさをさしながら，いつものように友達と並んで歩いていました。兄の

「危ない。」

という言葉ではっとしましたが，自転車にのった中学生とぶつかってしまいました。転んで，かさが曲がり，膝から血が出ていました。

「助けられなくてごめんね。」

といつも怒ってばかりの兄が悲しい顔で言いました。その日の夜，兄と母が，私がけがをした事について話をしていました。兄は，

「注意をしても聞いてくれない。僕のせいだけではないけど，僕の力不足なのかもしれない。注意する事でみんなに嫌われて悲しいし，本当は班長なんかやりたくない。」

と言って泣いていました。兄がそんな風に言うなんて思いもしませんでした。その後，私も母と話をしました。まず，今回の事故の原因について考えました。私は，せまい道を二列で歩いていた事，友達との話に夢中になり，前をよく見ていなかった事がいけなかったと思いました。そして母は，事故と安全は常に紙一重で，自動車との事故は，運転者側だけでなく，歩行者側の問題もあると言います。その意味について少し考えてみました。確かに，事故の要因は一つではありません。今回の事故も私の不注意に加えて，雨でかさをさしていたため，周りが見えにくくなっていた事，中学生側の不注意もあったかもしれません。このように，少しくらい大丈夫だろうという思いから，その時の様々な状況が重なり，事故になるのだと思いました。

では，私にできる事は何なのか，自分なりに考えてみました。それは，自分自身の毎日の行動だと思います。その中で，兄が私に嫌われても，私を守ろうとしていた思いに気づき，涙がでました。そして，目の前の楽しい事しか考えていなかった自分を恥ずかしく思いました。私は，みなに堂々と注意ができる兄の事をとてもほこらしく思いました。次の日から私は，兄の命令にしたがいました。私が一列で歩くと，周りの友達も一列で歩くようになりました。

私は今回の事故から，自分自身が守らなければならない交通ルールについて，身をもって学びました。兄と登校できるのは後半年です。これからは私が，低学年の子を安全に登校させる立場になります。兄の思いを私も引き継ぎ，みなが安全に登校できるように，まずは私自身が，登校中は，必ず一列になり，周りをしっかり確認しながら歩く事から始めていこうと思います。そして私も，兄のように，相手を思い，注意ができる勇気ある人になりたいと思います。

○中学生の部　最優秀作〈内閣総理大臣賞〉

「交通安全家族会議」

福島県郡山市立安積第二中学校
1年　安齋　真央

私にとっての交通安全を考えてみると，自転車を運転する時には「ヘルメットを着用する」，「左側を走行する」など主に，自転車に乗る側の視点での交通安全を一番に考えた。その理由は，中学生になって自転車通学になったからだと思う。では，他の人はどうだろうかと思った私は，家族と交通安全とは何かについて会議をすることにした。

まず初めに，小学生の妹が考える交通安全は，「信号を守る」，「横断歩道では手を挙げて横断する」など，主に歩行者側の視点での意見が多かった。

次に，母が考える交通安全は，「かもしれない運転をする」，「急のつく運転をしない」，「早めにライトを点灯する」など主に，車の運転者としての視点での意見が多かった。

次に，父が考える交通安全は，「出掛けるときは，早めに出発するなど時間に余裕をもった行動をする」，「夜間出歩く時は，夜光反射材を着用する」との意見であった。また，人それぞれの交通安全だけではなく，車の自動ブレーキ機能などの企業努力も交通事故防止に繋がっているなどと父は話していた。

このことから分かる通り，それぞれの年齢や立場によって考える交通安全があることが分かった。また，そのどれもが守らなければならない交通安全だと思う。

では，なぜ交通事故は起こるのか。福島県内の交通事故件数を調べてみると，令和四年中に二千七百件を超える人身事故が発生していることが分かった。これでも減少傾向にあるようだが，なぜこんなにも交通事故が発生するのだろうか。

それについても家族で会議をした。その中には，「疲れや調子の乱れ，それによる注意力の低下が原因なのではないか」，「前は大丈夫だったからという経験で基本が崩れたのではないか」，「自己中心的な考えで行動していたのではないか」，「そもそも交通安全に対するモラルがなく，交通ルールを守っていない人がいるのではないか」などの意見があった。

この時，ふと私が感じたことがある。それは，大人は事故を起こさないという加害者の視点，子供は事故にあわないという被害者の視点で交通安全を考えていると感じた。それぞれ交通安全のことを考えているのに，まったく逆の視点から考えていると感じた。また，交通事故は，自動車と歩行者の事故だけではなく，自転車と歩行者の事故も考えられることが分かった。それを考えると，自転車通学をしている私も交通事故の加害者になる可能性があることが分かった。今まで，事故にあわないための交通安全を考えていたが，これからは，加害者側の視点での交通安全も意識しなければならないと感じた。

この会議を通して，私が思う最大の交通安全は，全員が加害者側と被害者側の視点で交通安全を考えることだ。

参考-5　交通安全に関する財政措置

第1表　陸上交通安全対策関係予算分野別総括表

（単位：百万円）

事　　項	令和４年度 当初予算額	令和５年度 当初予算額	令和６年度 当初予算額	比　較 増減額	令和４年度 決　算　額
1　交通環境の整備	71,336	69,450	66,348	▲3,102	45,803
(1)　特定交通安全施設等整備事業（警察庁）	17,830	17,850	17,668	▲182	—
(2)　交通安全施設等の整備（国土交通省）	2,110,940 百万円 の内数※	2,118,262 百万円 の内数※	2,118,300 百万円 の内数※	—	—
(3)　交通安全対策特別交付金（総務省）	53,506	51,600	48,680	▲2,920	45,803
(4)　改築事業による交通安全対策（国土交通省）	2,110,940 百万円 の内数※	2,118,262 百万円 の内数※	2,118,300 百万円 の内数※	—	—
(5)　防災・震災対策事業（国土交通省）	2,110,940 百万円 の内数※	2,118,262 百万円 の内数※	2,118,300 百万円 の内数※	—	—
(6)　鉄道施設の安全対策等					
a　鉄道施設の戦略的維持管理・更新（国土交通省）	4,588 百万円 の内数	5,035 百万円 の内数	4,514 百万円 の内数	—	9,088 百万円 の内数
b　地下鉄の耐震補強（国土交通省）	4,473 百万円 の内数	8,050 百万円 の内数	13,864 百万円 の内数	—	10,733 百万円 の内数
c　鉄道施設の耐震対策（国土交通省）	4,588 百万円 の内数	5,035 百万円 の内数	4,514 百万円 の内数	—	9,088 百万円 の内数
(7)　地域鉄道における安全対策（国土交通省）	25,280 百万円 の内数	27,227 百万円 の内数	25,919 百万円 の内数	—	61,774 百万円 の内数
(8)　踏切道の立体交差化等					
a　踏切保安設備の整備（国土交通省）	4,588 百万円 の内数	5,035 百万円 の内数	4,514 百万円 の内数	—	9,088 百万円 の内数
b　踏切道の立体交差化等（国土交通省）	2,110,940 百万円 の内数※	2,118,262 百万円 の内数※	2,118,300 百万円 の内数※	—	—
(9)　住区基幹公園等の整備（国土交通省）	1,397,301 百万円 の内数	1,380,489 百万円 の内数	1,377,105 百万円 の内数	—	1,894,007 百万円 の内数
2　交通安全思想の普及徹底	652	689	642	▲47	350
(1)　交通安全思想普及推進事業（内閣府）	45	45	45	—	35
(2)　交通安全教育・普及活動の推進（警察庁）	23	27	26	▲1	—
(3)　交通安全教育指導等（文部科学省）	581	614	568	▲46	312
(4)　飲酒運転事犯者処遇の充実強化（法務省）	3	3	3	—	3
3　安全運転の確保	2,083	2,609	2,570	▲39	930
(1)　運転者対策の推進（警察庁）	151	141	154	13	—
(2)　運転者管理センターの運営（警察庁）	—	—	—	—	—
(3)　交通事故等に関する情報収集の充実（警察庁）	9	9	9	—	—
(4)　自動車運転者労務改善対策等（厚生労働省）	791	861	817	▲44	—
(5)　交通労働災害防止対策（厚生労働省）	145 百万円 の内数	146 百万円 の内数	146 百万円 の内数	—	—
(6)　自動車事故防止対策等（国土交通省）	1,028	1,486	1,478	▲8	905
（内閣府）	2	2	2	—	—
(7)　鉄道事故防止対策（国土交通省）	67	74	73	▲1	—
(8)　公共交通機関等における安全マネジメントの構築（国土交通省）	35	36	37	1	25

事　　　項	令和４年度当初予算額	令和５年度当初予算額	令和６年度当初予算額	比　較増減額	令和４年度決　算　額
4　車両の安全性の確保	42,898	42,834	44,775	1,941	40,110
(1)　車両構造規制の充実・強化，ASV（先進安全自動車）の開発・普及促進（国土交通省）	998	1,453	1,444	▲9	876
(2)　リコール対策の充実（国土交通省）	887	1,402	1,029	▲373	830
(3)　自動車検査・登録業務等（国土交通省）	41,012	39,979	42,302	2,323	38,404
5　道路交通秩序の維持	4,124	4,477	4,024	▲453	6,074
(1)　交通取締用車両等の整備（警察庁）	2,769	3,051	2,684	▲367	5,865
(2)　交通取締体制の充実強化（警察庁）	1,137	1,165	1,095	▲70	—
(3)　交通事件処理体制の整備（法務省）	216	259	243	▲16	208
(4)　交通事件裁判処理体制の整備（裁判所）	2	2	2	—	1
6　救助・救急活動の充実	81	61	53	▲8	—
(1)　救助・救急業務設備等の整備（消防庁）	4,986百万円の内数	4,986百万円の内数	4,986百万円の内数	—	—
(2)　救急救命体制の整備・充実（消防庁）	81	61	53	▲8	—
7　損害賠償の適正化を始めとした被害者支援の推進	136,177	137,190	136,292	▲898	123,819
(1)　交通事故相談活動の推進（国土交通省）	9	9	9	—	7
(2)　交通事故被害者サポート事業（警察庁）	10	10	10	—	8
(3)　日本司法支援センター業務の推進（法務省）	15,664百万円の内数	16,623百万円の内数	16,010百万円の内数	—	17,666百万円の内数
(4)　通勤災害保護制度の実施（厚生労働省）	121,658	119,953	119,208	▲745	110,822
(5)　自動車安全特別会計による補助等					
a　独立行政法人自動車事故対策機構（国土交通省）	12,177	14,327	14,123	▲204	11,711
b　被害者救済等（国土交通省）	1,209	1,842	1,949	107	962
c　政府保障事業（国土交通省）	1,110	1,044	988	▲56	305
(6)　公共交通事故被害者支援（国土交通省）	4	5	5	—	4
8　研究開発及び調査研究の充実等	159	173	120	▲53	135
(1)　交通安全調査等（内閣府）	31	33	33	—	27
(2)　交通管理技術の調査・分析，交通安全に関する調査研究の充実（警察庁）	128	140	87	▲53	108
(3)　陸上交通の安全に関する調査研究（国土交通省）	2,110,940百万円の内数※と102百万円の内数に103百万円を加えた金額	2,118,262百万円の内数※と42百万円の内数に159百万円を加えた金額	2,118,300百万円の内数※と28百万円の内数に157百万円を加えた金額	—	146百万円の内数に3百万円を加えた額
合　　計	257,510	257,482	254,824	▲2,658	217,221

注　1　単位未満の数値は四捨五入により整理してあるので，単年度事業ごとに積み上げた数値，各事業の令和５年度当初予算額と令和６年度当初予算額との差額は，合計や比較増減額と合致しない場合がある。
2　内数表記を含むものについては，合計額に含めていない。
3　当初予算額及び決算額で特掲できないものについては「—」として表示しており，合計額に含めていない。
4　令和４年度当初予算額，4(1)998百万円のうち，509百万円については3(6)の再掲である。
5　令和５年度当初予算額，4(1)1,453百万円のうち，722百万円については3(6)の再掲である。
6　令和６年度当初予算額，4(1)1,444百万円のうち，717百万円については3(6)の再掲である。

※　平成26年度より社会資本整備事業特別会計が廃止されたことに伴い，直轄事業の国費には，地方公共団体の直轄事業負担金（2,983億円（令和４年度），2,937億円（令和５年度），2,888億円（令和６年度）を含む。

第2表　海上交通安全対策関係予算分野別総括表

(単位：百万円)

事　　項	令和４年度 当初予算額	令和５年度 当初予算額	令和６年度 当初予算額	比　較 増減額	令和４年度 決 算 額
1．交通環境の整備	4,122	—	—	—	4,201
(1)　港湾等の整備	港湾整備事業費(243,903百万円) の内数	港湾整備事業費(244,403百万円)の内数	港湾整備事業費(244,903百万円)の内数	—	港湾整備事業費(311,844百万円)の内数
(2)　航路標識の整備等	17,860百万円の内数に274百万円を加えた額	21,245百万円の内数に282百万円を加えた額	24,712百万円の内数に284百万円を加えた額	—	22,146百万円の内数に289百万円を加えた額
(3)　海上交通に関する情報の充実	4,122	21,245百万円の内数に4,391百万円を加えた額	24,712百万円の内数に4,397百万円を加えた額	—	4,201
2．船舶の安全性の確保	712百万円の内数に35百万円を加えた額	780百万円の内数	471百万円の内数	—	694百万円の内数
3．安全な運航の確保	1,399	1,457	1,668	211	2,076
(1)　警備救難業務の充実強化	1,399	1,457	1,668	211	2,076
(2)　船員の資質の向上及び運航管理の適正化等	289百万円の内数に6,795百万円を加えた額	412百万円の内数に6,576百万円を加えた額	360百万円の内数に6,510百万円を加えた額	—	199百万円の内数に7,389百万円を加えた額
4．海難救助体制の整備等	17,860百万円の内数に83,204百万円を加えた額	21,245百万円の内数に95,089百万円を加えた額	24,712百万円の内数に101,980百万円を加えた額	—	22,146百万円の内数に139,045百万円を加えた額
5．海上交通の安全に関する調査研究	5,145百万円の内数	5,114百万円の内数	5,151百万円の内数	—	5,143百万円の内数
合　計	5,521	1,457	1,668	—	6,277

注　1　単位未満の数値は四捨五入により整理してあるので，単年度事業ごとに積み上げた数値，各事業の令和５年度当初予算額と令和６年度当初予算額との差額は，合計や比較増減額と合致しない場合がある。
　　2　内数表記を含むものについては，合計額に含めていない。
　　3　特掲できないものについては「—」として表示しており，合計額に含めていない。

第3表　航空交通安全対策関係予算分野別総括表

（単位：百万円）

事　　　項	令和４年度 当初予算額	令和５年度 当初予算額	令和６年度 当初予算額	比　較 増減額	令和４年度 決　算　額
1．交通環境の整備	223,968	233,753	260,382	26,629	184,584
⑴　空港の整備	145,657	155,494	176,940	21,446	150,417
⑵　航空路の整備	28,848	27,421	26,696	▲725	31,113
⑶　空港・航空路施設の維持	46,308	47,667	53,576	5,909	空港等維持運営費 142,208百万円 の内数
⑷　気象施設の維持	3,155	3,172	3,170	▲2	3,054
2．航空安全対策の推進	5,651	5,885	5,906	21	4,166
⑴　航空安全対策の強化	365	418	353	▲65	508百万円 の内数に62百万 円を加えた額
⑵　航空機乗員の養成	2,562	2,507	2,626	119	2,701
⑶　航空保安要員の養成	880	902	923	21	空港等維持運営費 142,208百万円 の内数
⑷　航空保安施設の検査	1,844	2,059	2,004	▲55	1,465
3．航空交通の安全に関する研究開発の推進	1,349	1,388	1,353	▲35	1,349
合　　計	230,967	241,026	267,641	26,615	190,099

注　1　単位未満の数値は四捨五入により整理してあるので，単年度事業ごとに積み上げた数値，各事業の令和５年度当初予算額と令和６年度当初予算額との差額は，合計や比較増減額と合致しない場合がある。
　　2　内数表記を含むものについては，合計額に含めていない。

略語一覧

・AED：Automated External Defibrillator　自動体外式除細動器
・AIS：Automatic Identification System　船舶自動識別装置
・ASV：Advanced Safety Vehicle　先進安全自動車
・ATS：Automatic Train Stop　自動列車停止装置
・AUDIT：Alcohol Use Disorders Identification Test
　アルコール使用障害に関するスクリーニングテスト

・CARATS：Collaborative Actions for Renovation of Air Traffic Systems
　将来の航空交通システムに関する長期ビジョン

・ELT：Emergency Locator Transmitter　航空機用救命無線機
・ETC：Electronic Toll Collection System　電子式料金自動収受システム

・FAST：Fast Emergency Vehicle Preemption Systems　現場急行支援システム

・GMDSS：Global Maritime Distress and Safety System
　海上における遭難及び安全に関する世界的な制度
・GPS：Global Positioning System　全地球測位システム

・HELP：Help system for Emergency Life saving and Public safety　緊急通報システム

・IAEA：International Atomic Energy Agency　国際原子力機関
・ICAO：International Civil Aviation Organization　国際民間航空機関
・IMO：International Maritime Organization　国際海事機関
・ISMコード：International Management Code for the Safe Operation of Ships and for Pollution Prevention
　国際安全管理規則
・ISO：International Organization for Standardization　国際標準化機構
・ITS：Intelligent Transport Systems　高度道路交通システム

・JASREP：Japanese Ship Reporting System　日本の船位通報制度

・LED：Light Emitting Diode　発光ダイオード

・東京MOU：Memorandum of Understanding on Port State Control in the Asia-Pacific Region
　アジア太平洋地域におけるPSCの協力体制に関する覚書
・PICS：Pedestrian Information and Communication Systems　歩行者等支援情報通信システム
・PSC：Port State Control　外国船舶の監督
・PTPS：Public Transportation Priority Systems　公共車両優先システム
・SAR条約：International Convention on Maritime Search and Rescue, 1979
　1979年の海上における捜索及び救助に関する国際条約

・SOLAS条約：International Convention for the Safety of Life at Sea, 1974
1974年の海上における人命の安全のための国際条約

・STCW条約：International Convention on Standards of Training, Certification and Watchkeeping for Seafarers, 1978
1978年の船員の訓練及び資格証明並びに当直の基準に関する国際条約

・TDM：Transportation Demand Management　交通需要マネジメント

・TSPS：Traffic Signal Prediction Systems　信号情報活用運転支援システム

・UTMS：Universal Traffic Management Systems　新交通管理システム

・VICS：Vehicle Information and Communication System　道路交通情報通信システム

※　造語等により一部掲載を省略しているものがある。

用語等索引

A～Z

あ

い

う

え

お

か

き

く

け

こ

さ

し

す

せ

そ

た

ち

つ

て

と

な

に

の

は

ひ

ふ

ほ

ま

み

む

も

ゆ

よ

ら

り

ろ

交通安全白書 （令和６年版）

令和６年７月31日　発行

編　集	内閣府 〒100-8914 東京都千代田区永田町1-6-1 TEL 03（5253）2111
発　行	株式会社アイエヌエー 〒130-0024 東京都中央区東日本橋2-24-7 3階 TEL 03（5823）4064
発　売	全国官報販売協同組合 〒100-0013 東京都千代田区霞ヶ関1-4-1 TEL 03（5512）7400

ISBN978-4-9913567-0-4